国家社科基金项目"政策工具视角下的古代政府治理思想及其当代价值研究"(批准号17BGL223)阶段性成果

宋代国家管理思想

On the Managements Thoughts of Song Dynasty

方宝璋 著

图书在版编目（CIP）数据

宋代国家管理思想/方宝璋著.—北京：经济管理出版社，2020.5
ISBN 978-7-5096-7045-3

Ⅰ.①宋… Ⅱ.①方… Ⅲ.①行政管理—政治思想史—中国—宋代 Ⅳ.①D691

中国版本图书馆 CIP 数据核字（2020）第 021986 号

组稿编辑：杜　菲
责任编辑：杜　菲
责任印制：黄章平
责任校对：赵天宇

出版发行：经济管理出版社
　　　　　（北京市海淀区北蜂窝 8 号中雅大厦 A 座 11 层　100038）
网　　址：www.E-mp.com.cn
电　　话：（010）51915602
印　　刷：三河市延风印装有限公司
经　　销：新华书店
开　　本：720mm×1000mm/16
印　　张：23.75
字　　数：449 千字
版　　次：2020 年 5 月第 1 版　2020 年 5 月第 1 次印刷
书　　号：ISBN 978-7-5096-7045-3
定　　价：98.00 元

·版权所有　翻印必究·

凡购本社图书，如有印装错误，由本社读者服务部负责调换。
联系地址：北京阜外月坛北小街 2 号
电话：（010）68022974　邮编：100836

总　序
为解决人类管理问题提供中国方案

　　文明因交流而多彩，文明因互鉴而丰富。共同建设美丽地球家园、共同构建人类命运共同体，需要推动跨国界、跨时空、跨文明的交流互鉴，从不同文明中寻求智慧、汲取营养，以文明交流超越文明隔阂、以文明互鉴超越文明冲突、以文明共存超越文明优越，推动人类文明进步和世界和平发展。

　　中华文明，是在中国大地上产生的文明，也是同其他文明不断交流互鉴而形成的文明，历经5000多年的历史变迁，始终一脉相承，是中华民族的精神血脉，需要薪火相传、代代守护，更需要与时俱进、勇于创新。今天，时代的进步推动中华文明创造性转化和创新性发展，激活其生命力，是摆在我们面前的重要课题。

　　当今时代，人类生活在不同文化、不同种族、不同肤色、不同宗教和不同社会制度所组成的世界中，各国人民形成了"你中有我、我中有你"的命运共同体。面对世界百年未有的大变局，面对全球经济治理中与日俱增的风险挑战，携手解决人类共同面临的各种挑战，中国发挥什么样的作用，成为全世界关注的焦点，也是摆在我们面前的重要课题。

　　70年来的奋斗实践，中国取得了举世瞩目的历史性成就，中华民族"站起来""富起来"最终必然"强起来"的伟大复兴梦想正日益成为现实。国际上理性看待中国的人越来越多，为中国点赞的人也越来越多。进入新时代，中国管理学者必须增强底气、鼓起士气，树立世界眼光，立足中国大地，用中国理论解读中国实践，用中国话语讲好中国故事，为解决人类管理问题奉献中国智慧，为丰富人类管理思想提供中国方案，为改善人类管理实践展现中国力量，形成同我国综合国力相适应的国际话语权。

　　为此，我们一方面需要面向实践、瞻望未来，积极面对中外管理实践中面临的新情况、新问题、新挑战，汲取不同文明土壤中的管理思想，提出管理的新观点、新理论、新思想。另一方面也需要回顾历史、鉴古知今，系统整理中华优秀传统文化中所蕴含的管理思想，以中华民族独有的爱国精神、社会理想、生命境界、处世哲学、道德规范、心性修养和改革精神等为底蕴想问题、观大势、思管理。因为中华优秀传统文化一直是中华民族的力量之源、情感之源、动力之源和信心之源，也是今天治国理政、发展经济和改善管理实践的重要思想源泉。今天，中华优秀传统文化早已走向世界，越来越受到国际社会的认可，中华优秀传统文化中蕴含着解决当今国际社会共同面临的一系列管理难题的重要启示，值得全人类共同学习、珍视和爱护。

中国古代管理思想源远流长、博大精深。光辉灿烂的中华文明留下无数传世经典，凝聚着独具特色的中国管理智慧。中华民族修建万里长城、开凿大运河、治理黄河等伟大管理实践，也积累了丰富的管理经验。系统整理中国古代管理思想，用独特的视角、概念和精神提出不同于西方的管理理论体系，服务当代管理实践，已经成为时代的迫切需要，也是历史赋予当代中国管理学者的光荣使命。

正是基于以上认识，我们决定撰写《中国管理思想精粹》丛书，其核心目的有二：一是从现代管理的视角系统解读中华优秀传统文化中的管理思想，深入总结中国管理的经验与智慧，推动中国管理思想走向世界，提升中国文化软实力；二是系统总结中国古代企业经营和公共管理的实践，提炼出有别于美国式管理、日本式管理的中国管理模式，建构有中国特色、中国气派的现代管理理论体系，推动世界管理理论的创新与变革。

本丛书拟分为五辑："（原）理"系列、"（朝）代"系列、"（学）派"系列、"（诸）子"系列、"商（帮）"系列，共20多本。"（原）理"系列，包括《中国管理思想史》《中国古典管理哲学》《中国管理学原理》等著作，主要是通过对于中国管理思想发展脉络的梳理和核心管理概念的创新，构建中国管理理论体系的基础。"（朝）代"系列，包括《先秦政府治理思想》《秦汉国家管理思想》《近代管理思想》等著作，主要是通过深入分析各个历史阶段的重要管理思想，展现中国管理思想的发展演变历史过程。"（学）派"系列，包括《兵家战略管理》《儒家行为管理》《儒家伦理管理》等著作，主要是通过对中国传统某一个学派的某类管理思想的专题剖析，准确传达各学派管理思想的精髓和当代运用要领。"（诸）子"系列，包括《老子管理思想》《孙子竞争战略》《管子管理思想》等著作，主要是通过对某个著名思想家或某部典籍的管理学构建，力求完整剖析和深入研究其某类管理思想。"商（帮）"系列，包括《赣商管理思想》《晋商管理思想》《徽商管理思想》等著作，主要是通过对中国古代不同商帮的商业竞争与企业经营思想的系统解读，提炼中国古代的企业经营管理智慧。

总体上，我们期望本套丛书能够体现以下几个特点：

第一，管理学与历史学视角的融合。既强调从管理学学科架构去分析中国古代管理思想，发现其内在的逻辑规律，为创立中国自己的管理理论提供重要支撑；又将中国古代管理文献视为确定的历史事实，通过研究者的工作还原不同历史时期的管理环境、管理实践和管理思想。管理思想的产生和发展也离不开环境的影响，历史学视角的研究将探讨中国管理思想与中国文明的关系，研究中国管理思想发展的内在规律，揭示中国古代管理思想与中国古代文明高度发达之间的关系。

第二，跨文化比较的视角。 将中国古代管理思想视为人类有目的的思维活动的一部分，和西方管理思想一样，都是人类管理思维活动的集中体现。主要通过对不同社会文化背景中产生的管理思想、管理模式以及管理效果进行多维度的分析和比较，探讨它们之间的异同和不同文化背景中的管理理论与实践的可转移性。与此同时，通过内容分析与哲学思辨的方法，探究中国古代管理文献的思想意涵及其文化源流，比较其与西方管理思想之间的差异。

第三，多维立体的管理思想体系。 既有对中国古代管理思想史的纵向梳理，又有对同一时期各个不同思想流派管理思想的横向探索；既有对管理哲学、管理原理等基础之基础的研究，也有对古代管理实践之解析。

本套丛书的撰写始于2008年，至今已逾十载，可谓"十年磨一剑"。丛书作者，是一批对中华优秀传统文化具有浓厚兴趣、有志于用中国古代管理思想为世界贡献智慧的学者。十年来，团队为了丛书的编写召开了20多次专题会议，出版社的编辑等多次参与丛书的讨论，许多博士、硕士研究生也为此付出了辛勤的汗水，在此一并表示感谢！丛书还得到了国家社会科学出版基金、国家出版基金的大力支持，对此，团队感到十分的欣慰和感激。

心怀梦想，勉力十年，但工作仍属起步，尚需不忘初心，笃力前行。希望我们的研究能够启迪广大读者的管理学习、管理研究和管理实践。当然，由于水平有限，我们的研究难免存在问题，敬请批评、指正，以求不断完善。

整理国故，弘扬中国管理文化是一项系统工程。中国古代管理思想中尚有许多经典命题亟待做出"创造型转化、创新性发展"，时不待我，但非一日之功，亟待当代中国人的文化自觉、责任担当，希望有更多学科越来越多的学者共同持续地努力。

吴照云

2019年4月2日

自 序

由于1978年我国高考制度的恢复，笔者有幸能跨入大学校门，从此走上了治学的道路。40年来，唯一聊以自慰的是，自己珍惜这难得的机会，恪勤朝夕，问学不已。但是，由于兴趣广泛，"见异思迁"，加上难以克服的功利色彩，申报课题，名利双收，使自己治学过于庞杂，不能深入。

记得开始从事学术研究的是对中国审计史的探讨，尔后有幸厕身于《中华文化通志·闽台文化志》的编撰，从此，这两大领域成为笔者在福建师大10年里的主要研究对象。2001年调到江西财大后，笔者调整了一下学术方向，除继续中国审计史的研究外，为了与当时所暂寄的产业经济学博士点名实相符，就把自己过去所搞的闽台区域文化研究与产业经济结合，从事了两年多的文化产业研究，发表了近10篇论文。后来，为了申报国家自然科学基金项目，又将研究重心转到管理思想史领域。除此之外，笔者还写了《中国音乐文献学》《社会科学应用方法论》两部著作；并且，在讲授《注册会计师审计学》这门基础课的10年里，偶有一些心得，陆续发表了十多篇论文。

治学过于庞杂，除不能深入外，还使自己疲于奔命。现在年龄渐大，往后的时光只能越来越少，时有生有涯学无涯之叹。笔者努力缩小研究范围，逐渐聚焦到宋代历史的研究。

笔者虽然治学庞杂，但与宋史研究特别有缘。当笔者完成《中国审计史》初稿的撰写后，发现宋代的有关问题特别复杂，一时难以弄清楚，因此，就把博士学位论文的选题定为《宋代财经监督研究》。在江西财大申报课题，如要报中国审计会计史领域的项目，完全找不到能一起合作的课题组成员。无奈之下，只得改报国家自然科学基金项目管理思想史门类。很幸运，近6年内，接连申请到"宋代经济管理思想与当代经济管理"、"政策工具视角下的宋代政府治理思想研究"两个国家自然科学基金项目。这使笔者坚定了着力于进行宋代历史研究的信心。从学术的角度看，宋代历史的确有许多值得深入研究的地方。如宋代经济上的买扑承包制、入中制、钱荒、大量发行纸币等，文化上的理学、宋词、民间音乐，科技上的三大发明等，政治上职官制度的复杂多变、冗官冗兵等，都是在中国古代史上很有时代特征的问题，其中一些甚至达到了"前无古人，后无来者"的地位。近三四十年来，笔者在宋代财经监督、管理思想方面的初步探讨，也证实了宋代在这两个领域里也有许多问题值得继续深入研究。

首先，拙著从政策工具的视角（如协调、管制、服务）来探讨宋代管理思想，是一个比较新的尝试。因此，在对宋代管理思想外延的界定上采取比较宽泛的做法，理由主要有以下三个方面：一是对宋代管理思想的研究还处于比较初步的阶段，人们对其总的面貌的认识不是很清楚，有的还比较模糊和支离破碎，因此拙著本着宁失于详、勿失于略，宁失于宽、勿失于狭的态度，把笔者认为比较重要或有价值的有关宋代管理思想介绍给广大读者，旨在为今后的进一步研究多提供一些线索。二是一般说来，思想是指客观存在反映在人的意识中经过思维活动而产生的结果；而理论则是一些比较系统的思想的概括与总结。拙著基于这种认识，对宋代管理思想的界定不仅仅局限于人们的言论，而把当时一些管理机构的设置、管理制度的制定、管理政策措施甚至一些管理活动中有意无意反映出的管理思想均予以发掘阐述。因为这些管理制度、管理政策措施以及管理活动均是在一定的管理思想指导下制定和实践的。三是政策工具视角下的管理思想当是管理思想的一部分，所有的政策工具视角下的管理思想都可算作管理思想，但管理思想并不一定是政策工具视角下的管理思想。两者的这种逻辑关系，使人们要泾渭分明地区分它们显得比较困难，在具体写作中笔者尽可能把取舍的标准定得宽一些。

其次，拙著在阐发宋代某个方面管理思想对当代的启示时，基本上都是点到为止，不做太多的阐发和引申，因为拙著的主要着力点是宋代管理思想史的研究。还有如前所述，宋代有关管理思想今人看来都显得较为简单、粗糙，如做太多的阐述引申恐有悖于历史的客观情况。

最后，笔者有必要对本书的写作略作几点说明。其一，笔者遵循做学问的最基本原则，力求从收集第一手资料开始，在大量、广泛、准确占有资料的基础上得出结论。即使是从其他学者论著中发现的第二手资料，笔者也都一一查核了原文。因此，在拙著的引文注释中，笔者尽可能注出该资料的最原始、最可靠的出处。其二，笔者在参考其他人的一些研究成果时，一般都根据自己的理解和需要加以引用阐发，不尽符合原论著的本意。限于篇幅，笔者不能一一在正文或注释中进行说明或讨论，仅在参考文献中予以列示。其三，笔者在引用史料时，常常发现同一条史料不同版本记载不一，各有正误。因此，有时一条史料是参考了几种版本。还有一些史料虽然主要是参阅了今人的点校本，但笔者对断句、标点也时有订正。因拙著重点不在考据，有关点校也不在注释中说明。

拙著从政策工具的视角来探讨宋代管理思想，仅仅是一个开端，许多问题还来不及细细地推敲，因此，错误疏漏在所难免。敬希宏达通人，幸赐教言，以匡不逮。我想，待自己退休之后，没有了科研工作量的要求与压力，或许会把学术研究做得更细、更好一点。

方宝璋

2019 年 4 月

Abstract

Complex economy, politics and culture of the Song Dynasty brought about a number of unprecedented problems, which made the management thought of the Song Dynasty very rich and innovative, marked the ancient management from control to management. From the perspectives of policy instruments, the management thought of the Song Dynasty comprised three levels and a key. The management thought based on government coordination comprised franchise and contractual management, encouragement and mediation thought of government. The management thought based on government regulation comprised command and prohibition thought of government, management of tax and finance. Management thought based on government services comprised public utilities and government assistance. A key was that any policy instrument must be implemented by officials at all levels, so should strengthen supervise, assessment and election of officials. The government management of the Song Dynasty provided historical reference for building management theory and system of the contemporary socialism with Chinese characteristics.

目 录

第一章 绪论 ··· 1
- 第一节 课题的立项依据及所从事的工作 ··· 1
- 第二节 政策工具视角下的宋代管理思想特点 ··· 4
- 第三节 宋代政策工具的综合治理思想 ··· 19
- 第四节 宋代管理思想对当代的启示 ··· 33

第二章 宋代经济、政治、文化与管理思想 ··· 40
- 第一节 宋代经济与管理思想 ··· 40
- 第二节 宋代政治与管理思想 ··· 50
- 第三节 宋代文化与管理思想 ··· 61

第三章 宋代特许经营与契约治理思想 ··· 66
- 第一节 反对官府垄断经营,主张私商自由竞争经营思想 ··· 66
- 第二节 以高商业利润诱使商人入中,解决沿边军需供给思想 ··· 68
- 第三节 买扑承包经营思想 ··· 70
- 第四节 矿冶业的承包经营思想 ··· 73
- 第五节 利用价格杠杆赈灾思想 ··· 77
- 第六节 市场性工具使宋代管理思想从统治到治理的转化 ··· 80

第四章 宋代政府劝勉与调解思想 ··· 88
- 第一节 劝课农桑思想 ··· 88
- 第二节 劝学兴学思想 ··· 98
- 第三节 赈灾劝分思想 ··· 105
- 第四节 民事调处息讼思想 ··· 111

第五章 宋代政府命令与禁戒思想 ……117
第一节 对社会犯罪的禁戒与镇压思想 ……117
第二节 户口与土地管制思想 ……125
第三节 茶、盐专卖与对外贸易管制思想 ……140
第四节 垄断货币制造与发行思想 ……147
第五节 出版管制思想 ……158
第六节 市易法是政府对商业管制的失败 ……166

第六章 宋代财政赋役治理思想 ……171
第一节 开源节流思想 ……171
第二节 集中财权思想 ……191
第三节 赋税治理思想 ……204
第四节 青苗法、免役法是政府赋役治理的失败 ……212

第七章 宋代公共事业思想 ……224
第一节 公共建设工程思想 ……224
第二节 生态环境保护思想 ……229
第三节 城市治理思想 ……245

第八章 宋代政府救助思想 ……266
第一节 宋代的灾害及影响 ……266
第二节 灾前政府救助思想 ……271
第三节 受灾时期政府救助思想 ……278
第四节 灾后和平时政府救助思想 ……293

第九章 宋代官吏选任、监察与考核思想 ……303
第一节 官吏选任思想 ……303
第二节 官吏监察思想 ……312
第三节 官吏考核思想 ……331

参考文献 ……342

后 记 ……352

Contents

Chapter 1 Introduction ··· 1
    Section 1.1 Subject basis and related work ···································· 1
        1.1.1 The meaning of the topic ··· 1
        1.1.2 Research situation ·· 2
        1.1.3 The features and innovations of this research project ············· 3
    Section 1.2 Management thought of the Song Dynasty from the perspective of policy instruments ·· 4
        1.2.1 Management thought based on government coordination ·········· 4
        1.2.2 Management thought based on government regulation ············ 8
        1.2.3 Management thought based on government services ············· 11
        1.2.4 Implementation of policy instruments by officials at all levels ··· 14
    Section 1.3 Comprehensive governance of policy instruments in the Song Dynasty ··· 19
        1.3.1 The characteristics of the population and land in the Song Dynasty ··· 19
        1.3.2 Government's contradictorily comprehensive governance thought of the population and land in the Song Dynasty ······· 21
    Section 1.4 Inspirations of the Song Dynasty's management thought ········ 33
        1.4.1 Reform of government functions from control to management ··· 33
        1.4.2 Improved policy instruments based on government coordination ·· 33
        1.4.3 Improved policy instruments based on government services ······ 35
        1.4.4 Improved policy instruments based on government regulation ··· 37
        1.4.5 Built an honest, efficient government ································ 38

Chapter 2 Economy, politics, culture and management thought of the Song Dynasty …… 40

Section 2.1 Economy and management thought of the Song Dynasty …… 40
- 2.1.1 Highly developed feudal commodity economy and management thought …… 40
- 2.1.2 Fiscal deficits and management thought …… 43
- 2.1.3 Annexation of land and management thought …… 48

Section 2.2 Politics and the management thought of the Song Dynasty …… 50
- 2.2.1 Strengthened the centralization and management thought …… 50
- 2.2.2 Uprising of farmers and soldiers and management thought …… 51
- 2.2.3 Corruption control and management thought …… 56

Section 2.3 Culture and management thought of the Song Dynasty …… 61
- 2.3.1 Emphasis on culture and management thought …… 61
- 2.3.2 Easy cricumstances policy and management thought …… 63

Chapter 3 Franchise and contractual governance of the Song Dynasty …… 66

Section 3.1 Be against the official monopoly and advocated free competition …… 66
- 3.1.1 Free competition can improve producers' motivation and quality of goods, increase sales and revenue …… 66
- 3.1.2 Free competition can make officials honest and society stable …… 67

Section 3.2 Induced merchants into "RuZhong" by high profits, resolved border military supply …… 68
- 3.2.1 Induced merchants into "RuZhong" by virtual assessment, plus markup …… 68
- 3.2.2 A spate of tea monopoly certificates to prevent "RuZhong" …… 69

Section 3.3 Thought of taxation agency system …… 70
- 3.3.1 Basic price determined by average price, the successful bidder with the highest price …… 70
- 3.3.2 Three kinds of people had the priority of contract …… 71
- 3.3.3 Tender for basic price and bidding, opening of openness …… 72

Section 3.4 Contract management of mining and smelting industry …… 73

| Contents |

3.4.1	From official monopoly to contract management	73
3.4.2	From labor system to employment and recruitment system	74
3.4.3	From quota system to deduct a percentage system	76
Section 3.5	**Disaster relief by using price leverage**	77
3.5.1	Three ways of disaster relief by using price policies	77
3.5.2	Amended price regulation of "ChangPingCang"	78
Section 3.6	**Management thought of the Song Dynasty from control to management under the use of market instruments**	80
3.6.1	Management thought of free competition among merchants	80
3.6.2	Reflected the fair, just and open competition thought	81
3.6.3	Regarded price as a lever of management	82
3.6.4	Game analysis on franchise and contract	82
3.6.5	The historical background and significance from control to management	86

Chapter 4 Thought of government encouragement and mediation in the Song Dynasty ········ 88

Section 4.1	**Thought of encouraging agriculture**	88
4.1.1	Thought of encouraging to cultivate and plant trees	88
4.1.2	The thought of encouragement and emphasis on agriculture in "QuanNongWen"	91
Section 4.2	**Encouraged to learn and set up schools**	98
4.2.1	Encouraged people to read and learn	98
4.2.2	Set up schools at all levels	101
Section 4.3	**Disaster relief and encouraged donations**	105
4.3.1	Development of encouraging donations	105
4.3.2	Practice of encouraging donations	106
4.3.3	Game analysis on the interests of encouraging donations	109
Section 4.4	**Thought of civil mediation and litigation settled**	111
4.4.1	Ran after no litigation of the confucianism	111
4.4.2	Voluntary and equal consultation based on the facts and the law	113
4.4.3	The historical significance of civil mediation and litigation settled	115

Chapter 5 Thought of government command and prohibition in the Song Dynasty ·········· 117

Section 5.1　Prohibition and repression of social crime ·········· 117
- 5.1.1　Severe repression of social crime ·········· 117
- 5.1.2　Combined tolerance with severity, combined morality with criminal law ·········· 121

Section 5.2　Regulation of household register and land ·········· 125
- 5.2.1　Management of grade household register ·········· 125
- 5.2.2　Management thought of "DuBao" system ·········· 128
- 5.2.3　Thought of limiting farm occupied ·········· 129
- 5.2.4　Thought of checking farm ·········· 136

Section 5.3　Franchise and regulation of foreign trade of tea and salt ·········· 140
- 5.3.1　Franchise and regulation of tea and salt ·········· 140
- 5.3.2　Regulation thought of foreign trade ·········· 143

Section 5.4　Monopoly thought of currency manufacture and issue ·········· 147
- 5.4.1　Guiding Principles on monopoly of currency manufacture and issue ·········· 147
- 5.4.2　Monopoly measures of monopoly manufacture and issue ·········· 151

Section 5.5　Regulation thought of publication ·········· 158
- 5.5.1　Types of banned books ·········· 158
- 5.5.2　Means of banned books ·········· 163

Section 5.6　"Shiyi Fa" was a failure of government regulation of business ·········· 166
- 5.6.1　Main contents of "Shiyi Fa" ·········· 166
- 5.6.2　Harm of "Shiyi Fa" to business and people ·········· 168

Chapter 6 Management of tax and finance in the Song Dynasty ·········· 171

Section 6.1　Increased income and reduced expenditure ·········· 171
- 6.1.1　Wang-anshi advocated righteous means to raise revenue ·········· 171
- 6.1.2　Si-maguang's thought of protecting financial resources and reducing redundant expenditure ·········· 174
- 6.1.3　Wang-yucheng and Song-qi's thought of reducing redundant expenditure ·········· 177
- 6.1.4　Zhang-sanping's thought of removing "San Du" ·········· 179
- 6.1.5　Cai-xiang's thought of reducing military expenditure ·········· 181

| Contents |

6.1.6	Su-zhe's thought of removing "San Rong" ············ 184
6.1.7	Zhu-xi's thought of reducing fisical expenditure ·········· 187
6.1.8	Ye-shi's thought of reducing military expenditure ············ 189

Section 6.2 Thought of financial power centralization ·················· 191

6.2.1	Financial management thought of centralization and decentralization for central and local government ············ 191
6.2.2	Thought of national financial affairs in the charge of Premier ··· 194
6.2.3	Thought of national revenue in the charge of "Hu" department ·· 198

Section 6.3 Thought of tax management ······························· 204

| 6.3.1 | Thought of collecting agricultural tax ························· 204 |
| 6.3.2 | Thought of collecting commercial tax ························· 208 |

Section 6.4 "QingMiao"and "MianYi" Bill were the failure of tax management ·································· 212

6.4.1	The main concents and essence of "QingMiao" Bill ············ 212
6.4.2	"QingMiao" Bill was harmful to peasant economy ············ 216
6.4.3	The main concents and positive significance of "MianYi" Bill ······································· 218
6.4.4	The defects of "MianYi" Bill ······························· 219
6.4.5	A better choice of assignment with recruitment ············ 222

Chapter 7 Thoughts of public utilities of the Song Dynasty ········ 224

Section 7.1 Thought of public works ······························· 224

| 7.1.1 | Thought of constructing livelihood projects ··················· 224 |
| 7.1.2 | Thoughts of management and utilization of public works ··· 228 |

Section 7.2 Protection of ecological environment ························ 229

7.2.1	Thoughts of conservation and utilization of forest resources ······ 229
7.2.2	Thoughts of protection and utilization of animal resources ······ 236
7.2.3	Thoughts of protection and utilization of water and soil resources ··· 238

Section 7.3 Thought of urban governance ····························· 245

| 7.3.1 | Thoughts of management of urban population ················· 245 |
| 7.3.2 | Thoughts of urban social security ······························ 249 |

7.3.3	Thoughts of urban fire prevention	252
7.3.4	Thoughts of municipal management and construction	259

Chapter 8 Thoughts of government assistance of the Song Dynasty ... 266

Section 8.1 Disasters and their impact in the Song Dynasty ... 266
- 8.1.1 Occurrence of disasters in the Song Dynasty ... 266
- 8.1.2 Results of disasters in the Song Dynasty ... 267
- 8.1.3 Overview of government assistance in the Song Dynasty ... 270

Section 8.2 Thought of government assistance before disasters ... 271
- 8.2.1 Thoughts of emphasis on building irrigation projects ... 271
- 8.2.2 Thoughts of emphasis on killing locusts ... 272
- 8.2.3 Thoughts of improving storage system ... 273

Section 8.3 Thought of government assistance in disasters ... 278
- 8.3.1 Built disaster relief system and disaster relief thought of "as soon as possible" "on the spot" ... 278
- 8.3.2 Thought of offering jobs instead of donation of money and goods ... 281
- 8.3.3 Thought of disaster relief by using price and tax leverage ... 282
- 8.3.4 Thought of forbidding "E'di" ... 284
- 8.3.5 Thought of multi-raising funds for disaster relief and selling cheap rice, low-interest or interest-free loans, relief ... 286
- 8.3.6 Reliefed and pensioned foreign shipwreck ... 290
- 8.3.7 Recruited soldiers in famine year ... 291

Section 8.4 Government assistance after disasters and daily assistance ... 293
- 8.4.1 Resettlement of refugees, thought of resuming production ... 293
- 8.4.2 Adopted and reliefed the poor ... 300

Chapter 9 Electing, monitoring, evaluating of officials in the Song Dynasty ... 303

Section 9.1 Election of officials ... 303
- 9.1.1 Thought of electing officials ... 303
- 9.1.2 Thought of appointing officials ... 305

| Contents |

Section 9.2　Thought of monitoring officials ············· 312
 9.2.1　Thought of setting up "Yushi" institution ············· 312
 9.2.2　Thought of monitoring contents of "Yushi" ············· 313
 9.2.3　Thought of election of "Yushi" ············· 316
 9.2.4　Thought of setting up provincial "Jian'Si" and municipal "Tong'Pan" ············· 318
 9.2.5　Thought of election of provincial "Jian'Si" and municipal "Tong'Pan" ············· 327
Section 9.3　Assessment of officials ············· 331
 9.3.1　Thought of setting up branches to assess officials ············· 331
 9.3.2　Thought of designed indexes to assess officials ············· 334
 9.3.3　Thought of methods of assessing officials ············· 337

Main references ············· 342

Epilogue ············· 352

第一章 绪 论

第一节
课题的立项依据及所从事的工作

一、研究意义

宋代复杂的经济、政治活动产生了一些前所未有的问题，使管理思想十分丰富且颇有创新性，对现实具有一定的参考价值。宋代封建商品经济发达，为顺应这一历史潮流，宋代管理思想开始逐渐从单纯的管制性工具向市场性工具转变（当然这一转变还是相当微弱，有时甚至还有反复），即采用政府协调性政策工具。如在茶盐专卖方面，有意识地引进市场机制和民营部门的管理方法与手段，逐步探讨从直接全面专卖到间接部分专卖。在酒坊、盐井、官田等推行买扑承包制，通过投标竞争，压缩政府管理成本，保证国家财政收入最大化，并促进市场的公平竞争和资源的合理配置。通过劝课农桑、劝学兴学等，发展社会经济与文化；通过调处息讼，缓解社会矛盾，稳定社会秩序。

宋朝先后与辽、西夏、金、蒙元发生战争，其内部在 300 余年间爆发了较大规模的农民、士兵起义 30 余起，小规模的农民、士兵起义数百起，加上自然灾害频繁，苛捐杂税繁重，社会矛盾比较尖锐。对此，宋廷一方面发挥政府的服务性政策工具，兴建公共工程，保护生态环境，对城市进行治理等，为广大民众，尤其是其中的弱势群体，免费或部分免费提供公共产品或准公共产品，在一定程度上提高民众的生活水平，保护他们的生命财产安全。另一方面对受灾民众实施救助，解决他们的食宿困难，为他们提供基本的生存条件，并帮助他们尽快恢复生产。所有这些服务性政策工具，旨在缓和化解社会矛盾，使整个社会基本上处于平衡有序的运作态势。另外，政府通过管制性的政策工具，对谋反、叛逆、杀人、贼盗、官吏贪赃等社会犯罪实施严厉的禁戒和镇压；为解决一直困扰宋廷的入不敷出的财政危机，政府对户口与土地实行管制，对茶、盐、酒实行专卖，垄断货币制造与发行，通过开源节流与集中财权等，最大限度地增加财政收入。

宋代重视对各级官吏的选任、监察与考核，借此确保政府协调、服务与管制性政策工具的贯彻与实施。

当前，世界管理学界十分重视对东方管理思想的研究，但有关宋代管理思想的探讨则相当薄弱。中国古代管理思想十分丰富，并对现实具有一定的历史借鉴意义。我们之所以选择宋代进行较全面深入的研究，主要是因为宋代在古代管理思想中的特殊地位尤其具有研究价值。因此本书拟在尽可能"竭泽而渔"搜集资料的基础上，以现代政府治理理论为指导，探索用自然科学的方法，对其进行断代分专题、全面系统深入的研究，从而达到古为今用的目的，为建设有中国特色的社会主义政府治理理论和治理制度提供历史借鉴，增强我国在国际竞争中的软实力，让中国传统管理思想走向世界。

二、国内外研究现状

从政策工具的视角来探讨宋代管理思想的专门论著，笔者至今尚未见到。但是，一些已出版或发表的论著，却不同程度地涉及这方面的问题。就整体上说，大致可分为两种类型：

一种是一些经济思想史、管理思想史的论著，其中比较有代表性的：国内如胡寄窗的《中国经济思想史》、赵靖的《中国经济思想通史》、苏东水的《东方管理》、何炼成的《中国经济管理思想史》、叶世昌的《中国古代经济管理思想》、滕显间的《中国历代经济管理反思》、何奇的《中国古代管理思想》、侯家驹的《中国经济思想史》、叶坦的《富国富民论——立足于宋代的考察》以及数种论文集和资料选辑等；国外如日本桑田幸三的《中国经济思想史论》、上野直明的《中国经济思想史》等。这些论著在论述宋代财政、税收、货币等管理思想中，涉及宋代财政、税收治理和政府管制等问题。

另一种是一些研究宋代断代专题史的论著，其中比较有代表性的：国内如漆侠的《宋代经济史》、汪圣铎的《两宋财政史》和《两宋货币史》、郭东旭的《宋代法制研究》、李晓的《宋代工商业经济与政府干预研究》、张文的《宋代社会救济研究》；国外如曾我部静雄的《宋代财政史》、斯波义信的《宋代商业史研究》等。这些论著在论述宋代财政、工商业经济、社会救助制度中也涉及宋代财政税收治理、政府管制、特许经营与契约、公共投资等政府治理思想。

以上两类论著在其研究的主要领域内，均进行了全面系统深入的研究，做出了令人瞩目的贡献，处于领先水平。但是，由于这些著作均只是在从事本领域研究时涉及政府治理思想，因此难免有所不足。总的说来，其不足大致有以下五个方面：

其一，对宋代管理思想的研究忽视了政策工具的视角。以往的研究成果往往从财政税收、货币、工商业管理等专题的角度进行论述，而未从政府治理的政策工具，如管制、协调、服务等角度进行论述。

其二，在研究方法上以往的绝大多数研究成果仍停留于社会科学的传统方法，而极少采用自然科学的研究方法，也鲜有利用现代先进的政府治理理论。

其三，鉴于以往研究中视角与方法的局限，对宋代一些管理思想的分析与看法，有待于重新认识与评价。

其四，宋代史料浩繁分散，尤其是一些低层次人物有价值的管理思想十分零碎，以往的研究搜集较少；除此之外，宋代管理行为、制度中所反映的管理思想也发掘不够。有关宋代管理思想的史料发掘整理之不足是限制研究工作深入的另一个重要原因。

其五，绝大部分研究成果尚未把宋代管理思想与当代政府治理紧密结合进行探讨。

三、特色与创新之处

该项目的创新之处有以下几点：

（一）视角创新

政策工具（如管制、协调、服务）的研究视角能比较深层次地揭示政府治理的运作机制，对宋代管理思想做一比较全面、系统、深入和点面相结合的研究。本书的章、节，就是按政策工具视角的类型来编写的。

（二）方法创新

本书除了结合史学的传统研究方法外，更多地运用了系统论、控制论、博弈论和数学模型、公式推导等自然科学的方法，阐发分析宋代管理思想，摸索一条研究中国古代管理思想史的新路径。

（三）观点创新

对于宋代的一些管理思想，学术界历来看法不一。本书采取自然科学方法，从政策工具的视角对其进行重新评价，而且，对一些宋代管理思想进行初次阐释，如对宋代国家管理思想管制、协调、服务三个层面和对官吏选任监察考核作一个关键的归纳概括，以及从统治思想向治理思想的转化等，是以往研究者所未提到的。

（四）研究领域创新

本书所涉及的一些专题，如宋代政府调解与劝勉思想、宋代公共事业思想等是以往很少有人研究的，本书将弥补此类空白。

(五) 史料的完整性

以往研究的不足,其中一个重要原因是史料搜集得不够,未能发掘出新的有价值的材料。我们将尽可能"竭泽而渔"地搜集宋代有关管理思想的史料。本书在史料搜集上的明显特点是:不仅搜集高层人物的主流管理思想,还重视搜集一些虽是低层人物但有价值的管理思想,并注意从管理行为、制度中发掘其体现的治理思想。

(六) 对当代的启示

本书从政策工具角度着重发掘对当代有启示意义的宋代管理思想,为建设有中国特色的社会主义政府治理理论与制度提供历史的借鉴。总结政策工具视角下的宋代管理思想的特点及对当代建设有中国特色的政府治理体制的借鉴意义。如宋人综合治理人地矛盾思想对现阶段我们解决人地矛盾,维护社会稳定,构建和谐社会,维护水土资源和生态环境,走可持续发展道路,均有重大的启发意义。

■ 第二节

政策工具视角下的宋代管理思想特点

一、政府协调为主的治理思想

(一) 政府协调为主治理思想的内容

宋代封建商品经济发达,为顺应这一历史潮流,政府治理开始逐渐把市场激励机制、自由竞争机制和民营部门的管理方法与手段引入到政府的管理中来,以最大限度地提高财政收入进而稳固其统治地位。宋代管理思想开始逐渐发生划时代的变化,从单纯的管制性工具向市场性、财政性工具转变(当然这一转变还是相当微弱的)。在特许经营与契约治理方面,对一些传统的政府经营领域,如对盐、茶、酒的专卖,有意识地引进市场机制,逐步探索从直接全面专卖到间接部分专卖的实践;创造性地以高商业利润诱使商人入中,把解决沿边军需供应难题纳入市场化的体系中;在酒坊、官田、盐井、河渡、商税场务等推行买扑承包制,通过投标竞争,激活经营机制,压缩政府管理成本,保证国家财政收入最大化,并促进市场的公平竞争和资源的合理配置;在矿冶业上完成了从官府垄断经营到承买制、从劳役制到雇募制、从定额制到抽分制的转化,激活了生产者的主动性和积极性,克服了官营垄断的僵化体制和低效率,降低管理成本,从而提高矿冶业的经营效益;在政府救助方面,顺应商人下五个方面：

其一，对宋代管理思想的研究忽视了政策工具的视角。以往的研究成果往往从财政税收、货币、工商业管理等专题的角度进行论述，而未从政府治理的政策工具，如管制、协调、服务等角度进行论述。

其二，在研究方法上以往的绝大多数研究成果仍停留于社会科学的传统方法，而极少采用自然科学的研究方法，也鲜有利用现代先进的政府治理理论。

其三，鉴于以往研究中视角与方法的局限，对宋代一些管理思想的分析与看法，有待于重新认识与评价。

其四，宋代史料浩繁分散，尤其是一些低层次人物有价值的管理思想十分零碎，以往的研究搜集较少；除此之外，宋代管理行为、制度中所反映的管理思想也发掘不够。有关宋代管理思想的史料发掘整理之不足是限制研究工作深入的另一个重要原因。

其五，绝大部分研究成果尚未把宋代管理思想与当代政府治理紧密结合进行探讨。

三、特色与创新之处

该项目的创新之处有以下几点：

（一）视角创新

政策工具（如管制、协调、服务）的研究视角能比较深层次地揭示政府治理的运作机制，对宋代管理思想做一比较全面、系统、深入和点面相结合的研究。本书的章、节，就是按政策工具视角的类型来编写的。

（二）方法创新

本书除了结合史学的传统研究方法外，更多地运用了系统论、控制论、博弈论和数学模型、公式推导等自然科学的方法，阐发分析宋代管理思想，摸索一条研究中国古代管理思想史的新路径。

（三）观点创新

对于宋代的一些管理思想，学术界历来看法不一。本书采取自然科学方法，从政策工具的视角对其进行重新评价，而且，对一些宋代管理思想进行初次阐释，如对宋代国家管理思想管制、协调、服务三个层面和对官吏选任监察考核作一个关键的归纳概括，以及从统治思想向治理思想的转化等，是以往研究者所未提到的。

（四）研究领域创新

本书所涉及的一些专题，如宋代政府调解与劝勉思想、宋代公共事业思想等是以往很少有人研究的，本书将弥补此类空白。

(五)史料的完整性

以往研究的不足,其中一个重要原因是史料搜集得不够,未能发掘出新的有价值的材料。我们将尽可能"竭泽而渔"地搜集宋代有关管理思想的史料。本书在史料搜集上的明显特点是:不仅搜集高层人物的主流管理思想,还重视搜集一些虽是低层人物但有价值的管理思想,并注意从管理行为、制度中发掘其体现的治理思想。

(六)对当代的启示

本书从政策工具角度着重发掘对当代有启示意义的宋代管理思想,为建设有中国特色的社会主义政府治理理论与制度提供历史的借鉴。总结政策工具视角下的宋代管理思想的特点及对当代建设有中国特色的政府治理体制的借鉴意义。如宋人综合治理人地矛盾思想对现阶段我们解决人地矛盾,维护社会稳定,构建和谐社会,维护水土资源和生态环境,走可持续发展道路,均有重大的启发意义。

第二节

政策工具视角下的宋代管理思想特点

一、政府协调为主的治理思想

(一)政府协调为主治理思想的内容

宋代封建商品经济发达,为顺应这一历史潮流,政府治理开始逐渐把市场激励机制、自由竞争机制和民营部门的管理方法与手段引入到政府的管理中来,以最大限度地提高财政收入进而稳固其统治地位。宋代管理思想开始逐渐发生划时代的变化,从单纯的管制性工具向市场性、财政性工具转变(当然这一转变还是相当微弱的)。在特许经营与契约治理方面,对一些传统的政府经营领域,如对盐、茶、酒的专卖,有意识地引进市场机制,逐步探索从直接全面专卖到间接部分专卖的实践;创造性地以高商业利润诱使商人入中,把解决沿边军需供应难题纳入市场化的体系中;在酒坊、官田、盐井、河渡、商税场务等推行买扑承包制,通过投标竞争,激活经营机制,压缩政府管理成本,保证国家财政收入最大化,并促进市场的公平竞争和资源的合理配置;在矿冶业上完成了从官府垄断经营到承买制、从劳役制到雇募制、从定额制到抽分制的转化,激活了生产者的主动性和积极性,克服了官营垄断的僵化体制和低效率,降低管理成本,从而提高矿冶业的经营效益;在政府救助方面,顺应商人逐利的本性，利用价格杠杆，引导他们参与赈灾，从而部分解决了救灾经费和物资不足问题，节省了财政支出。

两宋在300余年的统治中，社会矛盾始终比较尖锐，据粗略估计，大致10年就发生一次较大规模的农民或士兵起义，每年都发生一次小规模的农民或士兵起义，加上先后对辽、西夏、金和蒙元的战争，给人民生命和财产带来很大的破坏，并严重威胁宋政权的统治。宋代财政上入不敷出的危机时有发生，政府解决危机的一个重要方法就是增加苛捐杂税，横征暴敛。当这种征敛超过了一定的限度，就会对小农经济造成巨大的破坏，严重影响小农的简单再生产正常进行。面对这种局面，宋廷利用政府劝勉与调解的政策工具，来缓解社会矛盾，鼓励小农发展生产，以传统儒家思想教化民众，构建封建道德规范，稳定社会秩序。

宋政府无论是劝勉农民耕垦，还是课民植树，其主要还是采取正面奖赏激励或给予优惠条件的办法，一般不采取行政性的强制手段。因为只有采取劝勉的方法，才能提高生产者的积极性，收到耕垦、植树的最佳效益。同时，宋廷把劝课农桑作为考核各级地方官必不可少的内容，以此督促官员充分发挥这一政策工具的应有作用。

宋代朝廷上下重视劝勉世人勤于读书学习，曾先后三次大规模兴学，鼓励地方州县兴办学校，倡导传统儒家思想，在社会上形成右文重学崇儒的风尚，对培养治国人才，提高民众的文化水准，引导他们遵纪守法，去非从善，形成美风良俗，消除社会不稳定因素发挥了积极的作用。

宋代，由于封建商品经济的发达，人们的交往日益纷繁复杂，社会关系纷繁错综，民事诉讼大量增加。朝廷对民事诉讼尽可能采取自愿平等协商的调处方式，而不采取强制性的判决方式。这对于缓和社会各种矛盾，防止激化，以封建纲常伦理教化民众，稳定社会秩序方面发挥了应有的作用，从一个侧面体现了政府管理思想从统治到治理的转化。

(二) 政府协调为主治理的原则

宋代政府以协调为主的治理思想主要体现在特许经营与契约治理、劝勉与调解这两方面。此一政策工具的特点在宋代主要体现在以下几个方面：

1. 自愿平等合作的原则

在政府以协调为主的治理思想中，治理者（政府）与被治理者（民间组织、企业、个人）之间的关系是相对自愿平等的合作关系。如政府以市场价格为杠杆，高价诱使商人入中，以解决沿边军需供给难题。在这里，政府与商人就存在着自愿平等的合作关系，如政府所出的茶、盐价格偏低，商人无利可图，入中无法进行，那么政府就无法诱使商人解决沿边军需供给难题。只有当政府所出的茶、盐价格高到一定的程度，使商人有丰厚的利润可以赚取，他们才会甘冒旅途之遥远艰辛，积极参与入中，政府自然就能顺利地通过商人来解决沿边军需供给难题。买扑承包经营也是如此，政府所出竞标底价不能太高，因为如底价太高，买扑承包者无盈利空间，甚至亏损，那么该酒坊、官田、盐井、河渡等就无人买扑。只有当政府所出竞标底价低到一定的程度，使买扑承包者感觉有较大的盈利空间时，才会竞相加价，争取在竞标者中以最高价夺标，取得经营权，从而通过经营获得承包收益。又如在劝课农桑中，政府与农民也是处于某种自愿平等的合作关系，即政府示范、说服或采取减免赋税等优惠措施来鼓励农民勤于农桑，而对于农民来说，必须得到勤于农桑的好处，如收入增加、生活得到改善等，从事农业才有生产的积极性。如农民勤于农桑的收获绝大部分被政府通过各种名目巧取豪夺，最终所剩无几，生活得不到改善，那么农民宁可游手好闲，也不勤于农桑了。再如在民事诉讼中采取调处息讼的方式，政府与当事人双方也是处于自愿平等的基础上，只有这样，当事人双方才能达成和解协议。

总之，无论对特许经营与契约治理来说，还是对劝勉与调解治理来说，自愿平等合作是最基本的原则，这样才能动员全社会力量共同参与，最大限度地增进共同利益，提高参与者的主动性和积极性，降低政府管制成本，有效配置资源，促进经济发展，避免社会与政府的对立。

但是，正是由于以协调为主的治理是建立在自愿平等合作的基础上，不带有行政强制性，因此，治理者的任何治理政策和措施必须得到被治理者的认可和响应，才能得到贯彻和执行。如上述的入中、买扑承包、劝课农桑与调处息讼均说明了这一点。其结果在一定程度上弱化政府对经济和社会的直接控制，有时短期之内还会减少财政收入，削弱政府的权力。因此，宋廷必须在增加财政收入、促进经济发展、保障民众基本生存条件三者中寻找一个平衡点，即在保证封建政府收入的情况下，让工商业得以有一定程度的发展，民生有最基本的保障，从而达到社会稳定，长治久安。如在茶的专卖中，朝廷由于西北战争，滥发茶引，引起茶引无法兑现茶叶而贬值，商人无利可图甚至亏本，入中无法实行下去，改行贴射法。贴射法虽然杜绝了"虚估"、"加抬"的弊端，增加了茶商经营自由，但国家茶利受到富商大贾的侵夺；后又改行通商法，虽然商人得以自由竞争经营，降低了成本，提高了茶叶质量，但政府对茶叶的控制削弱，国家利源浸销。最后蔡京改革茶法，变直接全面专卖为间接部分专卖，即一方面政府通过茶引、笼部和合同簿对商人贩茶的全过程实行严密的控制，达到专卖的目的，获取专卖高收入；另一方面政府允许商人与园户直接交易，充分发挥商人在茶叶流通中的作用，避免了因官府直接专卖导致的茶叶质量粗劣、运输与保存中的损耗浪费、经营效率低、管理成本高等问题。

2. 共利双赢的原则

如前所述，政府以协调为主的治理必须以自愿平等合作为原则，而要实现自愿平等合作，则要以共利双赢为前提，否则自愿平等合作就无法实现。如入中法能顺利进行，其基本前提是商人能从入中中获取厚利，而政府则借助商人长途贩运解决沿边军需供给难题，如有一方不能从中获得好处，就有可能终止双方的合作。入中法的失败，其关键原因就是茶引贬值使商人无利可图，商人只好退出入中法中与政府的合作。买扑承包经营也是如此，在买扑中最后所定竞标价必须适中，即一方面竞标者以这一竞标价进行承包后，通过经营可以获取承包利润；另一方面政府作为招标者，以这一竞标价转让经营权后可以尽可能地使财政收入最大化。宋代许多买扑承包经营失败无不由此引起，即一方面由于竞标价太高，竞标者无盈利空间，严重者倾家荡产。如刘安世就指出："买扑场务，其弊莫大于实封投状。盖无知之民，利于苟得，竞立高价，务相倾夺，止快目前之欲，不为日后之计。然而一界之内，丰凶不常，或遇水旱之灾，即有败阙之弊，往往破家竭产，不偿逋欠，身陷刑禁，家族流散。"① 刘氏对买扑的批评不一定正确，因为以现代经济学的眼光来看，经济上的竞争是有很大风险的，有时竞争是很残酷的，失败是常有的事，这并不能归因于买扑制本身。但刘氏的批评反映了宋代这样一个事实，竞标价不能太高，否则竞标承包者就很有可能不能盈利，甚至亏损，直至倾家荡产，沦为阶下囚。另一方面如竞标价太低，政府作为招标者无法从转让经营权中获得财政收益，同样，这种买扑承包也无法存在，只得关闭。如元祐六年（1091年）春规定：场务投状承买时，"如减八分以上，无人投状承买，委是难以出纳净利钱，即所差官与本州县保明申提刑司审察，保明权停闭讫奏"②。

宋代的调处息讼从某种意义上说也是以双赢共利为前提，这就是宋代官府在谕令民事诉讼双方当事人时经常所强调的"务要两平"、"不得偏党"等语，即双方在调处中都必须妥协、让步，这样才能达成协议。如果只是一方妥协、让步，而另一方始终保持强势，丝毫不予让步、妥协，那是很难协商成功的。总之，调处的本质特征就是非对抗性的，不是以当事人一方击败另一方为结局，而是要通过双方妥协、让步，最终取得双赢共利的结果。

（三）政府协调为主治理的途径

政府在以协调为主的治理中，首先，必须坚持公开、公平竞争。如在买扑

---

① 刘安世：《尽言集》卷2《论买扑坊场明状添钱之弊状》，丛书集成本。
② 苏轼：《苏轼文集》卷34《论积欠六事并乞检会应诏所论四事一处行下状》，中华书局点校本，1986年版。

承包、商人入中中,治理者与被治理者的关系基本上是平等的,双方的合作关系,即是否参与买扑承包或入中,由市场价值客观决定,如承包权给竞价最高之人,入中与否由茶引价格决定。买扑中的招标、开标公开进行,入中的茶引明码标价,都有利于参与者公平竞争,防止贪官污吏营私舞弊。其次,有意识地将价格作为政府治理的有力杠杆。如在以市场性工具解决沿边军需供应中,利用商人逐利的本性,用"虚估"、"加抬"的手段,即以价格为杠杆,高价诱使商人入中,从而把沿边军需供给难题纳入市场化体系加以克服。在买扑承包经营中,官府把承包权给竞价最高之人,这是政府利用价格杠杆使竞标人在相对公平、公正的情况下进行竞争。在赈灾中,宋廷利用价格与供求的辩证关系,短期内适当提高受灾地区的粮食价格,引导商人往受灾地区运送粮食,解决因受灾而粮食匮乏粮价暴涨的问题,达到保证灾区的基本粮食供给、平抑物价、稳定社会秩序的目的。再次,通过劝谕说服或奖励引导。由于协调治理以自愿平等为原则,因此,政府不能采取行政性的强制手段,只能采用劝谕说服或奖励引导的方式,使被治理者按照政府的意愿、政策、方针行动。如在劝课农桑中,朝廷通过宣传务农重谷的国策、农桑为本的理念,皇帝和地方各级长官作出表率示范以及减免赋税、为流民提供耕地、农具、种子、耕牛等奖励措施来引导农民勤于耕织。又如在劝学兴学中,朝廷通过宣传儒家尊师重教的思想以及赐田、赐书、提供经费、学舍,通过科举取士等引导、鼓励民间养成重学、好学的风尚。在调处息讼中,官府以"贵乎和睦"、"孝悌"、"正名分、厚风俗"等儒家的伦理纲常对当事人双方进行开谕,使他们"幡然而改,各从和会而去"[①]。最后,政府与民众或民众之间订立契约。政府与民众或民众之间如就某项事务在自愿平等的基础上达成合作关系后,往往还要订立书面契约,以此作为双方共同遵守的凭据。如在买扑承包经营中,当中标人确定后,承包者必须以家产作抵押,召人作保,订立承包合同。在民间调处息讼中,当纠纷得到调解后,往往需要签订书面协约以为凭据,并报经官府认可,才能以国家强制力保障其执行。如协议是在恃强凌弱的情况下签订的,显然失于公平,那官府就不承认其法律效力了。

二、政府管制为主的治理思想

(一)政府管制为主治理思想的内容

两宋自始至终面临着不同程度的内忧外患,社会矛盾比较尖锐,为了保持社会稳定,达到长治久安,维护自己的统治,历朝对谋反叛逆、杀人、贼盗、

[①] 《名公书判清明集》卷1《劝谕事件于后》,中华书局点校本,1987年版。

官吏贪赃等严重的社会犯罪采取严厉的禁戒与镇压；宋代隐瞒户口与土地兼并严重，影响国家的赋税征收，并使田赋负担不均，朝廷通过登记统计人口、划定户等以及限田、核查田地等进行治理；为了解决财政上入不敷出的危机，朝廷对茶、盐等专卖实行严密的管制，以此保证国家成为垄断利润的独占者；朝廷把货币制造和发行大权牢牢地掌握在自己手中，垄断货币制造与发行，借此取得对社会财富的支配权。

宋代有关财政赋税治理思想的主题是围绕着解决国家财政上入不敷出的危机展开的，其中心是开源、节流和集中财权。开源虽然有通过发展生产增加国家财政收入的一面，但主要的还是通过行政性强制手段，颁布各种法令、法规，巧立名目向广大百姓征敛。同时，为避免社会矛盾的过度激化，引起武装反抗等社会大动荡，朝廷也在某种程度上约束官吏横征暴敛。宋代不少有识之士认识到节流的关键是解决冗兵、冗官、冗费三冗问题。这是因为先后与辽、夏、金、元的战争使宋朝廷一直要保持着一支庞大的军队，因此冗兵成为国家最大的财政开支，军费在北宋占财政支出的十之六七，在南宋则达到十之八；其次为冗官，庞大的官僚机构、有权无权的官员成为财政的沉重负担。要裁减冗兵、冗官，宋朝廷能够采取的有效措施就是通过行政性手段强制执行。

宋代集中财权的思想主要是朝廷通过颁布法令，从三方面改革财政体制：一是协调中央与地方在财经管理上的集权与分权；二是宰相必须总管全国财政，内库必须纳入理财机构的统一管理与监督；三是改制后的户部必须同改制前的三司一样，具有较大的理财范围。而且这三方面的着眼点是相同的，即从机构运行机制层面入手，通过集中财权达到有效地统筹调配全国钱物，控制财政收支平衡，防范财政财务收支上的不法行为，开源节流，从而解决财政困难。这种集中财权的思想在当时因三冗和战争支出巨大、国力匮乏的情况下，具有较大的积极意义。

（二）政府管制为主治理的原则

宋代政府以管制为主的治理思想主要体现在政府命令与禁戒、财政赋税治理思想两方面。此一政策工具的特点在宋代主要体现在以下几个方面：

1. 强制、以强胜弱的原则

在政府以管制为主的治理思想中，治理者（政府）与被治理者（民间组织、企业、个人）之间的关系是强制、以强胜弱的关系。如朝廷依靠军队，对谋反叛逆、杀人、贼盗、官吏贪赃等社会犯罪予以禁戒与镇压。在这里，政府与各种社会犯罪分子就存在着以强胜弱的关系，政府作为强势的一方，派军队缉拿、逮捕社会犯罪分子，然后依据刑法予以严厉惩处，对于那些严重威胁其统治的农民和士兵起义，甚至派军队当场予以镇压。对于户口隐瞒和土地兼并严重影响国家财政税收的治理，政府依靠手中握有的权力，对百姓强制实行户口登记统计和划定户等，颁布法令限制占田，对田地进行核查，以此作为征收赋税的依据。在对茶、盐专卖和货币制造发行实施严密的管制中，政府严厉打击私产私贩茶、盐和私铸货币等，以强权保障国家的垄断权。

在财政赋税治理思想中，政府虽然没有采取像命令与禁戒那么刚性的强制，但总的倾向还是一致的，即通过国家命令、政策等予以实施。如在征收各种苛捐杂税时，必然不同程度地遭到百姓的抵触和反抗，政府如要按时足额予以征收，必须采用各种强制手段，如催科，惩治拖欠不交、拒绝交纳者。节流中的裁减冗兵、冗官，更要依赖自上而下的强制途径，即皇帝通过颁布诏书，强制性地命令有关军队或部门予以精简。至于集中财权，事关权力的分配和官僚机构的调整，只有依靠封建最高统治者的权威，通过诏令圣谕，才有可能强制推行。

总之，无论是政府命令与禁戒，还是财政赋税治理，政府拥有强大的权力是基本前提，即政府通过拥有军队、官吏、司法权等，强制被治理者按其意志行动，否则，违抗者将受到不同程度的惩罚。

2. 垄断独占、胜负对抗的原则

在政府以管制为主的治理中，治理者之所以对被治理者采取行政性强制，以强胜弱，其目的是政府以胜利者的姿态垄断独占某些资源。如政府通过对社会犯罪的禁戒与镇压，巩固自己的统治地位；通过对户口的登记、统计和划定户等，限制占田与核查田地，来保证国家赋税的征收；通过严厉查禁私产私贩茶、盐和私铸钱币，从而独占巨额的禁榷利润。政府如不采取行政性的强制，以胜利者的强势出现，就很难垄断独占某些资源，甚者其政权被推翻，将从治理者转变为被治理者。

以管制为主的治理，由于是通过命令、禁戒甚至惩罚等手段强制民间组织及个人遵守、服从，因此较容易实施和管理，效果具有直接性，更适于作为处理危机的工具。如禁止私产私贩茶盐，强迫农民缴纳赋税，直接派军队镇压农民、士兵起义等。但管制会限制自愿性和私人活动，可能导致经济上的无效率性、高成本、低质量，并可能产生社会与政府的对立，甚至恶化为冲突等。如宋初实行的全面禁榷制，统治者主观上想最大限度地独享茶叶之利，但事实上繁杂而庞大的流通体系在这一体制下运转十分不灵，官办特有的低效率造成物力、财力的巨大浪费。尤其是茶叶保质期限短、保质要求高，易潮易腐，官府经营效率低，损耗大。官府严厉缉拿私产私贩者，但由于走私会带来高额的利润，因此诱使许多人铤而走险，私产私贩屡禁不绝，甚至导致有组织的武装走私贩私，公然与政府对抗，严重威胁封建统治。

（三）政府管制为主治理的途径

政府在以管制为主的治理中，首先，必须制定各种法律法规，因为管制的一个重要特征是要求被治理者遵守服从，因此政府必须制定出各种符合自己统治意志的法律法规，来规范约束被治理者的行为。中国古代的封建法律法规是典型的单轨法，即法律法规只有规范约束被治理者行为的条文，而没有保护被治理者权利的条文。如在对社会犯罪的禁戒与镇压中，朝廷就通过大量的法律条款，严厉禁止被治理者谋反叛逆、杀人、贼盗、贪赃等，否则，将受到残酷的处罚。在茶、盐等专卖和垄断货币制造发行中政府也颁布法律予以明令禁止私产私贩、私铸，违者将受到不同程度的惩处。甚至政府在赋税治理中也制定了各种法律法规，禁止拖欠不交、偷税漏税等。其次，国家必须拥有一支强大的军队，随时对被治理者的反抗实行镇压。因为管制是强行要求被治理者遵守、服从，因此必然会遭到其中一些人的抵触、拒绝甚至武装反抗。在这种情况下，政府只能出动军队予以镇压，以儆效尤，以此确保政府的治理意志能够得到贯彻执行。最后，政府在以管制为主的治理中必须不断颁布各种政策命令，作为法律法规的补充。在政府治理中，现实情况是在不断变化的，法律法规往往处于滞后的状态，因此，政府必须通过不断颁布政策命令对此进行调整，以适应现实情况的变化。如在茶叶专卖中，政府就根据情况的变化，先后颁布各种政策命令，对茶实行全面禁榷法、入中法、贴射法和现钱法、通商法、蔡京茶法等。

三、政府服务为主的治理思想

（一）政府服务为主治理思想的内容

宋代在中国古代算是比较动荡不安的王朝，先后爆发对辽、西夏、金、蒙元的战争，较大规模的农民和士兵起义达 30 余起，小规模的农民和士兵起义达数百起。宋代的自然灾害也较频繁发生，在两宋 300 多年间，据不完全的统计，共有灾害 2000 余次[①]，平均每年六七次，因此，可以说几乎是无年不灾，甚至一年数灾或十几灾，而且有的一灾延续很长时间。

作为一个政府，为了稳定社会秩序，长治久安，巩固自己的统治，必须为全体民众提供必要的公共产品，尤其必须通过社会救助、兴建公共建设工程等保障弱势群体的最起码生存条件。对此，宋代统治者有比较清醒的认识，把以服务为主的政府治理作为长治久安的一项施政重点。

---

① 康弘：《宋代灾害与荒政述论》，《中州学刊》1994 年第 5 期；张文：《季节性的济贫恤穷行政：宋代社会救济的一般特征》，《中国史研究》2002 年第 2 期。

宋廷重视对公共工程的兴建，其中与民生关系重大的主要有5种类型：一是农田水利工程；二是治河；三是修建城池；四是修建桥梁道路；五是治理港口。公共工程往往规模较大，需花费大量的财力、物力和人力，但两宋则常常处于入不敷出的财政危机中。宋廷本着少花钱、多做事的理念，通过各种方式筹集经费，征调人力，修建了不少公共工程。

宋代由于人口的大量增加，人们加速了对山区的开发，也加大了对森林植被的破坏。随着天然植被的减少，人们更加注意对生态环境的保护。宋代重视植树造林，从公共事业的角度看，具有以下几方面的意义：一是树木能保持水土，防止洪涝；二是通过植树壮堤防，防河决；三是种植行道树，既可养护道路、荫庇路人，又可增补官用木材；四是通过植树美化环境；五是植树造林，用于军事防御。

宋代由于植被的破坏，水土流失严重，江河湖泊等淤积使蓄水泄洪的能力降低，南北水患频繁。对此，宋廷主要采取了以下对策和措施：一是还田为湖；二是修复养护陂塘；三是不使豪强地主围湖垦田合法化，加强管理与处罚；四是完善水利设施，使湖泊陂塘更好地发挥灌溉排涝作用；五是对湖泊陂塘及其水道进行疏浚。

宋代随着商品经济的繁荣，城市有很大的发展，在对城市的治理中，有以下几个方面涉及政府以服务为主的治理思想：一是对城市人口户籍的管理，尤其是对城市流动人口与市井流氓、无赖的管理以及城市社会保障体系的建立，对稳定城市社会秩序意义重大。二是宋代在许多城市建立了较完善的防火灭火体制，对保护市民的生命与财产安全发挥了重要的作用。三是宋代重视市政管理与建设，对维护正常的水陆交通秩序与安全发挥了积极的作用。政府把居民供水、排水列入城市规划中，大大方便了民众的生活。

宋人在天灾人祸频繁的情况下，提出了不少十分可贵的政府救助思想：一是平时的政府救助工作主要围绕收养贫困人口、医治贫困病患者和埋葬贫困死者的指导思想展开；二是在灾害发生之前，通过兴修水利、重视灭蝗、植树造林、完善粮食仓储等防患于未然；三是在灾害发生期间，主张尽早就地赈灾、以工代赈、多方筹集赈灾经费、荒年募兵等；四是在灾害发生之后，主张政府应帮助灾民返乡或就地安置，并尽快恢复生产。

（二）政府服务为主治理的原则

宋代政府以服务为主的治理思想主要体现在公共事业和政府救助思想两方面。此一政策工具的特点在宋代主要体现在以下几个方面：

1. 以强助弱、保护救助的原则

在政府以服务为主的治理思想中，治理者（政府）与被治理者（民间组织、企业、个人）之间的关系是以强助弱、保护救助的关系。政府通过所拥有的人力、财力、物力，对广大民众尤其是其中的弱势群体，实施保护救助。如政府通过兴建农田水利工程、治河、植树造林等，使民众避免遭受水旱之灾；通过修建城池、种植树木形成军事防御带，以抵御外敌的入侵；通过修建桥梁道路、疏通河道、治理港口、市政建设与管理以维护交通畅通、行旅安全；通过城市防火灭火体制建设，来保护市民生命与财产的安全；通过将供水、排水系统纳入城市规划中，为市民生活提供方便。

宋代最典型的政府救助是政府在受灾时期与灾后对灾民的救济，主要形式是赈济、赈贷或赈粜粮食，安置灾民住宿，为灾民提供最起码的生存条件，灾后帮助灾民尽快恢复生产。宋代天灾人祸频仍，但由于朝廷重视社会救助工作，因此终宋300余年，社会在自然灾害、宋辽战争、宋金战争、宋西夏战争甚至北宋灭亡的巨大冲击下，仍然避免了失控的状态，朝廷对社会的控制还较稳固，整个社会基本上都处于平稳有序的运作态势，内部虽然爆发了30余次较大规模的农民、士兵起义，但没有出现全国性的大规模农民起义、流民暴动和士兵起义等。所有这一切，与宋廷较成功的政府救助思想与实践是分不开的。

2. 政府免费或部分免费为全体民众，尤其是其中的弱势群体提供公共产品或准公共产品

宋代在兴修农田水利、道路、城池等公共工程中注意采取多种形式，如公办、公办民助、民办公助、民办等，其中对于一些大型工程，因需耗费大量的财力、物力和人力，不是民间力量所能承办的，一般均由国家承担。此外，一些治河工程，如堵塞黄河决口泛滥等，由于情况紧急，且工程浩大，更是需要倾全国之力而毕功。只有一些局部的小水利工程，才采取民办公助或谁得利谁出资的民办形式。宋代的城池、道路一般也由国家承办兴建。因此，宋代的大部分较大规模的公共建设工程应属于政府提供的公共产品或准公共产品，供全体民众免费无偿使用。

宋代常设收养救济贫困人口的机构，如福田院、居养院、安济坊、漏泽园、养济院、安乐坊、安养院、安济院等，均是无偿供养、医治、安葬贫困无助群体。城市的防火灭火经费、市政管理费用等一般也由政府财政开支。政府的这种服务，一般也可算作公共产品。

（三）政府服务为主治理的途径

政府在以服务为主的治理中，首先，必须拥有较雄厚的财力、物力，因为服务的一个重要特征是以强助弱，因此，政府如果没有足够的财力、物力，就很难作为一个强者，对弱者实施保护、救助等。如黄河决口泛滥，政府必须在非常短的时间内做出反应，组织大量的财力、物力和人力，用于实施堵塞、救援等，否则，这一灾难就很难得到有效的控制，广大人民的生命和财产安全无法得到保障。又如宋廷如果没有足够的财政经费支持，就无法建立福田院、居养院、安济坊、漏泽园、养济院、安乐坊、安养院、安济院等众多的收养救济贫困人口的机构，对社会上的鳏寡孤独、贫困无助者实施救助。其次，由于服务的重要特征是以强助弱，因此，其服务的主要方式是免费或部分免费向全体民众或弱势群体提供。如上述公共建设工程中公办、公办民助、民办公助等就属于这种类型。又如宋代赈灾中的赈济就是无偿向灾民提供粮食，赈贷属于无息或低息借贷粮食给灾民，赈粜则是低价或平价把粮食卖给灾民。再次，服务的主要效果是起到保护或救济的作用。如政府兴修水利工程、治河的主要作用就是使民众免受水旱之灾的伤害；修筑城池，就是保护民众免受外敌的侵袭；修建桥梁、道路，就是保障交通畅通、行旅安全；建立城市防火灭火体制，就是保护市民的生命和财产免遭火灾的焚毁。政府对灾民的救助，就是帮助灾民在无以为生的困境中，不至于饥寒交迫、疾病而死亡，从而渡过难关，恢复生产，重建家园。最后，必须指出的是，在政府以服务为主的治理中，有时也采取禁戒与命令的方式。如在生态环境保护中，宋廷颁布了许多法律，对林木进行保护，严禁私自砍伐林木，必须依法进行开采，禁火烧林等。如法律规定："毁伐树木、稼穑者，准盗论"[①]；"诸系官山林辄采伐者，杖八十"[②]；"延烧林木者，流二千里"[③]。又如为了防止火灾的发生，宋代定有严格的禁火、限火规定。如大中祥符八年（1015年），"诏皇城、内诸司、在京百司库务、仓草场无留火烛，如致延燔，所犯人及官吏悉处斩"[④]。再如宋代在赈灾时禁遏籴，以行政手段保护粮食以商品流通的形式自然聚汇到受灾地区。南宋理宗宝庆三年（1227年），"监察御史汪刚中言：'丰穰之地，谷贱伤农；凶歉之地，济籴无策，惟以其所有余济其所不足，则饥者不至于贵籴，而农民亦可以得利。乞申严遏籴之禁，凡两浙、江东西、湖南北州县有米处，并听贩鬻流通；违，许被害者越诉，官按劾，吏决配，庶几令出惟行，不致文具。'从之"[⑤]。

四、各级官吏对政策工具的执行

众所周知，在政府治理中，各种政策工具必须通过各级官吏加以执行。因此，历代最高统治者为维护自己的统治，高度重视治吏。"吏者，民之本、纲

---

①③ 窦仪：《宋刑统》卷27《杂律》，中华书局点校本，1984年版。
② 徐松：《宋会要辑稿》（以下简称《宋会要》）《方域》10之7，中华书局影印本。
④ 《宋会要·刑法》2之12。
⑤ 脱脱：《宋史》卷178《食货上六》，中华书局点校本，1985年版。

者也，故圣人治吏不治民。"① 治吏的主要手段就是加强对官吏的选任、监察与考核。

（一）宋代选任官吏思想

宋代在选官思想方面，强化皇帝对科举的控制，在殿试中亲自主持考选。在科举考试内容上重经义、明法，有助于提高官吏的执政能力和判案水平。在考试中把唐代的别头试、糊名法制度化，并创立了誊录法，有助于公平竞争，防止科场中徇私舞弊，更好地为国家选拔具有真才实学的人才，优化官僚队伍。

宋代官、职、差遣相分离的任官思想具有很强的封建人治色彩，但加强了皇帝对用人权的控制，从某种意义上说也提高了行政机关的效能。宋代任官制大致可分为三个层面：一是皇帝特旨擢用法；二是中书堂除法；三是吏部铨选法。除此之外，还辅以定差法、铨选考试法、举官连坐法、任官回避法等，对于公正选拔德才兼备的人员进入各级官吏队伍，肃清吏治，防止腐败、徇私舞弊等发挥了一定的积极作用。

（二）宋代监察官吏思想

宋代在中央设御史台为监察机关，对百官随时发现问题随时纠弹。其最有特色的是设六案对京师六部诸司采取定期巡视按察。御史监察百官内容广泛，主要有：弹劾官吏贪赃枉法、行贿受贿与请托行为；弹劾官吏交结权近，朋比结党；弹劾官吏不忠不孝等违背封建伦理纲常的行为；弹劾官吏违法购买田产；弹劾官吏偷税漏税；弹劾官员失职，办事效率低下；弹劾举官非其人者；弹奏越职论事和议改政府法令者；纠察私入三司、开封府及御史台者。宋代御史作为皇帝的耳目之官，尤其重视对其选任。御史一般由皇帝选任，以便更好地对宰相及高级官员进行监察；任御史者必须不畏权贵，廉洁，刚正不阿，果断敢言，有地方行政经验。

宋代地方监察制度在中国古代颇具特色，一是路级设监司，即转运司、提刑司和常平司共负监察之责；二是府州设通判作为监察官。

宋代路级监司通过分割地方路级事权达到加强中央集权，通过互察、互申、共同参与某项事务达到互相监督，共同拥有监察地方官吏的职责。宋代监司刺举州县官吏的内容主要包括以下几个方面：一是刺举贪赃者；二是察举不尽职责者；三是察举昏庸无能、年老病弱和怠惰政务者；四是举劾征收赋税中的不法行为；五是按劾州县残害百姓者。

宋代通判既是州郡副长官，又是州郡监察官，拥有监察知州及所部州县官

---

① 韩非：《韩非子》卷14《外储说右下》，上海古籍出版社影印《二十二子》本，1986年版。

吏的职权。其监察内容主要有以下几个方面：一是对知州及属下官吏皆可按察；二是监视钱谷出纳，防止差错作弊等事；三是巡历仓库，点检官物；四是拘收、检查无额上供钱物和经总制钱；五是监督纲运。

宋代监司不仅是皇帝的耳目，而且还执掌一路的大权，州县吏治的好坏，官员是否任用得人，无不与监司有密切的关系。因此，宋廷重视对监司的选任，其形式大体有：一是由皇帝亲自擢用；二是臣僚荐举，皇帝从中选任；三是宰执堂除。而且在选任时的回避制度比一般官员更严密，监司与其所辖地区州县官之间、同路监司官之间、同路监司官与帅司之间、监司属官与所辖地区州县官之间、监司属官与同路诸司官之间以及监司在本籍贯和产业所在路均应实施回避制度，防止地方官员利用亲属、同乡等关系拉帮结派，结党营私，对封建中央集权和吏治形成负面影响。

宋廷也颇重视通判的选任，其选任方式主要有皇帝亲擢、中书堂除、吏部差注、监司或府州辟差。其中府州辟差通判在宋代不常见，在一般情况下宋代规定府州长官不能奏辟或保举见任通判，以便使通判能行之有效地监察州郡长官。

（三）宋代考核官吏思想

宋代对官吏的考核是治吏的重要工具之一，事关对人才的选拔任用。这项工作涉及人事部门、财计部门和监察部门，这是因为在考核地方官和监临物务官的经济政绩时，其账籍必须先送计司审核比较户口、垦田、赋税、课利增亏，这使人事主部门有较准确具体的考核依据。在主持考课的官吏中，监察官的作用逐渐加强，这不仅保证了考核的如实公允，而且显示出考核具有督察官吏、肃清吏治的职能。

宋代考核官吏的内容因职务而异，其考核地方官的指标设计主要有两方面：其一有关经济方面的，如农桑、垦田、人口等；其二有关治民方面的，如狱讼、盗贼、赈恤等。综观宋代对官吏的考核指标设计，与前代最明显的不同是对官吏经济政绩的考核渐趋重要。

宋代在对地方官进行考核时，比较注意对官吏政绩进行较准确的量化评估，课其殿最。尤其在对官吏经济政绩考核时，采取比祖额之增亏、比递年（谓前一年）之增亏、确立多项增亏指标给予相应奖惩三种方法。这些方法使对官吏经济政绩的量化考核评估比较准确、客观公正和科学合理。

宋代统治者通过这样一套科学、合理的激励机制，有效地调动了官吏的积极性，使政策工具得到贯彻和执行，在很大程度上促进了社会经济的发展，维护了宋政权的稳定，而且其基本原理与现代的激励理论颇为吻合。

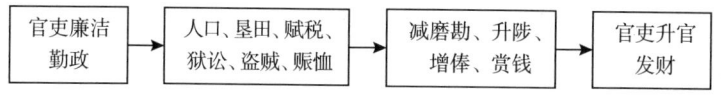

图 1-1 宋代的官吏激励机制

迄今为止,在组织成员激励方面最被广泛接受的是弗鲁姆的期望理论(Expectancy Theory)。期望理论认为当人们预期某种行为能带给个体某种特定结果且这种结果对个体具有吸引力时,个体就倾向于采取这种行为。它包括以下三种变量或联系:

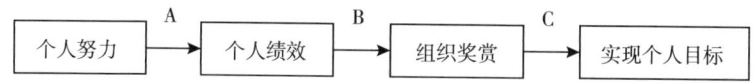

A=努力—绩效联系:个体感到通过一定程度的努力可以达到某种工作绩效的可能性
B=绩效—奖赏联系:个体相信达到一定绩效水平后即可获得理想结果的程度
C=奖赏的吸引力:奖赏对个体的重要性程度,主要包括个体的目标与需要

图 1-2 弗鲁姆的期望理论

通过对图 1-1、图 1-2 的对比可以发现,宋代的官吏激励机制与现代的期望理论在本质上是非常接近的。

(四)政策工具视角下的宋代管理思想的三个层面与一个关键

综上所述,政策工具视角下的宋代管理思想大致分为三个层面和一个关键。第一层面是以政府管制为主的治理,通过命令、禁戒等手段强制民间组织及个人遵守、服从。管制较容易实施和管理,效果具有直接性,更适于作为处理危机的工具。但管制会限制自愿性和私人活动,可能导致经济上的无效率性、高成本,降低质量,并可能产生社会与政府的对立甚至恶化为冲突等。第二层面是以政府协调为主的治理,通过市场化、契约、劝勉、调解等途径使政府与民间组织、个人自愿平等合作,动员全社会力量共同参与,采取公办民助、民办、民办公助等形式,最大限度增进共同利益。政府协调为主的治理能降低政府管制的成本,提高积极性和产品质量,有效配置资源,促进经济发展,避免社会与政府的对立。但会弱化政府对经济和社会的直接控制,有时短期内还会减少财政收入,削弱政府的权力。第三层面是政府通过对社会的服务,即通过救助进行赈灾、救济,兴办公共事业等。其政策着眼点是保障弱势群体的最起码生存条件,为全体民众提供必要的公共产品,从而稳定社会秩序,长治久安。一个关键是任何政策工具必须通过各级官吏加以执行,因此应

加强对官吏的选任与监察考核。政策工具视角下的宋代管理思想的特点是统治机制从单纯依靠政府的权威或制裁向权力的多元化方向转化，参与主体除政府以外还包括民间组织、企业和社会个体；治理模式除传统的国家强制手段和方法外，已经尝试在不同的制度关系中运用政府协调（约定、协商、引导、劝勉、调解）去控制和规范组织与个人的各种活动，社会化手段部分替代政治权力。总之，实现政府管理的重心从统治到治理的转移。

据此，我们将政策工具视角下的宋代管理思想分为政府管制、政府协调和政府服务三个部分，这三个部分管理的最终效果均取决于对官吏的选任、监察与考核。我们可以构建一个宋代政府治理机制模型图，如图 1-3 所示，政府治理效果为政府管制、政府协调和政府服务的函数，可用 $F=f(x, y, z)$ 表示，其中政府管制的效果为 $X=f(x)$，政府协调的效果为 $Y=f(y)$，政府服务的效果为 $Z=f(z)$，即三个治理部分的效果就是官吏选任、监察与考核水平的三维函数。图中所示 XYZ 所构成的三角截面就是政府治理的最终效果。在有限而有效的 XYZ 取值范围内，所构成的三角截面越大，政府治理效果越好。

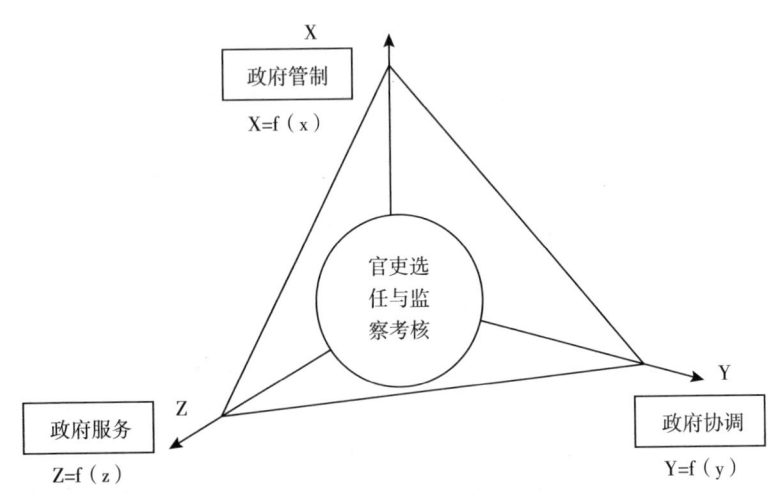

图 1-3　宋代政府治理机制模型

第三节

宋代政策工具的综合治理思想
——以治理人与土地矛盾为例

一、宋代的人口与土地特点

（一）人口增长快，分布不均

宋代人口从北宋初期到南宋中叶一直是在持续增长着，尤其是北宋的一百六七十年中，户口增长迅速。如宋太祖开宝九年（976年）全国人口为3090504户，至宋仁宗嘉祐八年（1063年）达12462317户，增长指数达403，再至宋徽宗大观四年（1110年），达到最高峰，为20882258户，增长指数上升至676。与前代户口相比，两汉人口最高为5000多万人；唐代开元、天宝之际为6000万人左右。宋代至仁宗时期，立国不到100年，户数就已超过了1200万，大致与唐相等。而至宋徽宗年间，户数高达2000多万，如每户以5口计算，人口已超过1亿，远远高于宋代以前任何朝代，几乎是汉唐的两倍[①]。

宋代人口不但增长快，而且分布不甚均匀。早在北宋中后期，苏轼就指出："天下之民，常偏聚而不均。吴、蜀有可耕之人，而无其地；荆、襄有可耕之地，而无其人。"[②] 可见，东南与四川地狭人多，人口密度大，对土地形成压力，而湖南、湖北广大地区则地广人稀，许多土地荒废，无人耕垦。这种人口分布不均造成了人力资源与生产资料——土地的配置失衡。

宋代，由于战乱和自然灾害以及人口分布不均，造成人口在区域之间的流动性比较大。据有关学者研究，靖康之乱以后北方人口南迁可分为七个阶段。靖康之乱时期一个阶段，即靖康之役阶段，自北宋靖康元年至南宋绍兴十一年（1126～1141年），持续16年。南宋和金对峙时期四个阶段，即海陵南侵阶段，自绍兴三十一年至隆兴二年（1161～1164年），持续4年；开禧北伐阶段，自开禧二年至嘉定元年（1206～1208年），持续3年；宣宗南侵阶段，自嘉定十年至十七年（1217～1224年），持续8年；宋蒙灭金阶段，约自绍定五年至端平元年（1232～1234年），持续3年。南宋和蒙元对峙时期两个阶段，

---

① 漆侠：《中国经济通史·宋代经济卷》上册，经济日报出版社，1999年版，第49-50页。
② 《苏轼文集》卷9《御试制科策一道》。

即蒙元攻宋阶段,自端平二年至景定元年(1235~1260年),持续26年;蒙元灭宋阶段,自咸淳十年至元朝至元十六年(1274~1279年),持续6年。其中靖康之乱阶段的北方人口南迁,其规模之大,迁入人口之多,影响之广泛深远,无疑要超过以后任何一个时期和任何一个阶段。

从范围上看,靖康之乱后的北方人民七个阶段的南迁分布极其广泛,分布密度很高。可以说,南宋绝大部分府州军的大部分县份都有数量不等的北方移民,相当多的府州军在各个移民阶段都有移民迁入①。

宋代人口的大量增长使得在人口密集地区,人均占有耕地较少,继而出现一定数量的少地或无地人口。这些人口为生计所迫,或涌入农业之外的其他部门特别是工商业部门,或大量外迁,前往开发不足的地区以寻找耕地和就业机会。如宋代福建是人稠地狭最严重的地区之一,因此较早就出现对外移民,并且是迁出人口最多的地区之一。如南宋初年曾丰曾说:"闽地褊,不足以衣食之也,于是散而之四方,故所在学有闽之士,所在浮屠、老子宫有闽之道、释,所在阛阓有闽之技艺。其散而在四方者,固日加多,其聚而在闽者,率未尝加少也。"②又如两浙路也是宋代人多地狭比较严重的地区,南宋初年宋金和局达成以后,两浙不少百姓就陆续迁入淮南东、西路等仍有较多可耕地的地区。正如孝宗乾道七年(1171年)薛季宣所言:"江南转徙人户来淮甸者,东极温、台,南尽福建,西达赣、吉,往往有之。"③

(二)土地兼并严重

宋代土地兼并严重的情况,本书第二章第一节"宋代经济与管理思想"有比较详细的介绍,因此,这里仅做简要提及。宋代在"不立田制"、"不抑兼并"的土地政策背景下,土地自由买卖、兼并之风盛行。宋仁宗即位之初,土地兼并已发展到"天下田畴,半为形势所占"④。南宋高宗时,臣僚们指出:"今郡县之间,官户田居其半。"⑤据漆侠估算,宋代占人口不过百分之六七的地主阶级占全部垦田的百分之六七十,甚至70%以上,而其中占总人口千分之四五的大地主占田竟达百分之四五十,而占总人口百分之八十几的农民阶级占有的土地不过是垦田的百分之三四十,甚至在30%以下⑥。由此可见,宋代土地兼并已达到相当严重的程度,并且使人口对土地的压力进一步加大。

---

① 吴松弟:《中国移民史·辽宋金元时期》,福建人民出版社,1997年版,第272-273、408页。
② 曾丰:《缘督集》卷17《送缪帐干解任诣铨改秩序》,文渊阁四库全书本。
③ 薛季宣:《浪语集》卷16《奉使淮西回上殿札子》,文渊阁四库全书本。
④ 《宋会要·食货》1之20。
⑤ 留正:《皇宋中兴两朝圣政》卷11,宛委别藏本。
⑥ 漆侠:《中国经济通史·宋代经济卷》上册,经济日报出版社,1999年版,第387-388页。

二、宋代政府对人口与土地矛盾综合治理思想

针对宋代人口与土地的矛盾,一些有识之士纷纷提出政府运用政策工具予以综合治理,主要措施有以下几个方面:

(一) 均衡人口分布

宋代由于人口增长迅速,在一些地方给土地造成巨大的压力,人众地狭的问题相当突出。如"浙间无寸土不耕"①;福建"土地迫狭,生籍繁夥,虽晓确之地,耕耨殆尽"②;"蜀民岁增,旷土尽辟"③,"两川地狭,生齿繁,无尺寸旷土"④。与此同时,在一些边远地区,则是地广人稀。据漆侠的统计考察,宋代在以峡州为中心,北至秦岭、南达海南岛这一南北线的右侧,包括成都府路、利州路、梓州路、夔州路、荆湖南路的西部(湘江、资江以西)以及广南西路,即今四川、陕南汉中地区、鄂西、鄂西南、湘西和广西、广东雷州半岛、海南岛等地,亦即宋统治下的西部地区,除成都府路的人口堪与东南诸路如两浙、江南东路相比之外,其余诸路都无法同东方诸路相比,因而这个地区地旷人稀,从而造成农业生产的落后⑤。正是由于人口的迅速增长以及分布不均,使得人与土地的矛盾走向两个极端:一是人众地狭,许多人无地可耕;二是地广人稀,大片土地得不到开垦。这两种极端虽然表现形式不同,但后果相同,即人地冲突使得劳动力和生产资料不能有机结合,劳动力资源和生产资料得不到合理配置。苏轼就敏锐地看到了这一点。他说:"臣闻天下之民常偏聚而不均","吴、蜀有可耕之人,而无其地;荆、襄有可耕之地,而无其人。由此观之,则田野亦未可谓尽辟也"⑥。针对这种情况,宋代一些有识之士提出相应的对策,其中以苏轼和叶适较有代表性。

1. 苏轼的均户口思想

苏轼对当时一些地区人多地少的问题持乐观的态度,认为"夫中国之地,足以食中国之民有余也"⑦,这就是中国的土地足以养活全国的民众而还有剩余。但是"民常病于不足",那是人为因素造成的。首先,他认为与历史上井田制的废除有关。井田制是"度地以居民","民各以其夫家众寡而受田于官。

---

① 黄震:《黄氏日抄》卷78《咸淳八年春劝农文》,文渊阁四库全书本。
② 《宋史》卷89《地理五》。
③ 李焘:《续资治通鉴长编》(以下简称《长编》)卷168,中华书局点校本,2004年版。
④ 张方平:《乐全集》卷36《傅公神道碑铭》,文渊阁四库全书本。
⑤ 漆侠:《中国经济通史·宋代经济卷》上册,经济日报出版社,1999年版,第76页。
⑥ 《苏轼文集》卷9《御试制科策一道》。
⑦ 《苏轼文集》卷8《策别安万民三》。以下4个自然段引文未注出处者,均见于此。

一夫而百亩，民不可多得尺寸之地，而地亦不可多得一介之民，故其民均而地有余"，实现了劳动力与生产资料的有效配置，"故谷常有余而地力不耗"。井田制破坏以后，土地成为私人财产，可以自由买卖，结果造成"天下之民，转徙无常，惟其所乐，则聚以成市，侧肩蹑踵，以争寻常，挈妻负子，以分升合……地非不足，而民非加多也，盖亦不得均民之术而已"。苏轼进一步推断，这种因人口迁徙而造成的分布不均，使得"地无变迁，而民有聚散。聚则争于不足之中，而散则弃于有余之外，是故天下常有遗利，而民用不足"。首先，苏轼把井田制的瓦解作为人地冲突的人为因素，其结论有多少符合历史事实，我们姑且不论，但是其从人口分布不均角度来认识人地冲突，并把劳动力资源与生产资料土地不能有效配置作为社会生产力不能充分发挥，百姓因此贫困的观点，从某种意义上说是符合宋代的现实情况，并对解决人地冲突问题具有积极意义。其次，他认为与当时宋统治者的政策有关，即"上之人贱农而贵末，忽故而重新，则民不均"。其中"贱农而贵末，则农人释其耒耜而游于四方，择其所乐而居之"。"忽故而重新"，则对"水旱之后，盗贼之余"的地区，朝廷为了安抚"逋逃之民"，常常"轻刑罚、薄税赋、省力役"；而对于一般"久安而无变"的地区，"则不肯无故而加恤"，这就使这些地区的人们，为获得轻徭薄赋的好处，而"稍稍引去，聚于其所重之地，以至于众多而不能容"。

基于这种认识，苏轼提出了"安万民"的一项重要措施——"均户口"，通过移民以调整人地关系，实现人口的合理均匀分布，从而使人口与土地资源有效配置。但是，苏轼清醒地看到："今欲无故而迁徙安居之民，分多而益寡，则怨谤之门，盗贼之端，必起于此，未享其利，而先被其害"。对此，苏轼主张："必因人之情，故易为功。必因时之势，故易为力。"所谓"因人之情"，就是"民之情，莫不怀土而重去"，即百姓一般留恋故土不肯迁徙，但士大夫则不然，士大夫一般"狃于迁徙之乐而忘其乡"。因此，国家可参照汉朝"吏两千石皆徙诸陵"的先例，将"天下之吏仕于某者"，皆徙至人口比较稀疏的"荆、襄、唐、邓、许、汝、陈、蔡之间"。士大夫非不乐往，只是"恐独往而不能济"，如果"比见其侪类等夷之人，莫不在焉，则其去惟恐后耳"，自会蔚成风气。这里，苏轼主张沿用汉代迁移二千石吏到诸陵的办法来平均分布人口，未必切合实际。因为士大夫游宦，是为了高官厚禄，不是性乐迁徙。让他们放弃游宦之乐而接受迁徙垦荒之苦，是难以想象的。即使他们退休之后，不再游宦，也断不会有人以迁徙垦荒为乐事的。而且，许多士大夫之家，本身就是拥有大量土地的兼并之家，即使他们愿意到别处去开荒占田，也决不会放弃自己在地狭民稠的狭乡已经兼并的大批膏腴土地，而到空荒地区另立家业①。

苏轼的"因时之势"措施比起"因人之情"，则显得务实可行。所谓"因时之势"，是指乘灾荒之年，"民方其困急时"，招募移民。因为饥馑流亡之时，"父子且不能相顾，又安知去乡之为戚哉"？只要"所过廪之，费不甚厚"，百姓就会"乐行"。

为了安顿"因人之情"和"因时之势"的移民，使他能在新迁入地安居乐业，苏轼还主张对移民给予一定的优惠政策，"皆授其田，贷其耕耘之具，而缓其租，然后可以固其意"。这里，苏轼抓住了问题的关键，即应向移民提供基本的生产资料——土地和耕耘的农具，使他们能进行简单再生产，刚开垦的土地收成较少，所以应该缓交地租，少交地租。总之，让移民在新居地能生存下去，这样才达到最终目的，使人口分布趋于均匀，"天下之民其庶乎有息肩之渐也"。

2. 叶适的"分闽浙以实荆楚"思想

南宋叶适也主张通过移民来调节人口分布。闽浙地区由于远隔中原，自唐末五代开始幸免于战火，"又以四十年都邑之盛，四方流徙尽集于千里之内"②，至宋代人口密集，是地狭人稠最为严重的地区，"凿山捍海，摘抉遗利，地之生育有限而民之锄耨无穷"。而荆楚之地，汉代还"民户繁实"，唐五代后"不复振起"，地广人稀。针对当时闽浙、荆楚人口分布明显不均的情况，叶适提出："夫分闽浙以实荆楚，去狭而就广，田益垦而税益增。其出可以为兵，其居可以为役，财不理而自富，此当今之急务也。"

从政策工具的角度看，苏轼的"因人之情"侧重于以协调为主的治理，即通过劝诱的手段引导士大夫迁徙至人口比较稀疏的地区；"因时之势"侧重于以服务为主的治理，即通过向灾民提供田地、农具、缓交租税而鼓励他们迁徙到地多人少的地方。上述苏轼的"度地以居民"和"均民"的方式，基本上还停留于原则性的思想层面，而叶适的"分闽浙以实荆楚"则是着眼于实施的战略性移民决策，通过统筹协调，以达到全国各地区人口合理布局，实现劳动力与生产资料土地的合理配置，使社会经济得到发展，国家赋役供给得到增长，从而富国强兵。

（二）抑制土地兼并

有关抑制土地兼并的问题，本书第五章第二节"户口与土地管理思想"中

---

① 赵靖：《中国经济思想通史》第3卷，北京大学出版社，1997年版，第257-258页。
② 叶适：《叶适集·水心别集》卷2《民事中》，中华书局点校本，1961年版。此自然段引文未注出处者，均见于此。

有详细论述，兹为了本论题的论证而稍加提及。

在宋代，李觏较早地认识到土地兼并使人口与土地的矛盾进一步加剧，即土地与劳动力分离，二者不能得到有效的配置。一是土地兼并使农民失去土地，他们虽有劳动力，却无可耕之地；富人占有广大土地，人丁虽多，却过着不劳而获的奢侈生活。这样，农业生产中劳动力严重缺乏，只好粗放经营，土地潜力得不到发挥，产量低下。二是农民被剥夺了土地，肚子吃不饱，无力开垦荒地，或所开垦荒地不能据为己有，无开垦的积极性。而富人因有大量的钱财兼并肥沃的土地，因此，也不愿去开垦荒地。他说："贫民无立锥之地，而富者田连阡陌。富人虽有丁强，而乘坚驱良，食有粱肉，其势不能以力耕也，专以其财役使贫民而已。贫民之黠者则逐末矣，冗食矣。其不能者，乃依人庄宅为浮客耳。田广而耕者寡，其用功必粗。天期地泽风雨之急，又莫能相救，故地力不可得而尽也。山林薮泽原隰之地可垦辟者，往往而是，贫者则食不自足，或地非己有，虽欲用力，未由也已。富者则恃其财雄，膏腴易致，孰肯役虑于菑畬之事哉？故田不可得而垦辟也。"①

基于这种认识，李觏主张政府应该利用管制性政策工具，强制实行"限田"。他说："莫若先行抑末之术，以驱游民，游民既归矣，然后限人占田，各有顷数，不得过制。游民既归而兼并不行，则土价必贱。土价贱，则田易可得。田易可得而无逐末之路、冗食之幸，则一心于农。一心于农，则地力可尽矣。其不能者，又依富家为浮客，则富家之役使者众；役使者众，则耕者多；耕者多，则地力可尽矣。然后于占田之外，有能垦辟者，不限其数……富人既不得广占田而可垦辟，因以拜爵，则皆将以财役佣，务垦辟矣。如是而人有遗力，地有遗利，仓廪不实，颂声不作，未之信也。"②由此可见，李觏想通过强制性地限制地主占田来抑制土地兼并，使土地价格下降；然后把多余的工商业者以及游民赶回农村，让他们购买价格低的土地，安心务农；而实在买不起土地的人就佃耕地主的土地。这样，就能实现土地和劳动力的有效配置，充分发挥土地的潜力，"地力可尽矣"。同时，由于限制了地主占有熟田，而对开垦的荒地则没有限制，并且依据开垦荒地的大小授予爵位，这就能促使地主雇佣佃农努力开垦荒地，"垦辟"问题也就得到解决。

苏洵也看到了当时的土地兼并加剧了人口与土地的矛盾，使"田非耕者之所有，而有田者不耕也"③。对此，他也提出了自己的限田方案：一是政府以行政强制性手段确定一个不太高的百姓占田限额；二是对目前田主超过限额的

---

①② 李觏：《李觏集》卷16《富国策第二》，中华书局点校本，1981年版。
③ 苏洵：《嘉祐集》卷5《田制》，四部丛刊本。

土地，国家不予剥夺，让其自然减少。这样，既避免了夺富民之田分与贫民，引起富民的不满和反抗而招致的社会动乱，又达到某种程度上解决人地矛盾，使贫民能比较容易得到一块土地，成为自耕农。他说："吾欲少为之限，而不禁（夺）其田尝已过吾限者，但使后之人不敢多占田以过吾限耳。要之数世，富者之子孙或不能保其地，以复于贫，而彼尝已过吾限者，散而入于他人矣。或者子孙出而分之以为无几矣。如此，则富民所占者少而余地多，余地多则贫民易取以为业，不为人所役属，各食其地之全利，利不分于人而乐输于官。夫端坐于朝廷，下令于天下，不惊民，不动众，不用井田之制，而获井田之利，虽周之井田，何以远过于此哉！"① 这里值得特别提出的是，苏洵的土地改革方案虽然采取强制性的行政手段规定一个占田限额，但不用强行剥夺的办法，而是用渐进式的旧制度自然消亡的思想主张，缓和了社会矛盾，有利于新旧制度的平稳过渡。

南宋时林勋提出了综合李觏与苏洵的限田措施："今宜立之法，使一夫占田五十亩以上者为良农，不足五十亩者为次农，其无田而为闲民，与非工商在官而为游惰末作者，皆为驱之使为隶农。良农一夫以五十亩为正田，以其余为羡田。正田毋敢废业，必躬耕之。其有羡田之家，则无得买田，唯得卖田。至于次农，则无得卖田，而与隶农皆得买羡田，以足一夫之数，而升为良农。凡次农、隶农之未能买者，皆使之分耕良农之羡田，各如其夫之数，而岁入其租于良农……若良农之不愿卖羡田者，宜悉俟其子孙之长而分之，官毋苟夺以贾其怨。少须暇之，自合中制矣。"② 简言之，林勋使民占田就是农民占足50亩或超过50亩的，不许再买，只能出售超过50亩的"羡田"；未占足50亩的，可以买足差额。国家不强行干预"羡田"的占有和出售，不愿出售的留待子孙分产而自然减少。国家不授予任何人土地，也不保证任何人占足50亩。

考诸史籍，宋代的限田思想曾被朝廷多次采用管制性政策工具予以实施。但由于在封建土地私有制下，只要有贫富分化和土地买卖，土地兼并就是不可避免的。因此，宋代的几次限田措施，最终都以失败而告终。宋代的限田，据《宋史》卷173《食货上一》记载③，主要有4次。其中北宋主要在宋仁宗、宋徽宗时期政府强制实行两次限田，而且限田的对象主要是朝廷官员。宋仁宗时

---

① 《嘉祐集》卷5《田制》。
② 罗大经：《鹤林玉露》乙编卷1《本政书》，中华书局点校本，1983年版；又见《宋史》卷422《林勋传》。
③ 以下2个自然段引文未注出处者，均见于此。

诏令限田："公卿以下毋过三十顷，牙前将吏应复役者毋过十五顷，止一州内，过是者论如违制律，以田赏告者。"仁宗把占田超过限田数额的官员定罪为"违制律"，并奖励知情者告发，可见其命令禁戒之严厉。但不久"任事者终以限田不便，未几即废"。宋徽宗"政和中，品官限田，一品百顷，以差降杀；至九品为十顷；限外之数，并同编户差科"。由此可见，宋徽宗时限田令比宋仁宗时已宽松多了，品官占田虽有限额，但仍允许超过限额，只是超额部分不享受优惠，等同编户差科。宋徽宗时，虽然也颁布诏书限制宫观占田，但又特许宫观"虽奉御笔，许执奏不行"，其实际上是一纸空文。

南宋孝宗时，把"严限田"作为治理天下的四件大事之一，而且不仅限官员占田，也限宫观、豪强地主占田。但限田不是很有效果，"豪民占田不知其数"，可见，未达到预期的目标。宋理宗时期，朝廷更把限田作为全国必须解决的头等大事，正如当时丞相贾似道所奏："救楮之策莫切于住造楮，住造楮莫切于免和籴，免和籴莫切于买逾限田。"而且朝廷在两浙、江东西对官民户逾限之田，抽1/3买充官田，而不停留于苏洵、林勋的让超限额占田自然消亡的主张，由此可见宋理宗强制执行限田的决心。但事与愿违，买逾限田不仅未达到预期的效果，还引发了一些弊端。

（三）提高劳动生产率，尽力开垦荒地

宋代不少人都意识到要解决人口与土地的矛盾，通过提高劳动生产率，尽力开垦荒地也是一条重要的途径。但是，他们在具体做法上又存在着不同的思路。

李觏认为当时农民被剥夺了土地，肚子吃不饱，无力开垦荒地，或所开垦荒地也不能据为己有，因此，无开荒的积极性。这就是"贫者则食不自足，或地非己有，虽欲用力，未由也已"[①]。对此，李觏主张：通过政府强制性行政手段，"限人占田，各有顷数，不得过制"，使耕者占有其田，就能"一心于农，则地力可尽矣"，"然后于占田之外，有能垦辟者，不限其数"[②]。总之，李觏认为要提高生产者的积极性和劳动生产率，尽力开垦荒地，最根本的措施通过政府管制性政策工具进行限田，从而改变因土地兼并而导致的"地力不尽"和"田不垦辟"，最大限度地做到"一手一足无不耕"，人人都参加生产劳动，"一步一亩无不稼"，所有的土地都种上庄稼，达到劳动力与土地的最有效配置，"人无遗力，地无遗利"。这样才能发展生产，增加财富，使

---

①② 《李觏集》卷16《富国策第二》。

"耕者得食"、"蚕者得衣"，"民用富而邦财丰"①。这是治国的上策，富民的根本。

叶适的反传统精神，使他对井田制的优越性大胆进行怀疑，认为其不是一种理想的土地制度，没有必要恢复它。他说：

> 夫畎遂沟洫，环田而为之，间田而疏之，要以为人力备尽，望之而可观，而得粟之多寡则无异于后世耳。大陂长堰，因山为源，钟固流潦，视时决之，法简而易周，力少而用博。使后世之治无愧于三代，则为田之利，使民自养于中，亦独何异于古！故后世之所以为不如三代者，罪在于不能使天下无贫民耳，不在乎田之必为井不为井也。②

这里，叶适用功利主义的标准来衡量井田制，得出的结论是：从谷物产量看，井田制的产量并不比后世高；从水利设施看，井田制的畎遂沟洫耗尽民力，反不如后世顺应自然地形，"法简而易周，力少而用博"，即简易周到完整，用力少而效率高；从养民的角度看，现在的土地制度使百姓能自给自足，与古相比并没什么逊色。

宋代以前评价井田制的人，由于受儒家"不患寡而患不均"思想的影响，总是从平均的角度对井田制大加赞扬。宋代则出现了从是否有利于农业生产的标准来重新评判井田制度。如前所述，李觏后期就认为土地制度的优劣看是否有利于充分发挥人力、地力的潜能，做到"人无遗力，地无遗利"。叶适则更具体地从谷物产量、水利设施、养民的角度对井田制做了论证。

叶适在认为土地国有制的井田制没有什么优越性的同时，指出私有制的民田比国有制的官田耕作者更有积极性。他说："夫官有田而民不知种，有地而民不知辟。"③ 在当时条件下，只有田地归农民自己所有，才是激发生产者的积极性，提高生产效率的最有效的办法。

在土地问题上，叶适比较切合实际地针对当时"有田者不能自垦而能垦者非其田"的情况，提出了与李觏相似的主张，即使土地与劳动力充分结合。他说："以臣计之，有民必使之辟地，辟地则增税，故其居则可以为役，出则可以为兵。"④ 可见，他认为劳动力如能充分地利用来开垦土地，就为国家提供了充足的税源、徭役和兵役，自然国家就富强了。

---

① 《李觏集》卷6《周礼致太平书·国用第四》。
② 《叶适集·水心别集》卷2《民事下》。以下6个自然段引文未注出处者，均见于此。
③ 《叶适集·水心别集》卷2《民事上》。
④ 《叶适集·水心别集》卷2《民事中》。

在土地私有制的基础上，农民出现贫富分化，广占土地和失去土地的现象是必然出现的。正是基于这种现实，叶适一反传统的主流观点，反对抑制兼并，批判抑制兼并的思想与做法。他说："今俗吏欲抑兼并，破富人以扶贫弱者，意则善矣。此可随时施之于其所治耳，非上之所恃以为治也"，"夫人主既未能自养小民，而吏先以破坏富人为事，徒使其客主相怨，有不安之心，此非善为治者也"。

叶适虽然反对抑制兼并，但也并不赞成无限制的兼并行为。他提出："乃其豪暴过甚兼取无已者，吏当教戒之；不可教戒，随事而治之，使之自改则止矣。"而且，他也并不把贫富悬殊、兼并不已视作理想的制度。他指出："诚使制度定于上，十年之后，无甚富甚贫之民，兼并不抑而自已，使天下速得生养之利。"但是，由于叶适总的态度是反对抑制兼并，因此，他对兼并过甚者采取"教戒"和"治之"的措施，即通过政府协调为主的政策工具进行劝勉、教戒等，显得相当软弱无力，"使之自改"更是一厢情愿的美好愿望。而且，要制定什么样的制度才能防止贫富分化，使兼并行为自动消失，叶适则根本没有涉及，其实也无法涉及。

宋代历朝皇帝以务农重谷作为基本国策，经常通过劝勉抚恤使失去耕地无以为生，甚至流离逃亡的农民重新回到农业生产上来。如徽宗政和二年（1112年），令县令"出乡就见父老，播告国家务农重谷、恻怛爱民之意"，以"敦本业"、"戒游手"、"恤佃户"、"无妄讼"等十二事劝谕百姓①。显然，政府的目的旨在通过劝勉、抚恤等协调、服务性政策工具，提高广大农民的生产积极性，安心于农桑根本之业，勤劳本分，无纠纷诉讼，经济发展，社会稳定。尤其是在灾害发生之后，宋廷更是利用服务性政策工具，采取一系列措施，招抚逃移人户尽快回原籍或就地安置，以恢复农业生产，使劳动力与土地重新组合，缓和受灾人口对社会的压力。如政府为帮助流民能顺利返乡，给予流民程粮、免除津渡之税等优惠，以解决他们在归途上的经济困难；给予返乡后的流民一定的食物救济，使他们不再逃移，以便能安心生产；在流民返乡后饮食和住宿得到基本解决的前提下，政府再通过给田、还田等，使流民恢复原来的田产或能得到一块耕地；对归业的流民实行减税免税或除积欠，适当减轻他们归业后的赋税负担，以调动他们重新投入生产的积极性；对缺乏生产资料的归业流民，政府提供粮种、农具和耕牛等②。

---

① 《宋会要·职官》48之31。
② 有关政府帮助流民返乡恢复生产的情况，本书第八章第三节灾后和平时政府救助思想有较详细的论述，兹不赘。

第一章 绪 论

宋人在防洪抗旱的实践中还认识到兴修水利工程、圩田等可有效地缓解人口与土地的矛盾。如通过修建陂塘，能提高周边农田蓄水排洪的能力，从而发挥旱涝保收的重要作用。如《宋史·食货上一》载："初，五代马氏于潭州东二十里，因诸山之泉，筑堤潴水，号曰龟塘，溉田万顷。其后堤坏，岁旱，民皆阻饥。（绍兴）七年，守臣吕颐浩始募民修复，以广耕稼。"①"庆元二年，户部尚书袁说友等言：'浙西围田相望，皆千百亩，陂塘溇渎，悉为田畴，有水则无地可潴，有旱则无水可戽。不严禁之，后将益甚，无复稔岁矣。'"宋人清楚地意识到，耕田必须有一定面积的陂塘配套，才可能获得丰收，否则，把陂塘也盲目变成耕地，非但不能增加总产量，反而得不偿失，减少该地区的总收获量。

在此认识的基础上，宋廷把修复、养护陂塘作为地方监司、守令的一项职责，并把此项职责作为考核赏罚地方政府官员的重要依据。如乾道年间孝宗降诏书云："唐韦丹为江西观察使，治陂塘五百九十八所，灌田万二千顷。此特施之一道，其利如此，矧天下至广也。农为生之本也，泉流灌溉，所以毓五谷也。今诸道名山，川原甚众，民未知其利。然则通沟渎，潴陂泽，监司、守令，顾非其职欤？其为朕相丘陵原隰之宜，勉农桑，尽地利，平繇行水，勿使失时。虽有丰凶，而力田者不至拱手受弊，亦天人相因之理也。朕将即勤惰而寓赏罚焉。"

另外，宋廷在不破坏水土系统平衡的前提下，组织民众广辟圩田，扩大耕地面积，以发展农业。如孝宗乾道九年（1173年），"户部侍郎兼枢密都承旨叶衡言：'奉诏核实宁国府、太平州圩岸，内宁国府惠民、化成旧圩四十余里，新筑九余里；太平州黄池镇福定圩周四十余里，延福等五十四圩周一百五十余里，包围诸圩在内，芜湖县圩周二百九十余里，通当涂圩共四百八十余里。并高广坚致，濒水一岸种植榆柳，足捍风涛，询之农民，实为永利。'于是诏奖谕判宁国府魏王恺，略曰：'大江之壖，其地广袤，使水之蓄泄不病而皆为膏腴者，圩之为利也。然水土斗啮，从昔善壤。卿聿修稼政，巨防屹然，有怀勤止，深用叹嘉。'"滨湖之地低洼，十分容易受湖水的浸灌。为了防止湖水侵入耕地，宋人在田地四周筑起土堤，这种防止湖水侵入而在四周筑堤的田地就称作圩田。由此可见，圩田的关键是筑堤挡水，而且这些堤工程浩大，动辄延绵数百里，"高广坚致"，必须依靠政府的财力、物力才能予以修建。从某种意义上说，这些土堤就是政府为民众提供的公共产品或准公共产品，是政府应用

---

① 《宋史》卷173《食货上一》。以下3个自然段引文未注出处者，均见于此。

服务性政策工具的结果。

宋人认识到圩田的垦辟必须以"水之蓄泄不病"作为前提,这是在长期合理保护和利用水土资源实践中的真知灼见。宋代亦有人为扩大耕地面积,盲目围湖为田的,但其结果是使水旱之灾加剧,得不偿失。因为湖泊在水土生态中起着干旱时蓄水灌溉、洪涝时泄水分流的作用,如果一味地为扩大耕田面积,围湖为田,事实证明将受到自然界的惩罚。因为湖泊的消失,使水无处蓄积,干旱时就无水可以灌溉,洪涝时则又无处分流排泄洪水而泛滥成灾。宋代政府清楚地认识到这一点,应用管制性的政策工具,严禁随意围湖为田,甚至采取行政性的强制措施,还田为湖。如"隆兴二年八月,诏'江浙水利,久不讲修,势家围田,堙塞流水。诸州守臣按视以闻。'于是知湖州郑作肃、知宣州许尹、知秀州姚宪、知常州刘唐稽并乞开围田,浚港渎。诏湖州委朱夏卿,秀州委曾惇,平江府委陈弥作,常州、江阴军委叶谦亨,宣州、太平州委沈枢措置。九月,刑部侍郎吴芾言:'昨守绍兴,尝请开鉴湖废田二百七十顷,复湖之旧,水无泛滥,民田九千余顷,悉获倍收。今尚有低田二万余亩,本亦湖田,百姓交佃,亩直才两三缗。欲官给其半,尽废其田,去其租。'户部请符浙东常平司同绍兴府守臣审细标迁。从之。"这里刑部侍郎吴芾算了一笔账,把鉴湖废田270顷还田为湖,可使民田9000余顷无水灾之患,增产一倍,其实际的收益是:

9000 顷×亩产－270 顷×亩产=8730 顷×亩产

吴芾还进一步建议把低田2万余亩还田为湖,政府补贴田地卖价的一半给百姓,并去掉田租。这种以半价收买的方式将民间的田地还为湖泊,在封建社会也是相当可取的政策,既采取管制性的行政强制手段,又灵活地辅以协调性的协商收买的办法。这样,既解决了水土生态系统平衡失调的问题,又能考虑到被淹的田主生计问题。

(四)综合治理人口与土地矛盾思想模型

综上所述,宋代政府在解决人口与土地的矛盾时,采取了综合协调、管制与服务性的政策工具进行治理。对于人口增长过快、分布不均导致的劳动力与土地得不到合理配置的问题,宋人主张采取两种政策工具予以治理:一是"因人之情",侧重于以协调为主的治理,即通过劝诱的手段引导士大夫迁徙至人口比较稀疏的地区;二是"因时之势",侧重于以服务为主的治理,即通过向灾民提供田地、农具,缓缴租税而鼓励他们迁徙到地多人少的地方。从而达到全国各地区人口合理布局,实现劳动力与生产资料土地的合理配置,使社会经济得到发展,国家赋役供给得到增长。

对于土地兼并导致的人口与土地的矛盾进一步加剧，宋人主张通过政府管制性政策工具，用行政手段强制实行限田，以遏制土地兼并的不断恶化。但为了缓和社会矛盾、维护政权的稳定，宋政府对于超过限田额数的田地，不予强行剥夺或收买，而让其自动出售或众多子孙分产而自然消亡。其目的是使耕者有其田，提高生产者的劳动积极性和土地利用率。

宋代不少人还意识到要解决人地矛盾，通过提高劳动生产率，尽力开垦荒地也是一条重要的途径。李觏主张通过政府强制性的限田，让耕者占有田地，从而提高生产者的积极性和劳动生产率，并鼓励生产者开垦荒地归为己有而扩大耕地面积。政府则采用协调与服务相结合的政策性工具，通过劝勉与抚恤使失去耕地无以为生，甚至流离逃亡的农民重新回到农业生产上来，使劳动力与土地重新组合，以恢复农业生产；通过修建水利工程、圩田、还田为湖等提高耕地生产率、扩大耕田面积，从而缓解人口对土地的压力。

总之，宋人对人地冲突问题提出综合治理的思想，不仅有助于减轻人口对土地的压力，发展农业生产，而且还可以缓和社会矛盾，维护水土生态平衡。以下根据宋代人口与土地治理的一些思想，我们可以将人口与土地利用看成一个整体，并把人口数量看成最主要的土地利用与覆盖变化的驱动力因素，构建一个人口增长影响土地资源变化的模型，以更加清楚地认识到土地与人口的密切联系。

我们把影响人口的因素分为三种：自然因素、社会因素和自然社会因素。其中自然因素包括一个地区固有的耕地、草地、森林和湖泊等，人口总量的变动势必引起耕地、草地、森林和湖泊面积的相互转化和数量增减（围湖造田就是一个典型）。社会因素主要指宋代土地兼并的程度，自然社会因素指宋代的人口分布状况，影响人口分布的因素包括政府的相关政策（如税赋、土地政策等）以及该地区的自然环境（如江南地区比沙漠地区更适宜居住，其人口密度也就越大）。人口增长会导致食物摄取量的增加，从而引起土地面积和耕地生产率的相应变化，直到达到如下平衡：

$$P \times GD = CL \times GY/(JB \times FB) \qquad (1-1)$$

式中：P 为人口总量；GD 为满足人口基本营养需求的人均粮食年需求量；CL 为耕地面积；GY 为耕地年生产率；JB 为土地兼并程度；FB 为人口分布状况。

式（1—1）说明，在人口增长条件下，实现人地关系平衡的途径有两个：一是扩大耕地面积和提高耕地生产率，这两个因素可以增加社会供养人口，缓解人地矛盾，也即二者成正比。当仅靠提高耕地生产率不能实现上述平衡时，耕地面积必然要扩大，进而引起草地、湖泊和森林转化为耕地。二是土地兼并程度和人口分布均匀程度，这两个因素将减少社会供养人口，也就是说土地兼并程度越大，人口分布程度越不平均，人地矛盾就越紧张，各种社会矛盾可能越激化。

现实情况下人—地关系总是不平衡的，这种不平衡的程度可以表示为：

$$f = P \times GD - CL \times GY/(JB \times FB) \tag{1-2}$$

式中：f 值表示人口对土地利用变化的压力，在特定的耕地生产率条件下，当 f＝0 时，现有土地利用覆盖格局保持不变，也说明人地矛盾很小；当 f＞0 时，人口增长迫使人们扩大耕地面积，或者必须降低土地兼并程度和均匀人口分布；当 f＜0 时，土地利用覆盖格局可向有利于生态环境的方向发展。

根据式（1－1）可作如下几个重要的理论推算：

（1）一定耕地面积和生产率条件下第 i 年的人口承载能力为：

$$P_i = CL_i \times GY_i/(JB_i \times FB_i \times GD_i) \tag{1-3}$$

第 i 年的人口承载能力压力：

$$fP_i = P_{io} - P_i = P_{io} - CL_i \times GY_i/(JB_i \times FB_i \times GD_i) \tag{1-4}$$

式中：P_{io} 为第 i 年的实际人口数。

（2）一定人口和耕地生产率条件下第 i 年的耕地面积需求：

$$CL_i = P_i \times GD_i \times JB_i \times FB_i/GY_i \tag{1-5}$$

第 i 年的耕地面积需求压力：

$$fCL_i = CL_{io} - CL_i = CL_{io} - P_i \times GD_i \times JB_i \times FB_i/GY_i \tag{1-6}$$

式中：CL_{io} 为第 i 年的实际耕地面积。

（3）一定人口和一定耕地面积条件下第 i 年的耕地生产率：

$$GY_i = P_i \times GD_i \times JB_i \times FB_i/CL_i \tag{1-7}$$

则第 i 年的耕地生产率压力：

$$fGY_i = GY_{io} - GY_i = GY_{io} - P_i \times GD_i \times JB_i \times FB_i/CL_i \tag{1-8}$$

式中：GY_{io} 为第 i 年的实际耕地生产率。

综合式（1－3）～式（1－8），我们可以得出最终结论，即影响宋代人地矛盾的主要因素包括土地面积、土地兼并程度、人口分布和劳动生产率等几个方面。宋代正是通过抑制土地兼并、均衡人口分布和提升农村劳动生产率、扩大耕地面积等步骤对此加以解决。这对现阶段我们解决人地矛盾，维护社会稳定，构建和谐社会，保护水土资源和生态环境，走可持续发展道路，都具有重大的启发意义。

第四节

宋代管理思想对当代的启示

一、改革政府职能——从统治到治理

我国自改革开放以来,社会主义市场经济逐步建立与完善。随着经济体制的改革逐渐展开,在农村实行以家庭联产承包为主要形式的责任制,发展乡镇企业和非农产业。这就调动了农民的生产积极性,解放了农村生产力,推动了农业的发展。农村改革向专业化、商品化、社会化发展。农村改革推动了城市经济体制改革的全面展开。城市经济体制改革主要把单一的公有制经济发展为以公有制经济为主体,包括国有经济、集体经济、个体经济、私营经济、中外合资企业和外商独资企业等多种所有制经济。

改革开放之前,在单一的公有制经济的基础上,我国一直实行高度集中、统一管理的政府管制体制。这种体制在新中国成立初期对恢复国民经济,对生产资料私有制的社会主义改造,都曾起过积极的作用。但是,这种体制存在严重的弊端,如政企职责不分,国家对企业统得过死;忽视商品生产、价值规律;分配中平均主义严重,企业吃国家"大锅饭",职工吃企业"大锅饭";企业缺乏自主权,职工的主动性和创造性难以发挥,致使企业失去活力,等等。

随着改革开放的逐步开展,经济体制变革的深化,我国政府管理体制也在改革,以适应社会主义市场经济的发展需要。在政府管理体制方面,我国把所有权与经营权分开,把企业推向市场,参与竞争,搞活企业;实行政企职责分开,政府放权,扩大企业自主权,实行企业承包经营责任制,优化资源配置,提高经济效益;按客观经济规律办事,尊重价值规律,重视商品生产;逐步取消平均主义,打破"大锅饭",实行以按劳分配为主的多种形式的分配方式和分配政策。

当前,我国还必须不断改进和完善政府治理职能,完成从统治到治理的转化,即从较单一的以管制为主的政府逐步过渡到协调、服务、管理三者兼有的政府。

二、完善以政府协调为主的政策性工具

从新中国成立至改革开放前,我国由于受"极左"思潮的影响,在政府管制体制中,对协调为主的政策性工具重视不够,很少使用,过分强调了管制为

主的政策性工具，即所谓的加强无产阶级专政。从现代的政府治理理论看，如何应用好以协调为主的政策性工具，是衡量政府管理能力和水平的关键性指标，也是政府管理从统治到治理的标志。

我国改革开放取得了举世瞩目的伟大成就，但随着改革的纵深发展，也出现了一些亟待解决的问题，如由于利益分配的变化引起社会各阶层的矛盾，社会贫富差距悬殊与构建和谐社会矛盾，经济高速发展与能源耗竭、环境污染的矛盾，如何理顺政府与企业关系等。对于这些问题，政府应该采取协调为主的政策性工具加以妥善解决。

宋代的政府治理理念告诉我们，政府在以协调为主的治理中，治理者与被治理者以及被治理者之间必须处于自愿平等合作的关系，必须共利双赢。只有这样，才能动员全社会力量共同参与，提高参与者的主动性和积极性，降低政府管制成本，有效配置资源，提高效率，促进经济发展，避免社会与政府、社会各阶层的对立，稳定社会秩序。只有以共利双赢为前提，最大限度地增进共同利益，治理者与被治理者以及被治理者之间的自愿平等合作关系才能长久持续地存在，并进一步互动发展。如在社会主义市场经济背景下，政府在经济管理中，应坚持与企业平等对话，不强制、不包办，充分尊重企业的合理利益与经营自主权，尊重市场经济规律。政府既不缺位，也不能越位、越俎代庖，坚持政企分开，重在宏观调控，积极引导，帮助企业解决遇到的问题。宋代的历史经验告诉我们，在社会经济的发展中，政府如能为企业创造一个平等宽松的生存环境，尊重客观经济规律，充分利用市场性的工具，发挥市场经济的自动调节作用，尽量减少对经济部门的干预，激发企业的积极性与主动性，社会经济就会得到快速健康的发展，从而达到企业经济效益与政府税收的双赢。否则，政府干预得越多，强制、包办得越多，经济规律在各种行政权力的干扰下无法正常发挥作用，同时在行政权力的控制下，寻租现象将屡禁不绝，越禁越多，从而也使企业经济运作成本大大提高，效率低下，失去竞争力，最终在激烈的竞争中被淘汰出局，政府也因此使税源枯竭。

在政府以协调为主的治理中，要维护治理者与被治理者以及被治理者之间的自愿平等、共利双赢的合作关系，必须营造一个公开、公正、公平竞争的环境，讲求政务公开，注重法治建设。政务公开，有利于保护群众的知情权、参与权与监督权，才能真正做到动员全社会力量的共同参与，并能防止暗箱操作，杜绝不法官员的寻租行为。市场经济的一个重要特征是讲求公平竞争，市场性工具能使治理者与被治理者以及被治理者之间在相对公平、公正的情况下进行竞争。注重法治建设使治理者与被治理者以及被治理者之间更好地订立契约，达成自愿平等合作关系。公平、公正的竞争环境必须靠法治才能得到保障，才能健康有序地不断完善和发展。

政府以协调为主的治理本质上主要是解决非对抗性的矛盾，因此，不采取行政性的强制手段，一般采取劝解说服或奖励引导的方式，使被治理者按照政府的意愿、政策、方针行动，或使被治理者之间的矛盾在谈判、协商、互相妥协让步中达成和解、协调。如对因利益分配的变化引起的社会各阶层的矛盾、因贫富差距悬殊引起的不安定因素等，政府应积极主动地予以协调平衡，如采取税收性工具予以调节，对中高收入的人群征收所得税，多收入多征，少收入少征，从而达到公平与效益的兼顾，既要考虑缩小收入分配的差距，又要贯彻按劳分配、多贡献多得的激励机制。由于因发展经济而引起的环境生态问题，政府应从市场性工具入手，环境污染应计入企业生产成本，企业应承担治理环境的费用。同时，政府在宏观调控中应鼓励企业科技创新，增加产品的科技含量、知识含量，从而提高产品的附加值，倡导低碳经济，治污减排，保护生态环境，走可持续发展的道路。

以协调为主的政策性工具在创建社会文明风尚中也发挥着关键性的作用。宋代通过政府的劝诱奖励在民间形成勤于耕织、尊师重学、和睦淳厚的风尚。当前，知识经济时代的政府，则应通过发达的媒体大力宣扬重知识、重科技、重人才的社会价值观；应重视社会主义的精神文明建设，应在社会树立"八荣八耻"新的道德观，从而形成文明健康向上的社会风尚。

三、完善以政府服务为主的政策性工具

当前，我国社会总体上是和谐的。但是，也存在不少影响社会和谐稳定的因素。如贫富差距越来越大，百姓就业困难，房价日益高涨，城市居民住房难，自然灾害严重威胁民众的生命和财产安全，弱势群体得不到全面妥善的救助等。

作为治理者的政府，必须对被治理者民众进行某种程度的保护与救助。一旦政府没有提供有效的保护与救助，使社会某一群体陷入困境甚至无法生存，这一政府的存在合理性就要遭到质疑。因此，服务性政策工具中的保护救助是政府应尽的职责。

宋代的政府治理理念告诉我们，政府在以服务为主的治理中治理者与被治理者是以强助弱、保护救助的关系。政府作为治理者，是强势方，必须拥有强大的人力、物力、财力等，才有可能对广大民众实施保护救助。如宋代十分重视广设各种仓储、囤积粮食，以备饥荒之需。当前，我国作为一个拥有13亿人口的世界第一人口大国，粮食依然是立国的基础。中国的粮食供给只能靠自己，世界上其他任何一个国家都无法帮助解决中国13亿人口的粮食供给问题。

即使哪个国家能解决中国13亿人口的粮食供给，我们也不能依靠它，因为那意味着我们把自己国家的命运交予别人主宰。宋代广积粮食以备荒年的思想至今没有过时，政府应居安思危，重视粮食生产，并有足够的储备。

政府实施保护救助的主要途径是政府免费或部分免费向全体民众，尤其是其中的弱势群体提供公共产品或准公共产品。如对于地震、火灾、水灾等对民众造成的重大伤害，由于情况紧急且耗资巨大，往往要由政府动员组织全国的力量，对受灾地区和灾民提供免费无偿援助。所谓部分免费可以有多种形式，如公办民助、民办公助、部分减免费用、低息无息贷款等。在重大的灾害中，国家用于赈灾的物力、财力是有限的，政府在实施服务性政策工具时，应充分动员民间力量参与赈灾。这不仅能减少国家财政支出，而且对于建设社会主义精神文明，发扬光大"一方有难，八方支援"和国际红十字会的理念，都是很有裨益的。同时，当突发性的灾害得到有效的控制后，政府应尽可能动员和组织灾民进行生产自救，或为广大灾民提供就业机会。这就是在突发性的救灾工作中应采取"输血式"为主的方式，而当突发性的灾害得到控制后，应变"输血式"为"造血式"。这既可以减轻国家的财政负担，又可以充分发挥灾民生产自救的积极性。

宋代政府在平时收养贫困人口、医治贫困病患者和埋葬贫困死者的救助理念值得借鉴。当前，随着贫富差距的拉大、就业难、看病难、刑事犯罪率高等问题的凸显，完善社会保障制度，逐步建立社会保险、社会救助、社会福利、慈善事业相衔接的覆盖城乡居民的社会保障体系，成为构建和谐社会的重要举措。政府应重视服务性政策工具的使用，加强对困难群众的救助，完善城市低保、农村五保供养、特困户的救助、城市生活无着落的流浪乞讨人员救助等制度，完善优抚安置政策。在提供最低生活保障线的基础上，通过职业介绍机构为他们提供再就业的机会，通过职业培训提高他们再就业的能力，提高社会总体就业率，尤其是弱势群体的就业率，从而尽可能达到生产自救。政府应发展以扶老、助残、救孤、济困为重点的社会福利，提高福利水平，保障弱势群体基本的生活条件。鼓励发展慈善事业，完善社会捐赠免税减税政策，增强全社会的慈善意识。政府还要完善城镇职工基本医疗保险，建立大病统筹为主的城镇居民医疗保险，发展社会医疗救助，加快推进新型农村合作医疗。

服务性的政府应该为民排忧解难，为民办实事。如政府应有效控制日益高涨的房价，筹资建设经济适用房，解决城市居民住房难的问题；应注重基础设施的建设，改善交通，有效解决道路拥堵问题；应完善城市防水、供水、排水系统，防止洪涝灾害，杜绝水源污染，确保饮水安全；应大力倡导低碳经济，治污减排，保护生态环境，走可持续发展的道路。

四、完善以政府管制为主的政策性工具

改革开放以来，我国虽然综合国力日益强大，但也存在着一些令人担忧的隐患，如官员腐败问题严重，屡惩难绝；社会不稳定因素难以消除，刑事犯罪率上升；"藏独"分子、"东突"恐怖、"台独"势力破坏民族团结，从事民族分裂活动，阻挠祖国和平统一。因此，我们在完善政府协调、服务为主的政策性工具之时，丝毫不能放松以管制为主的治理。

以管制为主治理的一个重要特征是要求被治理者遵守服从，因此，政府往往通过命令、禁戒甚至惩罚等手段强制执行，必须制定出各种符合自己统治意志的法律法规，来规范约束被治理者的行为。当前，政府必须坚持法制建设，不断完善社会主义法制体系，坚持以法律作为政府管制为主治理的依据。坚持以法治国是维护广大人民利益、社会安定有序、国家长治久安的重要保证。

对于治理者来说，管制并不意味着局限于处理对抗性的矛盾和冲突，有些非对抗的矛盾在采取协调、服务为主的治理时，也可适当辅以管制性的治理。如当代面临的严重的资源耗竭、环境污染问题，政府可以协调性政策工具为主，引导鼓励企业发展低碳经济，治理污染，自觉维护生态环境。此外，也可适当运用管制性政策工具，强制执行节能减排，关闭或迁移一些污染严重的企业。这对于建设节约型的社会，节约能源，保护生态环境，走可持续发展的道路，都是很有必要的。又如政府重视粮食生产，存储足够的粮食以备荒年是属于服务性的政策工具。另外，政府为保证粮食的生产与充足的供给，必须对那些占用良田的行为予以管制，严格用地审批制度，特别是对非农业用地更要从严审批，可不用农业耕地的尽量不用农业耕地，确保有足够的良田沃土用于农业生产。

以管制为主的治理，采取行政性强制，从某种意义上说，较容易实施和管理，效果具有直接性，在短期内易于见效，更适于作为处理危机的工具。但我们也必须清醒地看到，管制会限制自愿性和积极主动性，导致经济上的低效率甚至无效率、负效率，形成高成本、低质量、产出不抵投入的亏本运营，更严重的是可能加剧官员的寻租与腐败，发生社会与政府的对立，甚至恶化为冲突。因此，当代随着社会的不断文明进步，国民素质的日益提高，国内外环境的总体稳定，政府尽量少用管制性政策工具，以市场性工具、财政性工具、社会化手段替代政治权力，从主要依靠政府权威或制裁向权力的多元化方向转化，运用协调和服务性工具实现政府管理的重心从统治到治理的转移，建立新型的服务型有限政府。

五、建设廉政、高效的政府

当前，我国面临的威胁是腐败问题，这已引起党和国家的高度重视。政府的协调、服务、管制等工具再好，但如果治理者（执政党和政府）腐败堕落，以权谋私，搞权钱交易，贪污受贿，那么这些政策工具同样发挥不了作用，甚至异化为他们以权谋私的工具。因此，要发挥好这些政策工具的作用，最关键的是必须解决好腐败问题。

宋代政府治理理念告诉我们，官员作为政策工具的执行者，事关政府治理好坏的关键，因此，必须充分重视官员的选任，尤其是各级地方政府中第一把手的选任。宋人认为某地方长官选任好了，这一地方的吏治就有了保证。

宋人重视通过科举考试、业绩考察来选任官员，这种理念至今没有过时，当今的公务员考试、官员晋升职位考试制度就说明了这一点。但是我们必须看到公务员考试、官员晋升职位考试有它的盲点。其一，在选任德才兼备的干部时，官员的"德"很难通过考试检测出来，"德"必须通过具体细致的考察。在考察干部的德行时，干部生活作风、群众口碑等应作为重要的参考。从目前发现的官员腐败问题看，绝大多数官员贪污受贿等经济问题与平时生活奢侈、道德败坏等密切相关，而且其劣迹在群众中早已传闻。其二，即使"才"能通过考试得到大致了解，但也并不全面，还要通过考核平时的业绩、实际才干才能得出比较全面客观的结论，最终作为选任干部的依据。

当前，腐败问题与权力过于集中和权力缺乏制约监督，尤其是各级政府中第一把手权力过大、监督缺位有很大的关系，由此而产生了官员腐败现象、地方保护主义严重、国家宏观调控弱化、国有资产流失严重等问题。究其深层次的原因，其中很重要的一个因素是目前我国的监察、监督机关设置体制是上级业务机关和同级政府的双重领导。这就造成如宋代郑伯谦所深刻指出的"焉有其官长理财，而其官属能考之者"，其结果是监察、监督机关"位卑权轻，难举其职"。要改变目前监察、监督机关对同级党政领导监督制约弱化的问题，宋代御史监察机关直属皇帝领导和郑伯谦让监察、监督机关位高、权重的思想值得借鉴。我国监察、监督机关设置体制的改革可分两步进行：第一步是先变双重领导为垂直领导，监察、监督机关不再受同级党政领导，就可处于相对独立的地位，免受各种势力的掣肘与干扰，更好地行使自己的权力；第二步是逐步强化和完善各级人民代表大会，使之承担和充分发挥立法机关的作用，真正负起监督各级政府的作用。待这一制度成熟完善后，再将各级监察、监督机关隶属各级人民代表大会管辖，从而实现各级人民代表大会对政府的监督，稳妥解决各级党政领导，尤其是第一把手监督缺位、权力无法得到制约和监督的问题。

当代在对官员的考核中,科学地设置一套考核指标体系是一个基础性的关键问题。政府管理活动的日益复杂性,考核指标因考核对象的不同类型、不同级别层次而有所不同,使考核指标体系的设置困难化,实际难以操作化。宋代以人口、垦田、赋税、狱讼、盗贼、赈恤等作为考核指标体系体现了抓住关键点和重点指标,以简驭繁、可操作性强的设计思路。当今,我们在设置考核指标体系时,更应化繁为简,从纷繁复杂的各项指标中找出核心指标,找出能准确反映官员政绩的关键指标,这样才能避免胡子眉毛一把抓,设计出科学合理、切实易行的考核指标体系。

在对官员的考核中,只有各项考核指标的量化才能使评估准确化、科学化,从而避免考核的主观随意性,达到评价结果的客观性、公允性和权威性。宋代对官吏考核中提出的"十分为率",定额"取数年酌中之数",并把达到某级指标与赏罚等级直接对应,正体现了这种量化原则。宋代对官吏的考核在时间上"取数年酌中之数"(一般取 3~5 年时间段的平均数)以平衡长短期效益,某种程度上可防止官吏的短期行为,取加权平均数还可减少偶然性,使对官吏政绩的量化考核评估比较准确、客观公正和科学合理。今天,我们在对干部考核中,可用百分制进行量化考核,根据评价内容分项确定权重,依据考核结果计算得分,按照得分多少评定优秀、良好、及格、不及格等各个等级,然后依据等级予以奖惩。

宋代对官吏的考核内容包括经济(人口、垦田、赋税)、社会安定(盗贼、狱讼、赈恤)以及个人道德品质(贪、廉、勤、惰)等,而且其结果作为对官吏赏罚、任免、升降的重要依据,因此,这项工作涉及财计部门(三司或户部)、人事部门(吏部)和监督部门(御史台)。当今对领导干部的考核内容涉及范围更为广泛,并且事关干部的选任,其复杂性、艰巨性和重要性使这项工作单靠一个部门很难达到预期的目标。我们可借鉴宋代的理念,由组织人事、纪检、监察、审计等部门联合行动,既合作又分工,互相协调,密切配合,才能切实发挥考核干部在提高各级领导干部执政能力、廉政勤政、优化干部队伍等方面的应有作用。

第二章 宋代经济、政治、文化与管理思想

第一节 宋代经济与管理思想

宋代管理思想从统治到治理的转化,有其深刻的历史背景。从经济视角看,它的出现最主要有两个因素:一是封建商品经济的高度发达使政府利用市场性工具进行治理成为了可能;二是财政上的入不敷出也使政府利用市场性工具增加财政收入成为了必要。

一、封建商品经济的高度发达与管理思想

在中国古代封建经济史上,宋代是一个高峰,手工业、商业都得到了空前的发展。在手工业方面,造船、矿冶、纺织、造纸、印刷、制瓷等部门,无论是生产的规模和技术,还是产品的数量和质量都超过了前代。宋朝的船只不但航行于内河,而且远航于大海大洋中,甚至当时外国商人所采用的海船也大多是宋人建造的。一般说来,宋代远洋海船都相当大,尖底造型,构造坚固,隔舱防水,不畏风涛;而且能使用指南针辨识方向,使我国航海事业居于当时世界上领先的地位。在矿冶业方面,煤得到广泛的开采,并用于冶铁。铁的年产量达824万斤,铜则高达1460万斤。宋朝纺织业在以传统丝、麻为原料的基础上,增加了以棉花为原料;丝织业在质量上有所提高,继承并发展了唐代的细、密、轻、薄的特点。宋代的造纸技术也有较大的改进,所生产的纸韧性强,厚薄均匀,纸幅比前代增加了很多,而且产量也很大。宋代的印刷业有了显著的进步,庆历年间毕昇发明了活字印刷术,在广泛使用木版雕刻的同时,还出现了铜版雕刻。宋代印刷的书,刻印精致,墨香纸润,为后世藏书家、版本学家所重。宋代刻书不仅质量上乘,而且刻书之快之多,也是相当突出的,为文化的传播起了不可估量的作用。中国古代的瓷器制作,至宋代发展到一个

新的高峰。宋瓷的高度发展表现在装烧、制作等一系列的技术上。过去烧瓷，所采用的匣钵法是在一个匣钵内正放着一件瓷器烧做。北宋中期，定窑对这一装烧技术进行了重大改革，它采用了覆烧法，即将碗盘之类的瓷器若干件，反置于由垫圈组合而成的匣体内进行烧做，一次可以烧若干件，这种变革大大提高了产量和生产效率。在制作技术上，各种器物造型、装饰图案花纹和釉色，斗艳争奇，百花齐放，形成了南北诸窑的独特风格和窑系，从而使我国的瓷器在实用的同时，达到了艺术水平很高的境地。

宋代商业更是大大超过了前代。大城市十分繁华，贸易活动突破了坊与市、白昼与黑夜的界限。从孟元老的《东京梦华录》记载可以看出，街衢上到处可以开设店铺，而且由于店铺越来越多，有的店铺为了扩大营业面积，连通衢大道也要侵占，因而宋徽宗时，不得不征收"侵街房廊钱"[1]。总之，隋唐时期的坊市制度已不复存在。至宋神宗时期，已是"二纪以来，不闻街鼓之声"[2]，那种"京师街衢置鼓于小楼之上，以警昏晓"的旧坊市制度，随着"冬冬鼓"的消失而成为历史遗迹。宋代，货币的发展是商业发展在深度上的一个标志。在宋代，金、银、铜钱和铁钱都成为通货，金、银的流通较唐代更为广泛，铜钱是通货中的主要货币，宋神宗元丰年间的铸钱额达500万贯以上，为唐代的近20倍，铜钱年流通总量达1亿贯以上。铜钱不仅在国内和周边各族之间流通，也在南海诸国流通。随着商业信贷关系的发展，宋代最先产生和使用了交子（纸币）。纸币对商业的发展起了重要的作用。宋代海外贸易盛况空前。不仅铜币越关而出，成了南海一些国家的通货或"镇库之宝"，而且各项产品的大量出口成为南海诸国喜爱的舶来品。另外，从海外诸国进口的许多物品也丰富了宋代的社会经济生活。宋廷对南海诸国一直采取了广事招徕的政策，允许外国商人在通商港埠居住和贸易，对外开放为宋与海外的交换活动起了积极的作用。南宋初年，管理海外贸易的市舶司每年收入高达200万贯，可见贸易规模之大。

工商业的兴盛，商品经济的高度发达，使有识之士充分认识到私商自由竞争的优越性，可以较有效地克服官府垄断经营的各种弊端，因此纷纷主张废除官府垄断经营，实行私商自由竞争经营，至少是变官府直接全面垄断经营为官府间接部分垄断经营，即在强化官府的监督下，把生产、运输、销售等部分环节交由私商经营或私商买扑、承包经营，从而既能减少政府管制成本，克服官办特有的低效率造成财力、物力的巨大浪费，减少财政支出，同时又能更合理

---

[1] 马端临：《文献通考》卷19《征榷六》，万有文库十通本。
[2] 宋敏求：《春明退朝录》卷上，中华书局点校本，1980年版。

地配置社会资源,提高经济效益,进而带来财政收益的最大化。

宋代的征榷对象主要包括茶、盐、酒、醋、矾、香等许多产品和物资。宋征榷所采用的形式与前代相比有很大的不同,大体说来,有以下六种:其一,从生产、运输到销售,全部由封建国家进行,但在所有征榷制度中,这类征榷所占比重最小,只有部分解盐和蜀川官盐井的产盐是采取这种形式的。其二,国家不直接进行生产,而是仅给茶、盐、矾等专业户以一定的本钱,全部产品统由国家收购,国家自己出卖或者转由商人销售。其三,国家控制产品的流通过程,如将进口的香药之类舶来品,用抽解、和买的办法,将其全部或一部分掌握在国家手中,然后通过榷货务转卖给商人出售。其四,国家既不控制生产领域,也不控制流通领域,准许生产者出售给商人,由商人进行销售。如嘉祐以后的东南茶法就是采取这种自由贸易形式,国家则向生产者征收茶租,向商人征收茶税。其五,国家既不直接插手于生产领域,也不直接插手于流通领域,但采取了更加严密的管理制度,从而使国家的征榷之利得到保证,蔡京集团对茶、盐法的变革大体上使用了这一形式,南宋则继续这种做法[①]。其六,国家以竞标的方式把垄断经营权出卖给生产者,然后由生产者自行生产、贩运、销售,向官府交纳课利。如酒坊、河渡、商税场就采取这种买扑方式。

宋代商业在空间上已打破了坊与市的界限,在时间上已出现大量的夜市。随着市场在时空上的开放,价格的开放也就成了历史的必然。因为在市场交易活动从空间到时间都受到政府严密控制的情况下,政府对价格的控制措施也就可能行之有效,一旦时空界限被打破,价格控制就显得力不从心。这就促使人们对价格与供求关系有了进一步认识,开始试图通过价格杠杆因势利导,趋利避害,把价格作为政府治理的有力杠杆之一。如宋廷在以市场性工具解决沿边军需供应中,利用商人逐利的本性,用"虚估"、"加抬"的手段,即以价格为杠杆,高价诱使商人入中,从而把沿边军需供给难题纳入市场化体系加以克服,收到了一定的效果。宋代在买扑中竞标承包,官府估定的最低出价由市场来决定,即取前承包期间累界中次高一界或酌中一界为额,承包权给著价最高之人。这些都是政府利用价格杠杆使竞标人在相对公平、公正的情况下进行竞争,减少政府管制成本,合理配置社会资源,提高经济效益,增加财政收入。还有在赈灾中,宋廷利用价格与供求的辩证关系,短期内适当提高受灾地区的粮食价格,引导商人往受灾地区运送粮食,解决因受灾而粮食匮乏粮价暴涨的问题,从而达到保证灾区的基本粮食供给、平抑物价、稳定社会秩序的目的。

宋代封建商品经济高度发达的一个重要结果是城市的迅速发展,随着城市

---

① 漆侠:《中国经济通史·宋代经济卷》下册,经济日报出版社,1999年版,第1051-1052页。

的发展，对城市治理的思想也不断丰富。如宋代在继承前代户籍制度的基础上，对城市人口首先实行户口登记制度，并把城市居民按财产的多少分为十等，以作为负担赋役的依据。重视对城市大量流动人口的管理，对人口中的鳏寡孤独者、贫民以及乞丐、弃婴等实施政府救助。对城市中因商业发展、人口大量增加而引起道路、水道、桥梁、供水、排水等市政管理与建设以及防火灭火等提出了一系列新的治理思想与理念，并进行较有成效的实践。

二、财政上的入不敷出与管理思想

宋代财政支出相当庞大，并且常常出现财政赤字。关于这个问题，最有说服力的论据是列举史籍中的有关宋朝财政年收入的数字（见表2—1）：

表2—1 史籍中的北宋财政年收入

时间	总收	总支	亏余	单位	资料来源
景德中	47211000	49748900	亏 2537900	匹贯石两	《包拯集》卷1《论冗官财用等》
天禧末	150850100	126775200	余 24074900	不详	《宋史·食货下一》
庆历八年（1048年）	103596400	89383700	余 14212700	匹贯石两	《包拯集》卷1《论冗官财用等》
皇祐元年（1049年）	126251964	不详	所出无余	不详	《玉海》卷185，《长编》卷172
治平元年（1064年）	101905764	100399449	余 1506315	贯匹石束	《蔡忠惠公集》卷18《论兵十事》
治平二年*（1065年）	116138405	120343174	亏 4204769	不详	《文献通考》卷24，《宋史·食货下一》
元丰八年（1085年）	82491300	91808600	亏 9317300	贯斤匹两等	《栾城后集》卷15《收支叙》

注：*《宋史·食货下一》载："是岁，诸路积一亿六千二十九万二千七百九十三，而京师不预焉。"

以上7次记载有3次财政出现赤字，且亏额还不小，1次所出无余，即基本上收支平衡，3次有所结余。上述7次记载均在北宋，南宋情况如何，没有具体的数字说明，但从逻辑上和史籍记载推断，其财政收支情况只能更糟。南宋偏安于半壁江山，供养着几乎与北宋数量相当的军队，官员人数最多的记载是庆元二年（1196年），达4.2万有奇，是北宋的两倍以上，并且南宋的战争比北宋更为频繁，可想而知，南宋财政支出只能更为浩大。有关南宋财政之拮据不堪，当时之人议论颇多，兹举较有代表性的两例：

> 朝廷所急者财用，数十年来，讲究措置，靡有遗余，而有司乃以窘匮不给为言。臣因取其籍，披寻本末源流，具见积年出入之概。大抵支费日广，所入不足以当所出之数。至绍兴十七年，所积尽绝，每岁告阙不过二百万缗，至二十四年以后，阙至三百万缗，而乾道元年、二年阙六百余万缗。①

> 今日之财用匮矣……府库已竭而调度方殷，根本已空而蠹耗不止。庙堂之上，缙绅之间，不闻他策，惟添一撩纸局以为生财之地；穷日之力，增印楮币，以为理财之术而已。②

宋代财政在高度集权中央的同时，又有各自为政的一面。有关这个特点，《宋史·食货下一》有一很恰当的总结："天下财用岁入，有御前钱物、朝廷钱物、户部钱物，其措置哀敛，取索支出，各不相知。"

所谓御前钱物，主要就是指内库，用于非常之费。宋初，内库财物主要供皇室消费，以后储备不断增加，据《长编》及《长编纪事本末》不完全统计，仅神宗一朝，内库总支出1.3亿余万缗，其中一次就支出5000万缗，几与国家年总收入相等。从其支出可以反推到其收入之巨。内库直属皇帝，由宦官或特定大臣主管，收支情况严格保密，其支用多少，不得以会计，因此"其籍秘严，虽大臣及主计者，莫得知其详实"③。

所谓朝廷钱物，即"宰相之财"，主要指王安石变法后，新法所获财利，皆归朝廷理财机构司农寺，用于预备费用。这批财物数目史无明载，仅从频建元丰、元祐、崇宁、大观、宣和诸库收储推断，其数甚夥。朝廷钱物也不归计司掌握，"如户部辄敢侵用，并依擅支使朝廷封桩钱物法"④，甚至"虽天子不得而用，其制之严如此"⑤。

户部钱物大致分为两个阶段，元丰改制前为三司钱物，改制后乃归户部。宋三司、户部虽作为全国最高理财机关，但对内库、朝廷钱物都无权过问，可见其职仅掌一般经费。特别是北宋一段时期户部尚书不与右曹之事，其职掌范

---

① 《皇宋中兴两朝圣政》卷54。
② 杨士奇：《历代名臣奏议》卷273《理财》，文渊阁四库全书本。
③ 赵汝愚：《宋朝诸臣奏议》卷107《上英宗乞今后奉宸诸库宜谨出入》，上海古籍出版社校点本，1999年版。
④ 《宋会要·食货》52之15。
⑤ 陈均：《九朝编年备要》卷20，文渊阁四库全书本。

第二章 宋代经济、政治、文化与管理思想

围之小,为历代所少见。

宋代财政上的这一特点使朝廷上下大臣无一人遍晓全国财政总收支,即使计司也"不能尽知天下钱谷之数"①,"利孔百出,不专于三司"②,因此也无法进行统筹和监督。面对这种局面,计司"惴惴常有阙事之惧"③。宋代财政总收支唯一只有皇帝心中略有底数,但是皇帝一人不能包办一切,最终只能使财政收入分配不均,"视彼有余,视此不足,不得移用"④,陷入混乱之中。

宋代统治者面临入不敷出的财政局面,摆脱危机的一个重要手段就是开源节流。所谓开源,主要就是增加税收。宋代增加税收有一突出的特点,就是巧立名目,不断增加苛捐杂税。宋代税目窠名之繁杂琐碎,简直令人眼花缭乱,不是深谙宋代经济的学者,恐怕难以遍知也!据不完全统计,南宋时苛捐杂税名目最多时达六七十种,而唐朝仅 15 种左右,可见宋约是唐的 5 倍。有关宋代税收问题,不是本书之主题,兹略举二三。

首先,让我们看一段有关宋代向人民征收赋税的议论:

> 二税,古也。今二税之内,有所谓暗耗,有所谓漕计,有所谓州用,有所谓斛面。二税之外,有所谓和买,有所谓折帛,有所谓义仓,有所谓役钱,有所谓身丁布子钱,此上下之通知也。于二者之中,又有折变,又有水脚,又有糜费;有隔年而预借者,有重价而折钱者。其赋敛烦重,可谓数倍于古矣。然犹未也,有所谓月桩,有所谓盐产,有所谓茶租,有所谓上供银,有所谓干酒钱,有所谓醋息钱,又有所谓科罚钱。其色不一,其名不同,各随所在有之,不能尽举。⑤

宋代苛捐杂税之繁多在南宋达到登峰造极,如经制钱在绍兴年间共有权添卖酒钱、量添卖糟钱、楼店务增添三分房钱等 7 大项;总制钱更多,共有头子钱、抵当四分息钱、勘合朱墨钱等 20 余项。而且经总制钱在上述二十几项之下还有琐细窠名,如增添酒钱下还有内分煮酒、生酒及王祠部、柳运副等多项,头子钱也因征收对象不同细分为常平头子、官吏请给头子等数项。

宋代不仅苛捐杂税繁多,而且赋税征收到官后,还得在统治阶级内部进行分配,其分配之名目,也极为庞杂。如南宋嘉定年间两浙东路台州输出财赋,其中上供朝省包括经总制钱、上供钱、籴本钱、坊场正名钱、在京官员雇钱等

---

① 司马光:《温国文正公文集》卷51《论钱谷宜归一札子》,四部丛刊本。
② 苏辙:《苏辙集·栾城后集》卷15《元祐会计录叙》,中华书局点校本,1990 年版。
③ 《苏辙集·栾城集》卷41《转对状》。
④ 《长编》卷368。
⑤ 蔡戡:《定斋集》卷5《论州县科扰之弊札子》,文渊阁四库全书本。

近20项，起发转运司包括六文赡军钱、历日钱、耗剩米钱等6项，起发提刑司包括岁赐钱、五分头子钱等4项，起发提举司包括盐司头子钱、贴收水脚钱等5项。

宋代在财政分配上更具特色的是采取分隶制度，即州、军一些项目的赋入按比例直接分隶本路转运、提刑、提举等司，或各项专款专用，特设专门账籍，与本州军别项赋入分开管理。据史籍记载，绍兴五年（1135年）每出纳钱一贯征头子钱30文，"其十五文充经制窠名，七文充总制窠名，六文提、转两司，二文公使支用"①。又如《庆元条法事类》卷30《经总制》载绍兴十一年（1141年）规定："诸路转运司将应收到头子钱每贯合得钱十三文，分拨六文省充转运司起纲糜费等用，一文九分五厘省充州军支使，余五文五厘省委通判点检拘收，通作经制钱起发。"

熙宁变法时期，王安石的"以义理财"思想有两层含义：一是通过发展生产，从而增加社会财富总量，达到提高国家财政收入；二是通过巧立名目增加税收，扩大征赋，加重对民众的征敛来增加国家财政收入。从变法的六大措施（农田水利法、方田均税法、青苗法、免役法、市易法、均输法）看，除农田水利法之外，其余五大措施均带有不同程度的敛财色彩。尤其是其中的青苗法、免役法和市易法，由于用非其人，导致这些措施变性，有的甚至沦为巧取豪夺，走向反面，最后终于失败。

北宋初年，"军国之资，咸出租赋"，田赋或者说农业税是宋封建国家最主要的一项税收，其次是商业税收。在宋代财政入不敷出时常发生的背景下，确保农业税、商业税的按时征收到位关系重大。有鉴于此，朝廷制定了各种法规和条例，采取了许多措施，甚至不惜采用刑罚手段，一方面让农民、商人及时交纳，不得违欠、隐匿、偷税漏税；另一方面也不许有关官吏违限催科、非法增税，更不得邀阻、勒索客商。统治者意在既能通过征税保证国家财政收入，又能通过约束、限制官吏在征税中的违法乱纪行为，缓和社会矛盾，保障农民、商人最起码的生存条件，使农业生产和商贸活动正常开展。

宋仁宗以后，封建国家财政税收的结构发生了重要的变化，这就是商税以及盐、茶、酒、矾、香等构成的征榷之税越来越占重要地位。因此，朝廷越来越强化对征榷之税的控制。但是，征榷之制也暴露出致命的弊端。从垄断经营的角度看，全面禁榷制能够最大限度地控制和支配社会经济生活，保证国家成为垄断利润的独占者。但是，封建官僚体制的低效能和不灵活往往使国家难以扮演灵活多变的商人角色，这样官商插手环节越多，整个经济效益水平就越下

---

① 李心传：《建炎以来朝野杂记》甲集卷15《总制钱》，中华书局点校本，2000年版。

降。如在官营之下生产者积极性不高，效率低下；管理不善，损耗浪费严重；粗制滥造，产品质量低下；违法私贩甚至发生武装反抗。有鉴于此，宋代不少人提出工商私营或改官府直接全面垄断经营为官府间接部分垄断经营，即在强化官府的监督下，由国家专利，改为由国家与商人分利的方式经营，从而提高经济效益，官商共利双赢，增加国家财政收入。

宋代，财政上严重的入不敷出，迫使统治者在横征暴敛之外，强化货币的财政支付职能，从货币铸造发行中扩充国家的财力。国家垄断货币制造和发行权，把自己的权力铸入货币中，通过货币的超经济发行来解决国家的财政困难。对此，宋神宗曾明确表示："行交子诚非得已，若素有法制，财用既足，则自不须此。"[①] 这就是说，货币发行的指导思想已经转变成"敷足财用"了。北宋晚期，国家财政状况急剧恶化，"户部岁入有限，支用无穷，一岁之入，仅了三季，余仰朝廷应付"[②]，因而扩大货币发行无疑成为挽救封建统治危机的重要手段，"自来遇岁计有阙，即添支钱引补助"[③]。货币发行的指导思想已经由便民利国变为弥补财政赤字，从而造成北宋货币制度的异化。到了南宋，国势日薄西山，民力困竭，国库告罄，朝廷以半壁江山供养着几乎与北宋时数量相当的军兵、官吏，只得通过发行纸币来解决巨额军费开支。正如宋高宗所说："行会子诚不得已，他时若省得养兵，尽消会子。"[④]

宋代由于冗兵、冗官、冗费等特别严重，财政赤字不断，社会财源匮乏，有关节流的议论是管理思想中的一个突出内容。如王禹偁、王济提出减冗兵，并冗吏，沙汰僧尼；宋祁主张去冗兵、冗官、僧尼；张方平则建议去兼并之蠹、释道之蠹和兵马之蠹；苏辙也提出去冗吏、冗兵、冗费；朱熹的"撙节财用"思想主要包括裁减老弱冗兵，实行屯田，削减宗室、官吏俸给，扫除一切冗费；叶适针对冗兵问题提出精简军队、买田养兵和由募还农的主张。这些节流思想虽然在理论上不算什么创新，但它却是解决宋代巨额财政开支较为有效的办法。

宋代集中财权的思想与解决国家财政困难是紧密联系在一起的。集中财政的思想主要围绕着三个方面：一是宰相必须总管全国财政；二是内库必须纳入理财机构的统一管理与监督；三是元丰改制后的户部必须同改制前的三司一样，具有较大的理财权力范围。而且这三个方面的着眼点是相同的，即

---

① 《长编》卷221。
② 《宋史》卷179《食货下一》。
③ 《宋史》卷374《李迨传》。
④ 《宋史》卷181《食货下三》。

从机构运作机制层面入手，试图通过集中财权统筹调配全国钱物，控制财政收支平衡，防范财政财务收支上的不法行为，开源节流，进而解决财政困难。

三、土地兼并与管理思想

宋初实行"不立田制"、"不抑兼并"的土地政策，加速了土地兼并的进程。所谓"不立田制"，指的是封建国家土地所有制建立不起来；而所谓"不抑兼并"，又是在承认土地私有制前提下对土地兼并不加干预。宋代除国有土地外，私人土地的买卖不受任何限制。只要买者和卖者两相情愿，通过正常的手续，将买卖土地的田契向当地官府呈报，得到官府的印信，缴纳田契钱，将卖主所卖土地从国家版籍上过录给买主，而后由买主承担这块土地的田赋，土地买卖就算完成。就是在宋朝"不抑兼并"、私有土地自由买卖的条件下，宋代土地兼并之风盛行。宋仁宗即位之初，土地兼并已发展到"天下田畴，半为形势所占"[1]。到南宋绍兴初年，臣僚们指出："今郡县之间，官户田居其半。"[2] 据漆侠估算，宋代占人口不过百分之六七的地主阶级占全部垦田的百分之六七十，甚至百分之七十以上，而其中占总人口千分之四五的大地主占田竟达百分之四五十，而占总人口百分之八十几的农民阶级占有的土地不过是垦田的百分之三四十，甚至在百分之三十以下[3]。由此可见，宋代土地之兼并已达到相当严重的程度。

宋代不仅土地兼并严重，而且随着土地买卖田产的转移，豪富和贪官污吏借机把田赋负担转嫁给贫苦百姓，造成有田无税、有税无田的现象。宋神宗时苏轼对这一现象做过分析：

> 今夫一户之赋，官知其为赋之多少而不知其为地之几何也。如此则增损出入惟其意之所为，官吏虽明，法禁虽严，而其势无由以止绝。且其为奸常起于贸易之际，夫鬻田者必穷迫之人，而所从鬻者必富厚有余之家……贫者迫于饥寒而欲其速售，是故多取其地而少入其赋。有田者方其贫困之中，苟可以缓一时之急，则不暇计其他日之利害。故富者地日以益而赋不加多，贫者地日以削而赋不加少。又其奸民欲以计免于赋役者割数亩之地，加之以数倍之赋而收其少半之直，或者亦贪其直之微而取焉。是以数十年来，天下之赋大抵淆乱，有兼

---

[1] 《宋会要·食货》1之20。
[2] 《皇宋中兴两朝圣政》卷11。
[3] 漆侠：《中国经济通史·宋代经济卷》上册，经济日报出版社，1999年版，第387-388页。

并之族而赋甚轻,有贫弱之家而不免于重役,以至于破败流移而不知其所往。①

宋神宗时王安石实行方田均税法,虽然取得了一定的成效,但变法失败后,方田均税法随即中止。哲宗在位期间在田赋整顿上未有大举措。徽宗即位后,蔡京等重又倡行方田均税法,其奏语中谓"富者跨州轶县,所占者莫非膏腴,而赋调反轻;贫者所存无几,又且瘠薄,而赋调反重"②。但是,北宋亡后,从伪齐大臣冯长宁、许伯通等评论北宋后期田赋不均的言语中可知,蔡京倡行的方田均税法并没取得成效:

> 宋之季世,税法为民大蠹。权要豪右之家交通州县,欺侮愚弱,恃其高资,择利兼并,售必膏腴,减落税亩,至有入其田宅而不承其税者。贫民下户急于质易,俯首听之,间有陈词,官吏附势不能推割,至有旧产已尽而税籍犹在者,监锢拘囚,至于卖妻鬻子死徙而后已。官司摊逃户之赋则牵连邑里,岁使代输,无有穷已……方田之高下土色,不公不实,率皆大姓享其利而小民被其害。暴君污吏贪虐相资,诛求百出……元元穷蹙,群起为盗③。

南宋推行经界法,对均摊田赋有一定的作用,但并不能根绝田赋不均的现象。南宋中期大臣陈耆卿上疏云:"今之世,乃有田愈多而赋役反轻者,有无田而赋役反重者,此弊在在有之。"④

总之,两宋时期不仅土地兼并严重,而且田赋不均问题一直无法得到解决。这不仅使广大贫苦农民失去谋生的土地,而且还要继续承担着因原有土地而应交纳的赋税。广大农民失去最基本的生产资料——土地,使农业生产难以正常地进行,从而影响了封建王朝的财政收入;繁重的不合理的赋税使广大农民无以为生,铤而走险,从而破坏了社会安定。

总之,土地兼并所引起的贫富悬殊、国用匮乏、社会动荡等一系列问题,使宋代不少有识之士质疑"不立田制"的祖训,纷纷对此进行思考和探索,提出建议和设想,企图通过适当的以政府管制为主的政策工具解决农民赖以生存的土地问题。

---

① 苏轼:《经进东坡文集事略》卷17《较赋税》,四部丛刊本。
② 《宋会要·食货》4之9。
③ 朱希祖:《伪齐录校补》卷上《刘豫传》,独立出版社,1944年版。
④ 陈耆卿:《筼窗集》卷4《奏请正簿书疏》,文渊阁四库全书本。

第二节

宋代政治与管理思想

一、加强中央集权制与管理思想

宋朝是在经过五代十国的大分裂和百年藩镇割据之后，赵匡胤通过陈桥驿兵变而建立起来的汉族封建政权。宋初，统治者深感大分裂和藩镇割据给广大民众和中央政府带来的灾难和威胁，担忧"黄袍加身"的事件重演，因此将巩固统一，加强中央集权，防止"方镇太重，君弱臣强"① 局面的再现，作为基本的国策，并深刻影响了两宋300多年的统治。

据司马光《涑水记闻》卷1记载：建隆二年（961年）七月，宋太祖向赵普求教治国之策，赵普奏献加强中央集权三大措施，即"稍夺其权，制其钱谷，收其精兵"②。具体而言，其一，"稍夺其权"就是采取各种措施削弱地方节度使的权力，把节度使驻地以外的州郡即"支郡"直属京师，派遣代表中央政府的文臣出任知州、知县，即"选儒臣干事者百余，分治大藩"③。其结果，宋初虽保留了节度使之名，但事实上已降为某一州郡长官。后来，更是徒具虚名，享其俸禄而已。

其二，"制其钱谷"就是于州县之上置路，各路设置转运使，将一路所属州县财赋，除"诸州度支经费外"，全部运至宋朝廷统治中心——汴梁。史载："是岁（乾德二年），始令诸州自今每岁受民租及管榷之课，除支度给用外，凡缗帛之类，悉辇送京师。"④ 乾德三年（965年），"申命诸州，度支经费外，凡金帛以助军实，悉送都下，无得占留。时方镇阙守帅，稍命文臣权知，所在场院，间遣京朝官廷臣监临，又置转运使、通判，为之条禁，文簿渐为精密，由是利归公上而外权削矣"⑤。从此，地方再也无经济实力与中央抗衡。尔后，国家通过垄断货币制造和发行对货币管理制度进行整顿和改革来稳定提高币值，保证经济活动的正常进行，同时通过运用货币政策把全国财权集中到中央。

---

① 《长编》卷2。
② 司马光：《涑水记闻》卷1《杯酒释兵权》，中华书局点校本，1989年版；又见《长编》卷2。
③ 《长编》卷13。
④ 《长编》卷5。
⑤ 《长编》卷6。

宋代自太祖加强中央集权制到神宗熙宁年间，其财政管理始终是高度集权中央，正如司马光所说："祖宗之制，天下钱谷，自非常平仓隶司农寺外，其余皆总于三司，一文一勺以上悉申账籍，非条例有定数者不敢擅支，故能知其大数。"[①] 这种高度集权的财经体制给管理与监督带来了困难，最突出的表现是"三司簿领堆积，吏缘为奸"[②]。在此情况下，宋代产生了有关中央与地方财经管理上集权与分权的议论与实践。元丰初年，中央曾把某些账状下放给各路转运司或提刑司审核，但是自元祐元年开始，中央把这些权力收归户部，宋朝又恢复了财权高度集中中央的局面。南宋时期，为应付战争的需要，财权仍高度集中于中央，以便统一调配。

其三，"收其精兵"即采取措施剥夺藩镇的兵权。宋太祖继承了周世宗的许多做法，派遣使臣到各地，选拔藩镇所辖军队中的精兵及有特殊技能者，收编为中央禁军，聚之于京师，以备宿卫。藩镇的兵权逐步被剥夺殆尽。

宋代的军制导致了军队数量不断增加，从宋太祖立国，历经太宗、真宗朝，至宋仁宗晚年，将近 100 年的时间里，常备军数量增加了 3 倍以上，其中禁军竟一度超过了 4 倍。军队人数的增加意味着军费开支的加大，给财政带来沉重的负担。宋仁宗时，蔡襄作为三司使，曾对当时军队一年支出总数作了一个估算："养兵之费，禁军一兵之费，以衣粮、特支、郊赉通计，一岁约费钱五十千，厢军一兵之费岁约三十千，通一百一十八万余人，一岁约费四千八百万缗，此其大较也。"通过这样的估算，蔡襄得出了这样的结论："一岁所用，养兵之费常居六七，国用无几矣。"[③] 由此可见，在国家财政总支出中，军费开支占十分之六七，不言而喻，宋代财政经常面临入不敷出的危机，军费开支是一个最重要的因素。南宋时期，由于先后对金、对元战争频繁，朝廷供养着几乎与北宋数量相当的军队，比北宋更多的官员，可想而知，军费对国家财政危机的影响仍是相当严重。

二、农民、士兵起义与管理思想

宋朝自建立后，越来越沉重的苛捐杂税以及先后与辽、夏、金、元的战争，使广大民众难以生存，社会矛盾始终比较复杂尖锐，农民和士兵起义不断发生。其中比较重要的起义有以下 29 起。

（一）蜀兵起义

乾德三年（965 年）正月，宋兵灭蜀后，蜀兵即不断起而反抗。如二月，

---

① 《长编》卷 368。
② 《宋史》卷 267《陈恕附魏羽传》。
③ 蔡襄：《端明集》卷 22《论兵十事》，文渊阁四库全书本。

梓州蜀兵3000余人推军校上官进为首，攻打州城。三月，宋朝调发蜀兵去东京，后蜀文州刺史全师雄路过绵州去东京，被起义军推为统帅，建号兴国军。邛、蜀、眉、陵等16州响应全师雄反宋，声势浩大。四月，吕翰率部下在嘉州起义，军校孙进、吴瓒等杀宋知州，与全师雄部刘泽军合并。这些起义前后近两年，反抗势力达于20余州，最终都被宋廷镇压。

（二）阆州起义

乾德三年至四年（965～966年），阆州农民起义，围攻州城。宋阆州知州赵逢残酷地镇压了起义。

（三）渝州起义

乾德四年（966年）初，渝州农民以杜承褒为首，攻下州城，占据州署。但由于叛徒的出卖，遭伏兵袭击而失败。

（四）李仙等起义

开宝六年（973年）正月，渠州等地农民上万人以李仙为领袖，举行起义。起义者攻入蓬州界，遭到宋军的镇压而失败。

（五）王小波、李顺等起义

淳化四年（993年）二月，四川旁户、农民、茶农等100余人在王小波的带领下在青城发动起义。起义军攻占青城、彭山后，王小波在作战中不幸牺牲。起义军在李顺的领导下，继续战斗，攻下成都，建立大蜀政权。起义军坚持斗争两年，最后被宋廷派重兵镇压。

（六）益州起义

咸平三年（1000年）元旦，益州戍卒在赵延顺等人领导下，发动起义，推举都虞侯王均为领袖，建号大蜀国。起义军攻占益州、汉州等地，发展到数万人。后被宋廷派大军镇压。

（七）王长寿起义

景德二年（1005年），逃亡兵士王长寿聚众百余人起义，攻打州县，发展到5000余人。后被镇压失败。

（八）陈进起义

景德四年（1007年），宜州士兵在军校陈进领导下据宜州城起义，并先后攻打柳州、象州。后因叛徒出卖，陈进及起义军首领被捕牺牲，起义失败。

（九）王伦起义

庆历三年（1043年）五月，京东路驻军100多人在士兵王伦领导下占据沂州起义。起义军攻占楚州、真州、扬州、泰州等地，立年号，置官职，声势大振。宋廷集合各路兵镇压了起义。

（十）张海等农民起义

庆历三年（1043年）夏，陕西大旱，商州农民千余人在张海、郭邈山等人领导下发动起义。京西路农民起而响应，威胁京都开封。宋廷派重兵残酷镇压了起义。

（十一）保州士兵起义

庆历四年（1044年）八月，驻守保州边界地带的禁兵数千人，因受官员虐待，愤而起义。后因部分起义者被骗诱开城门投降，宋军入城镇压了起义。

（十二）王则起义

庆历七年（1047年）十一月，王则领导士兵和农民起义，占领贝州城，建国号安阳。次年正月，朝廷派大军围攻贝州，镇压了起义。

（十三）方腊等领导的农民起义

宣和二年（1120年），方腊在青溪县以诛朱勔为名，聚众揭竿起义。他自称"圣公"，建元"永乐"，设官分职，人民争附之，众至数十万人，攻破睦、歙、杭、处、衢、婺等州县，声震东南。三年正月，宋廷派大军南下镇压。四月，起义军因腹背受敌，方腊等战败被俘，后被杀。余部继续斗争，至四年三月失败。

（十四）梁山泊农民起义

宣和初年，郓州等地农民在宋江的领导下发动起义，活动于河北、山东一带，曾驻梁山泊。起义军攻略十郡，官兵不敢撄其锋。宣和三年（1121年）二月进攻海州时，遭宋廷伏兵袭败，遂投降。

（十五）钟相、杨么领导的农民起义

建炎四年（1130年）二月，钟相以保卫家乡为号召，聚众起义。起义军发展至数十万人，占领19县。钟相被拥为"楚王"，建号"天载"，设立官职。后被俘牺牲，所部由杨么领导，聚众20万人，在洞庭湖一带据险结寨，陆耕水战。绍兴四年（1134年）八月，宋廷派大军镇压，五年六月，因叛徒出卖，杨么被俘牺牲，起义失败。

（十六）王宗石领导的农民起义

建炎四年（1130年）四月，信州贵溪县农民在王宗石的领导下举行起义，并很快攻占贵溪、弋阳两县，发展到几万人。宋廷派军对起义军四面围剿，起义失败。

（十七）建州农民起义

建炎四年（1130年）七月，建州瓯宁县农民发动起义，私盐贩范汝为被推为领袖。起义军攻破建阳县，有众数万人。宋廷派兵镇压，范汝为受招安而未遣散部众。绍兴元年（1131年）十月，范汝为再次起兵，据建州，队伍多

至10余万人。二年正月，建州城被宋军攻破，范汝为自焚身亡。余部由范忠率领继续抵抗，至年底溃败。

（十八）吉州彭友起义

建炎四年（1130年），吉州一带农民在彭友、李满的领导下举行起义。起义军攻占江西、湖南8个县城，队伍达几万人。绍兴三年（1133年），宋廷派军队镇压。起义军腹背受敌，最后失败。

（十九）虔州陈颙起义

绍兴元年（1131年）七月，陈颙领导虔州农民几千人起义，攻打雩都、信丰等县，克武平县。起义军后发展到10多万人，活动于江西、广东、福建等虔州、南安军、建昌军、循州、梅州、潮州、惠州、英州、汀州、邵武军等广大地区，依靠山区的险要形势，建寨500座，反抗官军。但由于起义军缺乏统一的指挥，最后被宋军各个击破，起义失败。

（二十）严州农民起义

绍兴三年（1133年）三月，缪罗在严州遂安县发动摩尼教农民起义。起义军多次打败前来镇压的官军。后来缪罗经不起宋廷的威逼利诱，接受"招安"。余部虽坚持斗争，但终于被镇压。

（二十一）李金领导的农民起义

孝宗乾道元年（1165年）春，郴州宜章县弓手李金组织群众，发动起义。广大农民纷纷响应，迅速形成万人大军，攻克郴州、桂阳军，南下广东路英、韶、连、广等9个州府。同年五月，湘阳县刘花三、李无对领导当地农民响应，湖南一路更加震动。八月，起义军被官军镇压失败。

（二十二）赖文政领导的茶农、茶贩起义

孝宗淳熙二年（1175年）四月，湖北路茶农、茶贩在赖文政的领导下举行起义。起义军自湖北转战湖南、江西、广东，多次打败官军。七月，宋廷派大军攻打起义军，起义失败。

（二十三）陈峒领导的农民起义

淳熙六年（1179年）正月，郴州宜章县农民在陈峒领导下发动起义，攻占道州、桂阳军和连州所属4个县城，有众数千人。起义军以崇山深谷为根据地，使用偏驾弩、礌石、手炮和小盾等适合当地作战的武器，多次打败宋军。宋军最后派重兵合围，镇压了起义。

（二十四）李接领导的农民起义

淳熙六年（1179年）六月，容州陆川县爆发弓手李接领导的农民起义。起义军发展到数千人，陆续攻下广西路郁林、化、容、雷、高、贵6州8县，接连击败宋军。起义军英勇斗争约半年，最后遭到镇压而失败。

第二章 宋代经济、政治、文化与管理思想

(二十五) 张福等领导的红巾队起义

嘉定十二年 (1219年),军士张福、莫简领导红巾队在利州路兴元府起义,参加起义的士兵达数千人,红巾裹头,故称"红巾队"。起义军先后攻克利州、阆州、果州、遂宁府和普州,进逼成都,四川震动。宋廷派军镇压,红巾队战败。

(二十六) 蒋宗等领导的士兵起义

嘉定十六年 (1223年),湖南路武冈军士兵因不堪官吏的压迫和克扣军粮,在蒋宗、杨德率领下发动起义。附近各州的士兵也争相仿效,跃跃欲试。官府采取欺骗分化与镇压相结合的手段,使起义遭到失败。

(二十七) 晏梦彪等领导的农民起义

绍定二年 (1229年) 十二月,汀州晏梦彪领导当地农民揭竿而起,先后攻下汀州、邵武军、南剑州等所属各县,势力发展到漳州龙岩、长泰和泉州永春、德化等地。起义军发展到上万人,声势大振。宋廷调遣重兵入闽,长期围攻起义军,起义失败。

(二十八) 陈三枪等领导的农民起义

绍定元年 (1228年),赣州农民在陈三枪和张魔王率领下举行起义。起义军以松梓山为根据地,在江西、福建和广东三路边境建寨60个,坚持斗争达7年之久。1234年,官军占领松梓山,起义失败。

(二十九) 秀州抗租起义

南宋理宗时,秀州德清县佃农反对大斗收租,要求"降斗",发展为武装起义。起义发动后,当地农民纷纷参加,发展到数万人。宋朝官军残酷地镇压了起义者。

之所以以较多的篇幅胪列宋代较重要的农民和士兵起义,旨在说明在两宋300余年的统治时期,社会矛盾始终比较尖锐,故农民和士兵起义不断,单较大规模和较有影响的起义就30余起,那些小规模、小影响的起义更是数百起。真可谓10年就有一大起义,每年则有一小起义。除此之外,两宋先后还面临辽、西夏、金、元的不断进攻和严重威胁。在这内外交困的境况下,宋廷能在风雨飘摇中支撑300余年,与其在政府治理中采取严厉禁戒镇压与调解、劝勉、救助等怀柔两方面相结合的政策不无关系。

宋代,朝廷虽然标榜恤狱慎刑,务存仁恕,但对严重威胁其统治,影响社会稳定的谋反逆叛、盗贼、杀人罪等残酷予以镇压,动辄处以绞、斩,甚至动用腰斩、凌迟、夷族等酷刑。如宋初蜀兵起义失败后,首领孙进临刑前仍坚强不屈,宋太祖因而把他的全族杀光。太宗时期,爆发了王小波、李顺起义,凡是"辄行抗拒者,尽行杀戮"。仁宗时期,"天下盗贼横行",嘉祐七年 (1062

年）首立"窝藏重法"，严惩盗贼窝藏犯。并将京畿所属诸县划为"重法地"，凡于重法地犯贼盗者，加重处罚，以维护京师地区的治安。仁宗以后，英宗、神宗朝迭颁"贼盗重法"，扩大了适用重法的地区。与此同时，还将武装反抗的农民或反叛者定为"重法人"，不仅本人处死，而且株连家属。南宋宁宗庆元年间颁布的《庆元条法事类》，正式将凌迟与绞、斩并列，成为法定的死刑，使北宋时的法外用刑变成法内用刑。

与此相辅为用的是宋代统治者把具有稳定社会、加强社会控制作用的社会救助作为长治久安的一项施政重点。正如《宋史》卷178《食货上六》所云："宋之为治，一本于仁厚，凡振贫恤患之意，视前代尤为切至。"

宋代统治者认识到层出不穷的灾害往往会造成严重的社会问题，引起社会的无序和混乱，更有甚者发展成声势浩大的农民起义，带来严重的社会动荡，对封建统治造成强有力的冲击。为了安定社会，维护统治，宋代统治者防患于未然，主要采取兴修水利、灭蝗和完善仓储制度等措施，从源头遏制灾害的发生。

对于已发生的灾荒，宋人主张应尽早、就地赈济。为解决救灾经费和物资的筹集，宋代一些官员建议以工代赈，利用价格和税收杠杆引导商人进行赈灾，并多方筹集赈灾经费。宋人还把荒年募兵作为间接赈灾的一项基本国策，在饥荒时招募强壮者为兵，既防止他们饿死，又能消除他们因无生路而聚集在一起为盗，影响社会安定与宋政权的统治。

灾害发生之后，宋廷采取各种措施保证灾民有基本的生存条件，然后帮助他们恢复生产以自救。如朝廷给予流民程粮，帮助他们顺利返乡；为返乡后的流民提供食宿、耕地、粮种、农具、耕牛等，帮助他们恢复生产。

宋朝在平时还常设福田院、居养院、安济坊、漏泽园、养济院、安乐坊、安养院、安济院等，收养贫困人口、医治贫困病患者和埋葬贫困死者，缓解因贫富分化严重造成的社会矛盾。

宋廷在禁人为非的同时，更注意导人为善，通过劝课的方式引导百姓勤于农桑，不得游手好闲，以发展生产，解决温饱；在地方劝学兴学，以儒家思想教化民众，使之知书达礼，遵从封建道德规范；在赈灾中实行劝分，利用民间力量赈灾，以培养贫富相资、仁者爱人的社会风尚；在民事诉讼中，努力调处息讼，协调解决，化解矛盾，稳定社会秩序。

三、吏治腐败与管理思想

宋代吏治比较腐败，其表现与原因是多方面的，并对管理思想产生影响，以下就此问题做一简要论述。

宋代中下级官员的俸禄终宋一代大体上都是偏低，有时甚至还有点拮据，不足以养廉。如"旧制：三班奉职月俸钱七百，驿羊肉半斤。祥符中，有人为诗题所在驿舍间曰：'三班奉职实堪悲，卑贱孤寒即可知。七百料钱何日富，半斤羊肉几时肥？'朝廷闻之曰：'如此何以责廉隅？'遂增今俸"①。乾道七年（1171年）六月一日，臣僚言："沿边诸州，访闻除守倅外，郡县官请俸至累月不支，何以养廉？"②特别是南宋中后期政府滥发纸币，物价剧涨，中下级官吏和军人的生活受到很大冲击，"是宜物价翔腾，楮价损折，民生憔悴，战士常有不饱之忧，州县小吏无以养廉为叹，皆楮之弊也"③。

北宋中下级官员收入偏低，不足养廉，这一情况还不算严重，更为严重的是熙宁之前"天下吏人素无常禄，唯以受赇为生，往往致富者。熙宁三年，始制天下吏禄，而设重法以绝请托之弊"④。

宋代大多数官吏由于俸禄太少，不足养廉，故易贪污受贿。其原因有二：一是一般品德之人为官，如处穷乏，多会以权谋利。宋代官吏也不例外。有关这一问题，王安石在《上仁宗皇帝言事书》中有较客观的分析："其下州县之吏，一月所得，多者钱八九千，少者四五千，以守选、待除、守阙通之，盖六七年而后得三年之禄，计一月所得，乃实不能四五千，少者乃实不能及三四千而已。虽厮养之给，亦窘于此矣。而其养生丧死婚姻葬送之事，皆当于此。夫出中人之上者，虽穷而不失为君子；出中人之下者，虽泰而不失为小人。唯中人不然，穷则为小人，泰则为君子。计天下之士，出中人之上下者，千百而无十一，穷而为小人、泰而为君子者，则天下皆是也。先王以为众不可以力胜也，故制行不以己，而以中人为制。所以因其欲而利道之，以为中人之所能守，则其志可以行乎天下而推之后世。以今之制禄，而欲士之无毁廉耻，盖中人之所不能也。故今官大者往往交赂遗、营资产，以负贪污之毁；官小者，贩鬻乞丐，无所不为。"⑤二是一般官吏生活奢侈，俸给不足以挥霍，故冒法以攫利。宋《州县提纲》卷1倡导"节用养廉"，而不是"重禄养廉"是很有道理的："仕宦有俸给之薄者，所得不偿所用，资产优厚犹有可诿，若资产微薄，悉藉俸给而乃用度不节。日用饮食、衣服、奴婢之奉，便欲一一如意，重之以嫁娶之交迫，必至窘乏。夫平昔奢侈之人，一旦窘乏，必不能堪。窥窃之心，由是而起，猾吏弥缝其意，又从而饵之，一旦事露，失位辱身，追悔莫及。故欲养廉，莫若量其所入，节其所用，虽粗衣粝食，节儋度日，然俯仰亡愧，居

---

① 沈括：《梦溪笔谈》卷23《讥谑》，文渊阁四库全书本。
② 《宋会要·职官》57之89。
③ 《文献通考》卷9《钱币二》。
④ 《梦溪笔谈》卷12《官政二》。
⑤ 王安石：《临川先生文集》卷39《上仁宗皇帝言事书》。

之而安，履之而顺，其心休休，岂不乐哉。"

宋朝政府发给中央各部门和地方路州军公使钱，作为宴请、馈赠官员赴任、罢官及入京往来费用。宋代设立公使钱的本意最初是为了优待士大夫，可是以后却启官吏之贪心，大小官员以公使钱的名义公开贪污行贿，成为吏治腐败的一个重要原因。首先朝廷上下遍设公使库，经营回易，开抵当，卖熟药，酿公使酒，无所不为，以牟奸利。其次巧立名目，以馈送为名行贿。如大观三年（1109年）五月十六日，臣僚上言："访闻齐州比年以来，公库供给有岁余、月余之称，皆例册外，别立名目，以为馈送。"① 而且这种动用公使钱馈送甚至成为合法，官吏动辄以此为自己的不法行为辩护。如郑兴裔在《请禁传馈疏》中所指出的："近时所有邻道互送礼，名曰传馈。贿赂公行，恣无忌惮。凡帅臣监司到罢，号为上下马，邻道皆有馈遗，计其所得，动辄万缗……贪墨成风，即使内外台司按之，辄曰：此成例也。且曰：此动用公使库钱，无病国，无厉民也。"② 南宋政府曾屡次明令予以禁止，但此风一开，不可收拾。如《建炎以来野朝杂记》甲集卷17《公使库》载："孝宗怒而绌之，然其风盖未殄也……近岁蜀中亦然，其会聚之间，折俎率以三百五十千为准，有一身而适兼数职者，则并受数人之馈，献酬之际，一日而得二千余缗，其无艺如此。"

宋代吏治腐败的一个特点是政以贿成。正如司马光所说："上自公府省寺、诸路监司，（下至）州县乡村、仓场库务之吏，词说追呼，租税徭役，出纳会计，凡有毫厘之事关其手者，非赂遗则不行。"③ 这种风气照样也侵蚀到财经监督中，"盖州郡所发文账，随账皆有贿赂，贿赂各有常数。已足者皆不发封，一有不足，即百端问难，要足而后已"④。又如元祐元年（1086年）王觌也言：郎官和寺监点检场务之际，"随行人吏，鲜不受赇，或情嘱于未点检之前，或酬酢于已点检之后，官司无缘禁察"⑤。显而易见，对账籍的勾覆点检非但不能成为防贪的有力措施，反而成为奸贪者以权谋利的工具。

宋代商品经济比前代大有发展，中下级官吏解决俸薄的另一种途径是经商谋利。王安石在谈到官俸太少与官吏私营商业的关系时说："方今制禄，大抵皆薄。自非朝廷侍从之列，食口稍众，未有不兼农商之利而能充其养者也。"⑥ 宋代官吏热衷于私营商业，当时政治的腐败也是一个重要的原因。官吏在仕途

---

① 《宋会要·食货》21之17。
② 郑兴裔：《郑忠肃奏议遗集》卷上《请禁传馈疏》，文渊阁四库全书本。
③ 《温国文正公文集》卷23《论财利疏》。
④ 《长编》卷383。
⑤ 《长编》卷385。
⑥ 《临川先生文集》卷39《上仁宗皇帝言事书》。

第二章 宋代经济、政治、文化与管理思想

上要往上爬，多半要供奉权贵，贿赂取媚，才有升官的希望。可是，如上所述，宋代官吏俸禄较低，只够养家，那么用来供奉权贵的钱物，只能来自俸外，其中私营商业是一途径。程洵曰："今之为将帅者，类无忧国爱士之心。自其到军，即务哀敛剥刻，经营贾贩。凡所以上奉权贵而求升擢，下饰子女而快己私者，皆于此乎取之。"①

官吏私营商业，对吏治的腐败为害不浅！一是逃免征税，冒充官物。如太平兴国五年（980年），"仁赡廉得近臣戚里遣人市竹木秦、陇间，联巨筏至京师，所过关渡，矫称制免算；既至，厚结有司，悉官市之，倍收其直"②。二是挪用官钱为资本。如《宋会要·职官》64之22载："（边）肃前知镇州，以公费钱质易规利。"三是利用公车官舟，役使所部，为其贩卖取利。如《宋史·和岘传》载："（和岘）尝以官船载私货贩易规利。"《宋会要·职官》70之34载：绍兴十九年（1149年），"左武大夫果州团练使常吉特迁左武大夫一官，勒停，送步军司自效。以前任马军司将官违法……私役所部贩卖收息，为田晟按发，乃有是命"。四是借势贱买贵卖，垄断市价，牟取暴利。如陆师闵"于成都府置都茶场，客旅无见钱买茶，许以金银诸货折博，遂以折博为名，多遣公人、牙人公行拘栏民间物货入场，贱买贵卖，其害过于市易"③。

在商品经济的冲击下，特别是在官吏经商的影响下，宋代士风为之一变，其表现是多方面的，其中一个侧面是唯利是图。唯利是图思想在当时冲破封建樊篱中有某种积极作用，但它也侵蚀着封建吏治，使之更加腐败。正如时人游酢所指出的："天下之患，莫大于士大夫至于无耻，则见利而已，不复知有他……则锥刀之末，将尽争之，虽杀人而谋其身，可为也；迷国以成其私，可为也。草窃奸宄，夺攘矫虔，何所不至，而人君尚何所赖乎？"④

宋代吏治腐败的另一个特点是贪官污吏里外串通，上下勾结，上有保护伞，下有关系网。正如时人袁采所说："贪暴之官必有所恃：或以其有亲党在要路，或以其为州郡所深喜，故常难动摇。横刻之吏亦有所恃：或以其为见任官之所喜，或以其结州曹吏之有素，故常无忌惮。及至人户有所诉，则官求势要之书以请托，吏以官库之钱而行赂，毁去簿书，改易案牍，人户虽健讼，亦未便轻胜。"⑤ 在这种错综复杂、根株盘结的官场中，一些正直有作为的官吏要想依法办事是十分困难的。

---

① 程洵：《克庵先生尊德性斋小集》卷2《代参堂札子》，知不足斋丛书。
② 《宋史》卷257《王仁赡传》。
③ 《苏辙集·栾城集》卷36《论蜀茶五害状》。
④ 游酢：《游鹰山集》卷4《论士风奏疏》，文渊阁四库全书本。
⑤ 袁采：《袁氏世范》卷中，文渊阁四库全书本。

面对官场上吏治的腐败，宋代统治者的指导思想之一就是"重典治吏"。宋代刑事犯罪中除谋反叛逆、贼盗罪之外，就是官吏犯赃罪了，对此，朝廷往往予以重惩。对贪污盗窃、贪赃枉法之罪，往往依照贼盗罪量刑，即使犯罪钱物数额很小，就要被处以死刑。而且在性质认定上从严，如官员调任或去职之后接受属下的财物、饮食以及通过家人、下属接受别人的财物，均按受贿罪处罚。

宋廷在重典治吏的同时，更注重通过对官吏的选任、监察和考核来强化国家政权建设，使各项政策工具能够得到很好的贯彻执行。

宋代选官途径主要有五个方面，其中科举取士是主流。宋代科举重经义、明法，严防考试作弊，对国家选拔具有真才实学的人进入仕途、优化官僚队伍发挥了一定的作用。宋代任官中最具特色的是差遣制度，加强了皇帝对用人权的控制。宋代任官大致分为皇帝特旨擢用法、中书堂除法和吏部铨选法三个层面，对各级官员予以任免。宋代实施举官连坐法、任官回避法，旨在对官吏实行更严密的监督和制约，以此来澄清封建吏治、减少腐败等。

宋承唐制仍设御史台监察百官，以肃清吏治。宋代御史监察百官的内容十分广泛，几乎涉及官吏工作、生活及个人品德等诸方面的问题。如弹劾官吏贪赃枉法、行贿受贿与请托行为；弹劾官吏结交权近，朋比结党；弹劾官吏不忠不孝等违背封建伦理纲常的行为；弹劾官吏违法购买田产；弹劾官吏偷税漏税；弹劾官吏失职，办事效率低下；弹劾举官非其人者；弹奏越职论事和议改政府法令者；纠察私入三司、开封府及御史台者。御史由于是天子的耳目之官，职在纠劾百官，因此宋廷选任御史要求应不畏权贵，刚明果敢，公忠鲠切，廉洁正直，具有地方基层行政经历。

宋代对地方各级官吏主要设监司（转运司、提刑司与常平司）、通判进行监督。监司通过分割地方路级事权达到加强中央集权，通过互察、互申、共同参与某项事务达到互相监督，并共同负有监察地方官吏的职责。

宋代通判是一个很有特征的职官，既是州郡副长官，又是州郡监察官。朝廷之所以赋予通判这种特殊的地位和如此大的权力，其用意在于使其有效地监督知州及所部官吏。通判对州郡的监察比较全面，如对知州及属下官吏皆可按察；监视钱谷出纳，防止差错作弊等事；巡历仓库，点检官物；拘收、检查无额上供钱物和经总制钱；监督纲运等。

宋代对官吏的考核是治吏的重要工具之一，事关对人才的选拔任用，作为对官吏赏罚任免升降的重要依据。这项工作由人事部门、财计部门和监察部门共同参与。其考核指标涉及方方面面，最主要者有二：一是有关经济方面的，如农桑、垦田、人口等；二是有关治民方面的，如狱讼、盗贼、赈恤等。宋代随着社会经济的发展，茶、盐、酒税等场务课利在财政收入中的比重日益增大，因此，比较场务课利增亏成为考核地方官和监临物务官必不可少的内容。宋代在对官吏经济政绩的考核中，能采取比较客观、科学并具有可操作性的量化评估，即比祖额之增亏、比递年之增亏及达到某项增亏指标即给予相应的赏罚三种方法。

第三节

宋代文化与管理思想

一、右文重儒与管理思想

宋朝建国后，宋太祖很快由一介武夫变为尊儒重文之君，享有"性好艺文"[①]的称誉。太宗更以"锐意文史"而见著于史册，面对"丧乱以来，经籍散失，周孔之教将坠于地"，"即位之后，多方收拾，抄写购募，今方及数万卷，千古治乱之道，并在其中矣"[②]。太宗即位后三个月，就举行了第一次贡举，"欲博求俊乂于科场中，非敢望拔十得五，止得一二，亦可为致治之具矣"。这次贡举，录取名额较多，共得进士吕蒙正以下 109 人，诸科 207 人，并赐及第；十五举以上进士及诸科百 184 人，并赐出身；九经 7 人不中格，特赐同三传出身。以上共计 507 人。朝廷对本科中式的人，皆先赐绿袍靴笏，赐宴开宝寺，由中使典领，供帐甚盛，太宗还亲自赋诗两章为贺。第一、第二等进士并九经授将作监丞、大理评事、通判诸州；同出身进士及诸科，并送吏部免选，优等注拟初资职事判司簿尉。赴任出发时，每人赐装钱 20 万。对这次贡举，宰相薛居正等人认为"取人太多，用人太骤"，但太宗"方欲兴文教，抑武事，弗听"[③]。"兴文教，抑武事"，正是宋廷右文政策的具体脚注。

太宗时还特别注意从孤寒之家选拔人才。为了避免势家"与孤寒竞进"，朝廷于雍熙二年（985 年）实行别试制度："始令试官亲戚别试者凡九十八人。"[④] 这一年宰相李昉之子李宗谔、参知政事吕蒙正之从弟吕蒙亨、盐铁使

[①] 吴曾：《能改斋漫录》卷 4《崇政殿说书》，丛书集成本。
[②] 程俱：《麟台故事校证》卷 1《储藏》，中华书局点校本，2000 年版。
[③] 《长编》卷 18。
[④] 《长编》卷 26。

宋代国家管理思想

王明之子王扶、度支使许仲宣之子许待问,举进士第皆入等,但由于是势家之子而被罢去。为孤寒之家开路,成为宋代科举改革的一个重要原则,为国家选拔才德兼备的人才发挥了积极的作用。如北宋著名的政治家、文学家、管理思想家范仲淹、李觏、欧阳修、王安石、苏轼、苏辙等都是出身孤寒之家的知识分子。正如明人徐有贞所指出的:"宋有天下三百载,视汉唐疆域广之不及,而人才之盛过之。"① 宋代人才辈出,是管理思想繁荣的一个重要原因。

真宗即位后,"道遵先志,肇振斯文"②,继续把右文重儒作为宋廷的基本国策。大中祥符五年(1012年)十月,真宗撰《崇儒术论》中称:"儒术污隆,其应实大;国家崇替,何莫由斯。故秦衰则经籍道息,汉盛则学校兴行。其后命历迭改,而风教一揆。有唐文物最盛,朱梁而下,王风浸微。太祖太宗丕变弊俗,崇尚斯文。朕获绍先业,谨遵圣训,礼乐文举,儒术化成。"③ 为促进地方州县文化水平的提高,大中祥符二年(1009年)二月,许曲阜先圣庙立学,又赐应天府书院额,是为州县置学之始。

宋仁宗庆历四年(1044年),太学从国子学三馆中分出,单独建校,其入学资格"以八品以下子弟若庶人之俊异者为之"④。这使太学在宋代成为混杂士庶子弟的普通学校,是宋代学校制度的一个重大变化,扩大了接受高等教育的范围。到神宗时期,太学生人数不断增加,那些"远方孤寒人士"和"四方士人"没有资格进入国子学的,自然就进入太学学习。熙宁四年(1071年)十月,立太学三舍法。以初入学生员为外舍生,不限人数;自外舍升内舍,内舍升上舍。上舍生以100人为限,内舍生以200人为限;次年八月,又明确规定外舍生以700人为限。太学生总额达1000人。元丰二年(1079年),太学生总数达2400人,计外舍生2000人,内舍生300人,上舍生100人。到了徽宗崇宁三年(1104年),太学生总数高达3800人,计外舍生3000人,内舍生600人,上舍生200人⑤。南宋时,国家处于战乱之中,太学生人数虽然有所减少,但数量仍然较为可观。如绍兴二十六年(1156年)六月,时人林同指出"太学养士千余人"⑥,可见太学仍有学生1000多人。

与此同时,宋廷又给太学生以优厚的经济和政治待遇。从经济上看,熙宁五年(1072年),朝廷规定,外舍生每月发津贴850文,内舍生和上舍生每月

---

① 范仲淹:《范文正集》补编卷4附明徐有贞撰《重建文正书院记》,文渊阁四库全书本。
② 王钦若等:《册府元龟·考据》,文渊阁四库全书本。
③ 《长编》卷79。
④⑤ 《宋史》卷157《选举三》。
⑥ 李心传:《建炎以来系年要录》卷173,中华书局排印本,1956年版。

发津贴 1090 文①；元丰三年（1080 年），外、内、上舍生均增至 1100 文②；崇宁三年（1104 年），外舍生增至 1240 文，内舍、上舍生增至 1300 文③。在政治上，熙宁四年（1071 年）推行三舍法时，朝廷就规定："如学行卓然尤异者，委主判及直讲保明闻奏，中书考察，取旨除官。"④ 元丰二年（1080 年）十二月十八日，又明确规定："上等以官，中等免礼部试，下等免解。"⑤ 崇宁三年（1104 年），废除科举中的州郡发解（乡试）法和礼部试（省试）法，全面实行"舍选"，即"天下取士悉由学校升贡"⑥，于是，太学成为全国士庶子弟获得参加殿试资格的主要途径。南宋初年，国子学已不复独立存在，与太学合二为一。

宋代的右文重儒政策，一方面带来了两宋文化的繁荣，在理学、文学、史学等方面都达到了一个新的高峰；另一方面也造就了一大批士大夫阶层，并广泛参与赵宋各级政权。这些士大夫有的终身从政，有的在一生中某一时期从政，其中的绝大部分人不管是在朝还是在野，都以天下为己任，通经术，明吏事，晓法律，重现实，疑经论政，批判现实，熟悉管理思想和实践，著书撰文立说，总结自己的从政经验，阐发政府治理思想与治国方略。如李觏、范仲淹、欧阳修、司马光、王安石、苏轼、苏辙、朱熹、叶适、吕祖谦等均是其中杰出的代表。

二、宽松的文化政策与管理思想

据《北狩见闻录》载："艺祖有约，藏于太庙，誓不诛大臣、用宦官，违者不祥。故七祖相承，未尝易辙。"⑦ 与此相类似的记载又见于陆游抄录作者不详的《秘史》："艺祖受命之三年，密镌一碑，立于太庙寝殿之夹室，谓之誓碑。用销金黄幔蔽之，门钥封闭甚严。因敕有司，自后时享及新天子即位，谒庙礼毕，奏请恭读誓词……自后列圣相承，皆踵故事。岁时伏谒，恭读如仪，不敢漏泄……碑止高七八尺，阔四尺余，誓词三行。一云：柴氏子孙有罪不得加刑，纵犯谋逆，止于狱中赐尽，不得市曹刑戮，亦不得连坐支属。一云：不

---

① 《长编》卷 237。
② 《长编》卷 303。
③ 《宋会要·职官》28 之 10。
④ 《宋会要·崇儒》1 之 31。
⑤ 王应麟：《玉海》卷 112《学校·元丰太学三舍法》，文渊阁四库全书本。元丰二年为 1079 年，但十二月十八日已为 1080 年。
⑥ 《宋史》卷 155《选举一》。
⑦ 曹勋：《北狩见闻录》，丛书集成本。

得杀士大夫及上书言事人。一云：子孙有渝此誓者，天必殛之。"①

有关太祖誓约的真伪以及对它的解读，学界说法不一，兹不做详细辨析。其中，与本书相关的两点则比较一致：一是不诛杀大臣、士大夫和言事人；二是两宋太祖之后诸位皇帝谨守誓约。揆诸史事，宋代历朝皇帝的确比较优待知识分子，除非罪大恶极，一般不予诛杀；对上书言事、犯颜直谏之人一般都较宽容，更不用说加罪处以极刑。如宋仁宗就以"仁恕"著称。有人推荐四川学者龙昌期，说他有才学，仁宗就委以官职。后来又有人指出龙昌期有异端理论，仁宗就免去他的官职，而对他的异端理论不予追究。又如年轻气盛的苏辙曾公开指责他好色，迷恋后宫妃嫔，但是仁宗并没有因此怀恨在心，加罪苏辙，仍任他为谏官。正由于宋仁宗对臣下、士大夫的宽容，这一时期出现了一批富有政府治理思想、治国方略的名臣，如范仲淹、韩琦、富弼、包拯、蔡襄、苏轼、苏辙等。欧阳修等还敢公然对儒家经典提出疑问，掀起疑经的浪潮。宋神宗时期掀起熙宁变法，以王安石为首的变法派和以司马光为首的反变法派展开了激烈的辩论，甚至在神宗面前唇枪舌剑，互相攻击，但神宗基本上允许不同观点的存在，即使司马光因意见不被采纳提出辞官，神宗仍一再挽留。熙宁变法的论战，各种不同观点不同思想的撞击产生了许多有价值的管理思想和理论火花。南宋孝宗对各种学派也采取宽容的态度。他喜欢苏轼的学说却没有因而排斥程颐的学说。吕祖谦、叶适、陆九渊、朱熹等学派的同时并存，说明了当时文化政策的宽松。

宽松的文化政策使当时的知识分子敢于关心现实问题，批判现实问题。如宋初著名的教育家胡瑗大力提倡以学习经义和时务为主体的"实学"，要求学生注重时政，不可闭门读书，还要努力精通治民、讲武、理财、堰水等实际技能。王安石作为一名有眼光的政治家，提出要维护封建统治必须建立起一支德才兼备的官僚队伍，使天下有了大量的"人才"，"为上行法"时，才能治理好国家。学校作为培养人才的基地，"足以为天下国家之用，足以有为于世"。所以王安石非常积极地兴办学校，以至多次向统治阶级呼吁："天下不可一日而无政教，故学不可一日而亡于天下！"② 南宋著名学者吕祖谦倡导"学者须当为有用之学"③，"为学要须日用间实下功夫"④，"以务实躬行为本"⑤。老师应

---

① 陶宗仪：《说郛》卷39上《避暑漫抄》，文渊阁四库全书本。
② 《临川先生文集》卷83《慈溪县学记》。
③ 吕祖谦：《左氏传说》卷5《令尹芳艾猎城沂使封人虑事》，文渊阁四库全书本。
④ 吕祖谦：《东莱集》别集卷10《与学者及诸弟》，文渊阁四库全书本。
⑤ 《东莱集》别集卷9《与内兄曾提刑》。

第二章 宋代经济、政治、文化与管理思想

向学生"教以国体，使之通达政体"，甚至其他经史各项，也应当尽量选取有用于当世之处讲明。他多次抨击当时教育脱离实际，学者空谈性命，学生徒费精力于空虚华靡之学的弊病。

在较为宽松的文化政策环境中，宋代无论是程朱理学，还是陈亮、叶适的重商学派，都关心当时的现实问题，其中也包括有关管理思想诸方面的思考和探索，这在以下各章节中都可见到，兹不再举例赘述。在此环境下，宋代朝政的议论也呈现出前所未有的活跃局面。由此虽然形成了无休止的政党之争，但也由此形成政治、思想上的较为自由的风气。这种风气为学术上的探讨和新学说的产生造成了有利的政治条件。其中最典型的现象就是熙宁变法中的论战。

在较为宽松的文化政策环境中，一向为传统儒家思想所鄙视的重商思想在宋代却较为活跃。如一向以正统儒家思想自居的范仲淹、欧阳修等都重视商人在国家经济活动中的作用。南宋的重商学派代表人物之一陈亮，把官、民、农、商并列，认为四者的关系是"民病则求之官，国病则资诸民，商藉农而立，农赖商而行，求以相辅而非求以相病"。[①] 其另一代表人物叶适也认为："四民交致其用而后治化兴，抑末厚本，非正论也。"[②] 重商思想对宋代管理思想影响深刻，通过市场性工具使其管理在某些方面从统治到治理的转化是宋代管理思想最突出最重要的特征。此外，由于受商品经济和重商思想的影响，宋代经济管理思想在管理思想中占有显著的地位。

---

① 陈亮：《龙川文集》卷11《四弊》，文渊阁四库全书本。
② 叶适：《习学纪言序目》卷19《史记一·书》，中华书局点校本，1977年版。

第三章 宋代特许经营与契约治理思想

第一节

反对官府垄断经营，主张私商自由竞争经营思想

一、私商自由竞争能提高生产者积极性和商品质量，增加销售量和税收

宋代，一些有识之士已初步认识到，在官榷制下，生产者积极性不高，责任心差，效率低下，对社会经济造成破坏。只有罢除官榷，才能提高生产者的积极性和生产效率，促进社会经济的恢复和发展。张洎认为："官榷茶山，利归公室，衣食之源日削……所以出茶之处，郡县凋残，民不聊生，职由于此。"如能"罢榷山行放法"，"造茶之户既专物产，必能经营地利，爱养茶园，封殖窠条，防护山泽。十年之内，茶货大兴，通商惠农，王赋增集"[1]。王安石也反对榷茶，而且还反对大商人的包卖制度。他认为：如实行榷茶或由巨商包卖，则会导致层层盗窃损耗，积压变质，"皆以非己而致货不善也"。如采用小商品经营方式，经营者就会直接关心商品质量，质佳则容易销售。这就是"货利己则精心，精心则货善，货善则易集"[2]。

宋代，不少人都意识到垄断经营必然造成管理不善，损耗浪费严重，经营效率低下，从而导致高成本；官营之下的粗制滥造、掺杂造假，使产品质量低劣。李觏认为，当时官盐在储运上耗损和管理费用甚大，成本高，"舟有坏，仓有堕，官有俸，卒有粮，费已多矣"。而且经办官盐的军吏营私掺假使盐质

---

[1] 《宋代诸臣奏议》卷108《上太宗乞罢榷山行放法》。
[2] 《临川先生文集》卷70《茶商十二说》。

次价高,"公盐常失其半,而半它物焉","以倍价取半盐矣"①。公茶也是如此,掺杂太多,"草邪,木邪,唯恐器之不盈也;尘邪,煤邪,唯恐衡之不昂也"。其结果是盐、茶都因质量太差而滞销,造成大量积压,"仓储之久,或腐败也,则水火乘之矣",最终因无法出售只好毁掉,"息未收而本或丧矣"②,造成惨重的经济损失。针对这种垄断经营的弊端,李觏主张私商经营茶、盐。他认为:"夫商人众而务售,则盐不淆杂。所至之地又以贯于市人,则列肆多得斥卖。卖者多而务售,则盐亦不淆杂。昔啖粪土者今皆食盐,昔喜窃贩者,今皆公行。盐之用益广,是以无滞也。公利不减而盐无滞,财用以足。"③这里,李觏揭示了小商品经济市场上的自由竞争,使盐的质量高,销路好。他还建议如果封建官府"藉茶山之租,科商人之税",放弃专卖政策,让茶通商,由"商人自市,则所择必精;所择精,则价之必售;价之售,则商人众;商人众,则入税多矣"。总之,李觏反对专卖政策,坚持私商自由竞争经营,"今日之宜,亦莫如一切通商,官勿买卖,听其自为"④。这样,就可以通过商业的自由竞争,提高商品质量,扩大商品的销售量。而且商人多了,国家的税收也会增多,这对朝廷也是有利的。

二、私商自由竞争能廉洁吏治和稳定社会

宋代,还有一些人认识到榷卖、官营会导致官吏营私舞弊、贪污盗窃和权力寻租。宋太宗时,张洎指出:茶叶"般运尽出公家……风涛没溺,官吏奸偷,陷失茶纲,比岁常有。若行放法,此患自除"⑤。神宗熙宁四年(1071年),苏轼批评市易法设置大量官吏,政府必须为此付出数额巨大的管理与监督费用,加上官吏的贪污受贿、营私舞弊,使官营商业高成本运作,亏本是必然的。他指出:"今官买是物,必先设官置吏,簿书廪禄,为费已厚,非良不售,非贿不行,是以官买之价,比民必贵,及其卖也,弊复如前,商贾之利,何缘而得。"⑥ 不言而喻,市易法行不通,必须废罢。

宋代不少有识之士,从社会稳定的广阔视角,考察专卖制度使民众动辄触禁,违法私产、私贩,社会矛盾尖锐,甚至发生武装对抗。因此,纷纷主张弛禁通商,还利于民,缓和社会矛盾。张洎指出:"禁榷之地,法令斯严,铢两之茶,即该宪网,公私追扰,狱讼繁兴。大则破族亡家,小则身填牢户。州县

---

①③ 《李觏集》卷16《富国策第九》。
②④ 《李觏集》卷16《富国策第十》。
⑤ 《宋代诸臣奏议》卷108《上太宗乞罢榷山行放法》。
⑥ 《苏轼文集》卷25《上神宗皇帝书》。

公事,太半为茶;朝禁夕刑,系缧相继。户口由兹减耗,田野为之汙莱。蠢尔蒸民,坠于无告。狱连祸结,莫甚于斯。"有鉴于此,他主张:"榷山既放,密网减除。爱人而义在必行,画象而民将不犯。普天之下,实省刑章。利用厚生,莫先于此。"① 范仲淹在庆历四年(1044年)任参知政事时,曾向仁宗皇帝奏言:"天下茶盐,出于山海,是天地之利,以养万民也。近古以来,官禁其源,人多犯法。今又绝商旅之路,官自行贩,困于运置。其民庶私贩者,徒、流;兵稍盗取者,绞、配,岁有千万人罹此刑祸。是有司与民争利,作为此制,皆非先王之法也。及以官贩之利,较其商旅,则增息非多。"其结果是盐茶榷酤,对私对公都不利。因此,他请求朝廷:"诏天下茶盐之法,尽使行商,以去苛刻之刑,以息运置之劳,以取长久之利。"②

第二节

以高商业利润诱使商人入中,解决沿边军需供给思想

一、以虚估、加抬诱使商人入中

北宋时期,边患频仍,相继爆发宋辽、宋夏战争。沿边重兵驻戍,军需供应成为关乎战争胜负、国之存亡的首要问题。西北沿边由于道路险阻遥远,又无水路可供漕运,更增加了运输军需的困难。而且战争连绵不断,运输费用成为沉重的财政负担。鉴于这种情况,自宋太宗雍熙年间开始,朝廷利用茶盐等榷货换取民间商人运送军用粮草到沿边以保障军队后勤供给。这种制度史称入中,又称为折中。

据《长编》卷30记载,朝廷"自河北用兵,切于馈饷,始令商人输刍粮塞下,酌地之远近而优为其值,执文券至京师,偿以缗钱,或移文江、淮给茶盐,谓之'折中'"。由此可见,折中的基本思想是:政府利用商人逐利的本性,以市场性的工具,解决沿边军需供应的难题。即让商人运输粮草到边境军中,官府根据运程远近给以优厚的价格,付给"券"或"交引"作为凭据,商人凭此既可至京师领取缗钱,亦可至江淮地区领取茶盐。由于"茶之为利甚

---

① 《宋代诸臣奏议》卷108《上太宗乞罢榷山行放法》。
② 《范文正奏议》卷上《奏灾异后合行四事》。

博,商贾转致于西北,利尝至数倍"①。因而在当时商人入中之后大多数取茶于江淮,售之西北以获巨额利润。正如时人所概括的:入中"以茶引走商贾,而虚估加抬以利之"②。

在战争期间,军用粮食和物资(如马料等)的需求量巨大,而且往往时间紧迫。因此,宋政府不惜用"虚估"、"加抬"的手段,吸引商人入中。所谓"虚估"、"加抬"的实质是:宋政府为了满足战争的需要,有意识地利用价值规律,以价格作为有力的杠杆,对商人入中到边境地区的粮草等商品的定价远远高出其实际价值或当地的市场价格,并以现钱或茶、盐支付,从而使入中商人在除去本钱、运输费用、商税等之外,仍可获取较高的商业利润。朝廷这种以重利诱使入中商人,把沿边军需供给纳入市场化体系来加以解决的思路,可谓独辟蹊径。这是宋代商品经济高度发展与长期战争环境的产物,在中国古代史上实为罕见。

宋代商人之所以不辞长途跋涉之艰辛,踊跃入中,主要原因就是"虚估"、"加抬"能给他们带来高额的商业利润。因此,"虚估"、"加抬"是促进商人入中的根本动力。如咸平六年(1003年)正月,度支使、右谏议大夫梁鼎就指出:"陕西沿边所折中粮草,率皆高抬价例,倍给公钱。止如镇戎军米一斗,计虚实钱七百十四。而茶一斤,止易一斗五升五合五勺,颗盐十八斤十一两止易一斗粟,米一斗,计虚实钱四百九十七。"③王安石更是一语破的:"陕西陆地无可漕,惟厚与价,使民竞入中以供军粮尔。"④

在入中法下,"凡茶入官以轻估,其出以重估,县官之利甚博,而商贾转致于西北,以致散于夷狄,其利又特厚"⑤;"凡茶之利,一则官卖以实州县,一则沿边入中粮草算请以省馈运,一则榷务入纳金银钱帛算请以赡京师……而其大者,最在边备"⑥。正可谓国家、商人双赢:一方面,国家借商贾的资力和经营才干辇迁,使手中掌握的大量茶叶无所积滞,销售渠道大为畅通,较之于政府直接专卖获得更多的财政收入,而且更重要的是解决了沿边军需运输供给难题;另一方面,商人亦从中分得一杯羹,获得较丰厚的商业利润。

二、滥发茶引使入中无法进行

但是在宋夏战争中,政府为供给西边驻军的急需粮草,大量发行茶引招商

---

① 《宋史》卷183《食货下五》,中华书局点校本。
②⑤⑥ 《文献通考》卷18《征榷五》。
③ 《宋会要·食货》39之2。
④ 《长编》卷214。

人入中。发行茶引过多,其储备的茶叶不足以支付入中商人手中持有的茶引,因而官府不能及时足额支茶给茶引持有者,大量茶引便滞留于流通领域,从而使"券之滞积,虽二三年茶不足以偿"①,引起了茶引的贬值。茶引价格的下降使入中商人的利润大大减少。"京师交引愈贱,至有裁得所入刍粟之实价者,官私俱无利"②,有的甚至还要白白搭上运输费。因此,入中商人"以利薄不趋"③,失去了入中的动力。宋政府为了控制茶引的数量以防止其过分贬值,有时以市场价或略高于市场价收购茶引,进而保护入中商人的积极性,挽救入中法,保障沿边军队的粮草供给。但是由于在宋夏战争中宋廷消耗巨大,财政困难,因此官市交引数量有限,不可能从根本上挽救入中茶法的危机。总之,"虚估"、"加抬"并不是引起入中茶法危机的根本原因,而应是宋夏战争中宋廷为保障军队供给而滥发茶引的结果,大量茶引无法兑现茶叶,毫无疑问将引起茶引贬值,商人入中无利可图甚至亏本,当然入中就无法进行了。对此,宋人已有认识。如文彦博在分析北宋茶法频繁变动时就指出:"非茶法弊,盖昔年用兵西北,调边食急,用茶偿之,其数既多,茶不售则所在委积,故虚钱多而坏法也。"④ 吴充亦说:"茶法因用兵而坏。"⑤

第三节

买扑承包经营思想

一、酌中定额,由著价最高者承买⑥

买扑制又称扑买,唐代晚期就已出现,宋代广泛流行。这一制度是私人通过类似现代流行的投标竞价承包的方式,向官府交纳课利,承包经营官府的酒坊、田地、商税场、盐井、河渡等。宋代买扑制集中体现了当时政府以市场性自愿平等订立契约的原则来代替行政性强制执行的原则。

在买扑制中,官府估定的最低出价,即买扑名数(类似于现代投标竞价中的标的)有待于市场来决定。这就是说标的物的价值不是由政府说了算,而是由市场价值规律客观确定的。

---

①③ 《宋史》卷183《食货下五》。
② 《长编》卷60。
④⑤ 《长编》卷220。
⑥ "著价"又称"着价",为保留引文原貌,书中不予统一。

元祐元年（1086年）六月敕文规定：买扑名钱数"若累界有增无减，即取累界中次高一界为额；如增亏不常者，即取酌中一界为额"。这种取次高或酌中一界为额的办法比较适中合理，防止买扑名钱数偏高或偏低，"参酌中道，立为定额，不使愚民贪得忘思"①。这既避免了买扑人的承包风险，又防止了买扑人获得过高的承包利润。但是，在激烈的竞价承包中，"小民争得务胜，不复计较实利，自始至末，添钱多者至十倍，由此破荡家产，傍及保户，陪纳不足，父子流离"。针对这种情况，苏辙提出了改进的方法："乞取累界内酌中一界为额，除元额已足外，其元额虽未足，而于酌中额得足者，并与释放，唯未足者依旧催理，候及酌中额而止。"② 这一主张比较合情合理，取累界内酌中之额作为买扑者所应交纳课利的底数，不会是很苛刻的要求；而通过实封投状竞标所添课利钱，则是政府利用买扑者之间的竞争加价而获取最大的承包收益，这也是无可厚非的。

买扑中中标人的确定。投标人在投标时，在公布的最低出价的基础上，"听自立价"③，"任便着价"④。然后，"据所投状开验，著价最高者方得承买"⑤。从"听自"、"任便"可以看出，投标人与招标人（即政府）的关系基本上是平等的，即建立在自愿、公平、公正的基础上。通常情况下，如有最低出价的招标，一般要求投标人的出价必须高于最低出价。如竞价承包坊场，"有课利买，名净利钱，恣民增钱夺买"⑥。但有时如最低出价过高，而无人投状，则由官府降低价格继续招标。或根据情况允许投标人低于最低出价投标，"不以着价及与不及体减分数，但拆封日，取着价最高者给付"⑦。

二、三种人有承包优先权

如前所述，在一般情况下承包权给著价最高之人。但是宋代规定原承包者有优先权，即其愿意以出价最高者的条件承包时，应继续由其承包。如绍兴二十八年（1158年）规定：实封投状拆封后，"以时比较，给赏（'赏'字疑衍）着价高人……或见佃赁人愿依著价高人承买者，限五日投状听给"⑧。在中标

---

① 《尽言集》卷2《论买扑坊场明状添钱之弊》。
② 苏辙：《龙川略志》卷5《放买扑场务欠户者》，中华书局点校本，1982年版。
③ 《长编》卷217注。
④ 《宋会要·食货》61之27。
⑤ 《长编》卷220。
⑥ 《叶适集·水心文集》卷1《平阳县代纳坊场钱记》。
⑦ 《宋会要·食货》21之14。
⑧ 《宋会要·食货》61之17。

人的确定上，原承包人具有优先权，这使场务生产具有连贯性，并能鼓励保护原承包人在生产资料上投入的工力与财力。基于这种理念，宋朝廷甚至规定在承包期限满前一年，即征求承包者愿不愿意继续承包，如不愿意再进行招标。如元祐元年（1086年）六月规定："如界满前一年，见买扑人不拖欠，即先限一月取问愿与不愿接续承买。如不愿，即出榜，限一季内许人投状。"① 为了鼓励原承包人继续承包，宋朝廷不但给原承包人优先权，而且在价格上也给予一定的优惠。如绍兴五年（1135年）规定："限满折封，给着价最高之人……仍具最高钱数，先次取问见佃赁人愿与不愿依价承买，限五日供具回报。若系佃赁及三十年已上，即于价钱上以十分为率，与减二分价钱，限六十日送纳。"② 当时由于土地租佃权流转频繁，所以"佃赁及三十年已上"的优惠条件过于苛刻，不久，朝廷又规定："见佃赁未卖田宅已满一年"，便可享受"减二分价钱"的优惠；"未及一年者"，则只能享受同等条件下的优先权③。

宋代，在出价最高数相同的情况下，除了原承包人首先享有优先权之外，其次是按投标的时间顺序，先投标人享有优先权。绍兴二十八年（1158年）规定："以时比较，给着价高人。内著价同者，即给先投状人。"④ 再次是家业抵当最多人也享有优先权。元祐元年（1086年）规定："若二人已上价同，并择已业抵当最多之人，依所著价给卖。""两人已上下状，为（'为'当为'惟'）给已业抵当最多之人。盖因其有自爱之心，必能为防患之虑，委之场务，可无他虞。"⑤ 由此可见，在所出最高价相同时，让家业抵当最多的人承包，能使官府在转让经营中所承受的风险降到最小。

三、竞标底价与招标、开标的公开性

买扑制度中出现了政府与投标人之间讨价还价的博弈关系。一方面，如前所述，政府在竞标中让出价最高的买扑人承包，目的是获得最大的转让经营收益；另一方面，买扑人作为理性的经济人，最大的考虑是其出价获得承包经营权后，是否能够获利。因此，当政府竞标底价太高时，将出现无人参与竞标。这时，政府只得逐步降低竞标底价以召人承买。元祐六年（1091年）春规定："诸场务界满未交割者，且令依旧认纳课利，及过日钱，若委因事败阙，或一年无人投状承买，经县自陈申州，本州差官，限二十日体量减定净利钱数，令

---

① ⑤ 《尽言集》卷2《论买扑坊场明状添钱之弊》。
② 《宋会要·食货》61之7。
③ 《宋会要·食货》61之24。
④ 《宋会要·食货》61之17。

承认送纳，仍具减定钱数出榜，限一季召人承买。无人投状，本州再差官减定出榜。限满，又无人投状，依前再减出榜。若减及五分以上，无人投状，申提刑司差官与本州县官同共相度，再减节次，依前出榜。如减八分以上，无人投状承买，委是难以出纳净利钱，即所差官与本州县保明申提刑司审察，保明权停闭讫奏。"① 这里非常明确具体地规定三个层次减定钱数出榜召人承买的审批权限，朝廷完全依照市场价值规律决定竞标底价，直至减及八分以上，实无赢利可能时，只得决定关闭该场务。这里没有任何使用封建行政性手段，强迫买扑人承包的做法。

买扑中招标、开标很公开。宋代，当官府转让经营权时，为了让更多的人知晓，参与承包竞争，规定："酒税等诸般坊店场务之类，候今界满拘收入官，于半年前依自来私卖价例要闹处出榜，召人承买，限两月内，并令实封投状，置历拘管。"② 这样在交通要道热闹之处经过两个月的宣传招标，招人实封投状时，"令州军造木柜封锁，分送管下县分，收接承买实封文状"。当竞买人投状时，官府"仍置印历，抄上承买人户先后资次姓名"③。限满后，各县停止接收投状，"倚郭县将柜申解赴州，聚州官，当厅开拆。其外县委通判，县分多处除委通判外，选委以次幕职官，分头前去开拆。并先将所投文状当官验封，开拆签押"④。哲宗元祐年间甚至还出现了公开投标报价的竞争机制，即投标人不是将"状"（即标书）密封投送，而是类似于当代的公开报价方式，"明书钱数，众各见闻，又择价高之人便行给付"⑤。总之，无论是于"要闹处出榜"，还是"聚州官当厅开拆"，抑或"明书钱数，众各见闻"，都体现了买扑公开性的原则思想。这有利于投标人的公平竞争，防止贪官污吏营私舞弊。

■ 第四节

矿冶业的承包经营思想

一、从官府垄断经营到承买制的转化

宋代太祖至真宗时期，矿冶业一般由官府直接经营，尤其是矿冶中的铜、

---

① 《苏轼文集》卷34《论积欠六事并乞检会应诏所论四事一处行下状》。
② 《长编》卷220。
③ 《宋会要·食货》61之5。
④ 《宋会要·食货》61之17。
⑤ 《尽言集》卷2《论买扑坊场明状添钱之弊》。

铅、锡等采掘与冶炼，更是由官府垄断。即使准许私人经营部分，产品也由官府收买或严格控制。从垄断经营的角度看，垄断虽然能使国家成为垄断利润的独占者，但是封建官僚体制的低效率和不灵活，会造成物力、财力的巨大浪费，官府插手环节越多，管理成本就会越高，整个经济效益水平就越下降。如"莱芜冶铁为民病，当役者率破产以偿"①。

为了改变官营垄断的弊端，宋仁宗时首先在冶铁业实行承买制。至和二年（1055年）十一月诏陕西转运使："同州铁冶，自今召人承买之。"② 哲宗元祐五年（1090年）四月规定："应金、银、铜、铅、锡兴发不堪置场官监，依条立年额课利，召人承买。"③ 矿山开采权承买制的建立，一方面使官营垄断和行政对生产过程的干预减少，大大降低了管理成本，避免了垄断带来的低效率；另一方面让有经济实力和懂得开采冶炼技术及管理的私人企业主进行承包经营，使他们在矿冶生产中有了更多的经营自主权和生产积极性，激活了企业活力，对宋代矿冶业的发展发挥了积极的作用。

二、从劳役制到雇募制的转化

宋代在矿冶业中存在着劳役制的形态，而且其弊端也明显可见。如真宗时，薛奎"徙知兴州。州旧铸铁钱，用功多，人以为苦……悉罢役者，人用不劳"④。针对这种情况，宋代一些有识之士提出改革，变劳役制为招募制。如前引真宗时薛奎知兴州，见到劳役制下铸铁业"用功多，人以为苦"，就改变了前此应役的做法，"募民有力者，弛其山，使自为利，而收其铁租以铸，悉罢役者，人用不劳"。 宋仁宗嘉祐年间，包拯任三司使时提出，"仍令州县常切多方招召诸色人起冶，不得住滞邀难。如是人户乐为，铁货增羡，宽民利国，无甚于此"⑥，要求朝廷以招募制作为冶铁中"宽民利国"的一项制度而确立下来。

宋代招募制之所以能够取代劳役制，就在于劳役制是政府通过行政强制性手段，强迫民众前来应役。这样使应役者失去生产的主动性和积极性，不言而喻，其生产效率低下。而且政府为了防止应役者逃亡、在生产中怠工甚至从事破坏，必须配置机构、官吏从事监督、管理，从而大大增加了管理成本，最终

---

① 《宋史》卷 285《梁适传》。
② 《长编》卷 181。
③ 《长编》卷 441。
④⑤ 欧阳修：《欧阳修全集》卷 26《薛公墓志铭》，中华书局点校本，2001 年版。
⑥ 包拯：《包拯集》卷 7《乞开落登州冶户姓名》，中华书局点校本，1963 年版。

第三章 宋代特许经营与契约治理思想

亏损倒闭是必然的。如"莱芜盐铁，旧尝十八冶，今所存唯三，冶户犹破产而逃"①。"兖州道士冶，岁课铁二万余斤，主者尽力采炼，常不能及，有坐是破产者。"② 而采取招募制，政府以经济杠杆作为手段，通过报酬吸引民众前来应募，应募者是自愿而来，所以有比较高的生产主动性和积极性，从而带来比较高的生产效率。同时生产者的主动性和积极性，也使政府降低了不少管理成本。如前引莱芜监在梁适的主管下，"募有力者使主冶，十年予一官，于是冶无破户，而岁有羡铁百余万"③。

宋人认识到，在招募制中政府应制定合理的政策，使应募者有利可图，否则，将无人前来应募，生产也难以开展。如在铜矿开采冶炼中，朝廷规定由官府提供冶炼设备，招募坑户开采，产品全部卖给国家。这里，政府对产品的收购价格起关键作用。如南宋高宗绍兴十二年（1142年），信州铅山采铜"招集坑户就貌平官山，凿坑取垢淋铜。官中为置炉烹炼，每一斤铜支钱二百五十。彼时百物俱贱，坑户所得有赢，故常募集十余万人，昼夜采凿，得铜铅数千万斤，置四监鼓铸，一岁得钱百余万贯"④。过了几十年以后，这个矿场出现了另一种情况："数十年以来，百物翔贵，官不增价收买，坑户失利，散而之他。而官中兵匠不及四百人，止得铜八九万斤，人力多寡相去几二百倍，宜乎所得如是之辽绝也。"绍兴十三年（1143年）朝廷诏令耿延年疾速躬亲前去办矿，"措置招召民户，从便采凿，卖铜入官。据逐官报到，各于地头榜谕，经今两月，并无情愿应募之人"。由此可见，同一个信州铅山铜矿点曾出现严重的前盛后衰的变化。盛时，采铜者达到十多万人，年产量上升到数千万斤，年收入得钱百余万贯。几十年以后衰落了，投入采矿的不到400人，年产量只有八九万斤。虽经官府派大官僚疾速躬亲办矿，甚至派人深入地头张榜宣传了两个月，也没有人前来应募开采。其关键原因就是后期官府没有根据情况的变化调整铜的收购价格，使坑户无利可图。这就是"彼时百物俱贱，坑户所得有赢"，后来"百物翔贵，官不增价收买，坑户失利"。铜矿业无法招募到坑户，自然无法进行开采冶炼，当然只能倒闭破产了。又如"绍兴十三年（1143年），臣僚言：伏睹东南诸路旧来所管坑冶虽多，其间有名无实者，固亦不少。加以近年人工料物种种高贵，比之昔日增加数倍，是致炉户难以兴工。或有新发坑冶去处，初有人户买扑，后因破坏产业，拖欠课额，被拘留监系者甚众"⑤。同

---

① ③ 王珪：《华阳集》卷58《梁庄肃公适墓志铭》，文渊阁四库全书本。
② 《长编》卷67。
④ 《宋会要·食货》34之27-28，此自然段引文未注出处者，均见于此。
⑤ 《宋会要·食货》34之17。

样，有些官员也意识到，炉户因破产拖欠课额而入狱的根本原因是由于人工物料价格上涨，增加了冶铜业的成本，而官府收购铜的价格没有相应调整提高，致使炉户产出不抵投入而亏损破产。

三、从定额制到抽分制的转化

宋初以来的工矿业，不问冶户冶炼的多寡，必须按照国家硬性规定的矿税课额缴纳。由于当时技术的限制，难以探明矿藏量，如果实行定额制，一旦矿藏枯竭，私营企业倒闭破产，在所难免。如《文献通考·征榷考五》载："山泽之利有限，或暴发辄竭，或采取岁久，所得不偿其费，岁课不足。有司必责主者取赢。"因此，课额制日益暴露出不可克服的矛盾。如"至道元年，福建转运使牛冕言：邵武军归化县金场虚有名额，并无坑井，专副人匠千一百余人配买金六百余两，百姓送纳不逮，以致弃命自刎"①。又如马知节咸平初帅秦，"水泉银矿累岁不发，额课不除，主吏破产偿之不足，鞭扑累世，公三奏悉已之"②。到王安石变法期间，与招募制相结合的分成制便应运而生了，这就是二八抽分制。《宋会要·食货》34之16载："绍兴七年，工部言：'知台州黄岩县刘觉民乞将应金银坑场并依照熙丰法召百姓采取，自备物料烹炼，十分为率，官收二分，其八分许坑户自便货卖。今来江西转运司相度到江州等处金银坑冶，亦依熙丰二八抽分，经久可行，委实便利。'从之。"二八抽分制思想的提出与实践，避免了因课额不足而引起的折业代赔的弊端，冶户的再生产获得了一定的保证；特别是缴纳20%的矿税之后，冶户可以自由货卖80%的矿产品，可见其可自由支配的产品权重是相当大的。这不仅可以向社会提供更多的商品，使商品经济得到发展，同时也减轻了冶户的沉重负担而调动了他们的生产积极性，推动冶户根据其自身的经济力量，扩大再生产。

总之，宋代矿冶业中在经营方式上从官府垄断到承买制的转化，在劳动力资源上从劳役制到雇募制的转化，在劳动产品的分配上从定额制到抽分制的转化，这些思想的提出与实践，从一个侧面说明了宋代管理思想从统治到治理的转化。政府通过行政强制性手段干预矿冶采掘冶炼的色彩逐渐淡化，而越来越倾向于通过经济杠杆手段引导生产者，给予他们一定的自由经营空间，激发他们的生产主动性和积极性。同时克服官营垄断的僵化体制和低效率，降低管理成本，从而提高矿冶业的经营效益。这对于发展宋代社会经济，增加国家财政收支，是具有关键性意义的重大转变。

---

① 《宋会要·食货》34之13。
② 文莹：《玉壶清话》卷5，知不足斋丛书。

第三章 宋代特许经营与契约治理思想

第五节

利用价格杠杆赈灾思想

一、利用价格政策赈灾的三种方式

宋代政府利用价格政策赈灾主要有三种方式。

其一是传统的常平仓调节价。"以丰岁谷贱伤农，故官中比在市添价收籴，使蓄积之家无由抑塞农夫，须令贱粜。凶岁谷贵伤民，故官中比在市减价出粜，使蓄积之家无由邀勒贫民，须令贵籴。物价常平，公私两利。"① 总之，常平仓调节价主要用于丰岁和凶岁，起平抑谷价的作用，使丰年不至于谷价太贱伤农，凶年不至于谷价太贵使贫民买不起粮食挨饿。常平仓调节价基本上还是政府通过经济手段，即价格杠杆进行调节，不带有强制性。

其二也是传统的限价，即政府通过行政手段，强制性对价格进行限制。如熙宁中，"两浙旱蝗，米价踊贵，饿死者十五六。州饬衢路，立赏禁人增米价"②。这种强制性的限价在宋代只是在灾荒十分严重时的不得已应急措施，故政府很少使用。

其三是宋代最具时代意义的，不少官员甚至在一般的灾荒年份，不是到万不得已，也都主张采取放任价赈灾。这体现了宋人已充分尊重市场客观规律，对价格与供求关系有了进一步认识，懂得如何因势利导应用价格的杠杆作用。如"范文正治杭州，二浙阻饥，谷价方涌，斗钱百二十。公遂增至斗百八十，众不知所为。公仍命多出榜沿江，具述杭饥及米价所增之数。于是商贾闻之，晨夜争进，唯恐后，且虞后者继来。米既辐凑，遂减价还至百二十。包孝肃公守庐州，岁饥，亦不限米价，而商贾载至者遂多，不日米贱"③。

宋人在商品价格的管理思想中，已充分认识到利用价格的杠杆作用。无论是平时还是灾荒年份，尽可能通过放任价来调节市场供给，只有在放任价无法完全调节时，才依次使用常平调节价和限价。如在灾年，首先，通过放任价使丰收区价低粮食和物资自然进入粮食和物资价位较高的受灾区；其次，通过常平调节价使丰收年（或丰收区）价位较低的粮食强制进入粮食价位较高的受灾

---

① 《温国文正公文集》卷54《乞趁时收籴常平斛斗白札子》。
② 江少虞：《事实类苑》卷23《宦政治绩·赵阅道》，文渊阁四库全书本。
③ 《能改斋漫录》卷2《增谷价》。

年（或受灾区）；最后，当灾情十分严重，如粮食极其缺乏，受灾范围很大时，放任价和常平调节价很难或无法发挥作用时，才使用限价措施。如图3—1所示：

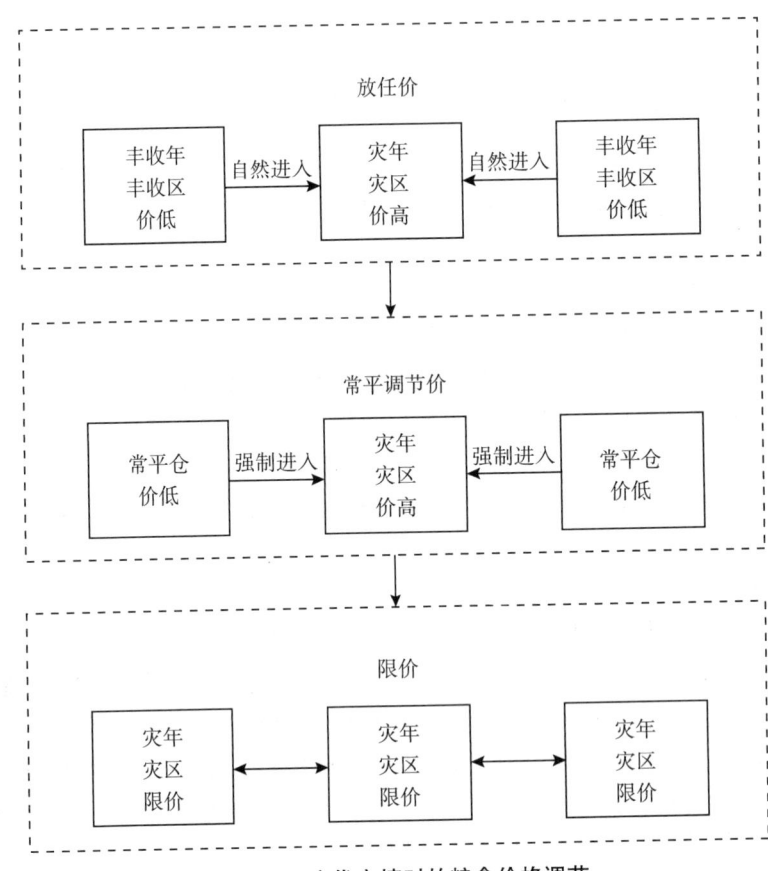

图3—1 宋代灾情时的粮食价格调节

二、对常平仓调节价的修正

如前所述，常平仓调节价从古至宋代都是救荒的一项重要举措，但是宋人对此经典的救荒之策提出了质疑，认为其在商品经济较为发达的条件下，常平仓过分干预市场价格会带来负面的影响。宋哲宗时，右司谏王觌看到京师常平仓以低价出售粮食，提出常平仓贱粜损害了商贾的利益，商人无利可图，便会不再贩运粮食到京师。但是"京师者，众大之居也，生齿之繁，何可胜计。民所食者，军粮之外，则皆商贾所运自外而至也"。所以，如"今官粜甚贱，非所以致商贾也"，其结果将使以外地商品粮为生的京师广大民众食粮供给不足。从长远看，"常平米固有限，不常籴也，虽有时而不籴，商贾亦必以为疑，而不肯多致，恐一旦常平害之也"。因此，常平仓一时贱粜可能导致京师长期的食粮供应不足而米价上涨，同样损害了百姓的利益。所以王觌反对常平仓贱价出售粮食，主张"不若稍贵常平之米，使无定（价），著以为令，而示信于商贾也。假如著令曰：京师常平米一斗，其价以百钱为定，毋辄增损，籴者若干斗，以下勿拒也。行之既久，商贾信之，则稔岁必厚蓄以待价，使旁郡之米麦入于京师者浸多，而京师可实也"①。总之，王觌不仅看到传统的常平仓调节价能在短期内对某一地区粮价起平抑作用，而且也认识到在较长一段时期内，常平仓调节价的平抑作用是有限的，甚至会引起商品粮供给的不足，导致粮价的反弹。因此，必须具体情况具体分析，采取不同的应对措施。这种对传统经典常平仓调节价的质疑与修正，不仅需要真知灼见，而且还要有很大的勇气。

每当灾荒发生时，粮价必然上涨，如此时政府再实行官籴，无异于火上加油，加剧粮食供应的紧张，使粮价更为腾贵。因此，有识之士提出饥荒年份停止官籴，缓解粮食供给不足，不失为平抑粮价的好办法。如苏辙负责上供米之官籴，"元祐六年，两浙大旱，米价涌贵，上供米百万斛无所从得。官不罢籴，则米价益贵；籴钱不出，则民间钱荒，其病尤甚"。苏辙最终采取了一个两全其美的办法，"于密院出军阙额米中借百万"，"而令浙中以上供米价买银折还"。"是岁，浙中依常岁得钱，而米不出，故米虽贵，不至甚。"②

总之，宋代有识之士抓住商人逐利的本性，尊重市场客观规律，全面认识到价格与供求的辩证关系，利用价格杠杆，引导商人往受灾地区运送粮食，解决因受灾而粮食匮乏粮价暴涨的问题，达到保证灾区的基本粮食供给、平抑物价、稳定社会秩序的目的。同时更全面地认识传统经典的常平仓调节价的作用，即既有短期内平抑粮价的一面，又有较长时期内作用有限，容易因某一地区商品粮供给不足引起粮价反弹的一面。正如董煟在《救荒活民书》卷2《不抑价》中所云："常平令文，诸粜籴不得抑勒。谓之不得抑勒，则米价随时低昂，官司不得禁抑可知也。比年为政者不明立法之意，谓民间无钱，须当藉定其价，不知官抑其价，则客米不来，若他处腾涌，而此间之价独低，则谁肯兴贩？兴贩不至，则境内乏食，上户之民，有蓄积者，愈不敢出矣。饥民手持其钱，终日惶惶，无告籴之所，其不肯甘心就死者，必起而为乱，人情易于扇摇，此莫大之患。何者，饥荒之年，人虽卖妻鬻产，以延旦夕之命，亦所不

---

① 《历代名臣奏议》卷245《奏乞稍贵京师常平仓米疏》。
② 《龙川略志》卷8《两浙米贵欲以密院出军阙额米先借》。

顾，若贩客不来，上户闭籴，有饥死而已耳，有劫掠而已耳，可不思所以救之哉？惟不抑价，非惟舟车辐凑，而上户亦恐后时，争先发廪，而米价亦自低矣。"

第六节

市场性工具使宋代管理思想从统治到治理的转化

综上所述，宋代政府通过市场性工具使其管理思想在某些方面从统治到治理的转化。虽然这种转化还比较微弱，有时甚至还有反复，但总的趋势还是显而易见的，主要表现在以下几个方面。

一、私商自由竞争经营思想

当时的一些有识之士，看到封建垄断经营的致命弊端，即在官营之下生产者积极性不高，效率低下；管理不善，损耗浪费严重；粗制滥造，产品质量低下，价格较高；贪官污吏营私舞弊，中饱私囊；民众违法私产私贩，甚至发生武装对抗，影响社会稳定。有鉴于此，他们纷纷提出：只有实行私商自由竞争经营，才能提高生产者的积极性和经营效率；改善管理，节省损耗；提高产品质量，降低价格；弛禁通商，贪官污吏营私舞弊、权力寻租，以及民众违法私产私贩自然减少或消亡。私商自由竞争经营虽然会克服官府垄断经营的诸多弊端，但会弱化政府对经济和社会的直接控制，有时短期内还会减少财政收入，削弱政府的权力。因此，宋廷必须在增加财政收入、促进经济发展、保障民众基本生存条件三者中寻找一个平衡点，即在保证封建政府收入的情况下，让工商业得以有一定程度的发展，民生有最基本的保障，从而达到社会稳定，长治久安。如在茶的专卖中，入中法实行不下去后，改行贴射法，杜绝了"虚估"、"加抬"的弊端，增加了茶商经营自由，但国家茶利受到富商大贾的侵夺；改行通商法后，虽然商人得以自由竞争经营，降低了成本，提高了茶叶质量，但国家利源浸销。最后蔡京改革茶法，变直接专卖为间接专营，即一方面，政府通过茶引、笼部和合同簿对商人贩茶的全过程实行严密的控制，达到专卖的目的，获取专卖高收入；另一方面，政府允许商人与园户直接交易，充分发挥商人在茶叶流通中的作用，避免了因官府直接专卖导致的茶叶质量粗劣，运输与保存中的损耗浪费，经营效率低，管理成本高等问题。

总之，在私商自由竞争经营思想的影响下，宋代虽然仍实行禁榷制度，其范围广及茶、盐、酒、香、矾、醋、象牙、犀齿等，但其禁榷制度在商品经济不断提高的历史背景下，呈现与前代不同的特点。主要表现在对茶、盐等专卖制度，统治者根据国家财政的需要与社会经济发展的现状，不断进行调整，显得复杂多变，缺乏稳定性，并针对不同部门，采取不同的政策。在多变的表象下，其主流思想及演变态势是由直接专卖制到间接专卖制，不同程度地利用市场机制，从传统的官产、官运、官卖，由官府独利到官督、商运、商销，官商共利的方向转变，以此来克服直接专卖的诸多弊端。

二、体现了公平、公正、公开的竞争思想

要进行私商自由竞争经营，政府必须营造一个相对公平、公正、公开的竞争环境，这是政府治理的一个重要目标。宋人对此已有了初步的认识，并将这一思想付诸实践。其中一个突出的表现就是在酒坊、田地等买扑承包经营中，投标人与招标人（即政府）的关系基本上是平等的，即建立在自愿、公平、公正的基础上。中标与否由市场价值规律客观决定：一方面承包权给著价最高之人，两人以上出价相同，原承包者、先投标人、家业抵当最多之人享有优先权；另一方面如政府竞标底价太高，无人参与竞标时，只得逐步降低竞标底价以召人承买。买扑中的招标、开标公开进行，有利于投标人公平竞争，防止贪官污吏营私舞弊。

宋代的买扑制能在一定程度上克服封建官府经营管理不善，效率低下，损耗浪费严重，成本高质量差的弊端。正如宋人所指出的，酒业中的买扑制，较官府自己造卖有不少长处。如"籴买制造，因时视宜，里社通融，为费已约"；"无耗蠹之奸"；"工精业熟，酿造得法，费省而味胜"；"发卖亦易"[①]。可见私人买扑酒业便于管理，损耗浪费少；经营者注意提高技术水平，精益求精，使产品成本低、质量好，当然易于销售了。总之，买扑承包经营思想旨在通过市场化、契约等途径使政府与民间组织、个人自愿平等合作，最大限度增进共同利益，降低政府管制成本，提高生产者积极性和产品质量，有效配置资源，讲求效率，促进经济发展。

除此之外，宋代以"虚估"、"加抬"诱使商人入中解决西北沿边军需供给难题，以及以市场放任价引导商人往受灾地区运送粮食，解决灾区粮食匮乏粮价暴涨问题，均体现了政府与商人建立在市场经济基础上的自愿平等关系，这里没有封建性行政强制，而且商人间也是在公正、公平的情况下竞争。

---

① 罗浚：《宝庆四明志》卷5《叙赋·酒》，文渊阁四库全书本。

三、将价格作为政府治理的杠杆

首先,宋代在以市场性工具解决沿边军需供应中,利用商人逐利的本性,用"虚估"、"加抬"的手段,即以价格为杠杆,高价诱使商人入中,从而把沿边军需供给难题纳入市场化体系加以克服,收到了一定的效果。最后入中法实行不下去,主要原因应是宋夏战争中宋廷为保障军队供给而滥发茶引的结果,大量茶引无法兑现茶叶,不断贬值,商人入中无利可图甚至亏本,当然入中法就无法进行了。其次,宋代在买扑中竞标承包,官府估定的最低出价由市场来决定,即取前承包期间累界中次高一界或酌中一界为额,承包权给著价最高之人。这些都是政府利用价格杠杆使竞标人在相对公平、公正的情况下进行竞争,减少政府管制成本,合理配置社会资源,提高经济效益,增加财政收入。最后,宋廷在采用传统的常平仓调节价、限价进行赈灾的同时,更有意识地尊重市场客观规律,即一方面商品会自然流向价格高的地区;另一方面某一地区如某商品匮乏,自然其价格就会上涨。基于这种认识,宋廷利用价格与供求的辩证关系,短期内适当提高受灾地区的粮食价格,引导商人往受灾地区运送粮食,解决因受灾而粮食匮乏粮价暴涨的问题,达到保证灾区的基本粮食供给、平抑物价、稳定社会秩序的目的。

四、特许经营与契约的博弈分析

宋代在封建商品经济影响下,政府治理开始逐渐从单纯的管制性工具向财政性、市场性工具转变,其中一个重要方面就是在特许经营与契约治理方面推行商人入中、买扑承包制和利用价格杠杆赈灾等,压缩政府管制成本,保证国家财政收入最大化,并促进市场的公平竞争和资源的合理配置。这种制度实际上包含着许多复杂和先进的管理思想,我们可以用博弈论方法对其进行分析。

在传统体制下,中国古代的官府与民间企业之间是一种命令服从关系,这种关系的维持靠的是官府一方拥有极大的权力,而企业则是无条件地接受来自政府的命令。但这种做法也有其弊病,那就是民间企业往往通过各种"小动作"进行对抗以最大限度地维护自身利益,这种例子比比皆是。从长期而言,官府如果过分忽视民间企业的利益,最终也可能得不偿失。因此官府与民间企业的关系既要求官府考虑民间企业的利益,也要求民间企业考虑官府的利益。否则,就达不成长期契约,完不成交易。因此,根据现代的契约治理理论,这种关系本质上还是契约性和交易性的。

承包制、入中和利用价格赈灾等就是这种契约关系的集中体现。在推进和实施的过程中,讨价还价的谈判成为政府和企业的主要行为。这种行为实

第三章 宋代特许经营与契约治理思想

际上是一种典型的博弈行为。在这场博弈中，官府和民间企业作为相对的行为主体，它们的策略选择会最终影响到均衡的实现，即最终签订什么样的合同，从而规定民间企业向官府上缴多少，自己留多少，或政府能出价多少，民间企业赢利多少。但不管怎么说，它们都会选择相对使自己境况较好的策略，这可理解为：对官府来说，它会想方设法提高民间企业承包基数和增加民间企业承包指数，或压低购买价格，从而增加官府收入；对民间企业来说，它会尽一切可能降低承包基数和减少承包指数，或提高购买价格，从而增加民间企业收入。

假定可供官府选择的策略会分别使官府收入增加、不变（或相对少量的增加）和减少，我们将这些可能情况简称为"好"、"较好"和"坏"；相应地，民间企业的收入状况也可能有这样三种结果，也简称为"好"、"较好"和"坏"。

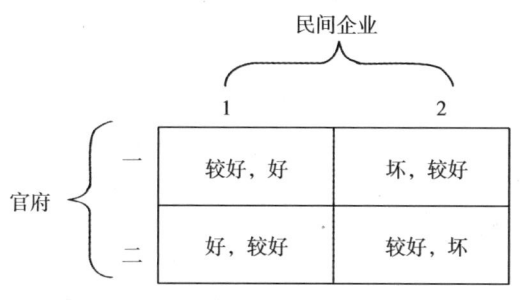

图3-2 博弈矩阵

如图3-2所示，官府和民间企业在不同策略下的境况就构成了一个博弈矩阵。其中，官府可能选择的策略是"一"和"二"，民间企业的选择则是"1"和"2"。不同策略的组合对双方境况的影响分别由四个小方框来描述。小方框内前一个词指的是官府的境况，后一个词指的是民间企业的境况。如官府选择策略"一"和民间企业选择策略"1"时，前者的境况"较好"，后者的境况"好"。

可以看出，不管民间企业怎么选择，策略"二"对官府来说是最优的；不管官府怎么选择，策略"1"对民间企业来说是最优的，都能使自己避免"坏"境况。也就是说，在没有给定官府（或民间企业）的策略选择条件下，民间企业（或官府）都有一种最优策略。博弈论将这种策略称为优超策略，并将这种策略下实现的均衡称为优超策略均衡。在图3-2中，这种均衡由左下角那个小方框表示，这时官府的境况"好"，民间企业的境况"较好"。此时，结果是稳定的。

当然，在中国古代封建社会，官府的地位比一般民间企业更重要，因此，对企业最优选择往往不被政府所认可。实际的情况可能如图3—3所示。其中，当官府选择"二"时，民间企业选择"1"。这时官府的境况为"好"，民间企业的境况"较好"（由左下角那个小方框描述）。这可能是上面所谈的给定官府最优选择（即确保财政收入）条件下民间企业做出了最优选择所导致的情形。当然，另一种最优情形也是可能的。这时，给定民间企业选择，即民间企业选择"2"时，官府则选择"一"（由右上角那个小方框描述）。官府的这一选择对于民间企业的最优选择来说是最优的。

这两种最优选择实现的前提条件是官府和民间企业在承包制、入中和利用价格赈灾中必须相互合作。不然的话，这种均衡（两种均衡中的任何一种）就达不到。这种合作性均衡在博弈论中被称为纳什均衡，意味着在给定一方的最优选择后，另一方也做了最优选择。

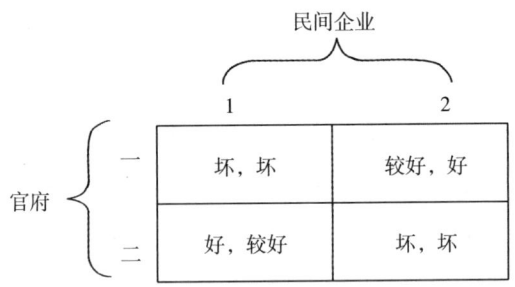

图3—3　承包的纳什均衡

纳什均衡既然是合作性的，这就意味着博弈双方都会趋利避害，以避免出现图3—3中其他的两种情形，即官府选择"一"、民间企业选择"1"和官府选择"二"、民间企业选择"2"的情形（由左上角和右下角两个小方框描述）。这两种情形是一种负和博弈，会使双方的境况都变"坏"。如官府和民间企业在合作过程中发生了直接的对抗、冲突，都采取一种不合作的态度，导致双方都受到了损失。具体表现无非是：官府强制性地提高基数、多压指数或压低购买价格，民间企业无利可图，导致经营衰退，从而使官府收到的利税反而少了，当然，民间企业的日子也不好过；或者，民间企业无理地要求官府大幅度地降低基数、削减指数或提高购买价格，官府无法接受，只能终止合同，反而使民间企业在原有合同中享受到的好处也没有了。如上文所述政府在场务买扑中由于竞标底价太高无人承包，在入中中由于茶引过

第三章 宋代特许经营与契约治理思想

分贬值而使商人运送粮草到沿边以应军需失去动力,都是双方负和博弈的最好说明。

从本质上说,宋代的承包制、入中等是一种特许经营权的竞标,通过竞标可以实现企业的优胜劣汰进而提高社会效率。特许经营权的竞标和拍卖可以用图 3—4 来说明:假定有 4 个企业参与特许经营投标,设 $AC_i(Q)$ 代表企业 $i(i=1,2,3,4)$ 的平均成本函数。这些企业具有不同的成本函数归因于企业受到各自的生产技术、专利权等因素的制约。在这 4 家企业中,第四家企业的平均成本 AC_4 最低,社会福利最大化的最优选择是让第四家企业获得特许经营权,以 P_4 的价格向市场提供产品或服务。显然,最有效率的企业将可以按平均成本或接近平均成本的价格提供产品或服务。

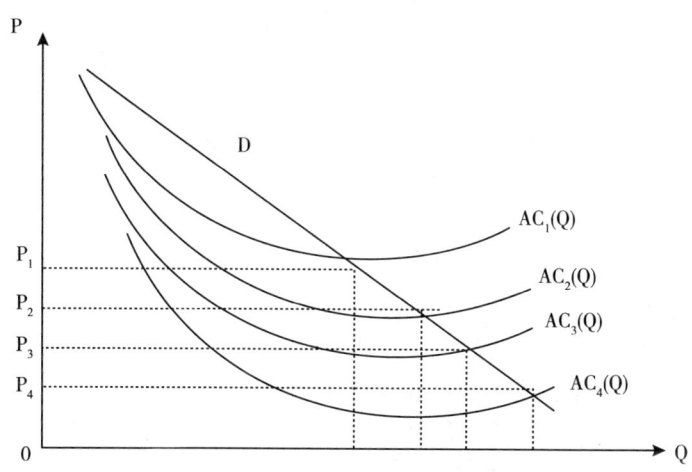

图 3—4 特许经营权投标和价格决定

特许经营权竞标至少有三个优点:首先是平均成本曲线最低的企业将成为特许经营权的所有者,因为最有效率的企业在竞争中总是能够胜过其他参加竞标的企业。其次是对朝廷的代理机构(拍卖者)所必需的相关信息量相对比较低。如果都由朝廷实行管制,要达到比较好的效果必须拥有相关的成本和需求信息。而采取特许经营权竞标,要求的信息量和充分程度相对就低得多,因为是竞争导致平均成本降低。这样,特许经营权竞标能够达到与朝廷规制同样的结果,而且成本更低。最后是可以避免过度投资。由于特许经营者可以保留全部利润,就有动力去有效地利用资源,从而避免了社会资源的浪费。

五、从统治到治理的历史背景与意义

宋代政府管理思想从统治到治理的转化，有其深刻的历史背景。简而言之，它的出现最主要有两个方面的因素：一是封建商品经济的高度发达使政府利用市场性工具进行治理成为可能；二是财政上的入不敷出为政府利用市场性工具增加财政收入提供了必要。工商业的兴盛使有识之士充分认识到私商自由竞争的优越性，可以较有效地克服官府垄断经营的各种弊端。因此纷纷主张废除官府垄断经营，实行私商自由竞争经营。至少是变官府直接全面垄断经营为官府间接部分垄断经营，即在强化官府的监督下，把生产、运输、销售等部分环节交由私商经营或由私商买扑，承包经营，从而既能减少政府管制成本，克服官办特有的低效率造成物力、财力的巨大浪费，减少财政支出，同时更合理地配置社会资源，提高经济效益，进而带来财政收益的最大化。宋廷在茶、盐上实行间接部分专卖；对酒坊、田地、盐井、河渡等实行买扑制，通过实封投状竞争承包；用高商业利润诱使商人入中，解决沿边军需供给难题，减轻财政负担等，均是政府以市场性工具进行治理的实践与探索。

宋代商业在空间上已打破了坊与市的界限，在时间上已出现大量的夜市。随着市场在时空上的开放，价格的开放也就成了历史的必然。因为在市场交易活动从空间到时间都受到政府严密控制的情况下，政府对价格的控制也就可能行之有效，一旦时空界限被打破，价格的控制就显得力不从心。这就促使人们对价格与供求关系有了进一步的认识，开始试图通过价格杠杆因势利导，趋利避害，把价格作为政府治理的有力杠杆之一。其中一个集中表现就是利用价格杠杆赈灾，以此来减轻政府的财政负担。

宋代政府通过市场性工具进行治理的思想和实践具有划时代的历史意义，应该充分予以肯定和重视。但是我们也必须看到，在某些部门的实践也带来严重的负面影响。如宋仁宗天圣四年（1026年），敕令诸路转运司"相度到辖下州军管界镇务道店商税场务，课利年额不及千贯至五百贯已下处，许人认定年额买扑，更不差官监管"[1]。这样，政府一方面在课利微薄的地方不设税务机构，以节省行政开支；另一方面又能通过私人承包，坐享其成地得到这部分税收，增加财政收入。但是由于征税是一项政策性很强的工作，而获得承包权的人多数是地方上的恶霸地痞。"凡买扑者，往往一乡之豪猾"[2]，"皆系豪民买

---

[1] 《宋会要·食货》54之3。
[2] 《宋会要·食货》18之8。

扑，重为民害"①。这些人原来就是地方上的恶势力，现在通过承包征税行使起了政府的一部分职权，更是狐假虎威，为非作歹，巧取豪夺。"乡民买扑，其苛取反甚于州县"。② 由此可见，税场买扑与酒坊、工矿场务的买扑效果不同，其根本原因是国家的权力（包括征税权）不能有偿地转让，当权力与经济效益直接联系在一起时，权力为获取利益而加以滥用，将会对社会和民众造成很大的伤害。宋代的买扑税场使民众遭受严重的盘剥，扰乱了地方的初级市场，使基层商品交换萧条。

---

① 《宋会要·食货》18 之 19。
② 《宋会要·食货》18 之 27。

第四章 宋代政府劝勉与调解思想

第一节

劝课农桑思想

一、劝课耕垦、植树思想

中国古代籍田（又作藉田）之制，源远流长。《诗经·载芟序》云："载芟，春籍田而祈社稷也。""籍"之意为借也，借民力治之，故谓之籍田。古时帝王于春耕前亲耕农田，以奉祀宗庙，且寓劝农之意。如《汉书·文帝纪》载文帝下诏云："其开藉田，朕亲率耕，以给宗庙粢盛。"

宋代帝王重视农业生产，承袭前代仍行籍田之礼。太常寺之下设有籍田司，凡皇帝行籍田礼，掌筹备耕耨出纳之事；籍田以 1000 亩为规制，所种植五谷蔬果，藏冰块以备用，为供应岁中祠祀礼料之一部分①。如宋仁宗就十分重视籍田之礼，"敦本务农，屡诏劝勖，观稼于郊，岁一再出；又躬耕籍田，以先天下"②。明道元年（1032 年），他又对身旁宰臣说："朕观古之兴王，皆重农桑以为厚生之本，朕欲躬耕籍田，庶驱天下游食之民尽归南亩。"③

宋代皇帝不仅自己亲行籍田之礼，以示劝课农桑，而且还十分重视地方各级长官的激劝农耕作用。景德三年（1006 年）二月，宋真宗诏："诸州长吏……少卿监、刺史、阁门使以上知州者，并兼管内劝农使，余及通判并兼劝农事。"④ 天禧四年（1020 年），宋廷"改诸路提点刑狱为劝农使，副兼提点刑狱公事，所至取州县民版籍，视其等第，税科有不如式者，惩之。劝恤耕垦，

---

①② 《宋史》卷164《职官四》，《宋会要·礼》14 之 94。
③ 李攸：《宋朝事实》卷15《籍田》，文渊阁四库全书本。
④ 《长编》卷62。

第四章 宋代政府劝勉与调解思想

招集逃亡，检括隐税，凡隶农田事，并令管勾"①。由此可见，地方长官的劝课农桑就不是像帝王那样象征性地通过行籍田礼以寓劝农，而是通过对户口版籍、田租赋税的整顿，招集流离逃亡农民，通过劝勉抚恤使他们重新回到农业生产上来。宋徽宗时期，朝廷更是多次明令地方长吏必须亲自劝农。政和元年（1111年），徽宗下诏："守臣于倚廊，县令于境内，岁终耕敛，并须亲诣田畴，劝沮勤惰，以为力耕之倡。"二年（1112年），又令县令"出乡就见父老，播告国家务农重谷、恻怛爱民之意"，以"敦本业"、"戒游手"、"恤佃户"、"无妄讼"等十二事劝谕百姓②。南宋高宗绍兴十五年（1145年），规定州县守、令"以来春耕籍之后，出郊劝农，谕以天子亲耕，使四方晓然，知陛下德意"③。朱熹在《知漳州劝农文》中说："是以国家务农重谷，使凡州县守倅，皆以劝农为职。"④南宋末年陆文圭也说："州县长官以'劝农事'三字系之职衔之下，于事为重。"⑤总之，朝廷的目的旨在通过地方长官守令的亲身倡导，关心民生疾苦，宣扬务农重谷国策，使广大农民安心于农桑根本之业，勤劳本分，无纠纷诉讼，经济发展，社会稳定。

宋代除劝勉农耕之外，历代皇帝还重视通过奖赏激励农民植树造林。因为植树不仅能够改善自然生态环境，起到水土保持的作用，而且树木可作为百姓生活上必不可少的烧火的薪柴，其中桑树更可养蚕织布、枣树可供食用。宋初，面对战后百业凋零的衰败景象，宋太祖于建隆元年（960年）即位伊始就下诏令广为植树，并规定了植树的品种、数量以及考核的方式。诏令称："课民种树，定民籍为五等，第一等种杂树百，每等减二十为差，桑枣半之……令佐春秋巡视，书其数，秩满，第其课为殿最……野无旷土者，议赏。"⑥按此规定：第一等户必须种杂树100棵，桑枣树50棵，共计150棵。至第五等户，也须植杂树20棵，桑枣树10棵，共计30棵。而且县令佐要进行考核，能做到该种树的地方都种上树的，将给予奖赏。宋太宗至道元年（995年）也下诏："令诸路州府各据本县所管人户，分为等第，依原定桑枣株数，依时栽种。如欲广谋栽种者，亦听。其无田土及孤老残疾女户无男丁力者，不在此限。如将来增添桑土，所纳税课并依原额，更不增加。"⑦至道二年（996年）再次下

---

① 《宋会要·职官》42之2。
② 《宋会要·食货》1之32，《宋会要·职官》48之31。
③ 《建炎以来系年要录》卷154。
④ 朱熹：《晦庵先生朱文公文集》卷100《知漳州劝农文》，四部丛刊本。
⑤ 陆文圭：《墙东类稿》卷10《劝农文二首》，文渊阁四库全书本。
⑥ 《宋史》卷173《食货上一》。
⑦ 《宋会要·食货》63之163。

诏："耕桑之外，令益树杂木、蔬果。"① 由此可见，宋太宗也十分重视植树造林，连续两年下诏督促植树，并给予增添桑土者不增税的优惠。宋神宗时期，朝廷对于植树更强调的是成活率，并以差减户租作为奖励。熙宁二年（1069年）规定："民种桑柘毋得增赋……令民即其地植桑榆或所宜木……官计其活茂多寡，得差减在户租数，活不及数者罚，责之补种。"② 到了南宋，朝廷仍采取鼓励植树的规定，并提高了官吏和百姓的植树棵数。宋孝宗乾道元年（1165年）都省言："淮民复业，宜先劝课农桑。令、丞植桑三万株至六万株，守、倅部内植二十万株以上，并论赏有差。"③

宋廷无论是劝勉农民耕垦，还是课民植树，其主要还是采取正面奖赏激励或给予优惠条件的办法，一般不采取行政性的强制手段，也极少对懒惰或不予合作者给予惩罚。因为只有采取奖赏激励和劝勉的方式，才能提高生产者的积极性，收到耕垦、植树的最佳效益。如一味地采取强制或惩罚的方式，是很难收到预期的效果。当然，地方守令在劝农耕垦或植树中也难免存在一些问题。如南宋绍兴年间，地方守令出郊劝农时，常"将带公吏，及因而游玩、饮酒"④，骚扰民众等，背离了劝农的初衷。

宋代在对地方长吏进行考核时，"劝课农桑"是其中必不可少的内容。据《宋史·职官三》记载，宋廷以"七事"考核监司，其第二事即为"劝课农桑、增垦田畴"；以"四善""三最"考核守令，"三最"中第二最即为"农桑垦殖、水利兴修为劝课之最"。南宋《庆元条法事类》卷5《考课》更是详细地规定有监司考校事件，其中涉及劝课农桑的内容是：

考课式

　某官职姓名任内

　……

一、劝农桑

　　劝课栽植桑柘枣之类

　　　某官职姓名任内劝诱人户栽植到下项：

　　　　桑若干

　　　　柘若干

　　　　枣若干

　　　　余官任内依前闻

　　增垦田亩

---

① ② ③ 《宋史》卷173《食货上一》。
④ 《宋会要·职官》47之33。

第四章　宋代政府劝勉与调解思想

某官职姓名任内增垦到田若干顷亩

创修堤防水利

……

从中可以知道，南宋在对地方行政长官的考核中，劝农桑、增垦田亩为最重要的内容，摆在诸项考核指标的首位，而且还对其进行较准确的量化评估，充分体现了宋朝最高统治者对此的重视。

二、劝农文中劝农、重农思想

在宋代务农重谷国策的指导下，朝廷和各级地方官员常发布劝农文，使大量的劝农文传诸后世，反映了宋人劝农、重农的思想，主要有以下几个方面：

（一）把农业作为国家根本之业，积极引导民众务农

北宋崇宁二年（1103年）四月三日，徽宗下诏县令劝农以十二事为主，其第一事就是强调"敦本业：谓农桑为衣食之本，工作之类乃是治末，虽获厚利而无本源，故于本业切宜敬尚"①。在这种思想指导下，宋代地方官员在劝农文中纷纷引导、鼓励民众以务农为本。如薛季宣在越州劝农时，要求人们"毋失天时，毋事末作"②。蔡戡在永嘉为官时告诫百姓"无游手以趋末"③。陆游在严州任上要求当地人"语子若孙，无事末作，无好终讼，深畎广耩，力耕疾耘"④。

除劝导农民毋事工商末作之外，地方官员还教导人们勿从事有妨务农的各种陋习，如耽酒、溺赌、喜争、好闲、徇巫等。如南宋严州人"好饮博"、"喜兴词诉"、"好嬉游"、"喜事鬼神"等，高斯得在严州时，谆谆告诫人们"若能去此四害，惟专惟勤，田之无收，吾不信也"⑤。真德秀在隆兴府为官时，向百姓力陈："兄弟宗族恩义至重，不可以小利致争；乡党邻里缓急相须，不可以小忿兴讼。喜争斗者，杀身之本；乐词讼者，破家之基；赌博乃偷盗之媒，耽酒是丧生之渐。凡此数事，为害至深，有一于此，必致祸败。"⑥戴复古在《房陵劝农文》则谓："毋耽道释，毋徇巫鬼。凡吾所见，耽道释必贫，徇巫鬼必贫，或误其命，非吉凶不得已。毋非时聚饮，非农隙毋遨嬉。聚饮多费，遨

---

① 《宋会要·职官》48之31。
② 《浪语集》卷15《劝农文》。
③ 《定斋集》卷13《永嘉劝农文》。
④ 陆游：《渭南文集》卷25《丁未严州劝农文》，文渊阁四库全书本。
⑤ 高斯得：《耻堂存稿》卷5《严州劝农文》，文渊阁四库全书本。
⑥ 真德秀：《西山先生真文公文集》卷40《隆兴劝农文》，四部丛刊本。

嬉则子弟浮惰。"① 总之，这些劝农文都是在向农民说明诉讼、争斗、饮酒、赌博、侍奉鬼神、游手好闲等行为足以荒废农事，耗费钱财，败家破产，损害健康甚至招来杀身之祸，故不得为之。

（二）勉励农民勤于耕作

宋代地方官员在劝农文中常常向农民说明勤劳使人富足安乐，懒惰使人贫穷饥饿的道理。真德秀在福州任知州时指出："凡为农人，岂可不勤！勤且多旷，惰复何望。勤于耕畲，土熟如酥。勤于耘籽，草根尽死。勤修沟塍，蓄水必盈。勤于粪壤，苗稼倍长。勤而不懈，是为良农。良农虽苦，可养父母。父母怡怡，妻子熙熙。勤之为功，到此方知。为农而惰，不免饥饿。一时嬉游，终岁之忧。我劝尔农，惟勤一字。"② 陈著知嵊县时，"告民以勤为本，嵊之民当加勤。嵊山多水浅，其土瘠，土瘠故物不滋，物不滋故种薄，收种薄故民多贫。彼富者食肥饶犹云不给，今反此而不加勤，可乎？勤则瘠可肥，贫可富，不勤则瘠愈瘠，贫愈贫，其何以生？"③ 可见，他认为嵊县收成不好是由于土地瘠薄。要想改变这种状况，使土地瘠薄变成肥沃，农民贫困变为富足，只有比其他地区更加勤劳才行。土地已经瘠薄，如果还不勤劳，生活将会愈来愈贫困。

有的官员在劝农文中则通过不同地区的比较，来说明勤惰对于农业生产的重要性。陈傅良在湖南桂阳军劝农时说："闽、浙之土，最是瘠薄，必有锄耙数番，加以粪溉，方为良田。此间不待施粪，锄耙亦希，所种禾麦，自然秀茂，则知其土膏腴，胜如闽、浙。然闽、浙上田收米三石，次等二石，此间所收却无此数，当是人力不到，子课遂减，奉劝自今更加勤勉，勿为惰农，坐视丰歉。"④ 这里，陈傅良比较了桂阳军和闽、浙地区的土地肥瘠和农业生产量，指出桂阳军的土地比闽、浙肥沃，但是单位面积产量却不及闽、浙高，原因在于桂阳军的农民不够勤劳，因此，劝谕他们今后必须更加勤勉。

崇宁二年（1103年）四月三日，徽宗在下诏县令劝农十二事中指出：农民要勤于耕作，具体要做到以下五个方面：一是"兴地利，谓旷地有可以垦辟者，积水有可以疏决者，皆宜耕种，庶使地无遗利"；二是"广栽植，谓麻、麦、粟、豆、果、瓜、蔬菜，凡可以为养生之资者，广务栽种，则自然农足"；三是"谨时候，谓农时一违，诸事废败，尤在所谨。故耕以时则土膏，种以时

---

① 陈造：《江湖长翁集》卷30《房陵劝农文》，文渊阁四库全书本。
② 《西山先生真文公文集》卷40《福州劝农文》。
③ 陈著：《本堂集》卷52《嵊县劝农文》，文渊阁四库全书本。
④ 陈傅良：《止斋先生文集》卷44《桂阳军劝农文》，四部丛刊本。

则苗秀,敛以时则无禽兽之耗,无盗贼之侵,无霖雨之坏";四是"诫苟简,谓耕欲熟,耘欲足,则田土膏腴,禾稼茂实。盖农事最为劳苦,人易怠惰,多致苟简,尤宜戒勉";五是"戒游手,谓群饮聚博,放鹰走犬,游惰之事,皆废农业,为人父兄,理当戒谨,为人子弟,尤宜遵禀"①。

(三)提倡恤民节俭,保护小农经济

小农经济就个体来说,是十分脆弱的,很容易被天灾人祸所摧毁。因此,宋代统治者在劝农中不仅强调"重农务谷",而且还注意"恻怛爱民"。如徽宗在下诏县令劝农十二事中就强调:"恤佃户,谓佃客多是贫民,方在耕时,主家有催旧债不已,及秋收时,以其租课充折债负,乃复索租,愈见困穷,不辞离,即逃走,宜加以宽恤。"②朱熹则主张:"佃户既赖田主给佃生借以养活家口,田主亦藉佃客耕田纳租以供赡家计,二者相须方能存立。今仰人户递相告戒,佃户不可侵犯田主,田主不可挠虐佃户。如当耕牛车水之时,仰田主依常年例应副谷米,秋冬收成之后,仰佃户各备所借本息填还。"③朱熹在此首先告之田主(富户)与佃户,二者互相依存,劝谕田主在佃户生产困难之际应予以贷款,佃户则要量力而借并及时还贷。陈傅良在《桂阳军劝农文》中亦表达了相类似的思想,即贫者借贷在所难免,但必须量力而行,不要借贷太多而还不起,最终赖债;富家也不能太贪婪,应该量本适当收取利息,甚至免除长年积欠。他说:"生借种粮,贫者不免,先须量力,莫据眼前,借贷太多,债还不易,及至空穷,却谋昏赖。所是富家亦合量本收息,除豁积欠,难以递年登带,恣为贪婪。"④

有些地方官在劝农文中则劝谕农民节约,不可奢侈。因为生活节俭就可以使用度常足不匮,减少借贷,免受高利贷盘剥之害而陷入贫困。如真德秀云:"福生于俭,祸生于奢。影响相随,毫厘弗差。惟朴惟素,富贵之具。惟多惟僭,困穷之渐。广用多求,心劳且忧。寡求省用,其乐休休。以约失之,其亦鲜矣。我劝尔民,宁俭毋侈。"⑤

(四)劝谕禁杀耕牛,备置农具

在机械动力出现之前,牛是耕田的动力。宋人已清楚地认识到"农家以牛

---

① 《宋会要·职官》48之31。
② 《宋会要·职官》48之32。
③ 《晦庵先生朱文公文集》卷100《漳州劝农文》。
④ 《止斋先生文集》卷40《桂阳劝农文》。
⑤ 《西山先生真文公文集》卷40《劝农文》。

为耕种之本"①，"牛最（为）农事之急务，田亩赖是而后治"②。基于这种认识，宋代从中央到地方的劝农文中，均劝谕农民勿杀耕牛。崇宁二年（1103年）四月三日，宋徽宗在下诏县令劝农以十二事中就提出"戒宰牛，谓牛为耕稼之本，当务孳生，况其功力最大，尤不当杀"③。朱熹在《漳州劝农文》中更以严厉的口气告诫农民不得宰杀耕牛，应该妥为照管，否则将受到处罚。他说："耘犁之功，全藉牛力，切须照管，及时喂饲，不得辄行宰杀，致妨农务。如有违戾，准勅科决，脊杖二十，每头追赏五十贯文，锢身监纳，的无轻恕。今仰人户递相告戒，毋致违犯。"④

《论语》云："工欲善其事，必先利其器。"生产工具是人们进行劳动生产必备的物质技术手段。对此，宋人也有一定的认识，故在劝农文中劝谕农民应舍得花钱购置农具。崇宁二年（1103年）四月三日徽宗在下诏县令劝农以十二事中提出："置农器，谓农家器用，缺一不可，与其废用，修饰车服，不若以财广置农器。"⑤基于这种认识，早在大中祥符六年（1013年），宋真宗就废除五代宋末以来征收农器税的政策，下诏"自今农器并免收税"⑥。以后宋代各朝皇帝，又多次重申了这一规定。这对农具的生产与销售，对于普通农户的工具添置，促进农业生产技术的提高都是有所裨益的。

（五）推广先进的农业技术

宋代许多地方人多地少，人口对土地的压力甚大，人们解决人地矛盾的一个重要途径就是通过改进农业技术来增加亩产量。宋代许多地方官在劝农文中推广先进的农业技术。

宋代由于复种指数的提高，迫切需要解决土壤肥力与连年耕种之间的矛盾。宋人已清楚地认识到，人们如能够时常加入新而肥沃的土壤，施用肥料，可使土壤更加精熟肥美。这就是著名农学家陈旉提出的"地力常新壮"的理论。宋人这种施肥能保持土壤肥力的思想在地方官的劝农文中得到实践和推广。如黄震在《咸淳八年春劝农文》中推崇"浙间终年备办粪土，春间夏间，常常浇壅"⑦。这就是说两浙农民在农业生产实践中，已懂得大量使用有机肥，加速土壤熟化，提高土壤肥力。程珌在《壬申富阳劝农》中建议农家应像衢州、婺源之人收集肥料不遗余力。他说："每见衢、婺之人，收蓄粪壤，家家

---

① 《长编》卷274。
② 陈旉：《农书》卷上《祈报篇》，丛书集成本。
③⑤ 《宋会要·职官》48之32。
④ 《晦庵先生朱文公文集》卷100《漳州劝农文》。
⑥ 《宋会要·食货》1之18。
⑦ 《黄氏日抄》卷78《咸淳八年春劝农文》。

第四章 宋代政府劝勉与调解思想

山积,市井之间,扫拾无遗。"①

宋人在耕作中已讲求深耕细耙,并懂得利用冻融这种自然力改良土壤。朱熹在《知南康军劝农文》中向农民介绍了这种技术:"大凡秋间收成之后,须趁冬月以前,便将户下所有田段一例犁翻,冻令酥脆。"② 这种冻晒,既可使土壤酥碎,又能起自然松土与杀虫的作用。高斯得在《宁国府劝农文》中向当地农民推广两浙地区的深耕细耨技术,明确指出其不仅能提高土壤肥力,而且能够增强抗旱保墒能力,提高种子发芽率。他说:"浙人治田,比蜀中尤精,土膏既发,地力有余,深耕熟犁,壤细如面,故其种入土坚致而不疏。"③

在宋人劝农文中,反映了当时已具有较成熟的田间管理思想,已把育秧、中耕、除草、壅根、增肥、保水和烤田等田间作业进行了有机的结合。如选好良种后,培育壮秧是水稻丰产的先决条件之一,"拣选肥好田段,多用粪壤,拌和种子,种出秧苗";浸种下秧,深耕浅种后,秧苗既长,"便须及时趁早栽插"④。在禾苗生长过程中,杂草丛生,"浙间三遍耘田,次第转折,不曾停歇"⑤。"大暑之时,决去其水,使日曝之,固其根,名曰靠田;根既固矣,复车水入田,名曰还水";而"还水之后,苗日以盛,虽遇旱暵,可保无忧"⑥。

宋人为了解决人多地少、粮食不足的问题,充分利用不适合稻作的旱地,栽种粟、豆、麻、蔬菜等耐旱作物。地方官在劝农文中要求人们因地制宜种植这些作物,如韩元吉在婺州与建宁府劝农时,建议农民"若豆与粟,度地所宜,犹可致力焉","以多耕荒废之壤,高者种粟,低者种豆,有水源者艺稻,无水源者播麦,但使五谷四时有收"⑦。朱熹在南康军与漳州劝农时也反复要求百姓予以种植,并告诉他们可以预防饥荒。他说:"山原、陆地可种粟、麦、麻、豆去处,亦须趁时竭力耕种,务尽地力,庶几青黄未交之际,有以接续饮食,不至饥饿";"种田固是本业,然粟、豆、麻、麦、菜蔬、茄、芋之属,亦是可食之物,若能种植,青黄未交,得以接济,不为无补,今仰人户更以余力广行栽种"⑧。

桑是养蚕的饲料,木棉、苎麻则是织布的直接原料,都是解决人们温暖,

---

① 程珌:《洺水集》卷19《壬申富阳劝农》,文渊阁四库全书本。
②④ 《晦庵先生朱文公文集》卷99《知南康军劝农文》。
③⑥ 《耻堂存稿》卷5《宁国府劝农文》。
⑤ 《黄氏日抄》卷78《咸淳八年春劝农文》。
⑦ 韩元吉:《南涧甲乙稿》卷18《婺州劝农文》、《建宁府劝农文》,文渊阁四库全书本。
⑧ 《晦庵先生朱文公文集》卷99《知南康军劝农文》、卷100《漳州劝农文》。

免遭寒冻的衣着之源。宋廷对推广这些作物十分重视，诏令地方官劝谕百姓种植，并把其作为考核官员经济政绩的重要依据。地方许多官员秉承朝廷的旨意，在劝农文中反复告谕百姓种植桑麻、木棉、苎麻的益处，并予以具体的技术指导。如陈造在《房陵劝农文》中指出："房之原陆弥亘数百里，而桑柘绝少，蚕事灭裂，饲守缲织皆未得法，端匹狭燥，丝绵席暗，无可取贵。与其植他木，不若多植桑、柘，每岁春办，为四十日夙夜之勤，缲织饲守，求尽其技，精其事，将不止温暖取给，亦可货以自赡。"① 这里，他建议房陵农民兼营蚕桑业和丝织业，其好处不仅可以解决衣着御寒问题，而且可以出售图利，补足家计。程珌、朱熹则意识到一些地区不种或少种桑树，不是地区不适宜，而是栽种不得法，所以在劝农文中介绍科学的种植法，以提高种桑效益，从而激发农民栽种的积极性。程珌在《壬申富阳劝农》文中向富阳农民推广太平州老农种桑的经验："彼间之种桑者，每人一日只栽十株，务要锄掘深阔，则桑根易行，三年之后即可采摘。盖桑根柔弱不能入坚，锄掘不阔而拳曲不舒，虽种之十年亦可摇拔，此种桑之法也。低山平垄，更当添种，则蚕丝之利博矣，此令所以劝农者一也。"② 可见种桑的关键是土坑要挖得深阔，这样才有利于桑树长得繁茂坚实，从而带来丰厚的蚕丝收入。朱熹也有类似的栽种桑树方法，除了土坑挖得深阔之外，他还强调要多加施肥，并适当进行剪枝。如实在不宜种桑的地方就多种吉贝（即木棉）、麻、苎等，这样也可以解决衣着原料问题。他说："蚕桑之务，亦是本业，而本州从来不宜桑柘，盖缘民间种不得法。今仰人户，常于冬月，多往外路买置桑栽，相地之宜，逐根相去一二丈间，深开窠窟，多用粪壤，试行栽种，得其稍长，即与削去细碎拳曲枝条，数年之后，必见其利。如未能然，更加多种吉贝、麻、苎，亦可供备衣着，免被寒冻。"③

（六）宣传、贯彻朝廷的惠农政策

一些地方官在劝农文中将朝廷的惠农政令周知百姓，以提高他们务农垦荒的积极性。如朱熹在《漳州劝农文》中出台了一些优惠条件，消除垦荒者的顾虑，鼓励农民积极开垦荒地："本州管内荒田颇多，盖缘官司有俵寄之扰，象兽有踏食之患，是致人户不敢开垦。今来朝廷推行经界，向去产钱、官米各有归着，自无俵寄之扰。本州又已出榜劝谕人户陷杀象兽，约束官司不得追取牙齿蹄角，今更别立赏钱三十贯，如有人户杀得象者，前来请赏即时支给，庶几去除灾害，民乐耕耘。有欲陈请荒田之人，即仰前来陈状，切待勘会，给付永

---

① 《江湖长翁集》卷30《房陵劝农文》。
② 《洺水集》卷19《壬申富阳劝农》。
③ 《晦庵先生朱文公文集》卷100《漳州劝农文》。

为己业,仍依条制,与免三年租税。"①

南宋时,由于北方大量的人口南迁,推动了南方二麦的种植。当时,朝廷十分重视二麦的种植,认为农民种麦既可以解决粮食问题,又可以出售获利。政府为提高农民种麦的兴趣,出台了一系列优惠政策,如规定佃户种麦,可不必向地主交租,收成归佃户所有;鼓励农民开垦荒地种麦,并酌量予以免除租税。对于朝廷的这些惠农政策,一些地方官也在劝农文予以宣传、贯彻。如方大琮在《将邑丙戌秋劝种麦》文中告知农民:"禾则主佃均之,而麦则农专其利。"② 黄震在《咸淳七年中秋劝种麦文》中也明确宣称:"近世有田者不种,种田者无田,尔民终岁辛苦,田主坐享花利。惟是种麦,不用还租,种得一石是一石,种得十石是十石。"③ 总之,其意都在告知佃户种麦可以不用纳租,比种稻更有经济效益。朱熹在《劝谕趁时请地种麦榜》中则鼓励农民开垦空闲官地,可免5年科税:"其有无地可耕之人及有力多而地少者,仰自踏逐空闲官地,具出字号、四至、亩角,经县陈请布种,当与判状执照,免科权给一年;其有情愿永远请佃之人,亦仰分明声说,即与给据管业,特免五年税科。"④ 黄震在《咸淳八年中秋劝种麦文》中则劝说田主应允许佃户种麦,并鼓励那些田主不容许种麦的佃户开垦荒地种麦:"或谓田主以种麦乃佃户之利,恐迟了种禾,非主家之利,所以不容尔种。不知主佃相依,当养根本。佃户夏间先收得麦,则秋间有本,不至欠租,亦是主家之利,况收麦在四月,种禾在五月初,不因麦迟了种禾。纵使田主不欲多种,抚州无限山坡高地,又因何不种?"⑤

宋代封建商品经济发达,从事工商业活动的收益普遍高于农业,加之不少地方人多地少,因此使不少农民放弃农业而从事工商业。这是历史发展的趋势,是社会经济进步的表现。但是,古代在科学技术的限制下,依靠耕作技术的进步来增加农业单位面积的产量是有极限的,故要增加粮食作物的总产量,一方面必须多投入劳力,精耕细作;另一方面必须多投入劳力,扩大耕作面积。如果有太多的劳动力离开农业生产而从事工商业,那将产生粮食供给不足的问题。因此,有宋一代,封建统治者都十分重视农业生产,除沿袭前朝皇帝例行亲耕籍田之外,在中央设立了劝农机构——劝农司,又在地方官的官衔上加上劝农职事,以务农重谷为指导思想。地方官秉承朝廷的旨意,以劝农文为

---

① 《晦庵先生朱文公文集》卷100《漳州劝农文》。
② 方大琮:《铁庵集》卷30《将邑丙戌秋劝种麦》,文渊阁四库全书本。
③⑤ 《黄氏日抄》卷78《咸淳七年中秋劝种麦文》。
④ 《朱文公文集(别集)》卷9《劝谕趁时请地种麦榜》。

主要形式,用诱导的方式劝谕农民多投入劳力,以增加农业生产的劳动量;提倡恤民节俭,禁杀耕牛,备置农具,以保护小农经济;推广先进的农业技术,以提高农民的生产水平;宣传、贯彻朝廷的惠农政策,提高农民的生产积极性。总之,政府的劝农思想和政策收到了较明显的效果,耕地面积比汉唐扩大,全国垦田数达800万顷[①];人口突破1亿大关,约为唐代人口的两倍;粮食亩产量比过去也有明显的提高,大致在三五石。总之,这些成就与宋代的劝农、重农政策都有密切的关系。

但我们也必须看到宋代的劝农也难免存在一些问题。如宋朝一些地方官履行劝农之职时"循习之久,但为空文"[②],其劝农文或为官样应景文章,无病呻吟,空洞说教,使得"父老听来似不闻"[③];或故作高深,强附风雅,"古语杂奇字,田夫莫能读"[④],"行行蛇蚓字相续,野农不识何由读"[⑤],使劝农成为一种形式,走走过场。更有甚者,一些官员借劝农之名,乘机宴游作乐,"辄用妓乐及宴会宾客"[⑥],"自携酒肴、妓女,宴赏竟夕"[⑦]。有的官员出郊劝农不但不能解决农民的问题,反而增加农民的负担,骚扰地方,纵容属下勒索百姓。正如时人廖行之所说:"凡次舍宿顿之所,苟有所须,一取诸民。且什物之备犹可为也,而米粟酒肴,餍饫吏卒,以为未足。又奉之缗钱,满欲乃已。不然,捶骂罗织,必加之罪。"[⑧]

第二节

劝学兴学思想

一、劝勉世人重视读书学习

宋代,右文重学崇儒是其基本国策。宋太祖建国后,很快由一介武夫变为尊儒重文之君,享有"性好艺文"[⑨]的称誉;宋太宗更以"锐意文史"而见著

---

① 华山:《宋史论集》,齐鲁书社,1982年版,第10-11页。
② 《止斋先生文集》卷44《桂阳军劝农文》。
③ 刘爚:《云庄集》卷1《长沙劝耕》,文渊阁四库全书本。
④ 《西山先生真文忠公文集》卷40《泉州劝农文》。
⑤ 陈起:《江湖小集》卷82《野农谣》,文渊阁四库全书本。
⑥ 谢深甫:《庆元条法事类》卷49《劝农桑》,海王村古籍丛刊本。
⑦ 胡太初:《昼帘绪论·临民篇第二》,文渊阁四库全书本。
⑧ 廖行之:《省斋集》卷5《论迎送出郊科敛乡保排办钱物札子》,文渊阁四库全书本。
⑨ 《能改斋漫录》卷4《崇政殿说书》。

史册①;宋真宗则"道遵先志,肇振斯文"②。经过太祖至真宗三朝的大力倡导,宋代右文重学崇儒蔚然成风。

宋代之所以具有浓厚的读书风气,其中一个重要的原因是上自帝王贵族官僚、下至平民百姓,都劝自家子弟应该勤奋学习,虽然读书的目的不尽相同,但提倡读书却是一致的。

宋代皇帝提倡读书最为人所知的是宋真宗。史载:"宋真宗《劝学文》云:书中自有黄金屋,书中自有千钟粟,书中车马多如簇,书中有女颜如玉。"③"又曰卖金买书读,读书买金易"④。宋真宗的这一《劝学文》赤裸裸地告诉世人读书可以升官发财,享尽荣华富贵,因此遭到后人的批评诟病。如明代高拱指出:"诚如此训,则其所养成者,固皆淫佚骄侈、残民蠹国之人,使在位皆若,人丧无日矣。而乃以为帝王之劝学,悲夫!"⑤陶宗仪也认为:"自斯言一入于胸中,未得志之时,已萌贪饕;既得志之后,咨其掊克,惟以金多为荣,不以行秽为辱,屡玷白简,恬然自如。虽有清议,置之不恤,然司白简持清议者,又未必非若而人也。毋怪乎玩视典宪为具文,一切置廉耻于扫地,气习日胜,若根天真。惟知肥家庇族而已,亦不知其为蠹国害民也。得非蔽锢于《劝学文》而然耶,是因不可不深责贪饕之徒,亦不可不归咎于《劝学文》有以误之也。"⑥明人的这种批评是一针见血的,抱着升官发财、享受荣华富贵的目的读书,一旦中举得志,其多数人确实将成为淫佚骄侈、残民蠹国的贪官污吏。因此,宋朝廷的这种读书导向有严重的消极面。但是我们也必须看到,宋真宗劝勉世人读书的良苦用心!其实,食、色作为人之本性,宋真宗以此劝诱世人读书,也有无可厚非的一面。黑格尔说存在就是合理,宋真宗的《劝学文》1000多年来流传至今,并为一些人经常引用,就说明了这一点。

与此相类似,宋人亦通过学而优则仕的道理来劝谕世人读书。北宋以正统自居的名儒陈襄就说:"今天子三年一选士,虽山野贫贱之家所生子弟,苟有文学,必赐科名,身享富贵,家门光宠,户无徭役,庥荫子弟,岂不为盛事……今汝父老归告其子弟,速令来学。予其择明师而教诲之,庶几有成。"⑦由此可见,宋人把读书入仕看作是世人脱贫脱贱致富致贵的一条捷径。

---

① 《事实类苑》卷2《祖宗圣训·太宗皇帝》。
② 《册府元龟·考据》。
③ 高拱:《本语》卷6,文渊阁四库全书本。
④⑥ 《说郛》卷73下《劝学文》。
⑤ 《本语》卷6。
⑦ 陈襄:《古灵集》卷19《仙居劝学文》,文渊阁四库全书本。

| 宋代国家管理思想 |

宋代朝廷上下之所以如此苦口婆心地劝勉世人勤于读书，这是因为他们看到学习对于培养人才、治理国家和形成良风美俗的作用。陈襄就认为："学校之设，非以教人为辞章取禄利而已，必将风之以德，行道艺之术，使人陶成君子之器，而以兴治美俗也。"[1] "人之为善，莫善于读书为学，学然后知礼义孝悌之教。故一子为学，则父母有养；一弟为学，则兄姊有爱；一家为学，则宗族和睦；一乡为学，则闾里康宁；一邑为学，则风俗美厚。虽有恶人，将变而为善矣。"[2] 由此可见，读书学习不是只教会人们写文章获取利禄，更重要的是能陶冶人们的思想情操，使之成为道德高尚的人，从而国家得到治理，父母兄弟姐妹友爱，宗族闾里和睦康宁，风俗美厚。周行己也认为："天地之性，莫贵于人；四民之长，莫贵乎士。士之所贵者，以学而已……诸生生于富有之家，复赖父兄之贤，使得从师为学，一身亦幸矣。然而父兄之所以愿望于子弟者，岂幸一身而已哉？亦期于有成，将以幸一家、幸一乡，又推而广之，幸一国、幸天下也。"[3] 这里，周行己看到，士人之所以比一般普通人尊贵，列于士农工商四民之首，关键是他们通过读书学习，比一般人有知识有文化有教养，即知书达理。这不仅是读书者一人的幸运，也是一家、一乡、一国甚至是整个天下的幸运。反之，"或不得学者，盖由出乎贫贱之家，日迫于饘粥之不暇，所以沈为下愚，终身不灵，以贻笞戮，无所不至，此人之不幸也"[4]。

基于这种认识，宋代有识之士都希望世人能勤奋读书学习。朱熹《劝学文》就向人们呼吁：要珍惜时光，时不我待，努力学习。他说："勿谓今日不学，而有来日；勿谓今年不学，而有来年。日月逝矣，岁不我延。呜呼老矣，是谁之愆。"[5] 张咏也劝勉世人要闻鸡起舞，苦学成才。他在《劝学》文中谆谆教导人们："大化不自言，委之在英才；玄门非有闭，苦学当自开……晨鸡固自勉，男子胡为哉！胸中一片地，无使容纤埃；海鸥尚可狎，人世何嫌猜。勤慎君子职，颜闵如琼瑰。"[6]

宋代有些人甚至认为世人如不读书学习，是一种过错，其父兄应承担责任："诸公为人父兄，有子弟而不教，教而不择其师，谁任其咎之道。故敢以此闻下执事传道授业，其为子弟加意焉，毋怠！"[7] 有的人还认为平时不读书

---

[1]《古灵集》卷19《杭州劝学文》。
[2]《古灵集》卷19《仙居劝学文》。
[3][4] 周行己：《浮沚集》卷6《劝学文》，丛书集成本。
[5]《御定渊鉴类函》卷201《劝学五》，文渊阁四库全书本。
[6] 张咏：《乖崖集》卷2《劝学》，文渊阁四库全书本。
[7] 王之道：《相山集》卷28《劝学文》，文渊阁四库全书本。

学习，到了人生尽头后悔就来不及了。"古人有临渴掘井之喻，痛其平昔不读书也。临渴掘井，犹有得泉之理，至渴不肯掘井者，是终渴死无悔也"。①

二、兴办各级学校

宋代，较早提出通过兴办学校发展全国教育的是范仲淹。庆历四年（1044年），他与翰林学士宋祁，御史中丞王拱辰，知制诰张方平、欧阳修，殿中侍御史梅挚，天章阁侍讲曾公亮、王洙，右正言孙甫，监察御史刘湜10人一起上奏，提出兴办学校对发展全国教育、培养人才的重要性。范仲淹等人认为："今教不本于学校，士不察于乡里，则不能核名实；有司束以声病，学者专于记诵，则不足尽人材。此献议者所共以为言也。谨参考众说，择其便于今者，莫若使士皆土著而教之于学校，然后州县察其履行，则学者修饬矣。故为设立学舍，保明举送之法。夫上之所好，下之所趋也。今先策论，则文词者留心于治乱矣；简程式，则闳博者得以驰骋矣；问大义，则执经者不专于记诵矣。其诗赋之未能自肆者杂用今体，经术之未能亟通者尚如旧科，则中常之人，皆可勉及矣。此所谓尽人之材者也。故为先策论过落，简诗赋考式，问诸科大义之法，此数者其大要也。"② 范仲淹等人在全国州县兴办学校，以经术教授士人、定期课试策论的思想对宋代历朝影响深远。

嘉祐二年（1057年），知扬州刘敞在《上仁宗请诸州各辟教官》中指出："必欲人安其居，皆有常心，渐之于仁，摩之于义，化民成俗，则莫若开庠序以收养之，设师弟子以教诲之，月考时试以劝勉之。教定俗成，然后贤不肖立见而真伪不杂矣。"相反，如"游士归乡而不为设学，则无以收之；设学而不置师，则无以率之；置师而不立课试讲习之法，则无以成之。三者名存实亡，则学者不归，虽欲别贤不肖，兴廉让，崇乡党之化，不可得矣"③。熙宁二年（1069年），翰林学士吕公著综合了范仲淹、刘敞等人的兴学思想，提出了兴学的4项关键，即设学校、置老师、习经术、试大义。他说："所谓学校之法者，天子自立太学于京师，取道德足以为天下师法者主之。自开封府及天下州县皆立学，取道德足以为人师者主之。然学校教化，所以一道德、同风俗之原，今若人自为教，则师异说，人异习。故宜博选天下所谓有道德可以为人师，先集于太学，使讲议所以教育之法，而朝廷以道揆其得失。讲议既定，然后取其得者，置之要会州府，使主其学……将以经术教养，则代赋以经……自

---

① 吴儆：《竹洲集》卷14《劝学文》，文渊阁四库全书本。
② 《长编》卷147。
③ 《宋朝诸臣奏议》卷78《上仁宗请诸州各辟教官》。

后次科场，明经止用正文填帖，更不以注，而增试大义。如此，应明经者渐多而诸科之弊自消矣。"①

如以现代教育理念看，四者中的学校是为教授与学习者提供教学活动的空间；老师则是教学的主导，起表率与传授知识的作用；经术则是教学的内容，关系到培养封建治国人才和一道德、同风俗的教学目标的实现；课试则能检验教学成果，并起引导教学方向的作用。

宋朝仁宗、神宗朝所形成的这种兴学思想，在北宋的三次大规模兴学以及南宋的某些时期均得到了较好的实践，并取得了一定的效果。

北宋时期，先后三次大规模兴学。第一次是宋仁宗以来，宋廷在推进学校普及方面进行了不遗余力的努力。"仁宗即位之初，赐兖州学田，已而又命藩辅皆得立学；其后，诸旁郡多愿立学者，诏悉可之，稍赠赐之田如兖州，由是学校之设遍天下"。② 庆历四年（1044年），参知政事范仲淹等建议："精贡举，请兴学校本行实，乃诏州县立学；本道使者，选属部为教授，不足则取于乡里宿学之有道业者；士须在学三百日，乃听预秋赋，旧尝充者百日而止。"③ 可见，仁宗时期第一次全国性兴学，是以赐学田的优惠政策，劝导全国州郡普遍设立了学校，并配备了学有所长的教师，初步规定了学制。

宋代第二次大规模兴学是在宋神宗时期。王安石在兴教办学方面施政的力度更大。他亲自编写教学大纲，编著新的科举教材《三经新义》，力排众议，统一思想。熙宁四年（1071年），立太学生三舍法，将学生分为上舍、内舍、外舍三等。初入学为外舍，名额不限，春秋考试两次，从而扩大了生源。外舍选升内舍，名额200员；内舍选升上舍，百员。上舍生优异者直接授官。这样，加强了选拔淘汰力度，提高了学生的学习积极性。如乾道二年（1166年），朝廷下诏云："学校教养士人，除科举外，惟每月私试用以激励，今若无公试可为升补内舍之阶，即外舍私试校定，并为无用，无以诱劝。"④ 学生各习一经，随所属讲学官学习。元丰二年（1079年），订出三舍法140条，进一步规定太学补试、私试、公试、舍试方法和升舍方法，使太学学制不断完善严密。

宋代第三次大规模兴学是在宋徽宗时期。这次兴学把基层县学放在重要的地位，崇宁三年（1104年）规定县学学生名额：大县50人，中县40人，小县30人。州、县学不仅有学舍提供学生食宿，还有学田及出租"房廊"的收

---

① 《宋朝诸臣奏议》卷78《上神宗答诏论学校贡举之法》。
②③ 《文献通考》卷46《学校七》。
④ 《宋会要·崇儒》3之36。

入作为经费。大观三年（1109年），北宋24路共有学生167622人，校舍95298楹；经费年收入钱305872贯，支出267878贯；粮食收640291斛，支出337944斛；校产中有学田116990顷，"房廊"155454楹。在校学生之多，校舍之广，经费之多且如此充裕，不仅是空前的，在宋代也是绝后的①。由此可见，徽宗时的兴学着眼点在于解决基层县学办学的经费、校舍、食粮问题，从而为地方县学的兴盛提供了雄厚的物质基础。

南宋高宗时期，虽然战火连绵、动荡不安，但朝廷仍然不忘把兴学作为重要的国策。绍兴二十五年（1155年），秘书省正字张震就提出："陛下（即指宋高宗）临御以来，兴学校，制礼乐，天下学士靡然乡风……天下学校，禁专门之学，使科举取士，专以经术渊源之文，其涉虚无异端者，皆勿取，庶几士风近古。"②

宋代除了大规模兴学之外，历朝还不同程度地采取了一些措施，鼓励地方州县兴办学校，广泛开展文化教育。如真宗咸平四年（1001年）六月，"诏诸路郡县有学校聚徒讲诵之所，赐《九经》书一部"③。这种赐书兴学的方式虽然能解决学校的教材问题，但作用毕竟有限。地方州县兴学的关键当是经费、校舍等问题。如前所述，徽宗时大规模兴学，基本上针对这些关键问题，所以学校在全国州县得到广泛的普及。南宋初年，由于连年战乱，地方州县学校遭到很大破坏。绍兴十三年（1143年）十一月，"诏诸州军将旧赡学钱粮拨还养士，令监司常切觉察，不得辄将他用。仍令逐州军各开具养士并见标拨钱粮数目，申尚书省。以知信州刘子翼言学粮至微，无以资给故也"④。在动荡不安的环境下，地方要坚持办学，最起码的条件是首先要保证广大师生的温饱问题。

徽宗大规模兴学时期，不仅对全国地方州县普遍办学校投入大量的财力、物力，而且还注意资助那些孤贫儿童中值得培养的人。政和七年（1117年）七月，"成都府路提举常平司言：本路州县居养院有孤贫小儿，内有可教导之人，欲令小学听读，逐人衣服襕裙。欲乞于本司常平头子钱支给置造，仍乞与免入斋公用。从之，余路依此"⑤。

宋代兴学除了注重经费、校舍、学制之外，还意识到学校师资也是一个关

---

① 陈振：《中国通史·五代辽宋夏金时期》，上海人民出版社，1999年版，第988-990页。
② 《建炎以来系年要录》卷169。
③ 《宋会要·崇儒》2之2。
④ 《宋会要·崇儒》2之36。
⑤ 《宋会要·崇儒》2之29。

键的问题。仁宗嘉祐年间，知扬州刘敞认为："今州郡幸皆有学，学皆有生徒，而终患无师以教之，但令掾曹杂领其事。职既不专，教用不明。"因为在办学中，师资是一个关键，没有优秀的师资，地方州县是很难办好的。因此，他奏请："欲乞州郡有学处，听长吏各奏辟教授一员，于前任判司簿尉中，选有文行堪为人师者充。仍令以四年为一任，与理考数，官资俸禄，同之掾曹。则学有常师，教有常业，士子竞劝矣。"①

同时，朝廷重视对教师的考核与奖惩，以此来提高教学质量，培养人才。这就是"设学校，重学官之选，而厚其禄。凡欲以诱诲学者……自今有敦行谊、谨名节、肃政教、出入无悖、明于经术者，有司其以次升之，使闻于朕，将考择而用之，以劝于尔众士。有偷懦怠惰，不循于教，学不通明者，博士吾所属也。其申之以诱导，使其能有易于志，而卒归于善，固吾之所受也。予既明立学之教，具有科条，其于学者，有奖进退黜之格，以昭劝戒。至于学官，其能明于教率，而详于考察，有得人之称，则待以信赏。若训授无方，而取舍失实，亦将论其罚焉"②。

如前所述，宋人在兴学中以经术教授学生，在具体教材的采用上，为达到培养治国人才和促使良风美俗形成的教学目标，主张使用儒家经典著作，即四书五经。如为了培养治国之才，陈襄主张学生必须"首明《周官》三物之要，使有以自得于心而形于事业，然后可以言仕，此所谓学之序也"③。南宋理学名臣真德秀更具体详细地规划了学生学习儒家经典教材的课程安排。他主张："南轩之《论》、《孟》说，晦庵之《大学》、《中庸》章句，或问《论》、《孟》集注，则于学者为尤切，譬之菽粟布帛，不容以一日去者也。迩来士子急于场屋科举之业，往往视为迂缓，置不复观。殊不知二先生之书，旁贯群言，博综世务，犹高山巨海，瑰材秘宝，随取随足。得其大者，固可以穷天地万物之理，知治己治人之方。至于文章之妙，浑然天成，亦非近世作者所能仿佛，盖其本深末茂，有不期然而然者。学者诚能诵而习之，则于义理之精微，既有所得，发之于文，亦必意趣深长，议论精确，以之应举，直余事尔……自今以始，学校庠塾之士，宜先刻意于二先生之书，俟其浃洽贯通，然后博求周、程以来诸所论著，次第熟，复而温公之《通鉴》与文公之《纲目》，又当参考而并观焉。职教导者，以时叩击，验其进否。上中二旬，当课之，日则于所习之书，摘为问目，俾之援引诸儒之说，而以己意推明之。末旬则仍以时文

---

① 《宋朝诸臣奏议》卷78《上仁宗请诸州各辟教官》。
② 曾巩：《曾巩集》卷26《劝学诏》，中华书局点校本，1984年版。
③ 《古灵集》卷19《杭州劝学文》。

为课，如此则本末兼举，器业日充，上足以追续先贤之正脉，次足以为当世之实用。"①

第三节

赈灾劝分思想

一、劝分思想的提出

宋代在赈灾中所实行的劝分，是利用民间力量的赈济措施。"所谓劝分者，盖以豪家富室，储积既多，因而劝之赈发，以惠穷民，以济乡里，此亦所当然"。② 劝分起源甚早，春秋时已有类似做法，西汉时正式采用，而至宋代才开始大量实行。劝分在宋代的普遍出现，有其一定的思想基础。自古以来，人们心目中有"吃富"的心理。如民间遭遇饥荒，"转籴于大家，亦理也"③。所谓"理"者，是说富人财富本来就是贫者创造，危急时拿来大家一起享用，是天经地义的事情。道教经典《太平经》中有关这种思想在民间影响广泛："或有遇得善富地，并得天地中和之财，积之乃亿亿万种，珍物金银亿万，反封藏逃匿于幽室，令皆腐涂。见人穷困往求，骂詈不予；既予不即许，必求取增倍也；而或但一增，或四五乃止。赐予富人，绝去贫子，令使其饥寒而死，不以道理，反就笑之。与天为怨，与地为咎，与人为大仇，百神憎之。所以然者，此财物乃天地中和所有，以共养人也。此家但遇得其聚处，比若仓中之鼠，常独足食。此大仓之粟，本非独鼠有也。少内之钱财，本非独以给一人也；其有不足者，悉当从其取也。愚人无知，以为终古独当有之，不知乃万户之委输，皆当得衣食于是也。爱之反常怒喜，不肯力以周穷救急，令使万家之绝，春无以种，秋无以收，其冤结悉仰呼天。天为之感，地为之动，不助君子周穷救急，为天地之间大不仁人！"④ 由此可见，传统的道教教义即主张任何人的财物均为天地中和所有，应该供大家共同享用，而不应该为个别人独自占有。只要有谁贫困不足，均可从中获取享用。那些企图独占享用，而不肯拿出来周穷救急的人，当与天地结怨，与世人为仇，为天地间大不仁的人，将被众神仙

---

① 《西山先生真文忠公文集》卷40《劝农文》。
② 董煟：《救荒活民书》卷2《劝分》，丛书集成本。
③ 王柏：《鲁斋集》卷5《静观堂记》，文渊阁四库全书本。
④ 王明校注：《太平经合校》，中华书局，1960年版，第246-247页。

憎恨。

宋代，劝分思想最具代表性的是南宋黄震。他说："天生五谷，正救百姓饥厄；天福富家，正欲贫富相资。米贵不粜，人饥不恤，天其谓何？况凡仰籴之人，非其宗族则其亲戚，非其亲戚则其故旧，非其故旧则其奴佃，非其奴佃则其乡邻。彼其平日敬我仰我者果为何赖？今一旦遇歉，竭彼苦恼无所措办之钱，博我从容尽可通融之粟，此之粜与否，彼之死与生，君子以仁存心，宁不重为矜恻切几荸体？"①基于这种贫富相资和伦理道义的基础，黄震进一步提出："照对救荒之法，惟有劝分。劝分者，劝富室以惠小民，损有余而补不足，天道也，国法也。富者种德，贫者感恩，乡井盛事也。"②

在宋代劝分思想中，最有意义的当是董煟的"惟以不劝劝之"。他说："民户有米，得价粜钱，何待官司之劝？只缘官司以五等高下，一例科配，且不测到场检点，故人户忧恐，藉以为名，闭籴深藏，以备不测。"③可见，董煟认为民户有米，如果价钱适合，他自己会主动卖掉，是不需官府劝谕的。现在民户有米而不敢出售，只因是官府办理不善，加重粮食紧张情况。因此他提出："人之常情，劝之出米，则愈不出，惟以不劝劝之，则其米自出。"其具体措施是"莫若劝诱上户、富商巨贾，俾之出钱，官差牙吏，于丰熟去处，贩米豆，各归乡里，以济小民。结局日，以本钱还之。村落无巨贾处，许十余家率钱其贩，或乡人不愿以钱输官，而愿自粜者听。官不抑价，利之所在，自然乐趋，富室亦恐后时，争先发廪，则米不期而自出矣。此劝分之要术，更宜酌酌而行之"。可见，董煟的"以不劝劝之"，也是抓住一般人的趋利避害本性，因势利导，运用市场手段，而不是运用行政手段，使有米之家能在饥荒时主动卖米。

二、劝分思想的实践

宋人的这种赈灾劝分思想，政府在灾荒中经常予以实践，并收到了一定的效果。尤其是南宋开始，国家财政困难，粮食储积极其有限，劝分越来越成为政府赈灾的一个重要手段。正如元人所说："绍兴以来，岁有水旱，发常平义仓，或济或粜或贷，如恐不及。然当艰难之际，兵食方急，储蓄有限，而振给无穷，复以爵赏诱富人相与补助，亦权宜不得已之策也。"④所谓"权宜不得已之策"，就是"在法，以常平钱谷应副不足，方许劝诱有力之家出办粜

---

① 《黄氏日抄》卷78《四月初一日中途预发劝粜榜》。
② 《黄氏日抄》卷78《四月十三日到州请上户后再谕上户榜》。
③ 《救荒活民书》卷2《劝分》。此自然段引文均见于此。
④ 《宋史》卷178《食货上六》。

贷"①。由于在许多时候，常平仓往往没有什么存粮，义仓也所剩无几，所以，政府赈灾只能主要依赖劝分。淳熙十年（1183年），尤袤指出："今日公私诚是困竭，不宜复有小歉。国家水旱之备，止有常平、义仓，频年旱暵，发之略尽。今所以为预备之计，唯有多出缗钱广储米斛而已。又言救荒之政莫急于劝分。"②如乾道五年（1169年），饶州"连岁旱涝，细民艰食"。朝廷下诏拨义仓米赈济，但只拨到义仓米6800余硕，"不了一月赈粜之数"。后又从上供米中拨1万硕，但仍然微不足济。与此同时，政府从上户处"劝谕"所得共19.6万余硕，作为此次赈济的最主要粮食来源③。

宋代，劝分之所以在赈灾中能发挥较大的作用，与政府能较好地使用这一政策工具是分不开的。其一，政府中的官员起了表率作用。如向经知河阳，遇"大旱蝗，民乏食。经度官廪岁支无余，乃先以己圭田所入租赈救之"。由于受到向经表率的感召，"已而富人皆争效慕出粟，所全活甚众"④。其二，朝廷对劝分有功的官吏进行奖励。如天禧元年（1017年）三月，"诏诸州官吏如能劝诱蓄积之民以廪粟赈恤饥乏，许书历为课"⑤。其三，朝廷对响应政府劝分的富豪之家实行奖赏。如天禧元年（1017年）四月，"登州牟平县学究郑巽，出粟五千六百石振饥，乞补第巽。不从。晁迥、李维上言，乞特从之，以劝来者，丰稔即止。诏补三班借职。自后援巽例以请者，皆从之"⑥。以后，此项奖励措施称作"纳粟补官"。

宋代劝分赈灾实质上是政府力量不足而动员民间富人参与的一种方式，其中赈救饥民的作用是显而易见的。如高继勋知嬴州，"属岁大饥，谷价翔起，即召诸里富人谓曰：'今半境之人，将转而入之沟壑。若等家固多积粟，能发而济赈之，若将济州将之命。'于是皆争出粟，王亦以其值予之，蒙活者万余人"⑦。罗彦辅在溧阳，"岁不登，道馑至相枕藉"。罗乃"亟请发常平米，又劝有米家，量力而出，下皆乐输。而就哺者，至不远百里地，赖公以生者，不可胜计"⑧。

劝分，顾名思义，原则上是自愿性质，不得强迫，但在实际执行中，政府

---

① 《宋会要·食货》57之17。
② 《文献通考》卷26《国用四》。
③ 《宋会要·食货》58之6。
④ 《救荒活民书》卷3《向经以圭田租赈饥民》。
⑤ 《宋会要·食货》57之6。
⑥ 《宋朝燕翼诒谋录》卷2。
⑦ 《华阳集》卷49《穆武高康王（继勋）神道碑铭》。
⑧ 李之仪：《姑溪居士前集》卷48《罗大夫（彦辅）墓志铭》，文渊阁四库全书本。

有时亦采用了某种程度的行政强制，进行认粜摊派，或干预出粜价格和出粜数量等。如政府对于囤积而不愿认粜者，处以刑罚。潭州安化县上户龚德新，早年依靠"兼并，遂至巨万。以进纳补官为进武校尉"。后遇"旱伤阙食，独拥厚资，略不体认国家赈恤之意"。被知潭州陈某告到朝廷，遭到"追进武校尉一官，勒停送五百里外州军编管"的处罚①。对于出粜者，则严格限制出售价格，以防富户哄抬粮价，牟取暴利。绍圣元年（1094 年）十月，"诏河北路监司令州县官谕富民，有积粟者毋闭粜，官为酌立中价，毋得过，犯者坐之"②。有的则严格确定出粜数量，以防富户敷衍了事，搪塞政府。隆兴二年（1164年），"霖雨害稼，出内帑四十万两付户部变籴以济之。其年淮民流于江浙十数万，官司虽济而米斛有限，乃诏民间不曾经水灾处占田万亩者粜三千石，万亩以下粜一千石"③。政府甚至还制定了告发令，告发那些不按规定数量出粜的屯粮商家。庆元元年（1195 年）以"米价翔踊，凡商贩之家尽令出粜"，以至"告藏之令设矣"④。

政府采取强制性的手段，其实质上已超出了劝分的范畴，虽然在一定条件下解决了灾荒时粮食供给问题，但难免也带来了一些负面效果。如绍兴年间，有臣僚就劝分事上奏说："州县奉行，奸计百出。有民户初非情愿，均令认数，以应期限，而平时蓄积之家得以幸免者。有所在初无收，勒令转粜以赈城郭，而本乡流离不暇顾恤者。"⑤ 可见，强制的认粜有时会造成无蓄积之家反而被摊派，而真正有蓄积之家反而幸免；本地该接受赈济的人家没有得到赈恤，而将该地蓄积以应付政府摊派。另外，强制性认粜也导致一些富户弄虚作假，以逃避政府摊派。如"乾道辛卯岁，江浙大旱，豫章尤甚。龚实之作牧，命诸县籍富民藏谷者责认粜数，令自津般随远近赴于某所，每乡择一解事者为隅官，主其给纳。靖安县羡门乡范生者在此选，其邻张氏当粜二千斛，以情语范曰：'以官价较市值，不及三之二。计吾所失，盖不胜多矣。吾与君相从久，宜蒙庇护，盍为我具虚数以告官司。他日自有以相报。'范喜其言甘，且冀后谢，诺其请，为之委曲，张遂不复捐斗升。阖里皆知之，而畏二家力势，弗敢宣泄。壬辰秋大稔，前事顿息"⑥。

---

① 《宋会要·食货》59 之 51。
② 《宋会要·食货》57 之 12。
③ 《文献通考》卷 26《国用四》。
④ 《宋史》卷 178《食货上六》。
⑤ 《宋会要·食货》57 之 19。
⑥ 洪迈：《夷坚志》支志景卷 7《范隅官》，中华书局点校本，1981 年版。

三、劝分思想中的利益博弈分析

宋代,一旦发生灾荒,粮食短缺,必然导致贫富双方在利益上的博弈。对于贫民来说,最好的结果是借着灾荒的理由,富民免费或低价向其提供粮食,中间结果是得到富民以不高过以往太多的价格出粜的粮食,最坏的结果是得不到粮食而流亡或饿死;对于富民来说,最好的结果是借着灾荒的机会,以极高的价钱卖出存粮以牟取暴利,中间结果是以略高于平常的价格卖出存粮以获得正常的收益,最坏的结果是存粮或被政府没收,或被饥民抢劫,分文未得。由于双方都以争取利益最大化为目标,因此,一旦到了这时,往往陷入囚徒困境。这时,第三方——政府的介入就成了必要。政府介入的结果,往往使双方达到妥协均衡,即按照中间目标达成协调,贫民能吃上比往常价格高一些的粮食,维持灾荒时的生存,富民卖到比往常高一些的价钱,获得收益。这就是劝分在宋代流行的必然选择。

我们必须看到,在这场贫富双方的利益博弈中,富民始终处于强势地位,而贫民始终处于弱势地位。因此,政府在协调双方利益矛盾时,政策性的工具往往倾向于贫民,如前所述,政府通过表率、奖励等正面引导以及行政强制性的认粜、摊派、限价、规定出粜数量等使富民自愿或半自愿地出粜赈灾。除此之外,为了缓和贫富矛盾,稳定社会秩序,维护自己统治,宋廷还采取宽禁捕的政策。

灾荒时期,由于粮食短缺,富民闭粜以待善价,往往导致饥民群起抢劫粮食,这就是所谓"发廪"。如宋代福建建宁"山川险峻,故小民好斗而轻生;土壤狭隘,故大家寡恩而啬施。米以五六升为斗,每斗不过五六十钱,其或旱及逾月,增至百金,大家必闭仓以俟高价,小民亦群起杀人以取其禾。闾里为之震骇,官吏困于诛捕。苟或负固难擒,必且啸聚为变"①。朱熹寓居崇安之时,其地"每岁春夏之交,豪户闭粜牟利,细民发廪强夺,动相贼杀,几至挺变"②。

由于荒年饥民无以为生,与其坐以待毙,不如铤而走险,故"发廪"之事屡屡发生。宋政府意识到饥民迫于生存,犯法者甚众,若依平时方式进行处罚,必将导致矛盾的进一步升级,发生民变,严重威胁封建统治。因此,所谓宽禁捕之法应运而生,政府在处理这类刑事案件时,往往从轻处罚。如宋仁宗时期,王尧臣知光州,"岁大饥,群盗发民仓廪,吏以法当死。尧臣曰:'此饥

---

① 黄干:《勉斋集》卷18《建宁社仓利病》,文渊阁四库全书本。
② 《勉斋集》卷36《朱先生(熹)行状》。

民求食尔，荒政之所恤也。'乃请以减死论。其后，遂以著令，至今用之"①。宋神宗熙宁年间，河北灾伤州军多有饥民劫盗者，罪当死，朝廷则诏令一律减刑发配②。

但我们也必须看到，在这场贫富双方的利益博弈中，如政府过多倾向于弱势群体的贫民，矫枉过正，又会带来另一种负面结果。其一，宽禁捕会使"发廪"等非法行为无形中合法化，人民的生命财产得不到法律保障，使社会处于人人自危的无序状态，反而加剧了贫富冲突。如北宋早期，颍上大饥，饥民"发富人之仓而攘其粟，得数人，其县令雷祥议曰：'岁饥取粟，姑以免死。'殆可悯，使笞二十而生之。民出相谓曰：'岁饥无食，县官使我食人之粟。'遂复相与发富人之仓，三日三夜，凡数千。旁诸县亦各千人，殆不可禁。其后太守李顾，反用法日诛数人，以止其盗，盗终不止，而被诛者数十人。至春，道路无敢行者。于是都官员外郎万宁诣阙上书，且言颍上守令无状，皆谪去"③。其二，由于政府对富民强制性的发廪，导致官府与地方豪强的冲突。如黄震于咸淳年间在抚州实行劝分，因当地遭遇大饥荒，官府已没有粮食赈济饥民，唯一办法是劝富民出粜。尽管黄震苦口婆心劝说，发了二十余道文榜劝分，但仍有部分富民拒不出粜。最后黄震被迫派人对其中两个大户进行强制性发廪。双方发生激烈冲突，使"应干劝粜官吏及提督寄居士友，人人危惧"④。其三，由于政府和贫民在荒年每每将手伸向富民仓廪，虽解了一时之急，但对富民的储粮积极性是个极大的打击。既然荒年非但不能通过储粮谋利，反而常被政府和贫民强行发廪，招致祸患，那么，丰年又何必积极收购米谷储积呢？这样一来，到了丰年，富民不愿收购囤积粮食，一旦遭遇灾荒，粮食就更为短缺，反而加剧了饥荒，形成恶性循环。英宗时期，司马光意识到这些负面结果，故上疏反对朝廷过多倾向贫民的做法，认为"饥馑之岁，盗贼必多残害良民，不可不除也"，方能维持社会秩序，以度荒年。对于"百姓乏食，官中当轻徭薄赋，开仓赈贷，以救其死"⑤。同时，主张用合乎经济规律的方法解决贫富双方的矛盾，即允许富民收息放贷，"候丰熟之日，官中特为理索，不令逋欠"，从而鼓励储蓄，妥善解决饥荒问题⑥。

另外，我们还必须看到，宋代在劝分中政府职责缺位的问题：其一，救荒

---

① 《救荒活民书》卷3《王尧臣乞饥民减死》。
② 《文献通考》卷26《国用四》。
③ 毕仲游：《西台集》卷16《丞相文简公行状》，文渊阁四库全书本。
④ 《黄氏日抄》卷78《七月初一日劝勉宜黄、乐安两县赈粜未可结局榜》。
⑤ 《温国文正公文集》卷31《言除盗札子》。
⑥ 《温国文正公文集》卷31《言蓄积札子》。

原是政府应尽的职责范围,其经费主要应来源于国家的财政,即人民所缴纳的赋税之中。这就是所谓取之于民,用之于民。宋朝从中央到地方都设有常平仓、义仓等备荒机构,但每到灾荒发生时,那些存储的粮食不是早被挪作他用而不足应付,或就是主管官吏吝而不发,总是利用手中的权力,一味地借劝分之名将手伸向富民仓廪。对此,宋人王柏就尖锐地指出:"官无以赈民,使民预输,以自相赈恤,已戾古意,今又移易他用,数额常亏,遇歉岁则复科巨室,此何义哉?"① 如宋代专门为救灾而设的义仓,"其法:令民上三等,每税米二斗,输一升,以备水旱"②。但是,实际上每到灾荒发生,官吏往往"吝而不发,发而遽有德色"③,政府救荒赈灾的职责没有尽到。其二,救荒既是政府应尽的职责,按理:"荒政之行,当以赈济为主,劝分为辅。盖有司不惜官廪以惠民,然后可责富室不私藏以惠乡里。"但实际情况往往相反,政府"于民间所有则根括无余,形迫势驰,一切不恤。考诸民词有家产仅千钱而劝令认米四百石者,有因公事至庭而罚米数百石者,民间畏其虐焰,止得俛首听从"④。既然政府有米而不肯出,那么富民当然也失去了出粜的积极性⑤。

第四节

民事调处息讼思想

一、追求儒家的"无讼"理想

在复杂的社会生活中,人与人交往中产生分歧与矛盾是难免的,这就必然出现纠纷与争讼问题。中国古代传统的儒家主导思想是以和为贵,所以官府在审理民事纠纷诉讼时,努力以调处的方式加以解决。正如两千多年前儒家创始人孔子所倡导的:"听讼,吾犹人也,必也,使无讼乎。"⑥

宋代,由于封建商品经济的发展,人们的交往日益频繁复杂,社会关系纷

---

① 《鲁斋集》卷7《赈济利害书》。
② 《建炎以来朝野杂记(甲集)》卷15《义仓》。
③ 《救荒活民书》卷2《义仓》。
④ 《西山先生真文忠公文集》卷12《奏乞将知宁国府张忠恕亟赐罢黜》。
⑤ 本节主要参考张文:《荒政与劝分:民间利益博弈中的政府角色》,《中国社会经济史研究》2003年第4期。笔者在此基础上,提出一些自己的见解。
⑥ 孔子:《论语·颜渊》,中华书局影印十三经注疏本。

繁错综，民事诉讼大量增加。这要求政府必须妥善加以解决协调，化解矛盾，稳定社会秩序。同时推动了民事诉讼制度的发展，民事调处也随之有了长足的进步，呈现出制度化的趋势。宋代的民事调处在一定程度上体现了政府的治理思想，即以追求儒家的"无讼"为理想，以客观公正、自愿平等为原则，调处的协约应有法律作为保障。

宋代地方州县的官员大都是经过科举考试而走上仕途的，因此，当他们为官一方时，往往以宣扬维护封建的伦理纲常为己任，追求儒家的"无讼"理想，把它作为一种致治。他们认为词讼之兴，有损封建的纲常礼教，伤风败俗，而布宣德化，训迪人心，正是地方官的一种职责。所以，他们在任地方官审理民事诉讼时，特别重视以调处的形式息讼，以此作为教化的一种方式。如南宋著名理学家朱熹的高足黄干判张运属兄弟互诉基田案时云："祖父置立基田，子孙封植林木，皆所以致奉先追远之意，今乃一变而为兴争起讼之端。不惟辱及祖父，亦且累及子孙……自祖而观，本是一气，今乃相诋毁如此，是自毁其身何异……今乃于骨肉之中，争此毫末，为乡间所嗤笑，物论所厌薄，所争者小，所失者大，可谓不思之甚。"因此，黄干认为：自己"职身为县令，于小民之愚顽者，则当推究情实，断之以法，于士大夫则当以义理劝勉，不敢以愚民相待"。所以，好言劝告张氏兄弟，"运干、解元各归深思，翻然改悔，凡旧所仇隙，一切涮洗，勿置胸中。深思同气之义，与门户之重，应愤闷事一切从公，与族党共之，不必萌一毫私意。人家雍睦，天理昭著，他日自应光大，不必计此区区也"。在明以封建纲常之大义后，黄干建议："两状之词，皆非县令所愿闻，牒运干，并告示解元，取和对状申。"①

又如南宋时期，百姓沈百二、傅良两家原本邻里关系甚好，后因地界纠纷引起争讼。官府经审理查明是非后，当堂劝告双方和解。理由是"所争之地不过数尺，邻里之间贵乎和睦"，因此，最后达成的和解协约为："若沈百二仍欲借赁，在傅良亦当以睦邻为念。却仰明立文约，小心情告，取无词状申。再不循理，照条施行。"②

从以上判词可以管窥，宋代县官审理民讼时重视调解的殷殷之情，劝告息讼的依据大都是直接引用儒家传统的三纲五常伦理道德。如在黄干的眼里，如果百姓都能孝敬父母，悌于兄长，人家雍睦，天理昭著，那整个社会就会变成儒家的"大同"理想世界。

---

① 《勉斋集》卷33《张运属兄弟互诉基田》。
② 《名公书判清明集》卷6《争地界》。

二、以事实、法律为依据的自愿平等协商

宋代官府在具体的民事调处程序中,注意首要要查明案件的事实真相,清楚当事人之间的是非曲直,然后,在此基础上,才能进行合情合理的调解,易于促使当事人达成协约。如南宋时期,百姓沈百二、傅良两家因地界纠纷引起争讼,官府经调查审理后,从契书、地势、邻里证词三个方面雄辩地证明了在这纠纷中沈百二理亏。

> 今详主簿所申,则沈百二之无道理者三。以干照考之,卢永执出乔宅契书,该载四至,其一至鲍家行路。既曰至路,则非至鲍家明矣。今沈百二旋夹新篱,乃欲曲转钉于鲍家柱上,一也。以地势参之,非但高低不同,鲍家屋侧,古有水沟,直透官街,则一沟直出,皆是鲍家基地明矣。今沈百二转曲新篱,乃欲夹截外沟一半入篱内,二也。以邻里证之,沈百二等供,当来篱道系夹截于沈百二屋柱上,渠口在沈百二篱外,则沟属鲍家,篱附沈屋,众所共知,信非一日。今一旦改篱跨沟,曲折包占,纵傅良可诬,而邻里不可诬,三也。考之干照,参之地势,证之邻里,其无道理如此,何为尚欲占据。原其所以,傅良父在日,尝以此地借与沈百二,其时两家情分绸缪,彼疆此界,初不计较。久假不归,认为已物,且欲筑室其上,傅良乃以好意欲归侵疆,而沈百二反以秽语肆行抗对,是以力争。①

事实既已查明,如果"惟以道理处断,引监沈百二除拆新篱,只依干照界至,归还地段,庶可息争"。但是,官府因考虑到"所争之地不过数尺,邻里之间贵乎和睦",所以建议双方协商和解,此地产权属于傅良,傅良"亦当以睦邻为念",继续让沈百二借赁②。

其次,宋代民事调处必须以法律为依据,一些由民间亲邻宗族自行调处的纷争,往往还必须由官府认可。这样,所达成的协议才具有法律效力,才能获得政府强制力的保障。如《名公书判清明集》卷7《下殇无立继之理》载:朱司户与族人朱元德因立继之事起争,朱司户不欲争讼到官府,从族人调解和议,捐钱500贯足与朱元德。双方达成和解协议,订立书面和议书及领钱文约,并规定对于违反协议者处以2000贯的罚款,朱氏全体族人以朱修炳为首作见证人,"一一签押于其后"。而且,这一协议得到官府的认可。但是,事后朱元德悔约,并到官府起诉。官府经审理后认为朱元德系无理妄

---

①② 《名公书判清明集》卷6《争地界》。

状,因此作出判决:"朱元德已和而复讼,朱修炳又从而曲证之,却谓亲约文书不可照用,有此理否?可见族谊恶薄,贪婪无厌,复谋为诈取之地,使朱司户更罄竭资产,亦不足以饱谿壑之欲,未欲将妄状人惩治,仰朱司户遵故父之命,力斥介翁,毋为薄族所摇。今后朱元德再词,定照和议状,追入罚金断罪。"这里,官府肯定了原来所签协议的法律效力,并以行政权力保障朱司户的权益。

最后,宋代官府认识到调处时双方当事人必须在自愿平等的基础上协商,所达到的协议双方必须认可,调处方为有效。调处不同于判决,不能以强制性的手段使当事人接受。如果采取强迫的方式,违背当事人的意愿,便难以达成协议。如《名公书判清明集》卷10载:蔡杭判黄居易兄弟三人争家产案,官府为之达成协议,"示三名取无争状"。但在宣读协议内容后,三人"并不伏",结果使调处不能成立,依然只能照法判决,予以强制执行。

宋代官府在从事民事调处时,十分重视当事人双方在公平、公正的情况下签订协议,强调双方"务要两平"、"不得偏党"等。如前所述,对于合法、公平的协议,官府以国家强制力保障其执行;对于显失公平的协议,则为官府所否认,并且要重新作出判决。如《名公书判清明集》卷6《谋诈屋业》载:乡村教师陈国瑞家贫无房可居,后来典到沈姓房屋三间,有涂适道者欲诈取此房,引致纠纷,乡邻楚汝贤为之调解。但"乡曲亲戚,略无公论。楚汝贤等皆涂之党,阳与和对,阴行倾陷",协议结果显然不公平。但陈国瑞父子柔懦,起初"似不能言者,一时为涂之亲戚所迫,竟俛首从和",后来,考虑到实在"无所栖止",遂不愿遵照协议退赎离业。涂适道经县投词,但官府经审理认为协议内容"显见违法背义之甚",遂判涂适道败诉,所订协约无效。

宋代官府在进行民事调处时,重视发挥民间宗亲、邻里的作用。中国古代传统社会中,血缘、地缘关系具有重要的作用,往往是官府不能替代的。由于宗亲邻里一般比较熟悉当事人的情况,或者与当事人关系密切,他们参与调处更易使当事人达成和解。宋代民事调处往往采取三种方式:一是对于比较简单的民事诉讼案件,官府一般将事实审理清楚后,便直接进行调处。如胡颖审理奉琮兄弟争论田产诉讼时,在给双方当事人说一番"圣贤教人,皆以睦族为第一事"的道理之后,当场令二人和解,"在前如果有侵夺,私下各相偿还。自今以后,辑睦如初,不宜再又纷争,以伤风教"[①]。这种官府直接调处,常常

---

① 《名公书判清明集》卷10。

快刀斩乱麻，立竿见影。正如真德秀所云："遇亲戚骨肉之讼，多是面加开谕，往往幡然而改，各从和会而去。"① 二是有些民事诉讼，官府虽也直接参与调处，但在更多的情况下，却是由官府谕令当事人双方的亲族邻里从中调解，效果可能更好。如刘克庄审理德兴县董党诉立继一案，查明纠纷的是非曲直之后，虽然认为曲在董党养母赵氏一方，但因是养子与继母之间的争讼，事关伦常，"当以恩谊感动，不可以讼求胜"，"董党亦宜自去转恳亲戚调停母氏，不可专靠官司"，所以谕令双方亲族从中调解②。这种由官府谕令当事人亲邻参加的调处，因已经起诉到官府，所以基本上仍属官府调处的性质。三是宋代最为常见的调处息讼形式是在发生纠纷之后，当事人双方并不到官府起诉，而是由宗亲邻里自行调处。这与前二者相比，就属于完全由民间调处的性质。如上引朱司户与族人朱元德因立继之事起争一案与涂适道谋诈屋业一案，起初均属于民间调处。最后都因协约没有执行，其中一方告到官府，故改变性质，由官府判决，强制执行。

三、调处息讼的历史意义

宋代封建统治者所着力提倡的调处息讼，从一个侧面反映了政府管理思想从统治到治理的转化。朝廷对民事诉讼尽可能用自愿平等协商的办法加以解决，而不采取强制性的判决方式。这对于缓和社会各种矛盾，防止激化，维护封建纲常伦理，稳定社会秩序发挥了应有的积极作用。基于这种治理理念，宋代地方官员每遇家人、亲戚、族党、邻里等的争讼，尤其重视调处。"每遇听讼，于父子之间，则劝以孝慈，于兄弟之间，则劝以爱友，于亲戚、族党、邻里之间，则劝以睦姻任恤。委曲开譬，至再至三，不敢少有一毫忿疾于顽之意。"③

宋代的调处息讼意味着政府从统治到治理的转化，某种程度上有利于防止贪官污吏在司法审判中权力寻租，贪赃枉法。宋代在司法诉讼中，贪官污吏勒索受贿、舞文弄法的现象屡见不鲜，尤其是那些低级胥吏被百姓"目为立地官人"，遇到狱讼，"官司曲直皆出彼之手"④，严重地影响了司法审判的公正性。正如庆元四年（1198年）臣僚上言批评当时司法审判中的弊端所云："百姓有冤，诉之有司，将以求伸也。今民词到官，例借契钱，不问理之曲直，惟视钱

---

① 《名公书判清明集》卷1《劝谕事件于后》。
② 《名公书判清明集》附录3《德兴县董党诉立继事》。
③ 《名公书判清明集》卷10《母讼其子而终有爱子之心不欲遽断其罪》。
④ 陈襄：《州县提纲》卷1《防吏弄权》，丛书集成本。

之多寡。富者重费而得胜，贫者衔冤而被罚，以故冤抑之事，类皆吞声饮气。"① 所以一些稍有良知的地方官员常常告诫百姓尽量不要涉讼，"且道打官司有甚得便宜处，使了盘缠，废了本业，公人面前赔了下情，着了钱物，官人厅下受了惊吓，吃了打捆，而或输或赢，又在官员笔下，何可必也"②。不言而喻，百姓遇到纠纷争讼之事，理智的做法是调处息讼，这是双赢的选择。否则，如选择到官府打官司，很可能是两败俱伤，肥了那些贪官污吏。

---

① 《宋会要·刑法》3 之 38。
② 《名公书判清明集》卷 10《乡邻之争劝以和睦》。

第五章　宋代政府命令与禁戒思想

第一节

对社会犯罪的禁戒与镇压思想

一、对社会犯罪的严厉镇压思想

宋朝是在结束五代十国割据混乱的局面基础上建立的，宋初统治者为了保持社会稳定，达到长治久安，维护自己的统治，都主张采用严厉的刑法，惩治一些严重危害封建统治秩序的犯罪行为。正如《宋史·刑法志》开篇所云："宋兴，承五季之乱，太祖太宗颇用重典，以绳奸慝。"宋太祖曾下诏令强调："世属乱离，则纠之以猛。"① 宋太宗更进一步指出："外忧不过边事，皆可预防，惟奸邪无状，若为内患，深可惧也。"② 在这种思想指导下，终宋一代对一些犯罪都采用重典。如自宋仁宗嘉祐年间，制定了《窝藏重法》，开始采取特别立法镇压犯罪；宋英宗于治平三年（1066 年），制定了惩治强劫贼盗的《重法》；宋神宗熙宁四年（1071 年），又颁布了《贼盗重法》，成为惩治"贼盗"犯罪的重要刑事特别法。

北宋末年至南宋时期，赵宋统治者一方面受到北方少数民族政权南下的威胁；另一方面由于横征暴敛，民不聊生，激起人民的武装反抗斗争。在这内外交困的形势下，宋廷曾一度改变以往一味重刑镇压的原则，采取抚剿并用的策略。但是，南宋王朝建立不久，高宗又改变策略，仍然采取暴力镇压手段。他于绍兴年间三次降诏，提出"禁招安盗贼"的原则，凡"已经招安而复啸聚者，发兵加诛"，采取"勿赦"的方针，一律斩杀。尔后在镇压了钟相、杨么

---

① 《宋大诏令集》卷 200《改窃盗赃计钱诏》，中华书局校订本，1962 年版。
② 徐乾学：《资治通鉴后编》卷 14，文渊阁四库全书本。

起义后，更是下令严禁百姓"私有私造兵器"以及"妖民聚集"①。

宋廷在此思想指导下，主要对以下一些严重威胁其统治，影响社会稳定的犯罪实行严厉镇压：

（一）谋反逆叛罪

在中国封建社会所有的犯罪中，谋反逆叛罪是最严重的犯罪。因为这一犯罪的目的是要推翻当朝皇帝的统治，所以无论何人触犯这一罪行，都将遭到最严厉残酷的镇压。具体而言，宋代统治者又把谋反逆叛罪主要分为以下几种：一是谋反罪，即谋危社稷，预谋推翻皇帝统治。二是谋大逆罪，即"谋毁宗庙、山陵（皇陵）及宫阙"，严重侵犯皇权统治。对于这两类犯罪，《宋刑统·贼盗律》规定："诸谋反及大逆者皆斩，父子年十六以上皆绞。"其余亲属、部曲、资财、田宅并没官。甚至谋反者尽管"词理不能动众，威力不足率人"，但只要有所表示，不分首从，一律处斩，父母、子女、妻妾并流三千里。即使是"口陈欲反之言，心无真实之计，而无状可寻者，流二千里"。三是谋叛罪，即"谋背本朝，将投蕃国，或欲翻城从伪，或欲以地外奔"②。由此可见，所谓谋叛罪就是现在所说的叛国、叛逃罪。对于此类犯罪，处罚比谋反、谋大逆罪稍轻一点，但还是严惩。按《宋刑统·贼盗律》规定："诸谋叛者绞，已上道者皆斩，妻子流二千里。若率部众百人以上，父母、妻子流三千里。"四是造妖书妖言罪，按《宋刑统》引疏议的解释，即所谓"造妖书及妖言者，谓构成怪力之书，诈为鬼神之语；休谓妄说他人及己身有休征；咎谓妄言国家有咎恶，观天画地，诡说灾祥，妄陈吉凶，并涉于不顺者，绞"。质言之，即那些散布推翻现存君主王朝的言论，通过利用鬼神等宣传组织人们起来反抗起义的行为，同样应受到严厉的惩罚。《宋刑统·贼盗律》规定："诸造妖书及妖言者绞，传用以惑众者亦如之。"与此同时，律文附敕规定："有此色之人，便抑收捉勘，寻据关连徒党，并决重杖处死。"总之，犯此罪之人，不分首从，不分是否传用，不分率众与否，一并处死。五是大不恭罪。所谓大不恭罪主要指臣下对皇帝本人、亲戚以及派遣使臣有冒犯不恭敬的行为，为皇帝做饭、医病、裁衣、造船不合要求，对皇帝人身安全造成严重威胁的，都作为"大不恭"罪，给予严惩。如《宋刑统·名例律》规定：凡臣下对皇帝尊严有所冒犯者，对皇帝有不恭敬行为者，一律处以死刑。臣下如"对捍制使而无人臣之礼"者，同样处以绞刑。

由此可见，谋反逆叛罪危害的对象是封建最高统治者皇帝或其王朝，因此

---

① 《宋史》卷27《高宗四》。
② 《宋刑统》卷1《名例律》。

是绝对不容许的，封建国家必须通过暴力予以严酷镇压，甚至还要法外加刑，处以凌迟等酷刑。如《长编》卷144载："庆历三年，得光化军贼邵兴及其党，仁宗诏：'并凌迟处斩。'"同书卷277载："熙宁九年，茂山牙校张仁贵结连背叛，（神宗）诏：'仁贵凌迟处死。'"

（二）杀人罪

古代在以命偿命的观念指导下，对于杀人罪，除属于误杀、戏杀、过失杀人罪外，一般都处以死刑。只是根据杀人罪的性质、手段、被害者的身份等不同，所处的死刑方式有所不同。一是所谓杀一家三人罪。按《宋刑统·贼盗律》引疏议解释说："杀人之法，事有多端，但据前人身死，不论所杀之状。但杀一家非死罪良口三人，即为不道……皆合处斩，罪无首从，妻子流二千里。"二是肢解人罪，顾名思义，即"杀人而肢解者"，或"先肢解而后杀之"①。其犯罪手段残忍，依照《宋刑统》规定，罪无首从，皆斩，妻子流二千里。三是谋杀罪。《宋刑统·贼盗律》规定，若是下属谋杀长官，下辈谋杀尊长亲属等，如属于谋杀（即谋而未杀），流二千里；已伤者，绞；已杀者，斩；如是"诸部曲、奴婢谋杀主者皆斩，谋杀主之周亲及外祖父母者绞，已伤者皆斩"。相反，若是"尊长谋杀卑幼者，各依故杀罪减二等，已伤者减一等，已杀者依故杀法"。具体处刑依同条疏议解释为："谋杀周亲卑幼，合徒三年，已伤者流三千里，已杀者依故杀法合绞之类。"四是故杀罪。按《宋刑统·斗讼律》引疏议解释说：故杀罪指"以刃及故杀者，谓斗而用刃，即有害心，及非因斗争无事而杀，是名故杀"。简言之，就是故意杀人。对于这种犯罪，《宋刑统·斗讼律》规定："以刃及故杀人者，斩。"五是斗杀罪。按《宋刑统》引疏议解释说："斗殴者，元无杀心，因相斗殴而杀人者，绞。"可见斗杀罪与故杀罪的不同是无意杀人，故虽亦处于死刑，但绞刑比斩刑为轻。六是误杀罪。《宋刑统·斗讼律》规定："诸斗殴而误杀伤旁人者，以斗杀伤论，至死者减一等。"从《宋刑统》"致死者减一等，流三千里"来看，误杀罪一般不处死刑，最重流三千里。七是戏杀罪。按《宋刑统·斗讼律》疏议解释，"戏杀伤人者，谓以力共戏，因而杀伤人减斗罪二等"，即流二千五百里。又因"或以金刃，或乘高处险，或临危履薄，或入水中……因此共戏，遂至杀伤……唯减本杀伤罪一等……而犯应赎罪者，依过失法收赎"。由此可见，戏杀罪无意失手杀人，故减轻处罚，最高流三千里，最低可用钱赎罪。八是过失杀人罪。按《宋刑统·斗讼律》疏议解释，过失杀伤"谓耳目所不及，思虑所不到，共举重物，力所不制，若乘高履危足跌，及因击禽兽以至杀伤之属皆是"。可见，过失杀

---

① 《宋刑统》卷17《贼盗律》。

人比误杀性质更轻，区别是过失杀人不是参与斗殴，而是犯者对自己行为缺乏应有的考虑或防范而导致的杀人后果，故更从轻处罚："诸过失杀伤人者，各依其状，以赎论。"

(三) 官吏贪赃罪

宋代官吏在经济上犯罪的现象比较复杂，有多种类型，其中最主要的有四种类型：

1. 侵吞国家的财物，即贪污盗窃

如虚报冒领，假公济私，私借官物钱粮，隐没克扣，监守自盗仓库钱粮等。这类犯罪损害的对象是国家，因此往往予以重惩。据《宋刑统》卷19《贼盗律》的规定，主典官府库务的监临、监事、主守之官，利用职务之便自盗官库钱物，必须处以"加凡盗二等"的刑罚，即价值满30匹，就要处以绞刑。如果所盗是不计赃而立罪名的犯禁之物，则再加一等，而且不享受请减赎的优待。有关此类犯罪的惩罚，两宋各朝宽严不大相同。哲宗绍圣三年（1096年），刑部侍郎邢恕对宋太祖至哲宗时期的有关变化做了简括的总结："艺祖初定天下，主典自盗，赃满者往往抵死。仁祖之初，尚不废也。其后用法稍宽，官吏犯自盗，罪至极法，率多贷死，然甚者犹决刺配岛……比朝廷用法益宽，主典人吏军司有犯，例各贷死，略无差别。"① 南宋高宗朝有所放宽，规定"犯枉法自盗赃罪至死者，籍其货"②。到了宋孝宗时期，为整饬姑息贪赃之风，又加重了处罚。隆兴二年（1164年）九月诏："今后命官自盗枉法赃罪抵死，除籍没家财外，依祖宗旧制决配。"③

2. 利用职权收受贿赂，勒索钱财

如受有事人财，听许受财，请求许财，受人财而为之请求，受所监临赃，家人求索，明买暗送，在官求索借贷人财物等，这类犯罪损害的对象是个人，古代法律把重点放在犯罪的主体，即犯赃罪的官吏身上：一则十分注意"受财枉法"和"受财不枉法"的区别，即官吏接受财物后行为的性质，"受财枉法"的惩罚大大重于"受财不枉法"。如《宋刑统·职制律》规定："诸监临主司受财而枉法者，一尺杖一百，一匹加一等，十五匹绞。不枉法者，一尺杖九十，二匹加一等，三十匹加役流。"二则十分注意"监临主司受财"和"非监临主司受财"的区别④，即犯赃官吏的职责性质，对前者的惩罚往往重于后者。如

---

① 《宋史》卷201《刑法三》。
② 《宋史》卷25《高宗二》。
③ 毕沅：《续资治通鉴》卷138，中华书局点校本，1957年版。
④ 《宋刑统》疏议对"监临主司"的解释是"监临主司，谓统摄案验及行案主典之类"，即主要指负有司法和监督职责的官吏，反之，则为"非监临主司"。

《宋刑统·职制律》规定，监临主司受财后即使不枉法，一尺杖九十，三十匹处以加役流的特重流刑。而如果是非监临主司因事受财的，一尺笞二十，一匹加一等；十匹徒一年，又十匹加一等，罪止徒三年①。

3. 非法经营各种行业（主要是商业），以牟取暴利

如辗转倒卖，高下其价，犯榷卖禁，逃免征税，以公费质易规利等。这类犯罪性质比较复杂，损害的对象包括国家和个人，处罚轻重不一，差别很大。

以上 3 类赃罪都是归赃入己，因此宋代有时又称其为"私赃"。除此之外，还有一类不属于私赃的犯罪，如官吏擅支钱粮，擅兴造，违额征敛，拖欠少交赋税，亏损浪费等。这类犯罪钱物不入己，往往处罚较轻。

(四) 盗窃罪

宋代把盗窃罪大致分为两种：一是强盗罪，主要指依靠暴力手段或利用恐吓手段抢劫财物，即所谓"以威若力而取其财，先强后盗，先盗后强"等，社会危害性很大，故予以重惩。如《宋刑统·贼盗律》规定："强盗不得财，徒二年，一尺徒三年，二匹加一等，拾匹及伤人者绞，杀人者斩。"尤其是对武装性集团性的强盗犯罪处罚更严厉："其持杖者，虽不得财，流三千里，五匹绞，伤人者斩。"甚至在同条律文附敕中进一步规定："持杖行劫……不问有赃无赃并处死。"二是窃盗罪，即所谓"潜形隐面而取"，隐蔽性较强，与现代的偷窃罪相似。此类犯罪，依据情节、性质、危害大小，对其惩罚轻重不一。如《宋刑统·贼盗律》规定："诸盗御宝者，绞，乘舆服御物者，流二千五百里"；"诸盗官文书印者，徒二年，余印杖一百"。前者偷盗严重威胁皇权的统治，故予以严惩；后者只是影响封建国家机器的正常运转，故处罚相对较轻。

除此之外，还有许多社会犯罪均在宋朝廷的禁戒之中，如和诱奴婢与纵容奴婢逃亡罪、隐匿课税罪、容止罪等，这里就不再一一介绍了。

二、宽猛相济、德刑并用思想

(一) 禁暴必以兵，防民必以刑

欧阳修主张为政要德刑并用：一方面修其本，明王道，行仁义，用礼义道德教化、感化人民；另一方面提出"禁暴必以兵，防民必以刑"②的命题，"刑期无刑，杀以止刑，宽猛相济，用各有时"③。欧阳修认为："夫民弊于末，心作乎争，德不可以独行也，辅之者其刑法乎。猛而则残，虐以为暴，刑不可

---

① 《宋刑统》卷 26《杂律》。
② 《欧阳修全集》卷 60《本论上》。
③ 《欧阳修全集》卷 102《论光化军叛兵家口不可赦札子》。

以独任也，济之者其仁恩乎。"① 这就是民众被"末"所蒙蔽，所以不把礼义作为根本，于是争斗就发生了。如果单靠仁义道德，是不能平息人与人之间的争斗，所以必须靠法律、刑罚作为辅助。但如果专用法律、刑罚也不行，那必然造成残酷暴虐的政治局面，人民不可能从心里臣服，同样达不到治国的目的。

庆历年间，欧阳修曾多次向朝廷奏议献策，认为"盗贼纵横，不能扑灭"，其原因是军队镇压不力，"国家无御备，官吏不畏赏罚。"他建议改变"法令不峻"的状况，实行御盗四事："一曰州郡置兵为备，二曰选捕盗之官，三曰明赏罚之法，四曰去冗官用良吏"②。他指出：如果不强化刑罚镇压，而对"盗贼"宽仁、行小惠，那不过是"迂儒所说，妇人女子之仁"，必然贻误大事。因为"夷狄者，皮肤之患，尚可治；盗贼者，腹心之疾，深可忧"③。为此，他在《论兴化军叛兵家口不可赦札子》中残酷地提出对光化宣毅叛兵实行族诛，以儆效尤："宣毅兵士，必有家族，伏乞尽戮于光化市中，使远近闻之悚畏，以止续起之贼。"

（二）一赏罚，一号令，厉行法禁

北宋吏治腐败，奸吏舞文弄法，贪污贿赂公行，朝廷政令无所举措。针对这种局面，苏洵提出："一赏罚，一号令，一举动，无不一切出于威……用不测之刑，用不测之赏，而使天下之人，视之如风雨雷电，遽然而至，截然而下，不知其所从发而不可逃遁，朝廷如此，然后平民益务检慎，而奸民猾吏，亦常恐恐然，惧刑法之及其身而敛其手足，不敢辄犯法，此之谓强政。"④ 由此可见，苏洵是想通过统一赏罚、统一号令、统一行动的强势政治来治奸民猾吏，使之不敢违法乱纪、以身试法。在这种思想的指导下，苏洵反对当时对贵族及其子弟犯罪采取轻赎的办法，主张要用重金赎免的手段来遏制其犯罪。他指出："今也大辟之诛，输一石之金而免，贵人近戚之家，一石之金不可胜数，是虽使朝杀一人，而输一石之金，暮杀一人，而输一石之金，金不可尽，身不可困，况以其官而除其罪，则一石之金又不皆输焉，是恣其杀人也。"⑤ 可见，采取不痛不痒轻赎的办法只能助长那些有钱人杀人，因为只要输一石之金就可免罪，不言而喻，只有重罚才有可能制止贵族及其子弟犯罪。

苏轼则就厉行法禁方面提出两点主张：一是他认为赏要自下而上地进行，

---

① 《欧阳修全集》卷71《南省试策五道·第二道》。
② 《欧阳修全集》卷101《论御贼四事札子》。
③ 《欧阳修全集》卷98《再论王伦事宜札子》。
④ 《嘉祐集》卷1《审势》。
⑤ 《嘉祐集》卷5《议法》。

才能使"下之为善者,足以知其无有不赏",而罚须自上而下地进行,才能使"上之为不善者,亦足以知其无有不罚"。历史上的商鞅、韩非虽然主张以严刑酷法治理天下,"然其所以为得者,用法始于贵戚大臣,而后及于疏贱,故能以其国霸"。当今大吏之犯法,虽经九牛二虎之力,幸而立案,结果也不过是"其官之所减者,至于罚金,盖无几矣!"对于那些"其位愈尊,则其所害愈大,其权愈重,则其下愈不敢言"的重大案件,"过恶暴著于天下,而罚不伤其毫毛",如何能使天下心服?所以苏轼主张"厉法禁自大臣始,则小臣不犯矣"①。这在宋代政治腐败的背景下,的确是振聋发聩之语!

二是苏轼提出防微杜渐,不可纵奸民的主张。首先他认为小奸会转化成大盗:"夫大乱之本,必起于小奸,惟其小而不足畏,是故其发也常至于乱天下","天下无小奸,则豪侠大盗无以为资,且以治平无事之时,虽欲为大盗,将安所容其身"。正由于大乱产生于那些不引起重视的小奸,大盗以那些小奸为其存在的社会基础,所以他建议朝廷:只有在恶迹没有败露之前就采取措施,"明敕天下之吏,使以岁时纠察凶民,而徙其尤无良者,不必待其自入于刑",采用行政手段,处理那些"未丽于法而害于州里者",便可减少犯罪和刑罚,防微杜渐,防患于未然。就能使"小恶不容于乡,大恶不容于国,礼乐之所以易化,而法禁之所以易行",达到真正治平的局面。②

(三) 用法恒常,于善宽,于恶猛

李觏在应用刑法上提出要保持恒常的观点,即"令之于民也,与其出而中废,不若勿出之愈也。善人见劝而莫肯进,惧其令变而不必赏也;恶人见禁而莫肯改,幸其令变而不必罚也。朝一命焉,夕一命焉,群吏奉承之弗暇,愚民惶惑而失图"③。这就是国家应用刑法切忌朝令暮改,使人无所适从,起不了赏善罚恶的效果。因此,立法用法必须坚持恒常统一,才能真正发挥法律导善除恶的作用。如果法是正确的,"虽士传言焉,庶人谤焉,志之先定,不足疑也。夫民可与乐成,难与虑始"。因为"众民所好不同,而君臣政治各有常法,不可失政教之常,以从民欲也"。有鉴于此,他主张:治理国家必须"君以令用民,民以令事君。令之所取,民亦取之;令之所去,民亦去之。故令可一而不可变也"④。

李觏认为用刑之宽猛,不以时分,不以法变,只以善人恶人而异。他主张用刑"宽猛不可偏任","宽猛并行然后为治也"。"何谓宽猛并行哉?于善则

---

① 《苏轼文集》卷8《策别课百官一》。
② 《苏轼文集》卷8《策别安万民六》。
③④ 《李觏集》卷18《安民策第六》。

宽，而于恶则猛也。"这就是用刑对好人要宽，对坏人要猛。"宽猛之用，以命群吏谨察其所为，而废兴之，则治道一致，而百姓阜康矣"①。

为维护法律的公正性和严肃性，李觏反对赦赎："赦者，所以恤其民也。赎者，所以优其臣也。""而儒先之论，未有言其可者，何也？所利寡而所害众也"。所以，他主张执法必须严明，"鞭扑不可弛于家，刑罚不可废于国"。他特别反对在大祀吉日实行赦免，认为"以是时而赦，是启人以恶也"。这势必造成天下的动乱，商旅不敢越疆界，孤鳖不敢出户门。赎的弊病更大，将使"衣冠子孙，负势驰骋，禽房下户，贪暴无厌，己之赎金无穷，而人之肌肉有尽，孰能以敲扑之苦，易铢两之罚哉！此又冥冥之民无告之甚也"。有鉴于此，所以他主张与其赦之赎之，不如使其畏之耻之而不为："与其赦之，曷若使畏而不犯；与其赎之，曷若使耻而不为。幸赦而奸，卒以不悛，人鬼以怒，死亡以亟，非所以恤之也。幸赎而恶，终以不悔，辱其祖考，堕其门阀，非所以优之也。"②

（四）礼德政刑相辅为用

朱熹作为南宋著名的理学家，在治国方略上，既要求强化德礼教化，从观念上灌输封建的礼义道德，又强调严明执法，不宽不贷。他指出："圣人亦不曾徒用政刑，到德礼既行，天下既治，亦不曾不用政刑"③；"圣人谓不可专恃刑政，然有德礼而无刑政，又做不得"④。不言而喻，他主张治国必须政刑德礼并行不悖，相辅相成。

朱熹在其学说中，虽然十分重视德礼的教化作用，但从不忽视法律的作用，甚至以主张严刑峻法而著称。如他认为："法家者流，往往常患其过于惨刻。今之士大夫耻为法官，更相循袭，以宽大为事，于法之当死者，反求以生之。殊不知明于五刑以弼五教，虽舜亦不免。教之不从，刑以督之，惩一人而天下人知所劝戒。所谓辟以止辟，虽曰杀之，而仁爱之实已行乎中，今非法以求其生，则人无所惩惧，陷于法者愈众，虽曰仁之，适以害之。""刑期于无刑，只是存心期于无，而刑初非可废。"⑤ 这种以刑止刑，以杀止杀，以儆效尤，使人有所畏惧，不敢违法犯罪，正是严明执法、不宽不贷的出发点，与倡导德礼仁爱的初衷是一致的。

在朱熹的治国方略中，虽然政刑与德礼相辅为用，但并非无主次先后之

---

① 《李觏集》卷18《安民策第七》。
② 《李觏集》卷18《安民策第八》。
③ 黎靖德：《朱子语类》卷78《大禹谟》，中华书局点校本，1994年版。
④ 《朱子语类》卷23《道之以政章》。
⑤ 《朱子语类》卷78《大禹谟》。

分。他始终把德礼放在首位:"为政以德,非是不用刑罚号令,但以德先之耳。以德先之,则政皆是德。"① 这是因为"道之以德者,是自身上做出去,使之知所向慕。齐之以礼者,是使知其冠婚丧祭之仪,尊卑大小之别,教化知所趋。既知德礼之善,则有耻而格于善。若道齐之以刑政,则不能化其心,而但使之少革,到得政刑少弛,依旧又不知耻矣"。"先之以法制禁令,是合下有猜疑关防之意,故民不从,又却齐之以刑,民不见德而畏威,但图目前苟免于刑,而恶之心未尝不在。先之以明德,则有固有之心者,必观感而化。然禀有厚薄,感有浅深,又齐之以礼,使之有规矩准绳之可守,则民耻于不善,而有以至于善。"② 可见,如能先用德感化固有之心,再齐之以规矩准绳之礼,这是治本之策;而如先齐之以刑,即使暂时可使民众免于刑罚,但为恶之心仍然存在,故只是治标之策。不言而喻,在治国方略中德礼应为先,是主要的;政刑应为后,是次要的。

朱熹重视法律的作用,但更重视人在执法中的作用。他认为再好的法律也要靠人执行,只有选人得当,法律才会发挥应有的作用。他说,钱谷刑狱与人才,"欲执此以废彼,则非也。要之,相得人,则百官各得其职。择一户部尚书,则钱谷何患不治?而刑部得人,则狱事亦清平矣"③。所以,"欲清庶狱之源者,莫若遴选州县治狱之官"④。"盖无人以守之,则法为徒法,而不能以自行也。"⑤

第二节

户口与土地管制思想

一、分户等管理思想

宋代人口中有一个突出的现象是,口数与户数甚不对应。有关这个问题,时人李心传、陈襄都曾提出,并加以评论。李心传云:"西汉户口至盛之时,率以十户为四十八口有奇,东汉户口率以十户为五十二口……唐人户口至盛之时,率以十户为五十八口有奇……自本朝元丰至绍兴户口,率以十户为二十一

---

① 《朱子语类》卷23《为政以德章》。
② 《朱子语类》卷23《道之以政章》。
③ 《朱子语类》卷135《历代二》。
④ 《晦庵先生朱文公文集》卷14《延和奏札二》。
⑤ 《晦庵先生朱文公文集》卷80《常州宜兴县社仓记》。

口，以一家止于两口，则无是理。"在指出汉唐与宋存在这一差别之后，李心传进而分析，宋代之所以如此，是由"诡名子户漏口者众"造成的。同时他还把浙、蜀做了比较，指出："然今浙中户口率以十户为十五口有奇，蜀中户口率以十户为三十口弱，蜀人生齿非盛于东南，意者蜀中无丁赋，故漏口少耳。"① 时人在谈到这个问题时，说得更直截了当："今之风俗，有相尚立诡名挟户者，每一正户，率有十余小户……非惟规避差科，且绵历年深，既非本名，不认原赋，往往乾收利入己，而毫毛不输官者有之。"②

宋代人口统计的对象很不一致，它既随着中央或地方行政机构的不同而不同，亦随着版籍性质、统计的目的不同而不同。如朝廷只要求诸州三年一造户籍，为之"闰年图"，其余年份的户口数字，全凭推排得出。州县置造户籍时，统计的对象，有时是为了赈灾、社会治安、编纂方志，特别是推排入丁、出老的需要，也有统计男女老幼的情况，但是最常见的应是只统计男口，特别是朝廷户部只统计男口中成丁的部分，亦即丁口。由此可以看出，宋朝统计户口最主要的目的是为了向丁男征收人头税，摊派徭役，其通过统计户口保证国家财政收入，无偿征发劳动力的思想原则十分明确。

宋朝沿用隋代"黄、小、中、丁"的人口统计标准，"男女叁岁以下为黄，拾伍以下为小，贰拾以下为中。其男年贰拾壹为丁，陆拾为老"③。宋太祖乾德元年（963年）十月，"令诸州岁所奏户账，其丁口，男夫二十为丁，六十为老，女口不须通勘"④。《宋史·食货上二》也载："诸州岁奏户账，具载其丁口，男夫二十为丁，六十为老。"

宋代在人口登记过程中，一项重要的工作是对户等划分的评估与推排，即通过编造五等丁产簿，把乡村主户依据土地多少划分为五等，将坊郭主户按照动产和不动产划分为十等。五等丁产簿的编造时间是逢闰年编造，即大致间隔三年重新编造一次，这与户口三年统计一次是一致的。绍兴十二年（1142年）七月十八日，"户部上言：'州县人户产业簿，依法三年一造，坊郭十等，乡村五等，以农隙时，当官供通，自相推排，对旧簿批注升降。今欲乞行下诸路州县，依平江府等处已降指挥，西北流寓之人，候合当造簿年分推排施行。'从之"⑤。届时，"造簿，委令佐责户长、三大户，录入户、丁口、税产、物力为

---

① 《建炎以来朝野杂记》甲集卷17《本朝视汉唐户多丁少之弊》。
② 《州县提纲》卷4《关并诡户》。
③ 《宋刑统》卷12《户婚律》。
④ 《长编》卷4。
⑤ 《宋会要·食货》11之17-18。

第五章 宋代政府命令与禁戒思想

五等"①。

由于户等是征收赋税、摊派徭役的重要依据，户等的不同，坊郭之民承担的赋税、徭役也不同，户等的真实、可靠，一方面关系到国家赋税的征收、徭役的摊派；另一方面更是关系到千家万户对赋税、徭役的负担，生存状况的好坏，因此，户等的划定是否真实、合理，成为一项重要的户口管理工作。

为了保证户等划分的真实性与合理性，朝廷在户口登记中采取一系列措施，加强管理与监督。在登记人口的过程中政府实行较为科学的统计方法："造五等簿，将乡书手、耆户长隔在三处，不得相见。各给印由子，逐户开坐家业，却一处比照，如有大段不同，便是情弊。"② 这种三方背靠背分别统计划分然后再互相对照，如其结果有重大不同，便有作弊嫌疑。这种做法的确是防止串通作弊，或减少因疏忽而引起差错的有效办法。

宋代不仅对统计划定户等采取多方参与，背靠背编制然后进行对照，以尽可能减少作弊，而且对户籍册的管理也采取一式多份逐级上报审核保管的办法，以防丢失或被篡改。《庆元条法事类》卷48《税租账》规定："诸户口增减实数，县每岁具账四本，一本留县架阁，三本连粘保明，限二月十五日以前到州。州验实毕，具账连粘管下县账三本，一本留本州架阁，二本限三月终到转运司；本司验实毕，具都账二本连粘州县账，一本留本司架阁，一本限六月终到尚书户部。"

宋代虽然有较严格的户口统计、划分等级以及编制、审核、保管等一系列程序，但奸官狡吏营私舞弊之事仍不可避免，有时还比较严重和普遍。对此朝廷三令五申，或采取补救措施，或予以重惩。如北宋徽宗政和年间，"天下户口类多不实，虽尝立法比较钩考，岁终会其数，按籍隐括脱漏，定赏罚之格，然蔡攸等计德、霸二州户口之数，率三户四口，则户版讹隐，不待较而知。乃诏诸路凡奏户口，令提刑司及提举常平司参考保奏。而终莫能拯其弊，故租税亦不得而均焉"③。南宋理宗淳祐十一年（1251年）九月，敕曰："监司、州县不许非法估籍民产，戒非不严，而贪官暴吏，往往不问所犯轻重，不顾同居有分财产，一例估籍，殃及平民。或户绝之家不与命继；或经陈诉许以给还，辄假他名支破，竟成干没；或有典业不听收赎，遂使产主无辜失业。违戾官吏，重置典宪。"④ 此外，朝廷还鼓励民众告发官吏在划分户等、编制户籍上的欺

---

① 《长编》卷254。
② 李元弼：《作邑自箴》卷4《处事》，四部丛刊本。
③ 《宋史》卷174《食货上二》。
④ 《宋史》卷173《食货上一》。

骗舞弊行为，这有利于对划分户等、编制户籍工作形成广泛的监督，增强其真实性。如御史中丞邓绾言："臣窃见簿法隐落税产物力及供地色等第、居宅房钱不实者，并许告讦支赏。"①

二、都保制管理思想

宋代为了加强对人口的控制，将户籍管理与社会治安联结起来，为广大人民的生产和生活提供较为安定的环境，有利于封建经济的稳定发展。北宋神宗熙宁三年（1070年），大理寺丞同管勾开封府界常平等事赵子几上疏指出："近岁以来，寇盗充斥，劫掠公行"，是由于原来的保甲制废弛，以致"凶恶亡命容于其间，聚徒乘间，公为民患"。他建议重新核实各县的户口数，除疾病、老幼、单丁、女户外，"其余主、客户两丁以上，自近及远，结为大小诸保，各立首领，使相部辖"，以保障社会治安②。后来，朝廷采纳了这一建议，实行保甲法，并于同年颁布"畿县保甲条制"，规定都保制的组织方式。

宋代都保制的基本组织形式是"五家相比，五五为保，十大保为都保，有保长、有都副保正；余及三保并置长，五大保亦置都保正；其不及三保、五大保者，或为之附庸，或为之均并，不一也"③。这就是说，如果一个地方民户数量能够达到标准水平，就实行"五五为保，十大保为都保"的模式；不及标准水平，但达到三保、五大保的社区，也可降低要求设置保长、都保正模式；如再达不到三保、五保要求的，将成为其他保、都保的附属。

宋代的保甲制推行于社会的各个方面和各个阶层，尤其是推行于市镇坑冶场务等，其经济上的管理职能就显得比较突出，兹举三例以窥一斑：

（熙宁七年）诏：诸城外草市及镇市内保甲，毋得附入乡村都保，如共不及一都保者，止令厢虞候、镇将兼管。从司农寺请也。④

（熙宁八年）令近坑冶坊郭乡村并淘采烹炼，人并相为保；保内及于坑冶有犯，知而不纠或停盗不觉者，论如保甲法。⑤

（元丰元年）诏：潭州浏阳县永兴场采银铜矿所集坑丁，皆四方浮浪之民，若不联以什伍，重隐奸连坐之科，则恶少藏伏其间，不易几察，万一窃发，患及数路，如近者詹遇是也。可立法选官推行。⑥

---

① 《宋史》卷173《食货上一》。
② 《长编》卷218。
③ 《宋史》卷174《食货上二》。
④ 《长编》卷252。
⑤ 《宋史》卷185《食货下七》。
⑥ 《长编》卷293。

第五章 宋代政府命令与禁戒思想

总之，宋代以土地或动产、不动产的多少来划分户等，比起以人丁为标准来说，其在人口管理思想理念上前进了一大步。因为依据户等的不同，即依据土地或动产不动产的多少，要求民户承担不同的赋税和徭役，这相对说来比较公平和合理。当然对人丁的征派并没有放弃，不过对那些少产或无产的家庭来说，赋税负担则有不同程度的减轻。这有利于发挥广大人民的生产积极性，投身于封建社会生产中去，促进经济的稳定发展。保甲制的实施，有利于社会安定，为社会生产和生活创造了较为安定的环境。

三、限田思想

（一）李觏的限田思想

李觏早期针对"吾民之饥，不耕乎？曰：天下无废田。吾民之寒，不蚕乎？曰：柔桑满野，女手尽之"[①]的社会现实，深刻指出："耕不免饥，土非其有也；蚕不得衣，口腹夺之也。"[②]显然，他认为土地兼并造成土地分配严重不均，是百姓终日耕织劳作而仍处于饥寒的根本原因。而土地兼并的祸害之所以愈演愈烈，根源在于土地制度不合理："法制不立，土田不均，富者日长，贫者日削。"[③]其结果是社会贫富两极分化严重，占有大量土地的富者，特别是那些"巨产宿财之家，谷陈而帛腐。佣饥之男，婢寒之女，所得弗过升斗尺寸"[④]。李觏的这一认识实质上已触及了封建地主土地所有制是地主剥削农民，使农民劳而不得衣食的根本原因。李觏作为地主阶级的知识分子，又处于宋代封建社会仍趋于上升发展时期，对封建土地制度的本质和弊端能有如此深刻的认识，是相当难能可贵的。

李觏早期所设置的土地改革方案是强调治国要抑制土地兼并，实现土地平均分配，耕者有其田。他提出："生民之道食为大，有国者未始不闻此论也。顾罕知其本焉。不知其本而求其末，虽尽智力弗可为已。是故，土地，本也；耕获，末也。无地而责之耕，犹徒手而使战也。法制不立，土地不均，富者日长，贫者日削，虽有耒耜，谷不可得而食也。食不足，心不常，虽有礼义，民不可得而教也。尧舜复起，未如之何矣！故平土之法，圣人先之。"[⑤]"田均则耕者得食，食足则蚕者得衣；不耕不蚕，不饥寒者希也。"[⑥]在解决土地兼并、实现土地平均分配的具体措施上，他主张复井田："井地之法，生民之权衡乎！井地立则田均，田均则耕者得食，食足则蚕者得衣；不耕不蚕，不饥寒者希

---

①②④⑥ 《李觏集》卷20《潜书》。
③⑤ 《李觏集》卷19《平土书》。

也。"① 李觏早期通过复井田来平均分配土地的方案，只是一相情愿的美好蓝图罢了。因为他将解决土地的希望寄托在立"法制"上，殊不知法制的制定权正掌握在拥有大量土地的贵族官僚手中，他们又怎肯将自己的土地主动通过立法而拱手相让？随着时间的推移和认识的深入，李觏后来改变了复井田平均土地的主张，转而提出"限田"的措施。

李觏后期认为"不立田制"所造成的土地过于集中，使土地和劳动力分离，二者不能得到有效的配置。一是土地兼并使农民失去土地，他们虽有劳动力，却无可耕之地；富人占有广大土地，人丁虽多，却过着不劳而获的奢侈生活。这样，农业生产中劳动力严重缺乏，只好粗放经营，土地潜力得不到发挥，产量低下。二是农民被剥夺了土地，肚子吃不饱，无力开垦荒地，或所开荒地也不能据为己有，无开荒的积极性；而富人因有大量的钱财兼并肥沃的土地，因此，也不愿去开垦荒地。总之，"地力不尽"和"田不垦辟"都不利于社会生产的正常进行。他说："天下久安矣，生人既庶矣，而谷米不益多，租税不益增者，何也？地力不尽，田不垦辟也……今者天下虽安矣，生人虽庶矣，而务本之法尚或宽弛，何者？贫民无立锥之地，而富者田连阡陌。富人虽有丁强，而乘坚驱良，食有粱肉，其势不能以力耕也，专以其财役使贫民而已。贫民之黠者则逐末也，冗食矣，其不能者，乃依人庄宅为浮客耳。田广而耕者寡，其用功必粗。天期地泽，风雨之急又莫能相救，故地力不可得而尽也。山林薮泽原隰之地可垦辟者，往往而是，贫者则食不自足，或地非己有，虽欲用力，未由也已；富者则恃其财雄，膏腴易致，孰肯役虑于葘畲之事哉！故田不可得而垦辟也。"②

随着思想认识水平的提高，李觏看到通过复井田来平均土地是不够的，进而提出了新的土地改革方案，改"平土之法"为"限田"。要实行"限田"，首先，"则莫若行抑末之术，以驱游民，游民既归矣，然后限人占田，各有顷数，不得过制。游民既归而兼并不行，则土价必贱，土价贱，则田易可得。田易可得而无逐末之路、冗食之幸，则一心于农。一心于农，则地力可尽矣。其不能者，又依富家为浮客，则富家之役使者众；役使者众，则耕者多；耕者多，则地力可尽矣。然后于占田之外，有能垦辟者，不限其数……富人既不得广占田而可垦辟，因而拜爵，则皆将以财役佣，务垦辟矣。如是而人有遗力，地有遗利，仓廪不实，颂声不作，未之信也"③。由此可见，李觏改变了以往单纯从分配角度来达到尽地力、务垦辟的做法，而更趋于现实地从生

---

① 《李觏集》卷20《潜书》。
②③ 《李觏集》卷16《富国策第二》。

产角度来达到这一目标。他想通过政府管制性政策工具限制地主占田来抑制土地兼并,使土地价格下降;然后把多余的工商业者以及游民赶回农村,让他们购买低价的土地,安心务农;而实在买不起土地的人就佃耕地主的土地。这样,就能实现土地和劳动力的有效配置,充分发挥土地的潜力,"地力可尽矣"。同时,由于限制了地主占有熟田,而对开垦的荒地则没有限制,并且依据开垦荒地的大小授予爵位,这就能促使地主雇佣佃农努力开垦荒地,"垦辟"问题也就得到解决。

总之,李觏后期的土地改革方案是改变了前期搞平均分配土地的"平土之法",通过强制性限田以抑制土地兼并,从而改变因土地兼并而导致的"地力不尽"和"田不垦辟",最大限度地做到"一手一足无不耕",人人都参加生产劳动,"一步一亩无不稼",所有的土地都种上庄稼,达到劳动力与土地的最有效配置,"人无遗力","地无遗利"。这样才能发展生产,增加财富,使"耕者得食"、"蚕者得衣","民用足而邦财丰"。这是治国的上策、富民的根本。

李觏土地管理思想的出发点是企图在保持地主阶级土地私有制的前提下,通过政府对占有土地略加限制并通过保存和发展租佃制的方式,解决劳动力与土地的分离问题。但是,他提出的既限制地主过多占田,又鼓励地主多垦荒地,既哀叹贫者地非其有,生产积极性不高,又要保存和发展"租佃"关系,似乎显得有些矛盾。其实,这反映了他的限田主张与封建土地制度之间有难以克服的矛盾。还有他的限田思想中对如何确定占田最高限额,如果超过限田数量又该如何处理等实际性的问题均未涉及。因此,他的限田主张虽然比平土之法显得比较现实,但同样是难以实行的。即使如此,他通过限田以抑制兼并,使劳动力与土地得到有效配置,达到尽地力、务垦辟的目的,通过调节农业生产机制来达到发展生产,增加财富的思想,不像以往许多论者主要从轻徭薄赋、兴修水利、改进生产技术等层面来考虑问题,有其独到的合理因素,至今仍值得参考借鉴。

(二)苏洵的限田思想

与李觏几乎同时代的苏洵也提出限田的主张。首先,他认为以地主土地私有制为基础的租佃制度,是农民饥寒交迫和贫富悬殊日益扩大的根源。他指出:"井田废,田非耕者之所有,而有田者不耕也。耕者之田,资于富民,富民之家,地大业广,阡陌连接,募召浮客,分耕其中,鞭笞驱役,视以奴仆,安坐四顾,指麾于其间。而役属之民,夏为之耨,秋为之获,无有一人违其节度以嬉。而田之所入,已得其半,耕者得其半。有田者一人,而耕者十人。是以田主日累其半,以至于富强;耕者日食其半,以至于穷饿而无告。"① 这里,苏洵深刻揭示出地主不劳而获依靠土地剥削农民致富,而农民终年劳作不得温饱的秘密在于:地主拥有大片土地,假如役使10户农民耕作,并收取他们所获的一半作为地租,将有每户佃农10倍的收入,日积月累而致富;相反,农民则终年劳作,只得到其收获的一半,仅占地主收入的1/10,因此,贫穷而难以生存。

苏洵还认为:"富强之民输租于县官而不免于怨叹嗟愤,何则?彼以其半而供县官之税,不若周(西周)之民以其全力而供其上之税也。周之十一,以其全力而供十一之税也。使以其半供十一之税,犹用十二之税然也。况今之税,又非特止于十一而已,则宜乎其怨叹嗟愤之不免也。"这就是说,宋代名义上田赋与西周一样是十税一,但实际上地主却向国家交纳了占其总收入2/10的赋税。这是因为地主土地的全部收入的一半为佃农所得,地主所得地租只是土地全部收入的一半,但其承担的田赋则是总收入的1/10,即占地主地租收入的2/10。因此,地主对国家十一之税的田赋政策也产生不满。

有鉴于此,苏洵主张实行井田制的原则,对土地制度进行改革,使贫苦农民有自己的土地进行耕作,不再向地主交纳地租,地主也不能多占土地以收地租为生,使之不劳动就不得食。这样,不仅国家赋税收入得到保证,也可使贫民无饥寒之患,地主无怨言。他说:"贫民耕而不免于饥,富民坐而饱以嬉,又不免于怨,其弊皆起于废井田。井田复,则贫民有田以耕,谷食粟米不分于富民,可以无饥。富民不得多占田以锢贫民,其势不耕则无所得食,以地之全力供县官之税,又可以无怨。"

苏洵虽然认为井田制是最理想的土地制度,但又认为完全恢复井田制是不可能的,其理由有两个方面:一是夺富民之田分与贫民,必然引起富民的不满和反抗,这将招致社会动乱。二是根据《周礼》的记载,井田体系相当复杂,一夫百亩的各个方块田,在大地上按"井"字样式联结起来,其间有纵横交错的水流、沟渠和大小道路,构成复杂的水利灌溉系统和道路系统。如果现在要恢复井田制,把井田所必备的水利和道路系统真正建立起来,恐怕几百年也完不成。因此,从技术层面上说,井田制是难以恢复建立起来的。

苏洵认为井田制虽然不可恢复,但其原则却非常适合解决当时的土地问题,即所有百姓都拥有一块土地,靠自己的劳动养活自己,并向国家交纳十一之税。他主张,借鉴汉代董仲舒和孔光、何武的限田方案,稍加改进,即

---

① 《嘉祐集》卷5《田制》。以下6个自然段引文未注出处者,均见于此。

可达到目的。他认为,孔光、何武的限田方案有两个缺点:一是规定百姓占田的最高限额为 30 顷,这个标准过高,因为"夫三十顷之田,周民三十夫之田也,纵不能尽如周制,一人而兼三十夫之田,亦已过矣"。限田数额应以周代一夫百亩最为理想。二是限令富人在三年之内处理掉超额的土地,超过期限一律由国家没收。苏洵认为"期之三年,是又迫蹙平民,使自坏其业,非人情,难用"。

根据上述看法,苏洵提出了自己的限田方案:一是确定一个不太高的百姓占田限额;二是对目前田主超过限额的土地,国家不予剥夺,让其自然减少。他说:"吾欲少为之限,而不夺其田尝已过吾限者,但使后之人不敢多占田以过吾限耳。要之数世,富者之子孙或不能保其地,以复于贫,而彼尝已过吾限者,散而入于他人矣。或者子孙出而分之以无几矣。如此,则富民所占者少而余地多,余地多则贫民易取以为业,不为人所役属,各食其地之全利,利不分于人而乐输于官。夫端坐于朝廷,下令于天下,不惊民,不动众,不用井田之制,而获井田之利,虽周之井田,何以远过于此哉!"这里值得特别提出的是,苏洵的土地改革方案为了缓和社会矛盾,一方面政府既采用强制性的行政手段限制占田;另一方面又采取渐进式的旧制度自然消亡的思想主张。他认为现在占田较多的富民,其土地可因两个变化而自然减少:一是其后代子孙不肖,造成家业破败,土地不能自保,通过出卖而转入他人之手;二是其子孙繁衍众多,分家析产,一代一代地分下去,大地产逐渐变成小地产,其子孙每人占田之数就会逐渐少于限额。由于富民占田超过限额只能卖地不能买地,而只有那些无地少地的百姓才可购买土地,土地市场就会供大于求,贫民就能比较容易得到一块土地,成为自耕农,不再向地主交纳地租,租佃关系也就消失,只要向国家交纳赋税就可以了。

(三) 林勋的限田思想

南宋初年的林勋,向宋高宗赵构献《本政书》13 篇,建议"假古井田之制",实行土地制度改革。《本政书》的部分内容,保留在《鹤林玉露》卷 1《本政书》和《宋史·林勋传》[①]中,兹依据这两方面的记载,简要分析林勋有关土地改革的思想。

林勋的井田方案不是以西周国有土地为基础对农民授田,而是以南宋土地私有制为基础的限额占田。从唐中叶均田制破坏后,大部分土地已归私有,国家已不再掌握用于授田的足够土地。宋代"不立田制"、"不抑兼并"使土地私

---

① 该论述林勋土地思想部分,引文未注明出处者,均见于《鹤林玉露》卷 1《本政书》或《宋史》卷 422《林勋传》。

有化进程加快,许多原属国有的土地多转为私有。在这种情况下,林勋提出了与李觏类似的限田措施:"今宜立之法,使一夫占田五十亩以上者为良农,不足五十亩者为次农,其无田而为闲民,与非工商在官而为游惰末作者,皆为驱之使为隶农。良农一夫以五十亩为正田,以其余为羡田。正田毋敢废业,必躬耕之。其有羡田之家,则无得买田,唯得卖田。至于次农,则无得卖田,而与隶农皆得买羡田,以足一夫之数,而升为良农。凡次农、隶农之未能买田者,皆使之分耕良农之羡田,各如其夫之数,而岁入其租于良农。如其俗之故,非自能买田及业主自收其田,皆毋得迁业。若良农之不愿卖羡田者,宜悉俟其子孙之长而分之,官毋苛夺以贾其怨。少须暇之,自合中制矣。"简言之,林勋使民占田就是农民占足50亩或超过50亩的,不许再买,只能出售超出50亩的"羡田";未占足50亩的,可以买足差额。国家不授予任何人以土地,也不保证任何人占足50亩。由此可见,林勋的井田方案与西周所谓以国有土地对无田农民授田的井田制大相径庭,实质上是一个既非土地国有,又无授田办法,建立在土地私有制基础上的限田方案罢了。

　　林勋"井田"上所征收的十一之税,性质上是赋税而不是地租。传统的井田制由于土地国有,国家把授田和征收十一之税结合起来,对受田者征收的十一之税,实质上是耕种国有土地所缴纳的地租。而林勋的井田方案是建立在土地私有的基础之上,租佃者向土地所有者交纳地租,即"凡次农、隶农之未能买田者,皆使之分耕良农之羡田,各如其夫之数,而岁入其租于良农"。然后,土地所有者再向国家纳税,即"杂纽钱谷以为十一之税"。国家征收十一之税,不是凭借土地所有权向租佃土地者收租,而是凭借国家的统治权向百姓收税。这种十一之税是名副其实的赋税,而不是地租。问题是,这不仅是赋税或地租名称之别,更重要的是如十一之税是国家向土地所有者征收的赋税,那比土地国有制时国家向租佃国有土地者征收的十一之地租,前者的负担将大大重于后者。但是按林勋所设计的每百里提封3400井"率税米五万一千斛、钱万二千斛"的税额计算,每亩纳米不过1升半,纳钱不过4文半,远远达不到十一的比率。可见,林勋的"什一之税",不过是使用言井田者惯用的术语,并无按古井田说法以征租的比率征税之意[①]。

　　林勋的井田方案不过是"假古井田之制",而行限田之实。但其通过限田要达到平均每夫占有50亩,并且都划成大小相等的方块,显然是不可能的。况且,南宋当时在金的威胁下,国势岌危,哪有可能在全国范围内进行普查户籍、丈量土地、划井定赋等。

---

① 赵靖:《中国经济思想通史》第3卷,北京大学出版社,1997年版,第306页。

第五章 宋代政府命令与禁戒思想

（四）限田思想的实施

考诸史籍，宋代的限田思想曾被朝廷多次付诸实施。但由于在封建土地私有制下，只要有贫富分化和土地买卖，土地兼并是不可避免的。因此，几次的限田措施最终都以失败而告终。据《宋史》卷173《食货上一》记载①，宋仁宗"即位之初……上书者言赋役未均，田制不立，因诏限田：公卿以下毋过三十顷，牙前将吏应复役者毋过十五顷，止一州之内，过是者论如违制律，以田赏告者。既而三司言：限田一州，而卜葬者牵于阴阳之说，至不敢举事。又听数外置墓田五顷。而任事者终以限田不便，未几即废"。仁宗限田之令，开始时不可谓不严，并奖励知情者告发。但不久即因为难以执行而废止。宋徽宗"政和中，品官限田，一品百顷，以差降杀；至九品为十顷；限外之数，并同编户差科。七年，又诏：'内外宫观舍置田，在京不得过五十顷，在外不得过三十顷，不免科差、徭役、支移。虽奉御笔，许执奏不行。'"由此可见，宋徽宗时限田令比宋仁宗时已宽松多了，品官占田虽有限额，但仍允许超过限额，只是超额部分不享受优惠，等同编户差科。宫观占田定有限额，而且不免除科差、徭役、支移，但却又允许"执奏不行"，那不是也成为一纸空文。

宋孝宗乾道六年（1170年）二月，诏曰："朕深惟治不加进，思有以正其本者。今欲均役法，严限田，抑游手，务农桑。凡是数者，卿等二三大臣为朕任之。"这里，宋孝宗把"严限田"作为治天下的四件大事之一。但是至淳熙九年（1182年），"著作郎袁枢振两淮还，奏：'豪民占田不知其数，二税既免，止输谷帛之课。力不能垦，则废为荒地；他人请佃，则以疆界为词，官无稽考。是以野不加辟，户不加多，而郡县之计益窘。望诏州县画疆立券，占田多而输课少者，随亩增之；其余闲田，给与佃人，庶几流民有可耕之地，而田莱不至多荒。'"从袁枢的上奏中"豪民占田不知其数"可知，宋孝宗时期的限田不是很有效果，而且不单是官吏、宫观广占田地，连民间豪强地主也占田无数。

宋理宗景定四年（1263年），"殿中侍御史陈尧道、右正言曹孝庆、监察御史虞虑、张睎颜等言廪兵、入籴、造楮之弊，'乞依祖宗限田议，自两浙、江东西官民户逾限之田，抽三分之一买充公田。得一千万亩之田，则岁有六七百万斛之入可以饷军，可以免籴，可以重楮，可以平物而安富，一举而五利具矣。'有旨从其言。朝士有异议者，丞相贾似道奏：'救楮之策莫切于住造楮，住造楮莫切于免和籴，免和籴莫切于买逾限田。'因历诋异议者之非，帝曰：'当一意行之。'"从这一记载可以看出，景定四年的限田有比较切实的措施，

---
① 以下3个自然段引文未注明出处者，均见于此。

即朝廷在两浙、江东西地区对官民户逾限之田，抽 1/3 买充公田。而且这次买逾限田，虽然也遭到一些人的诋毁与反对，但宋理宗下决心坚持到底。其结果仍然事与愿违，买逾限田不仅未达到预期的效果，还引发了一些弊端。正如浙西安抚魏克愚言："取四路民田立限回买，所以免和籴而益邦储，议者非不自以为公且忠也。然未见其利，而适见其害。近给事中徐经孙奏记丞相，言江西买田之弊甚详，若浙西之弊，则尤有甚于经孙所言者。"

四、核查田地思想

如本章第一节所述，宋代田赋不均及田赋流失的现象严重存在。这不仅给广大贫苦农民造成沉重的负担和痛苦，从而破坏农业生产的正常进行，影响社会安定，同时也直接减少封建王朝的财政收入。为了解决这一问题，宋廷采取了一些强制性的行政措施对田赋实行大规模的整顿清理，其中主要是北宋推行的方田均税法和南宋推行的经界法。

（一）王安石的方田均税法思想

宋仁宗初年，洺州肥乡县田赋不平，久莫能治，大理寺丞郭谘与秘书丞孙琳创立千步方田法，括定民田。其法"简当易行"，"自有制度二十余条"[①]。可知此时方田均税法已粗具规模。

宋神宗即位，起用王安石行新法。当时，"民得以田私相贸易，富者恃其有余，厚立价以规利，贫者迫于不足，薄移税以速售，而天下之赋调不平久矣"[②]。针对这种情况，宋神宗于"熙宁五年，重修定方田法，诏司农以《方田均税条约并式》颁之天下"。在土地私有制下，各土地所有者占有土地的面积大小不同，地权的转移相当频繁复杂，如按各土地私有者地产逐个分别丈量势必在技术上操作相当困难，而且更难防止营私舞弊行为的发生。王安石方田采取科学的化繁为简的办法，按大片土地进行丈量，"以东西南北各千步，当四十一顷六十六亩一百六十步为一方……凡田方之角，立土为埄，植其野之所宜木以封表之"。由于办法简单易行和准确，使全国垦田数量较易于掌握，而一方之内的有税无税土地及税额的多少在百姓的相互监督下无从隐瞒逃避。还有由于各地土壤肥瘠不同，使亩产差别甚大，为了对各等级田地合理征收赋税，除准确丈量土地面积外，还很有必要对土地按肥瘠划定等级，然后再按等级征收不同数量的赋税。方田均税法规定："岁以九月，县委令、佐分地计量，随陂原平泽而定其地，因赤淤黑垆而辨其色；方量毕，以地及色参定肥瘠而分

---

① 《长编》卷 144。
② 《宋史》卷 174《食货上二》。以下 4 个自然段引文未注出处者，均见于此。

五等，以定税则。至明年三月毕，揭以示民，一季无讼，即书户帖，连庄账付之，以为地符。"后来，在具体执行中由于土地肥瘠情况复杂，划分五等仍感不够准确细致，熙宁六年（1073年），"诏土色分五等，疑未尽，下郡县物其土宜，多为等以期均当，勿拘以五"。方田均税法基本上能坚持实事求是的做法，规定："若瘠卤不毛，及众所食利山林、陂塘、沟路、坟墓，皆不立税。"

方田均税法在实施中，为防止官吏上下其手，弄虚作假，规定在丈量土地、辨验地色时必须有官吏、甲头、方户三方共同在场认定。熙宁七年（1704年），"京东十七州选官四员，各主其方，分行郡县，以三年为任。每方差大甲头二人、小甲头三人，同集方户，令各认步亩，方田官验地色，更勒甲头、方户同定"。

宋代征收赋税的重要依据是民赋簿籍。有关簿籍对征收赋税的重要性，宋人有很清楚的认识。在方田均税法实施中，朝廷很重视各种簿籍的编制与保管。"有方账、有庄账，有甲帖、有户帖；其分烟析产、典卖割移，官给契，县置簿，皆以今所方之田为正"。其中方账及甲帖是地亩和租税的底册，由官府保存。庄账及户帖为土地所有者的土地及纳税额的凭证，交土地所有人收执。

方田均税法在实施中也存在着一些缺点，其中最大的问题是官府借方田均税之时与地方豪富勾结舞弊，使得方田均税法失去了清量土地均平田赋的意义，从而事与愿违，无法开展下去。如"宣和元年，臣僚言：'方量官惮于跋履，并不躬亲，行縢拍垾、验定土色，一付之胥吏。致御史台受诉，有二百余亩方为二十亩者，有二顷九十六亩方为十七亩者，虔之瑞金县是也。有租税十有三钱而增至二贯二百者，有租税二十七钱则增至一贯四百五十者，虔之会昌县者是也。望诏常平使者检察。'二年，遂诏罢之"。时人已经看出，当时方田均税法存在的问题主要是用人的失当，而不是制度本身的缺失。《长编本末》卷138载："方田之法，均输之本，举而行之，或有谓之利，或有谓之害者，何也？盖系官之能否，吏之贪廉。若验肥瘠必当，定租赋有差，无骚扰之劳，蒙均平之惠，则岂不谓之利欤。若验肥瘠或未摭实，定租赋或有增损，倦追呼之烦，有失当之扰，官不能振职，吏或缘为奸，里正乡胥因敢挟取，则岂不谓之害欤。如委官管勾，切在遴选廉勤公正、材敏清严、善驭吏者为之，庶几人被实惠。"但是不可否认，方田均税法在熙宁变法期间还是取得了成效的。其先试行于京东路，以后逐步推行于各路。至元丰八年（1085年），因"官吏奉行，多致骚扰"，才停止清丈。此时，天下之田，已方而见于籍者计2484349顷，稍多于当时垦田总额的半数。虽未竟全功，在当时条件下能将方田工作坚持达 12 年之久，堪称历史上丈量地亩的壮举。其在方田均税法中体现出的化繁为简的科学丈量土地的方法，通过辨验地色给土地划分等级，然后根据不同等级在同一面积中征收不同的赋税以及重视民赋簿籍的编制、保管等思想，都是对后世有积极借鉴意义的。

（二）李椿年的经界法思想

南宋时期，最早倡导经界论和推行经界法的是左司员外郎李椿年。绍兴十二年（1142 年），他奏请朝廷施行经界法时称："臣闻孟子曰：'仁政必自经界始。'井田之法坏而兼并之弊生，其来远矣。况兵火之后，文籍散亡，户口租税虽版曹尚无所稽考，况于州县乎！豪民猾吏因缘为奸，机巧多端，情伪万状，以有为无，以强吞弱，有田者未必有税，有税者未必有田，富者日以兼并，贫者日以困弱，皆因经界之不正耳。"① 由此可见，南宋的经界法是北宋方田均税法的继续，主要是解决因土地兼并引起的赋税负担严重不均的问题，因此，经界法与方田均税法在内容及性质上并无多大的区别。

李椿年经界法的指导思想是："今画图合先要逐都耆邻保在关集田主及佃客，逐丘计亩角押字。保正长于图四止（至）押字，责结罪状，申措置所，以俟差官按图核实……今欲乞令官民户各据画图之当，以本户诸乡管田产数目，从实自行置造砧基簿一面，画田形丘段，声说亩步四至，元典卖或系祖产，赴本县投纳、点检、印押、类聚。限一月数足，缴赴措置经界所，以凭对照。画到图子，审实发下，结付人户，永为照应。"② 从上述可知，李椿年的经界法主要抓住结甲自实、打量画图和制作籍档三个环节。

李椿年由于深悉民间田业纠纷之根源，他的结甲自实法首先由业主在清丈的丘域内，画出自己田块形状和亩积所在，然后在田块图四周签字画押。该丘域清丈画好后，保甲长再在丘域图四至签字画押。然后再汇总保甲所有各丘域田业图账，逐级申陈经界所核实。显然，李椿年的结甲自陈是以产带户的自实陈报登记方法。这个方法有 3 个优点：一是田主欺隐必伤害其他田主利益，可以结甲纠举；二是都保甲共同欺隐必伤害相邻的都保甲的利益，相互纠举即现破绽；三是无论田主怎样变换，政府可根据丘图直接追诉现在业主的赋役责任。

业主、都保甲自实自绘田产草图逐级申陈经界所后，经州县审查核实，都保甲之间没有讼争后，再以都保甲为单位，由业主自画砧基簿草图。砧基簿是业主自实陈报田产基址的簿籍，这一步骤与前面自实自绘有些相似，但却有实质区别。前面是清理核实产权阶段，主要工作是基层都保甲头的递相纠查，政

---

① 《宋会要·食货》70 之 124。
② 《宋会要·食货》70 之 125。

府是以中介者的身份出现,只要都保甲户之间自实自绘的丘块图账,逐级汇总相合,没有讼争就算告成。若有纠纷,所有当事人由官府召集一道再行勘丈核实。而打量画图是在这一基础上进行的较正式的清产确权阶段。"役户只作草图草账,而官为买纸雇工,以造正图正账"。① 主要工作是由县官监督,都保甲具体执行,政府主导角色凸显出来。李椿年在丈量制作砧基簿中,采用了民间的步田法,根据不同几何形状不同面积折算成单位税负的亩积计算方法。"绍兴中,李侍郎椿年行经界。有献其步田之法者,若五尺以为步,六十步以为角,四角以为亩……有名腰鼓者,中狭之谓也;有名大股者,中阔之谓也;有名三广者,三不等之谓也……此积步之法,见于田形之非方者然也。"② 张传玺《中国历代契约会编考释》上册所载七契说明用亩、角、步计算不规则几何形状田亩面积的步田法,较之王安石的方田均税法,又进步精确了不少。

政府勘验制作正式的砧基簿,其工作则在县府进行,法定程序就是李椿年上述指导思想中提到的投纳、点检、印押、类聚。所谓投纳,是指甲首、保长、都正逐级将辖内监制砧基簿附上有关契约文据上报县府。点检类似于现代意义上的审查手续,尤其是对产业性质的合法性及产税的真实性要仔细核对。印押指经点检无误后,由县衙主簿或县丞钤印,即成为官府复制正式砧基簿的材料。类聚是根据印押的砧基簿的主要内容进行分类,如按业主姓氏归类的类姓簿;按产值和税负多寡归类的鼠尾簿;最重要的分类是按都、保、甲丘亩田状相连区域分类,并以千字文编号的鱼鳞图。总的说来,南宋买卖土地都要在契约中写明丘亩字号,这对于土地买卖过程中的赋役推割具有特别重要的意义。可以这样说,经界法的科学化,使赋役推收制度较前大大进步了。

制作籍档是经界法的总结阶段,实际上是县府类聚砧基簿后雇工按丘域复制都、保总图账册。"诸县各为砧基簿三:一留县,一送漕,一送州"。③ 至此,发回印押后的砧基簿给民户存档自留。都保则据前此逐级汇总的都保账图修正复制定稿,以供域内田产纷争备考。经界图籍既是业主产权的法律文件,也是政府征派赋役的法律依据。民间田产交易,如果没有砧基簿,即使有"契据可执"也要罚产没官。官府每隔三年推排一次,检查核对各户产业情况,"以革产去税存之弊"④。

总之,李椿年在南宋所倡导的经界思想与实践,是我国土地管理与税收征

---

① 《晦庵先生朱文公文集》卷19《条奏经界状》。
② 赵彦卫:《云麓漫钞》卷1,中华书局点校本,1996年版。
③ 《建炎以来朝野杂记》甲集卷5《经界法》。
④ 袁说友:《东塘集》卷10《推排札子》,文渊阁四库全书本。

管史上的一件大事。中国古代是个农业大国,土地是人民生存的物质基础,也是国家财赋之根本所在。在土地买卖较为频繁的历史条件下,科学的土地陈报与登记制度的确立,是防止土地产权交易中脱离国家管理的重要手段。土地交易者事先索要、考查对方砧基簿,就是证实其产权真实性和合法性的重要依据。而在土地交易过程中,土地田产上所承担的赋役也需相应推割。宋代土地买卖和兼并形势相当严峻,许多官僚地主不仅占有大量田地,而且通过各种非法手段规避国家赋役负担,造成民户负担畸重,国家赋税流失,贫富悬殊,社会矛盾激化。李椿年所推行的经界法虽然不能从根本上消灭这些弊端,但对遏制土地兼并和欺隐产税的确起了重要的作用。

第三节

茶、盐专卖与对外贸易管制思想

一、茶、盐专卖思想

宋代,禁榷收入成为财政的重要支柱,尤其是其中的茶、盐专卖收入。如欧阳修云:"今为国之利多者,茶与盐耳。"① 宋高宗也说:"国家养兵,全在茶、盐以助经费。"② 正如叶适所言,宋朝是"极天下之大而无终岁之储,愁劳苦议乎盐、茗、榷货之间而未得也"③。南宋更是到了"舍茶、盐则无以立国"④。正由于茶、盐之入在财政中的举足轻重之地位,所以宋廷特别重视垄断茶、盐之利,严厉实行管制政策,制定了不少法令条文,禁止私产私贩,违者予以重惩。

宋代统治者为了维护茶的垄断高额利润,自宋初就制定了严厉的茶法。太祖乾德二年(964年)八月规定:民匿茶"不送官及私贩鬻者,没入之。计其值百钱以上者,杖七十,八贯加役流。主吏以官茶贸易者,计其直五百钱,流二千里,一贯五百及持仗贩易私茶为官司擒捕者,皆死"⑤。太宗时茶禁稍放宽:"民间私茶减本犯人罪之半"⑥;官吏盗贩官茶,"论直十贯以上,黥面配

---

① 《欧阳修全集》卷45《通进司上书》。
② 《宋会要·食货》32之22。
③ 《叶适集·水心别集》卷11《财总论二》。
④ 《叶适集·水心别集》卷11《茶盐》。
⑤ 《长编》卷5。
⑥ 《长编》卷18。

本州牢城";"巡防卒私贩茶,依本条加一等",如卖"伪茶","一斤杖一百,二十斤以上,弃市"①。

宋代对茶叶"民私蓄贩皆有禁","告捕私茶皆有赏。然约束愈密,而冒禁愈蕃"。虽是"岁报刑辟,不可胜数"②,和私盐一样,禁而不止。尤其南宋时,由于引价、茶价不断增高,贩私茶者日多,官府虽密设巡防,严于追捕,但"盗贩茶者多辄千余,少亦百数,负者一夫,而卫者两夫,横刀揭斧,叫呼踊跃,以自震其威"③。甚至从私茶商贩,走上了武装反抗政府的斗争。

宋代,盐利是国家财政的重要来源。为维护国家对盐利的独占,政府制定了各种禁榷法令,禁止私人经营和侵犯国家专利,并以严刑酷法打击各种违法犯罪行为。

宋自立国初,就立峻法严禁私盐。宋太祖建隆二年(961年),诏:"私炼盐者,三斤死;擅货官盐入禁法地分者,十斤死。"④尔后虽然放宽对私盐的惩罚,私盐之罪已无死刑,但太宗太平兴国二年(977年)仍然规定:"持杖盗贩私盐者,三人已上持杖及头首并处死。若遇官司擒捕,辄敢拒捍者,虽不持杖,亦处死。"⑤即对结伙武装私贩和拒捕者一律处以死刑。

南宋初年,朝廷"养兵全仰茶盐课入",所以对私盐之罪"常法外重行断治"⑥。如宋廷规定:"亭户辄将煎到盐货,冒法与私贩军兵百姓交易,不以多寡,并决脊配广南牢城,不以赦降原减"⑦;"不系亭户而冒法私自煎盐,公行交易,即与亭户盗卖事体无异","所犯盐数不以多寡,并行决配"⑧;"官员、民庶辄于亭户或无引人处买到盐货,不以兴贩食用,皆是私盐"⑨。

宋廷不仅对私盐的生产、贩运、销售、消费予以严厉禁止,而且还制定了严密的法规,防范私盐的生产与贩运,从源头上杜绝私盐。南宋孝宗乾道七年(1171年)六月,提领榷货务都茶场叶衡就建议禁私盐当从禁私盐生产开始:"今日财赋之源,煮海之利实居其半;然年来课入不增,商贾不行者,皆私贩有以害之也。欲禁私贩之害,当自煮海之地为之限制……如此则虽不必禁捕私贩,而私贩当自绝矣。"⑩ 这种思想是很有见地的,即禁私盐贩运是治标,禁

---

① 《宋史》卷183《食货下五》。
② 《长编》卷188。
③ 王质:《雪山集》卷3《论镇资疏》,文渊阁四库全书本。
④ 《宋会要·食货》23之18。
⑤ 《宋会要·食货》23之20。
⑥ 《宋会要·食货》26之5。
⑦⑨ 《宋会要·食货》26之15。
⑧ 《宋会要·食货》26之15-16。
⑩ 《宋会要·食货》27之33。

私盐生产是治本,因为如私盐生产禁绝了,货源没了,私贩自然而然也消失了。他的思想反映了两宋禁绝私盐的治理措施:如宋廷在各盐场设官置吏,"且每场必有巡检,以为警察"①,加强对盐生产的监督。"诸场将亭户结甲递相委保觉察。如复敢私买卖,许诸色人陈告,依条给赏,同甲坐罪。如甲内有首者免罪,亦与支赏"②。官府在非产盐区的碱卤之地,派兵巡防,"巡捉私盐"③,以防百姓私煎私贩卤盐。

除严防生产私盐外,宋廷亦采取了防范私盐贩运的措施,广置巡检、县尉,以缉私盐贩运。地方巡尉既有"捉贼"职责,又负责"巡捉私茶盐"④。南宋绍兴初年更明确规定"诸路添置武尉衔内并带兼巡捉私茶盐"⑤,使巡尉缉捉私盐成为其重要的职责。

宋廷为了督促官吏尽职尽责防治私盐,并鼓励知情人告奸举报,制定了一系列的奖惩法规。如神宗元丰二年(1079年)规定:"捕盗官获私盐最多者","于常法外论赏"⑥。南宋孝宗淳熙三年(1176年)八月亦诏:"诸处弓兵获到私贩茶盐,如事状明白,依时给赏。"⑦ 与此相反,官吏如在缉捉私盐中失职,则要受到惩罚。如徽宗政和敕规定:"诸巡捕使臣透漏私有盐一百斤,罚俸一月,每五十斤加一等,至三月止。及一千五百斤仍差替,二千五百斤展磨勘二年,每千斤加半年,及五千斤降一官,仍冲替,三万斤奏裁。"⑧ 南宋绍兴元年(1131年)十二月诏:"盐地分巡检不觉察亭户隐缩私煎、盗卖盐者,杖一百;监官、催煎官减二等;内巡检仍依法计数冲替,余路依此。"⑨

宋廷在缉拿私盐中重视采用告奸举报的手段,以提高缉拿破案率,并对生产和贩卖私盐者形成高压态势。如哲宗元祐五年(1090年)规定:"应告捕获私盐,除准价支赏外,将别理赏钱,如不及十斤一贯,十斤倍之;每十斤加二贯,至百贯止。"⑩ 南宋时又提高了赏格,《庆元条法事类》卷28《茶盐矾》规定:"诸色人告获私有盐茶及将通商界盐入禁地,官盐入别县界者,准价以官

---

① 《宋会要·食货》27之11。
② 《宋会要·食货》27之23。
③ 《长编》卷330。
④ 《宋会要·职官》48之122。
⑤ 《宋会要·职官》48之69—70。
⑥ 《宋会要·食货》24之19。
⑦ 《宋会要·职官》48之78。
⑧ 《宋会要·食货》26之4。
⑨ 《宋会要·食货》26之3。
⑩ 《宋会要·食货》24之29。

钱支给；不满一百斤全给，一百斤以上给一百斤，二百斤以上给五分。""告获知情、引领、交易、停藏、负载私茶盐者，笞罪钱二十贯，杖罪钱五十贯，徒罪钱一百贯"。

宋代私盐禁法不可谓不详备，既有严厉的惩罚生产、贩卖私盐禁法，又有严密的防范生产、贩卖私盐之法，还有奖励告奸举报者、奖惩缉捉私盐中尽职或失职官吏的条例，但宋代私盐不但禁而不止，甚至有愈演愈烈之势。究其原因，最主要的问题是巨额的利益使人冒死犯禁，铤而走险。正如朱熹所言："其私盐常贱，而官盐常贵，利之所在，虽有重法不能禁止。故贩私盐者百十成群，或用大舡搬载。"① 而且宋代吏治腐败，官吏玩忽职守，甚至"通同隐庇私贩，或自行贩卖"②。其结果形成这样的局面："刑重，则民思苟免而竭力拒捕；不分强窃，则民知等罚而务结群党。是故贩盐之人千百为群，州县之力无能禁止。"③ 而且"捕盗者既畏其威众，或得其赂，故多纵而不言"④。

二、对外贸易管制思想

宋代的对外贸易，从地域上分为周边贸易和海外贸易。由于两宋特有的政治、军事形势，其两种贸易均呈现出明显的时代特征。前者主要指与北边的契丹辽国、女真金国和西北的党项夏国开展缘边榷场贸易。宋与辽、西夏、金的周边贸易，皆置榷场，派官专掌，在双方官府的监督下，根据双方官府的需要互通有无。由于两宋与辽、夏、金处于敌对状态，所以禁条甚多。后者主要指与亚、非、欧三大洲50多个国家和地区的海外贸易。由于北方和西北方辽、夏、金的阻隔，唐朝时盛极一时的陆上丝绸之路在宋代已不通畅。宋廷为了增加财政收入，积极开辟海上丝绸之路，海外贸易在前代的基础上有了明显的扩大。宋政府为了垄断海外贸易，独占这项贸易的高额利润，强化海外贸易的管理，通过市舶司，制定了专门的"市舶条例"，对海外贸易及相关事项作了详细的规定。以下就宋代对周边贸易和海外贸易的管制做一简要介绍。

（一）周边贸易管制

北宋为控制与辽国的边贸，相继在雄州、霸州、安肃军、广信军置河北四榷司，立法严禁民间"非法贸易"。由于"北界别无钱币，公私交易，并使本

---

① 《晦庵先生朱文公文集》卷18《奏盐酒课及差役利害状》。
② 《宋会要·食货》27之12。
③ 范纯仁：《范忠宣奏议》卷上《奏减江淮诸路盐价》，文渊阁四库全书本。
④ 《建炎以来系年要录》卷179。

朝铜钱"①，所以自宋初就严禁铜钱入北界，凡"载钱出中国界及一贯文，罪处死"②。古代马匹在战争中发挥着重要的作用，因此，在边贸中马匹是禁止买卖的。宋仁宗皇祐元年（1049年）诏：雄州容城、归信县民，"毋得市马出城，犯者以违制论"③。宋神宗熙宁九年（1076年），因边境"私贩者众"，又"立与化外人私贸易罪赏法"④。宋与西夏由于经常处于交战状态，边贸时停时开，当时所谓民间的"非法贸易"主要指西夏以青白盐与汉"交易谷麦"。私盐本就是宋代的违禁商品，为法律所严厉禁止。更不用说外盐走私入境，那所受到的处罚又重于内地私盐。宋太宗淳化二年（991年）诏："自陕以西有私市青白盐者，皆坐死。"⑤宋哲宗元祐五年（1090年），刑部对"犯外界青白及颗盐"的惩罚又做了详细的规定："一两杖八十……一百二十斤绞。再犯杖，邻州编管；再犯徒，一犯流，皆配本城。"⑥

宋代雕版印刷技术发达，图书贸易兴盛，辽、夏、金以及周边日本、朝鲜国家均十分需要购买宋朝的图书。但宋廷对边贸的图书交易也有严格的限制。宋真宗景德三年（1006年）规定："民以书籍赴沿边榷场博易者，非九经书疏悉禁之"⑦，违者案罪，其书没官。即九经以外的书禁止出境。

南宋与金国的缘边贸易是在"绍兴和议"之后，在宋金边界设场进行官方贸易。当时对于民间贸易，也有许多限制。宋廷规定："商人资百千以下者，十人为保，留其货之半在场，以其半在泗州榷场博易，俟得北货，复易其半以往"；如系大商人，则拘于榷场，"以待北贾之来"；两边商人交易，"各处一廊，以货呈主管官，牙人往来评议"⑧。总之，榷场贸易必须在双方场官的管制下进行。南宋边境民间的"走私"贸易，不仅冒禁贩卖米、茶、帛、牛，甚至连硫磺、筋角、铜钱、武器等严禁物品，亦多从海上运往北方。因此，南宋对走私兴贩禁约甚严。如绍兴二年（1132年）三月规定："禁江浙之民贩米入京东及贩易缣帛者……犯人并依军法。"⑨ 三年（1133年）十月再禁"筋鳔漆货过淮"，犯者"并行军法，所贩物充赏外，其当职官吏等……并流三千里，不以去官赦降原减"⑩。五年（1135年）又下令："沿海

---

① 《苏辙集・栾城集》卷42《论北朝所见于朝廷不便事》。
② 《乐全集》卷26《论钱禁铜法事》。
③ 《长编》卷167。
④⑦ 《宋史》卷186《食货下八》。
⑤ 彭百川：《太平治迹统类》卷2《太祖太宗经制西夏》，文渊阁四库全书本。
⑥ 《长编》卷450。
⑧ 《资治通鉴后编》卷115。
⑨ 《宋会要・刑法》2之106。
⑩ 《宋会要・刑法》2之107。

州县应有海船人户,以五家为一保,不许透漏海舟出界,犯者籍其资,同保人减一等。"①

宋代周边贸易禁令不谓不严,但走私贸易禁而不止,其主要原因也是巨大的利益驱动。如苏辙指出:"沿边禁钱条法虽极深重,而利之所在,势无由止。"② 又如当时由于各类书籍"贩入虏中,其利十倍"③,所以始终是无法禁止。

(二)海外贸易管制

宋朝为了有效地管理海外贸易活动,在京师设置了榷易院,这是中国历史上最早的专业性中央外贸机构。地方上先后在广州、杭州、明州、泉州、密州、秀州、温州、江阴八大港口设立了市舶司或市舶务,作为招徕互市、管理舶商、征收舶税、收买舶货的专门机构。

宋代历朝不断颁布法令,严格禁止私人未经批准擅自出海贸易。如宋太宗端拱二年(989年)五月诏:"自今商旅出海外蕃国贩易者,须于两浙市舶司陈牒,请官给券以行,违者没入其宝货。"④ 即出海贸易,必须向两浙市舶司申请,经批准给券后才能起航,否则,没收其货物。宋神宗元丰八年(1085年)九月敕节文规定:"诸非杭、明、广州而辄发海商舶船者,以违制论。"⑤ 此敕令明确规定不经广州、明州、杭州三处市舶司签发而擅自出海的商船,均属于非法,应以违制论处。宋哲宗元祐五年(1090年),根据刑部的建议详细地规定:商贾由海道兴贩,"并具入舶物货名数,所诣去处申所在州;仍召本土物力户三人委保,州为验实牒送愿发舶,州置簿给公据听行。回日许于合发舶州住舶,公据纳市舶司"。如不请公据而擅乘舶及往高丽、新罗、登莱州界者,"徒二年,五百里编管";"并许人告捕,给舶物半价充赏;其余在船人虽非船物主,并杖八十"⑥,以限制私自非法出海和超越禁地。

宋代海外贸易与周边贸易一样,对一些商品予以严厉禁止,其中最重要的是禁止贩运人口、兵器与铜钱。如宋廷规定:私贩男女者,"舶商、船主、纲首、事头、火长各杖一百,船物没官,有首告者,以没官物内一半充赏"⑦;"诸以堪造军器物卖与化外人及引领者,并徒二年","物没官,知

---

① 《建炎以来系年要录》卷89。
②③ 《苏辙集·栾城集》卷42《论北朝所见于朝廷不便事》。
④ 《宋会要·职官》44之2。
⑤ 《苏轼文集》卷31《乞禁商旅过外国状》。
⑥ 《宋会要·职官》44之8。
⑦ 嵇璜:《续文献通考》卷26《市籴考》,万有文库十通本。

情、停藏、负载人，减犯人一等"①。宋代钱荒严重，故政府尤行钱禁，对贩运铜钱出海者予以严惩。如《庆元条法事类》卷29《铜钱下海》和《铜钱金银出界》规定"诸将铜钱入海船者，杖八十，一贯杖一百，三贯杖一百编管五百里，五贯徒一年……十贯流二千里"；即使"诸以铜钱与蕃商博易者，徒二年……十贯配远恶州"。宋宁宗嘉定十二年（1219年）六月规定：如船户偷载铜钱下船，"犯人并船户与所贩物货，并船尽籍没入官，一体决配断罪"②。

宋廷对外商来中国贸易，一直采取"来远人、来远物"的欢迎政策。另外，为了独占外贸高额利润，对外来商品起初采取榷卖制，后来通过"抽解"进口税及"博买"（又称"和买"）垄断进口商品利润，余货才准许民间与外商交易。

宋初，朝廷规定："诸蕃国香药、宝货至……不得私相市易。"太宗太平兴国元年（976年）五月诏："敢与蕃客货易，计其值满一百文以上，量科其罪，过十五千以上，黥面配海岛。"③七年（982年）对榷卖物有所放宽，除了珠贝、玳瑁、犀牙、乳香及军用物品宾铁仍榷卖外，"余听市货与民"④。这些"市货与民"的商品，经过"抽解"及"博买"之后，才准许民间与外商交易。淳化二年（991年），朝廷规定在"十先征其一"的同时，对外商货物"官尽增常价买之"，"除禁榷货，他货择良者止市其半，如时价给之。粗恶者，恣其卖勿禁"⑤。宋神宗熙宁变法时，减轻了抽解定数，实行"十五取一"⑥，"所贵通异域之情，来海外之货"⑦。宋徽宗时，依据不同的商品规定不同的抽解定数，即以"十分为率，真珠、龙脑凡细色抽一分，玳瑁、苏木凡粗色抽三分……象牙重及三十斤并乳香抽外，尽官市，盖榷货也"⑧。南宋绍兴时，又提高了抽解定数，并进行博买。朝廷规定："择其良者，谓如犀象，十分抽二分，又博买四分；真珠十分抽一分，又博买六分之类。"⑨这样，十分之六七的外商货物，尽被官府垄断。至宋理宗宝庆时，"各人物货分作一十五分，舶务抽一分起发上供，纲首抽一分为船脚糜费，本府又抽三分低价和买，两倅厅各

---

① 《庆元条法事类》卷29《兴贩军须》。
② 《宋会要·刑法》2之142-143。
③ 《宋会要·职官》44之1-2。
④ 《宋会要·职官》44之1。
⑤ 《宋会要·职官》44之2。
⑥⑨ 《宋会要·职官》44之27。
⑦ 《宋会要·职官》44之7。
⑧ 朱彧：《萍州可谈》卷2，文渊阁四库全书本。

抽一分低价和买,共已取其七分,至给还客旅之时,止有其八,则几于五分取其二"。这种抽解和买取利太重,使客旅无利可图,故宁可"冒犯法禁透漏,不肯将出抽解"①。

宋代,由于海外贸易获利巨大,故市舶官吏、海关监官、海防巡捕等,利用职务之便与蕃商私相交易,文武官僚亦"遣亲信于化外贩鬻";南海官员及经过使臣多请托市舶官,"如传语蕃长,所买香药,多亏价值"②。更有甚者,一些官吏"罔顾宪章,苟循货财,潜通交易阑出徼外,私市掌握之珍,公行道中"③。因此,宋太宗太平兴国元年(976年)五月诏:"敢与蕃客货易,计其直满一百文以上,量科其罪,过十五千以上,黥面配海岛,过此数者押送赴阙。"④ 至道元年(995年)六月又诏:知通诸色官员并市舶司官、使臣等,"今后不得收买蕃商杂货及违禁物色"。⑤如违,"并除名,使臣决配,所犯人亦决配"⑥。南宋绍兴五年(1135年)亦诏:"市舶务监官并见任官,诡名买市舶司及强买客旅舶货,以违制论,仍不以赦降原减。许人告,赏钱一百贯,提举官、知通不举劾,减犯人罪二等。"⑦ 宋宁宗开禧三年(1207年)再次申饬:泉、广市舶司,如所隶官事对蕃货"择其精者,售以低价,诸司官属复相嘱托"抑买者,"许蕃商越诉,犯者计赃坐罪"⑧。

第四节

垄断货币制造与发行思想

一、垄断货币制造发行的指导思想

宋朝建立后,最高统治者鉴于唐末五代藩镇割据局面的教训,采取一系列措施,把地方行政权、财权、军权、监察权收归中央。到了宋神宗时期,由于钱荒日益严重,是否松弛铜禁下放钱币铸造发行权的思想又有所抬头。时任宣徽南院使判应天府的张方平论钱禁曰:"钱者,国之重利,日用之所急,生民衣食之所资。有天下者,以此制人事之变,立万货之本。故钱者,人君之大

---

① 《宝庆四明志》卷6《市舶》。
②③⑤ 《宋会要·职官》44之3。
④ 《宋会要·职官》44之1。
⑥ 《宋会要·职官》44之9。
⑦ 《宋会要·职官》44之19。
⑧ 《宋会要·职官》44之33-34。

权,御世之神物也。窃观自汉以来,名臣高识者之笃论,皆以为禁铜造币,通开塞轻重之术,此济民之切务,保邦之盛业也。故钱必官自鼓铸,民盗铸者抵罪至死,示不与天下共其利也。"① 南宋叶适也坚持这种主流观点,强调:"利权(指铸币权)当归于上,岂可与民共之!"②

宋朝最高统治者之所以把货币制造和发行大权牢牢掌握在朝廷手中,主要基于两个方面的考虑:一是统治者认为:"钱为国之利柄,以方圆铢两,而寄富贵贫贱之权,若为众庶所操,则利柄失矣。"③ 因为货币本身具有价值或代表着价值,占有控制货币也就取得了对社会财富的支配权。正如熙宁二年(1069年)二月,神宗就陕西边境钱币贬值一事询问王安石:"何以得陕西钱重可积边谷?"王安石答道:"欲钱重,当修天下开阖敛散之法","泉府一官,先王所以摧制兼并、均济贫弱,变通天下之财而使利出于一孔者以此也","今欲理财,当修泉府之法,以收利权"④。这里所谓"泉府",就是指国家货币管理机构;所谓"开阖敛散之法",就是指货币的发行、流通、调节、回笼等管理制度。王安石所说话的意思是:国家通过对货币管理制度的整顿和改革,来稳定提高币值,避免贫民因货币贬值而破产,抑制豪强地主对他们的兼并,同时通过运用货币政策把全国财权集中到中央。二是垄断货币制造和发行权,把自己的权力铸入货币中,通过货币的超经济发行来解决国家的财政困难,从而巩固封建政权的物质基础。宋代,财政上严重的入不敷出,迫使统治者在横征暴敛之外,强化货币的财政支付职能,从货币铸造发行中扩充国家的财力。对此,宋神宗曾明确表示:"行交子诚非得已,若素有法制,财用既足,则自不须此。"⑤ 这就是说,货币发行的指导思想已经转变成"敷足财用"了。北宋晚期,国家财政状况急剧恶化,"户部岁入有限,支用无穷,一岁之入,仅了三季,余皆仰朝廷应付"⑥,因而扩大货币发行无疑成为挽救封建统治危机的重要手段,"自来遇岁计有阙,即添支钱引补助"⑦。货币发行的指导思想已经由便民利国变为弥补财政赤字,从而造成北宋货币制度的异化。到了南宋,国势日薄西山,民力困竭,国库告罄,却以半壁江山供养着几乎与北宋时数量相当的军兵、官吏,朝廷只得通过发行纸币来

---

① 《乐全集》卷26《论钱禁铜法事奏》。
② 《文献通考》卷9《钱币二》。
③ 《宋大诏令集》卷184《告谕民户投纳不依样钱御笔手诏》。
④ 《续资治通鉴长编拾补》卷4。
⑤ 《长编》卷221。
⑥ 《宋史》卷179《食货下一》。
⑦ 《宋史》卷374《李迨传》。

解决巨额军费开支。正如宋高宗所说："行会子诚不得已，他时若省得养兵，尽消会子。"①

货币学理论认为，货币发行在性质上可分为经济发行和财政发行。经济发行是根据社会经济发展情况，按照商品流通的客观需要来发行货币；财政发行是为了弥补财政赤字的需求而增加的发行。宋代，由于绝大部分时期财政危机严重，因此，如前所述，通过朝廷垄断货币制造和发行权以"敷足财用"的思想占主流地位，而且在实践中予以具体应用，成为挽救封建统治危机的救命符。在宋代货币政策运行实践中，从宋仁宗时期开始，由于"三冗"痼疾日益恶化，加上对西夏长期的战争，费用浩繁，"一岁之入，仅能充期月之用，三分二在军旅，一在冗食"②，迫使宋朝廷开始把货币政策部分地纳入解决财政困难的轨道上，通过增加铸币和实行铸币贬值政策（即铸造当十大钱）来增加国家财力。宋神宗熙丰时期，政府视铸币为增加财政收入的一条途径，大规模地铸造铜钱和铁钱，扩大纸币的流通区域，强化纸币的非信用支付职能。北宋晚期，内蠹外耗导致国库空虚，民穷财尽。大观时，"户部岁入有限，支用无穷，一岁之入，仅了三季，余仰朝廷应付"③。在这种情况下，政府不仅变本加厉重施铸币贬值的手法，铸造发行当十钱和夹锡钱，而且滥发纸币，"自来遇岁计有阙，即添支钱引补助"④。至此，货币财政发行已经成为北宋货币政策的主导动机，货币政策的经济功能日趋萎缩，财政功能却不断强化，导致北宋货币政策内在机制的失调和紊乱，诱发出一系列负面影响，其中也使国家财政面临无法克服的矛盾。有关这方面的问题，时人已有察觉。宋徽宗时期，周行己认识到，国家发行不足值货币，不但会引起物价上涨，而且物价上涨的程度，会比货币增发的程度更高、速度更快。他说：

> 自行当十以来，国之所铸者一，民之铸者十，钱之利一倍，物之贵两倍。是国家操一分之柄，失十分之利，以一倍之利，当两倍之物。又况夹锡未有一分之利，而物已三倍之贵。是以比岁以来，物价愈重，而国用愈屈。⑤

由此可见，周行己对通货膨胀影响的认识比前人更深了一步，但他对这种现象产生原因的解释，却带有片面性。这里，他把物价上涨比货币增发更

---

① 《宋史》卷181《食货下三》。
②③ 《宋史》卷179《食货下一》。
④ 《宋史》卷374《李迨传》。
⑤ 周行己：《浮沚集》卷1《上皇帝书》，丛书集成本。

快的原因归结为民铸（即封建官府所谓的盗铸），认为由于铸造不足值货币可得重利，官府一铸，民间必群起仿效，结果，增铸的数量就会比官铸多许多倍，因而物价的增长，也会比官铸的增长多许多倍。其实，在国家发行不足值铸币的情况下，尤其是继续把不足值铸币投入市场的情况下，即使没有民间仿铸，物价的增长也会比货币数量的增长更快。因为民众看到铸币的实值在下降，就会担心手中所持有的铸币不能保存财富的价值，因此不愿久存手中，而是急于脱手。这种情况在老百姓中会形成一种社会心理，就会使货币的转手次数即货币流通速度增加，而在一定时期内，一枚货币的流通速度加快一次，其结果就等于流通中增加一枚货币。这样，物价的增长倍数将等于货币数量的增加同货币流通速度的乘积，从而必然大大快于货币数量的增长。如公式所示：

$$物价增长倍数＝货币数量增加×流通速度$$

总之，周行己把"物之贵两倍"归因于民铸的增加，说明他还没有认识到流通速度的作用。因此，他对通货膨胀过程的分析，虽然已察觉到了物质增长快于不足值货币增长的现象，却未能予以正确解释。但是这并不妨碍他在此基础上进一步指出："物出于民，钱出于官。天下租税常十之四，而籴常十之六。与夫供奉之物、器用之具，凡所欲得者，必以钱贸易而后可。使其出于民者常重，出于官者常轻，则国用岂能不屈乎？"① 这里，周行己看到，国家铸造不足值货币以增加财政收入，其结果不惟不能改善财政状况，反而会使财政更加恶化，使"国用愈屈"。因为国家铸造不足值货币，造成物价腾贵，而国家最终必须用货币向百姓购买所需物品，这样物价腾贵意味着国家手中拥有的货币贬值，必须支付更多的货币进行购买，那么财政支出不是越来越大，国库越来越空虚，财政危机越来越严重了吗？

宋代，商品经济有了显著的发展。一方面，百姓以货币形式缴纳的赋税多了；另一方面，国家以货币向民间采购物品的种类和数量也大大增加。在这种情况下，国家铸造不足值的货币，必将因百姓用不足值货币缴纳赋税，或者在国家采购物品时提高价格，而使国家自身减少收入或增大开支，最终受害最大的是国家自己，结果是适得其反，使国用愈屈，财政愈加困难。总之，从总体和结局来说，周行己对通货膨胀加重财政困难的思想是切中时弊的，尽管分析还过于简略和不完善，但毕竟从货币流通过程揭示了这种恶化的机制。到了南宋后期，财政入不敷出日益严重，统治集团妄想通过滥发纸币挽救危机，其结

---

① 《浮沚集》卷1《上皇帝书》。

果是搬起石头砸自己的脚,纸币贬值,"楮贱如粪土"①,通货膨胀。社会经济无可逆转地恶化,最终导致国家财政崩溃,南宋朝廷覆亡。正如宝祐年间大臣高斯得上奏所言:"国家版图日蹙,财力日耗,用度不给,尤莫甚于迩年。闻之主计之臣,岁入之数不过一万二千余万,而其所出,乃至二万五千余万,盖凿空取办者过半而后仅给一岁之用。其取办之术,则亦不过增楮而已矣。呜呼!造币以立国,不计其末流剥烂糜灭之害,而苟焉以救目前之急,是饮鸩以止渴也。"②

二、垄断货币制造发行的措施

宋代统治集团中以强化朝廷垄断货币制造发行为主流思想,其在具体对货币实行严密管制中主要体现在以下几个方面:

(一)从中央至地方建立各级管理机构

元丰改制前,宋朝中央管理铸钱的机构是三司中盐铁司之下的铁案掌管;元丰改制后,铸钱事务归入工部之下的虞部负责。宋代地方路级行政区管理铸钱事务的主要机构是提点坑冶铸钱司,州之下设有钱监,是铸钱的基本生产单位。宋代设有交子务、会子务专门负责纸币的印制和发行等事务。南宋时期,由于纸币在财政上的地位越重要,朝廷经常设有"提领官"管理会子,遇到重大决策之事,则由宰相、参政、侍从等讨论研究。南宋后期,往往令一位执政大臣专门负责会子事务,如薛极、余天锡、吴潜等都曾受此委托③。

(二)统一钱币的规格、币材和重量

作为价值尺度的铜钱和铁钱,其价值、形制、品位、成色、重量必须相对规范和稳定。开宝四年(971年)铸造"宋元通宝",圆形方孔、径一分、重一钱,统一了宋代铜钱的钱体规格。太宗时铸造"太平通宝"年号钱,确立了宋代铜钱的钱文式样。仁宗景祐年间,对铜钱和铁钱的成色、重量标准作了严格的规定:"凡铸铜钱,用剂八十八两,得钱千,重八十两十分。其剂,铜居六分,铅锡居三分,皆有奇赢。铸大铁钱,用铁二百四十两,得钱千,重一百九十两。"④ 从总体上看,宋代铸钱所使用的铜、铅、锡比例是比较精确稳定的。如近年来有学者通过对北宋铜钱化学成分测定表明:北宋铜钱大多数铜含量在62%~68%,铅含量在22%~29%,锡含量在7%~12%。

---

① 刘克庄:《后村先生大全集》卷51《备对札子(三)》,四部丛刊本。
② 《耻堂存稿》卷1《轮对奏札》。
③ 汪圣铎:《两宋货币史》(下册),社会科学文献出版社,2003年版,第769页。
④ 《长编》卷116。

(三)调节货币的流通

宋朝政府重视调节流通中的货币,主要表现在增加铸币、划分货币流通区域、调节纸币流通数量等方面。如北宋由于持续钱荒,鉴于铜钱供应量不足,政府以增设钱监、提高铜钱和铁钱的铸造量作为解决钱荒的一个重要措施。宋代政府根据国家经济实力状况、社会流通需求及对外斗争的需求,不断调整铜钱和铁钱的流通区域。如宋仁宗时期,对西夏、西蕃作战,为筹措军费,在陕西、河东实行铁钱,使之成为铜、铁钱兼行区。在宋代纸币的流通中,政府最关注的是其流通量。纸币发行之初,朝廷规定每次发行额为125万缗。后来由于财政每况愈下,政府逐渐增加其发行量,作为弥补财政赤字的手段,最后导致一发不可收拾。

(四)严厉实行铜禁和钱禁,禁止私铸钱币和伪造纸币

宋代政府为了保证铸造铜钱的原料供应,颁布了一系列的禁令,禁止私自开采和冶炼原铜,禁止私自贩运原铜,禁止私自制造铜器等。如法律规定:"凡山川之出铜者,悉禁民采,并以给官铸。"[①] 民间使用的一切铜制品,举凡宫廷寺观法器、军器、铜镜、铜锣等,均由官府制造出卖,官府不宜制造的个别铜器,也由政府官员监督私人技工铸造。所谓钱禁,主要指政府为了解决钱荒,保证铜钱流通量,颁布法令禁止铜钱外流,禁止私自销镕铜钱,禁止过量储藏铜钱,禁止铜钱出京城等。如北宋中期规定:"阑出铜钱,视旧法第加其罪,钱千,为首者抵死。"[②]

如前所述,张方平认为"钱者,人君之大权,御世之神物",因此,主张"钱必官自鼓铸,民盗铸者抵罪至死,示不与天下共其利也"[③]。其实,自宋朝建立开始,最高统治者在对待民间盗铸(又称私铸)上都是这个思路,以极刑予以惩处,以达到严厉禁止的目的。如《宋史》卷180《食货下二》载[④]:宋太祖初年,规定"凡诸州轻小恶钱及铁镴钱悉禁之,诏到限一月送官,限满不送官者罪有差,其私铸者皆弃市"。宋太宗端拱元年(988年),又"诏察民私铸及销镕好钱作薄恶钱者,并弃市"。但是据史籍记载看,一味严禁的办法其效果并不好。如宋仁宗庆历年间,"大约小铜钱三可铸当十大铜钱一,以故民间盗铸者众,钱文大乱,物价翔踊,公私患之"。而且这种私铸之风屡禁不止,愈演愈烈。史载:宋神宗时期,"私钱往往杂用,不能禁,至是法弊";宋徽宗大观年间,"凡以私钱得罪,有司上名数,亡虑十余万人"。究其原因,主要是

---

① ② 《宋史》卷180《食货下二》。
③ 《乐全集》卷26《论钱禁铜法事奏》。
④ 此自然段引文未注出处者,均见于《宋史》卷180《食货下二》。

第五章 宋代政府命令与禁戒思想

巨大利益的驱动,使不法之徒铤而走险。正如御史沈畸所云:"当十鼓铸,有数倍之息,虽日斩之,其势不可遏。"

对于纸币作伪者,宋廷亦颁布刑律,处罚伪造者,奖赏陈告者。宋仁宗时期,知益州薛田、转运使张若谷上奏欲官办四川交子时,就定下针对伪造的奖惩条文:"若民间伪造,许人陈告,支小钱五百贯,犯人决讫,配铜钱界。"① 神宗熙宁初年,"立伪造(交子)罪赏如官印文书法"②。依照宋刑律,"诸伪写官文书印者,流二千里"③。换言之,伪造交子的处罚等同于伪写官文书印者,处以流放2000里的惩罚。大约在神宗朝至哲宗朝时,朝廷加重了对伪造交子者的处罚,"若伪造官文书,律止流二千里,今断从绞。近凡伪造印记,再犯不至死者,亦从绞坐"④。徽宗崇宁三年(1104年),"置京西北路专切管干通行交子所,仿川陕路立伪造法。通情转用并邻人不告者,皆罪之;私造交子纸者,罪以徒配"⑤。由此可见,徽宗朝扩大对涉及伪造纸币行为处罚的范围,除伪造者本人外,知情不报者、转用伪币者等均得受罚。到南宋时,将伪造犯人处斩已成定例,支赐陈告人的奖赏也增加了。如绍兴三十二年(1162年),"定伪造会子法:犯人处斩,赏钱千贯,不愿受者补进义校尉。若徒中及庇匿者能告首,免罪受赏,愿补官者听"⑥。

宋廷为使严禁伪造纸币之令家喻户晓,还将禁伪赏罚文字刊印于纸币票面。南宋谢采伯曾记载北宋徽宗崇宁年间发行的小钞票面"上段印准伪造钞,已成流三千里,已行用者处斩"⑦等字体。至于南宋会子,其票面样式,上半部分不但印有会子名称及面额,更以56字详示禁伪赏格:"敕伪造会子犯人处斩,赏钱壹阡贯。如不愿支赏,与补进义校尉,若徒中及窝藏之家,能自告首,特与免罪,亦支上件赏钱,或愿补前项各目者听。"⑧

从宋代历朝对纸币作伪者及其相关人的处理上看,其处罚逐步由轻变重,惩治的范围也逐渐变宽,即在刑罚上从流刑变为死刑,处罚对象从伪造者、包庇者,到转用伪币者、知情不报者,甚至那些对伪纸币、伪造者失察的官员也得接受惩罚。另外,对于陈告者的奖赏由少至多,从500贯提高至1000贯。统治者立法思想是通过严惩重赏,一方面威慑作伪者,加大其犯罪成本,使其

---

① 《宋朝事实》卷15《财用》。
②⑤⑥ 《宋史》卷181《食货下三》。
③ 《宋刑统》卷25《诈伪律》。
④ 《宋史》卷201《刑法三》。
⑦ 谢采伯:《密斋笔记》卷1,丛书集成本。
⑧ 彭信威:《中国货币史》,上海人民出版社,1988年版,图版"南宋的会子"。

不敢以身试法；另一方面加大对知情者、负有督察责任官员等的赏罚力度，提高纸币作伪案的发现概率。提高纸币作伪的发现概率，比加大对纸币作伪的打击力度，对作伪者更具威慑力。还有宋朝将禁伪赏罚文字刊于纸币票面，这是一种最广泛的普法活动，并对妄图作伪者时时敲起警钟。

从上述可以看出，宋代有关严禁纸币作伪的立法比较严密，并具有较强的针对性。但是，在具体执行中难免存在着偏差。"今伪造有禁，刊之印文，编之敕令，非不严具，而愚民无知，抵冒自若。意者朝廷过于仁厚，前后犯禁之人，未必尽论如法"。① 更有甚者，吏治腐败也影响了对纸币作伪的执法。伪造会子"一有败露，纳贿求免，不曰字画之不尽摹，则曰贯索之不尽类，法当重戮，仅从末减。似此姑息，何以戢奸"②。正由于执法不严，有法不依，致使"伪造（会子）者所在有之，及其败获，又未尝正治其诛，故（会子）行用愈轻"③。

（五）提高钱币价值，使盗铸者无利可图

针对私铸严禁不止的难题，有识之士从另一个思维角度提出对策。私铸者为什么有厚利可图，主要是因为钱币的币面值大大超过了它的币材值，如果币面值与币材值大致相等，那么盗铸者无利可图，盗铸自息。仁宗庆历八年，"翰林学士张方平、宋祁、御史中丞杨察与三司使叶清臣先上陕西钱议曰：'关中用大钱，本以县官取利太多，致奸人盗铸，其用日轻。比年以来，皆虚高物估，始增值于下，终取偿于上。县官虽有折当之虚名，乃受亏损之实害。救弊不先自损，则法未易行。请以江南、仪商等州大铜钱一当小钱三。'又言：'奸人所以不铸小铁钱者，以铸大铜钱得利厚，而官不必禁。若铸大铜钱无利，又将铸小铁钱以乱法。请以小铁钱三当铜钱一。'既而又请河东小铁钱如陕西，亦以三当一，且罢官所置炉，朝廷皆施用其言。自是奸人稍无利，犹未能绝滥钱也。其后诏商州罢铸青黄铜钱，又令陕西大铜钱、小铁钱皆一当二，盗铸乃止"④。由此可见，铸币考虑币面值与币材值的一致，是禁绝盗铸治本方法之一。但是，这一措施受到当时财政危机的制约。如宋仁宗时，由于对西夏的战争，财政空虚，朝廷就发行币面值大于币材值的铜钱，以此巧取豪夺民间财富，来解决财政困难。如庆历年间，"陕西军兴，移用不足……陕西都转运使张奎、知永兴军范雍请铸大钱，与小钱兼行，大钱一当小钱十。奎等又请因晋州积铁铸小钱。及奎徙河东，又铸大铁钱于晋、泽二州，亦以一当十，以助关

---

① 《宋会要·刑法》2 之 145。
② 王迈：《臞轩集》卷1《乙未馆职策》，文渊阁四库全书本。
③ 洪迈：《容斋三笔》卷 14《官会折阅》，文渊阁四库全书本。
④ 《长编》卷 164。

第五章　宋代政府命令与禁戒思想

中军费"①。正由于统治者把发行币面值小于币材值的铜钱作为解决财政危机的重要手段，因此这一治本的办法时而被最高统治者抛置脑后。如宋徽宗时统治集团骄奢淫侈，大肆挥霍民脂民膏，财政入不敷出。蔡京当政，以利惑人主，陕西转运副使许天启"迎合京意，请铸当十钱"②。其后当十钱行，"私铸浸广"③。

宋代由于铜料缺乏以及财政困难的限制，通过发行币面值与币材值相等铜币来遏制盗铸的措施时而遭到破坏，这促进一些人在同一思路下通过其他手段使币面值与币价值相等，同样达到让盗铸者无利可图，盗铸之风自息。宋哲宗元符二年，章楶上言："大钱鼓铸，精巧磨镲，皆有楞郭，一一如法。民间虽欲仿效，计其获利，不能酬人工、物料之费，则铁钱、铜钱市价无二。至和已后，官司鼓铸不精之弊，起于率分钱。所谓率分者，每工所限日铸之数外有增益者，酌给众工。财利之司所贪者钱多，监临之官又以额外铸钱增数为课，则折二大钱，不复精巧如法矣，盗铸遂复擅利于下。当时官司不治其本，乃欲救其末，滥钱寖皆输于官矣……为今之计，莫若指挥官司精加鼓铸，无贪厚利，令制造精密，与物相权。盗铸之家，获利既薄，岂肯冒重法以自取死亡？"④ 显然，章楶是想通过加大铸钱的人工投入，提高钱币的质量，从而增加币价值，使之与币面值相近，而使盗铸者无利可图。但是后来的事实证明，通过这种办法提高币价值很有限，币价值与币面值差额还是较大，盗铸者仍有很大的盈利空间。如"崇宁间，初铸大泉当十，号乌背赤仄，其次漉铜，制造皆极精好。然坏小钱三，辄可为一大泉，利既不赀，私铸如云，论罪至死。虽命官决杖、鲸配，然不能禁。又悬乌背赤仄及漉铜钱于通衢，使人识之。好事者戏谓与私铸作样，后无如之何。卒废为当五，旋又废为三"⑤。大泉虽制作极精好，但其实际每枚币材值只要3枚小钱，朝廷却把它的币面值定作10枚小钱，因此引发大量私铸，而且改币面值5枚小钱还不行，最后只有改作币面值3枚小钱，与实际币材值3枚小钱相等，私铸之风才平息。

南宋时期，思想家吕祖谦对南齐孔颉的铸钱不惜铜爱工思想做了进一步的发挥。他说："国家之所以设钱，以权轻重本末，未尝取利。论财计不精者，

---

① 《长编》卷164。
②③ 《宋史》卷180《食货下二》。
④ 《长编》卷512。
⑤ 陆游：《家世旧闻》下，中华书局点校本，1993年版。

但以铸钱所入多为利,殊不知权归公上,铸钱虽多,利之小者,权归公上,利之大者。南齐孔颢论铸不可以爱铜惜工。若不惜铜则铸钱无利,若不得利则私铸不敢起,私铸不敢起则敛散归公上,鼓铸权不下分,此其利之大者。徒徇小利,钱便薄恶,如此奸民务之皆可以为。钱不出于公上,利孔四散,乃是以小利失大利。南齐孔颢之言乃是不可易之论。"① 这里吕氏深刻地总结了宋代统治者为了通过铸钱增加财政收入,不惜偷工减料,铸造不足量品质差的铜钱,其实这只是小利。而恰恰朝廷正是为了这些小利而引起私铸,私铸则使国家对钱币制造发行的垄断权遭到破坏,而国家对钱币制造发行的垄断权却是大利,所以国家因谋小利而铸劣质钱引发盗铸成风而破坏对钱币的垄断权这个大利,"乃是以小利失大利"。他指出统治者不从惜铜爱工下手,而企图用其他办法解决恶钱问题,"或是立法以禁恶钱,或是(以)恶钱为国赋,条目不一",都是"不揣其本而齐其末"的做法。他认为,从汉至隋,以"五铢之钱最为得中","惟五铢之法终不可易";从唐至五代,"惟武德时初铸开元钱最得其平","惟开元之法终不可易"。

(六) 其他严禁盗铸的措施

宋代严禁盗铸的各项措施中,还有一些颇有积极意义,兹简略阐述如下。《宋会要·刑法》2 之 45 载崇宁四年(1105 年)四月十二日中书门下省的奏札云:

> 勘会民间私铸钱宝及私造鍮石铜器,各有条格,及朝廷近降指挥全行遵守外,全藉监司州县及巡捕官司上下究心,方能杜绝。今具约束事件下项:一、私铸钱、私造铜器罪赏条禁并仰于逐地分粉壁晓示,仍真谨书写,监司所至点检。一、获私铸钱宝、私铸铜器合支赏钱,才候见得情由,即据合支数目立便支给,各于犯人名下理纳入官。一、邻保内如有私铸钱宝、私造铜器之人,若知而不告,并依五保内犯知而不纠法。一、提刑司每岁比较巡捕官所获私铸钱宝、私造铜器一路最少之人名二员闻奏,当议除合得罪赏外明行升黜,以为劝戒。

从这些条文可以看出,当时在禁止私铸的措施中重视对民众进行有关法律条文的宣传普及,使百姓知法守法;对抓获私铸钱币和铜器的官吏及时予以奖励,以提高他们的积极性,充分发挥他们的作用;对于邻保内私铸钱币和铜器知而不告者予以处罚,以使左邻右舍惧于受到牵连而不敢隐瞒,从而提高私铸

---

① 吕祖谦:《历代制度详说》卷七《钱币》,文渊阁四库全书本。此自然段引文不注出处者均见于此。

第五章 宋代政府命令与禁戒思想

犯罪的发现率；对于负责禁止、查获私铸的官吏，采取类似当今末位淘汰制的方式，进行考课升黜，借此督促他们必须尽责尽职。

从总体上说，宋代对盗铸的惩罚是严厉的，但是在盗铸泛滥、犯罪者数以万计的情况下，严惩又显得法不责众。这不得不引起统治者的担忧，进行一些政策调整，采取较灵活的对策。如宋徽宗时，"盗铸遍天下，不可禁……冒禁而破家身死者众"①。崇宁四年（1105年）九月，宋廷不得不下诏："近铸当十钱，以权轻重，而民愚无知，冒利犯禁私铸抵罪。其又捕获人可特与免罪，仍免出纳赏钱，仰所在州军并收充铸钱户，倍加存恤，依法给与官屋，支物料不得减克。候铸到钱，限三日支给四分钱，无令失所。如该载不尽事件，并依东南铁钱已得指挥施行。其未获人展两月，赴官陈首，准此收充铸钱户。"② 这确是一个积极的正面引导办法，通过赦免已被捕获的盗铸者，鼓励未被发现的盗铸者赴官自首，把这些人都妥善安置，发挥他们的一技之长，为官府铸钱。其思路是既避免大规模的杀戮，使社会矛盾激化，又为官府增加一批有技艺的铸钱工匠，达到化私铸为官铸、化害为利的目的。

综上所述，宋代统治集团在货币管理思想和实践中的总体框架可用图5—1表示：

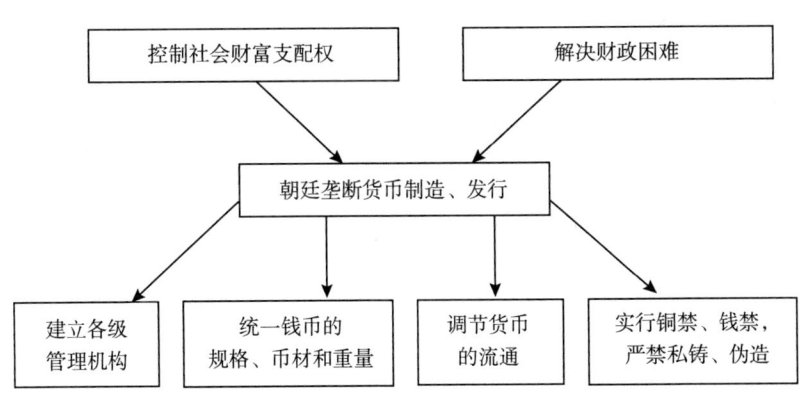

图5—1 货币管理思想和实践的总体框架

---

① 朱翌：《猗觉寮杂记》卷下，文渊阁四库全书本。
② 章如愚：《山堂群书考索》后集卷60《财用门·铜钱类》，文渊阁四库全书本。

第五节

出版管制思想

如前所述,宋朝立国之后,为消除封建割据的隐患,"兴文教,抑武事"①,以"文德致治"②,对文化与言事者采取宽松的政策。另外,由于当时雕版印刷技术走向成熟,并出现了活字印刷术,出版事业达到空前未有的发达,这从某些方面影响到封建的统治。有鉴于此,宋政府对出版活动的管制思想也逐渐加强和成熟。

一、禁书的类型

(一)禁止刻印、销售议论时政、军事边机的书籍

宋朝结束了五代割据的局面,建立了统一的政权,但却长期先后与辽、西夏、金、蒙古等少数民族政权对峙,时战时和。但政治军事上的对峙并不影响各民族间经济、文化的交往。边境上的"互市"使宋朝的图书源源不断流入少数民族政权境内,其中一些臣僚议论时政得失、军事边机的奏章、札子、会要、国史、实录等有关国家机密的文字,流传到敌国,对宋廷的军事、外交造成严重的不利后果。对此,宋政府采取禁止此类图书出境以及不得予以雕刻印刷的管制政策。

宋辽澶渊之盟后,两国经贸往来逐渐频繁,图书成为宋辽榷场贸易的重要商品之一,一些内容涉及边防军机的书籍也随之过境。对此,宋真宗景德三年(1006年)九月规定:"民以书籍赴缘边榷场博易者,自非九经书疏,悉禁之。违者案罪,其书没官。"③但是尽管宋廷再三强调"卖书北界告捕之法"④,由于"人情嗜利,虽重为赏罚,亦不能禁"⑤。到了宋仁宗天圣年间,这种情势更加严峻,史载"北戎和好(即澶渊之盟)以来,岁遣人使不绝,及雄州榷场,商旅往来,因此将带皇朝臣僚著撰文集印本传布往彼,其中多有论说朝廷防遏边鄙机宜事件"⑥。

---

① 《长编》卷18。
② 《宋朝事实》卷3《圣学》。
③ 《长编》卷64。
④ 《宋史》卷186《食货下八》。
⑤ 《苏辙集·栾城集》卷42《论北朝所见于朝廷不便事》。
⑥ 《宋会要·刑法》2之16。

第五章　宋代政府命令与禁戒思想

这种情况促使宋政府不得不重新检视原来仅在市场上控制图书过境的政策思路，而将重点放在禁止内容涉及时政及边防军机图书的出版环节上，试图从根源上解决问题。宋仁宗时，翰林学士欧阳修指出："京城近有雕印文集二十卷，名为《宋文》者，多是当今议论时政之言。其首篇是富弼往年让官表，其间陈北虏事宜甚多，详其语言，不可流布。而雕印之人不知事体，窃恐流布渐广，传入虏中，大于朝廷不便。"针对这一情况，他建议朝廷"明降指挥下开封府，访求板本焚毁及止绝书铺，今后如有不经官司详定，妄行雕印文集，并不得货卖。许书铺及诸色人陈告，支与赏钱贰百贯文，以犯事人家财充。其雕板及货卖之人并行严断，所贵可以止绝者"①。

欧阳修的奏言引起了宋廷的高度重视。宋仁宗康定元年（1040年）五月下诏曰："访闻在京无图之辈及书肆之家，多将诸色人所进边机文字，镂版鬻卖，流布于外。委开封府密切根捉，许人陈告，勘鞫闻奏。"②

宋哲宗元祐四年（1089年）八月，苏辙作为国信使出使辽国，庆贺辽道宗生辰。他在辽境内发现一些宋人文集及有关宋朝边防和军事机密的书籍。回国后，他向朝廷奏言："本朝民间开版印行文字，臣等窃料北界无所不有……其间臣僚章疏及士子策论，言朝廷得失、军国利害，盖不为少……若使尽得流传北界，上则泄漏机密，下则取笑夷狄，皆极不便。"因此，他建议："禁民不得擅开板印行文字，令民间每欲开板，先具本申所属州，为选有文学官二员，据文字多少，立限看详定夺。不犯上件事节，方得开行。"并且，他还强调"重立擅开及看详不实之禁。其今日前已开本，仍委官定夺，有涉上件事节，并令破板毁弃"③。

根据苏辙的建议，朝廷于元祐五年（1090年）发布禁令："凡议时政得失，边事军机文字，不得写录传布。本朝会要、实录不得雕印，违者徒二年，告者赏缗钱十万。内国史、实录仍不得传写。即其他书籍欲雕印者，选官详定，有益于学者方许镂板。候印讫，送秘书省，如详定不当，取勘施行。"④

北宋末年，边事吃紧，为了严守国家机密，宋廷对民间出版活动的控制更加严格。宋徽宗大观二年（1108年）三月，政府颁布命令："访闻虏中多收蓄本朝见行印卖文集书册之类，其间不无夹带论议边防兵机夷狄之事，深属未便。其雕印书铺，昨降指挥，令所属看验，无违碍然后印行，可检举行下。仍

---

① 《欧阳修全集》卷108《论雕印文字札子》。
② 《宋会要·刑法》2之24。
③ 《苏辙集·栾城集》卷42《论北朝所见于朝廷不便事》。
④ 《宋会要·刑法》2之38。

修立不经看验校定文书、擅行印卖、告捕条禁颁降,其沿边州军仍严行禁止。应贩卖、藏匿、出界者,并依铜钱法出界罪赏施行。"①

南宋朝廷对出版的管制基本上沿袭了北宋的做法。宋宁宗庆元年间,宋廷颁布了《庆元条法事类》,其中对刻印书籍做了严格的规定:"缘边事应密,凡时政、边机文书,禁止雕印";"诸雕印御书、本朝会要及言时政、边机文书者,杖八十,并许人告"②。嘉泰二年(1202年)七月,政府再次下令:"应有书坊去处,将事干国体及边机军政利害文籍,各州委官看详。如委是不许私下雕印,有违见行条法,指挥并仰拘收,缴申国子监。所有版本,日下并行毁劈,不得稍有隐漏及凭籍骚扰。仍仰沿边州军常切措置关防,或因事发露,即将兴贩经由地分及印造州军不觉察官吏根究,重作施行。委自帅、宪司严立赏榜,许人告捉,月具有无违戾闻奏。"③ 当开嘉北伐失败后,宋廷被迫向金人求和。此时对刻书的禁令不再是过去的所谓边防、军机等,而是禁止拥护北伐、收复中原的文字出版,以免招致宋金关系的紧张:"国朝令甲,雕印言时政、边机文书者皆有罪。近日书肆有《北伐谠议》、《治安药石》等书,乃龚日章、华岳投进书札。所言间涉边机,乃笔之书,锓之木,鬻之市,泄之外夷。事若甚微,所关甚大,乞行下禁止。取私雕龚日章、华岳文字,尽行毁版。其有已印卖者,责书坊日下缴纳,当官毁坏。"④

(二)禁止刻印、销售宗教异端等书籍

有宋一代,农民与士兵起义往往利用宗教广泛传播他们的思想并借此进行联络组织,严重威胁宋王朝的统治。如宋仁宗时,京畿、京东西、河北等民间"公然传习僧徒谶戒里俗经社之类,自州县坊市,至于军营,外及乡村,无不向风而靡"⑤。宋徽宗时期,方腊领导的农民起义军改造摩尼教的某些旧教义,加进新内容,尊奉汉代黄巾起义的领袖张角为教祖。利用摩尼教的"二宗"(明、暗)"三际"(过去、现在、未来)说,号召推翻黑暗的现世,创造光明的未来。起义爆发前,他们利用摩尼教分财互助,组织群众,从事秘密活动。南宋时江浙闽地区是秘密宗教活动的中心,参加人员非常广泛,有村民、"奸豪"、"游惰不逞之辈",亦有军人,甚至士大夫。他们大多定期集会,"男女杂处","夜聚晓散",有相当严密的组织。总之,终两宋时期,统治者均把这些宗教视为异端,对其政权存在着严重的威胁。因此,宋廷对这类书籍的禁印也

---

① 《宋会要·刑法》2之47。
② 《庆元条法事类》卷17《私有禁书》。
③ 《宋会要·刑法》2之132。
④ 《宋会要·刑法》2之138。
⑤ 《乐全集》卷21《论京东西河北百姓传习妖教事》。

非常严格。

宋徽宗崇宁二年（1103年）四月十九日，中书省、尚书省勘会："近据廉州张寿之缴到无图之辈撰造《佛说末劫经》，言涉讹妄，意要惑众。虽已降指挥，令湖南北路提点刑狱司，根究印撰之人，取勘其案闻奏。其民间所收本，限十日赴所在州县镇寨缴纳焚讫，所在具数申尚书省。窃虑上件文字亦有散在诸路州军，使良民乱行传诵，深为未便。诏令刑部实封下开封府界及诸路州军，仔细告谕民间，如有上件文字，并仰依前项朝旨焚毁讫，具申尚书省。"①又如宣和二年（1120年），朝廷禁毁《讫思经》、《证明经》、《太子下生经》、《父母经》、《图经》、《文缘经》、《七时偈》、《日光偈》、《平文策》、《汉赞策》、《证明赞》、《广大忏》等，因其"皆是妄诞妖怪之言，多引尔时明尊之事，与道释经文不同。至于字音又难辨认，委是狂妄之人伪造言辞，诳愚惑众，上僭天王太子之号"②。

（三）禁止刻印、销售违背儒家经义的书籍

宋朝统治者以文德致治，尊崇儒家思想为正统思想，科举考试的主要内容为儒家经典。宋廷对于违背儒家经义的书籍采取了比较严格的控制。宋徽宗大观二年（1108年）七月二十五日，"新差权发遣提举淮南西路学事苏械札子：'诸子百家之学非无所长，但以不纯先王之道，故禁止之。今之学者程文短晷之下，未容无忏。而鬻书之人，急于锥刀之利，高立标目，镂版夸新，传之四方。往往晚进小生，以为时之所尚，争售编诵，以备文场剽窃之用，不复深究义理之归，忘本尚华，去道逾远。欲乞今后一取圣裁，傥有可传为学者，或愿降旨付国子监并诸路学事司镂版颁行，余悉断绝禁弃，不得擅自买卖收藏。'从之"③。可见，宋廷认为那些诸子百家之书虽各有所长，但以其不纯先王之道，故遭到禁止；那种专供晚进小生在科举考试中投机取巧的程文短晷，曲解儒家的义理，误人子弟，更是在禁印之列。

南宋沿袭北宋，仍然对此类书籍施行比较严格的管制。庆元四年（1198年）三月二十一日，朝廷又命令："将建宁府及诸州应有书肆去处，辄将曲学小儒撰到时文，改换名色，真伪相杂，不经国子监看详及破碎编类有误传习者，并日下毁版。仍具数申尚书省及礼部，其已印未卖者，悉不得私卖。如有违犯，科罪惟均。"④可见，南宋时朝廷认为那些曲解儒家经义，支离破碎，

---

① 《宋会要·刑法》2之43—44。
② 《宋会要·刑法》2之78。
③ 《宋会要·刑法》2之48。
④ 《宋会要·刑法》2之129。

误导后进生员"不复深究义理之归"的伪作不得予以雕印出售,已印未卖者必须毁弃,违者要受到法律的惩罚。

宋代统治者以儒家正统思想为主导,禁止民间刻印、传播低级趣味的书籍,以防止其伤风败俗。如苏辙就指出:"小民愚陋,惟利是视,印行戏亵之语,无所不至。"① 针对这种情况,朝廷规定:"诸戏亵之文不得雕印,违者杖一百。委州县、监司、国子监觉察。"②

(四)在派别斗争中禁止刻印、流传反对派的书籍

宋代几次派别斗争中,当权派对反对派的打击报复几乎是不遗余力,其中包括禁止反对派书籍的刻印与流传。如北宋末年在元祐党禁中,朝廷下诏禁止福建等路印造《苏轼文集》、《司马光文集》,且强调"今后举人传习元祐学术,以违制论。印造及出卖者,与同罪"③。甚至直至南宋绍兴十五年(1145年),司马光的《涑水纪闻》仍然在禁止刻印流传中。

南宋时庆元党禁对反对派的打击也很重,如将以朱熹为代表的理学家称为逆党,将其学术称为伪学。宁宗庆元二年(1196年)六月十五日,"国子监言:'已降指挥,风谕士子,专以《语》、《孟》为师,以六经子史为习。毋得复传语录,以滋盗名欺世之伪。所有进卷侍遇集,并近时妄传语录之类,并行毁版。其未尽伪书,并令国子监搜寻名件,具数闻奏。今搜寻到七先生《奥论发枢百炼真隐》、李元纲《文字》、刘子翚《十论》、潘浩然《子性理书》、江民表《心性说》,合行毁劈。乞许本监行下诸州及提举司,将上件内书版当官劈毁。'从之"④。

(五)国家垄断《历日》的印刷权

《历日》是人民日常生活的必需品,拥有很大的市场需求。宋廷垄断《历日》的刻印,禁止民间雕刻,其主要目的是为了"以收其利"⑤。如熙宁四年(1071年),民间雕印的小历,每本仅"一二钱",而官方所刻印的大历,"每本直钱数百"⑥。乾道四年(1168年)官方所印《历日》每本定价"三百文"⑦。由此可见,国家垄断《历日》的雕印,其所得是一项不小的财政收入。

北宋时,《历日》由司天监(元丰改制后改为太史局)在每年的十月上旬

---

① 《苏辙集·栾城集》卷42《论北朝所见于朝廷不便事》。
② 《宋会要·刑法》2之38。
③ 《宋会要·刑法》2之88。
④ 《宋会要·刑法》2之127。
⑤⑥ 《长编》卷220。
⑦ 《宋会要·职官》18之92。

负责编写好后，分三个途径雕印和销售：其一，中央由司天监选官"自印卖"。如熙宁四年（1071年）规定"其所得之息，均给在监官属"①。其二，川、广、福建、江浙、荆湖路由所在路的转运司印卖。如元丰三年（1080年）诏："自今岁，降大小历本，付川、广、福建、江浙、荆湖路转运司印卖，不得抑配，其前岁终市轻赍物付纲送历日所。"其三，其他路的《历日》"听商人指定路分卖"②。但只能卖不能印，估计商人要取得出卖《历日》的经营权时，必须交纳一定的税费。最后各路将所得的"净利钱"由本路的转运司于第二年的四月一日前"上京送纳"，不得违反③。

南宋时，《历日》仍由太史局"算造"。宋高宗绍兴三年（1133年）规定，地方卖《历日》所得的钱"赴行在榷货务送纳"④。宋宁宗庆元年间颁布的《庆元条法事类》规定："诸私雕或盗印……《历日》者，各杖一百"，又注曰："撰造大小本《历日》雕印贩卖者，准此，仍千里编管"；而节略《历日》雕印者，"杖八十"⑤。

综上所述，宋代虽然是一个"右文"的朝代，重用文人的同时也给了文人相对宽松的环境，但是，这个宽松的环境是有底线的，即不能触犯封建统治政权的稳定。从宋代禁书的五种主要类型可以看出，其中四种均是针对政治和意识形态方面的，即使是对《历日》雕印的管制，虽然是有关经济的因素，但也关系到国家政权问题，因为其目的主要是为了增加国家财政收入。

二、禁书的方式

（一）书稿的审查制度

据目前所知，宋代仁宗时期初步建立了书稿审查制度，史载天圣五年（1027年）二月下诏："今后如合有雕印文集，仰于逐处投纳，附递闻奏，候差官看详，别无妨碍，许令开板，方得雕印。如敢违犯，必行朝典，仍候断遣，迄收索印板，随处当官毁弃。"⑥

这里，审查程序大体有"逐处投纳"、"附递闻奏"、"差官看详"三个步骤。其中所谓"逐处投纳"即出版者将书稿就近到有关管理部门申报，请求予以审查；"附递闻奏"就是申报得到批准后，随即将书稿附上一并送呈；最后"差官看详"，即由官府选派有关人员进行审查。当时审查后的处理结果有两

---

① ② 《宋会要·职官》18之84。
③ 《宋会要·职官》18之86。
④ 《宋会要·职官》18之88。
⑤ 《庆元条法事类》卷17《雕印文书》。
⑥ 《宋会要·刑法》2之16。

种：如果书稿内容"别无妨碍"，即没有什么对统治者不利的文字，就获许开板雕印；如果内容有违，即对统治者不利，那就收缴书稿印板等，当场毁坏丢弃。

宋哲宗时期，书稿审查思想又有所发展。苏辙提出书稿审查权最低放到州一级地方政府，审查人员应由有较高文化水准的人担任，而且审查人员还需根据书稿的文字数量，规定审查期限，不得久审不决。他建议说："令民间每欲开板，先具本申所属州，为选有文学官二员，据文字多少，立限看详定夺。"① 可是，遗憾的是苏辙的这些可贵思想并没被朝廷采纳。即使如此，宋哲宗元祐时期的书稿审查制度还是进行了一些改进，使之更加严密、完备。其一，制定了"候印讫，送秘书省"②的规定，形成了中国历史上最早的样本送审制度。送审样本可以验证出版者是否按审查过的书稿出版，既防止了出版者偷梁换柱，又有效地检查了审查人员的工作是否认真，杜绝了书稿审查走过场的弊端③。其二，为了防止逃避审查的书稿得以出版以及书稿审查中的不严不实，朝廷规定"如详定不当，取勘施行……委州县、监司、国子监觉察"④，从而增加了各州县、监司及国子监对书稿雕印的督察职能。

南宋时，继续实行对书籍刻印的审查制度。高宗绍兴十五年（1045年）重申："自今民间书坊刊行文籍，先经所属看详，又委教官讨论，择其可者许之镂版。"⑤ 宁宗时颁布的《庆元条法事类》亦有专门条文规定："诸私雕印文书，先纳所属，申转运司选官详定，有益学者，听印行。"⑥

（二）普遍实行违禁刻书告赏法

宋廷在每次下达禁书命令时，往往还奖励知情者告密，以此形成一个严密的监督网络，达到严格管制的目的。如前所引，元祐年间禁"边事军机文字"，会要、实录等，"告者赏缗钱十万"。至和二年（1055年）禁"妄行雕印文集，并不得货卖。许书铺及诸色人陈告，支与赏钱贰百贯文，以犯事人家财充"⑦。政和四年（1114年）禁《太平纯正典丽集》，"赏钱五十贯，许人告"⑧。

南宋《庆元条法事类》根据告密违禁图书内容及性质的不同，分别予以不

---

① 《苏辙集·栾城集》卷42《论北朝所见于朝廷不便事》。
②④ 《宋会要·刑法》2之38。
③ 周宝荣：《北宋官方对民间出版的管制》，《中南民族大学学报》2002年第6期。
⑤ 《宋会要·刑法》2之151。
⑥ 《庆元条法事类》卷17《雕印文书》。
⑦ 《欧阳修全集》卷108《论雕印文字札子》。
⑧ 《宋会要·刑法》2之62。

同的奖赏。如"告获私有图书、谶书及传习者；不全成、堪行用，钱五十贯；全成、堪行用，钱一百贯。告获私雕印时政、边机文书，钱五十贯；御书、本朝会要、国史、实录者，钱一百贯"；"告获私雕或盗印律、敕、令、格、式、刑统、续降条制、《历日》者：盗印，钱五十贯；私雕印，钱一百贯。告获辄雕印举人程文者：杖罪，钱三十贯；流罪，钱五十贯"①。

（三）对违禁雕印、销售、传播图书者予以惩罚

政府管制思想的显著特点是通过颁布法律、命令对某些行为予以禁止，违者则给予惩罚。综观宋代史籍，笞、杖、徒、流、死五刑中除笞刑少见外，其余四刑均常用于惩罚违禁雕印、销售、传播图书者。如前所引，元祐五年规定："凡议时政得失、边事军机文字，不得写录传布；本朝会要、实录，不得雕印，违者徒二年……诸戏亵之文，不得雕印，违者杖一百。"② 南宋《庆元条法事类》则规定："诸雕印御书、本朝会要及言时政、边机文书者，杖八十，并许人告。即传写国史、实录者，罪亦如之。"③ 由此我们大致可以推定，从北宋到南宋，有关对违禁雕刻、传写时政、边机文书、国史、实录者的处罚明显呈现减轻的趋势，惩处从徒两年到杖80，减轻了五等。

宋初颁布的《宋刑统》规定："诸造妖书及妖言者绞（造谓自造休咎及鬼神之言，妄说吉凶，涉于不顺者），传用以惑众者亦如之（传谓传言，用谓用书），其不满众者流三千里，言理无害者杖一百。即私有妖书，虽不行用，徒二年，言理无害者杖六十。"④ 南宋陆游的《渭南文集》卷5《条对状》载"为人图画妖像及传写刊印明教等妖妄经文者，并从徒一年论罪"。据此，我们也可以初步推断，从北宋到南宋，有关对违禁雕印、传写宗教异端等书籍和言论者的处罚也明显呈现减轻的趋势，惩处从绞死、流3000里、徒两年减轻到只笼统处以1年徒刑。

宋代对于违禁刻印、销售违背儒家经义书籍者的处罚一般较轻，即将已刻书板、已印书籍予以收缴毁弃。与此不同，由于派别斗争激烈，甚至达到你死我活的程度，所以对违禁刻印、流传反对派书籍者的处罚较严厉。如北宋徽宗朝实行元祐党禁时下令："今后举人传习元祐学术，以违制论。印造及出卖者，与同罪。"⑤

宋代对于违禁私自雕印《历日》者一般处以杖80或杖100的刑罚。

---

① 《庆元条法事类》卷17《私有禁书》、《雕印文书》。
② 《宋会要·刑法》2之38。
③ 《庆元条法事类》卷17《雕印文书》。
④ 《宋刑统》卷18《造妖书妖言》。
⑤ 《宋会要·刑法》2之88。

从以上对违禁雕印、销售不同类型书籍者的量刑可以看出宋廷处以不同刑罚的依据主要是以其危害封建统治的大小来衡量的。如将涉及国家机密的文字加以雕印并流传到境外、利用雕印传播宗教异端思想来反抗或推翻宋廷统治以及雕印、传写反对派的著作等，由于直接威胁到当权者的统治，所以处罚都较重；与此不同，违禁雕印、销售违背儒家经义的书籍及《历日》等，其对当权者的危害不是那么直接明显，所以处罚一般较轻。

第六节
市易法是政府对商业管制的失败

一、市易法思想的主要内容

宋神宗时期，随着大商人势力的发展，他们在本行业实行垄断经营，囤积居奇，操纵物价，欺凌压榨外来商人，盘剥勒索本地行铺稗贩。正如熙宁五年（1072年）三月二十六日诏令所说："天下商旅物货至京，多为兼并之家所困，往往折阅失业，至于行铺稗贩，亦为较固取利，致多穷窘。"① 在此背景下，自称"草泽"之士的魏继宗上书建立市易司以抑制兼并、平抑物价。他建议：

> 京师百货所居，市无常价，贵贱相倾，或倍本数。富人大姓皆得乘伺缓急，擅开阖敛散之权。当其商旅并至，而物来于非时，则明抑其价，使极贱而后争出私蓄以收之；及舟车不继而京师物少，民有所必取，则往往闭塞蓄藏，待其价昂贵而后售，至取数倍之息。以此，外之商旅无所牟利，而不愿行于途；内之小民日愈朘削，而不聊生。其财既偏聚而不泄，则国家之用亦尝患其窘迫矣……当此之时，岂可无术以均之也……宜假所积钱别置常平市易司，择通财之官以任其责，仍求良贾为之辅，使审知市物之贵贱，贱则少增价取之，令不至伤商；贵则少损价出之，令不至害民。出入不失其平，因得取余息以给公上，则市物不至于腾踊，而开阖敛散之权不移于富民。商旅以通，黎民以遂，国用以足矣。②

---

① 《宋会要·食货》37之14。
② 《长编》卷231。

第五章 宋代政府命令与禁戒思想

根据魏继宗的建议，熙宁五年三月在京师设立市易务。尔后，全国较大城市亦陆续设置市易务或市易司。市易务的运作方式与职责据《长编》卷231所载，大致有以下八个方面：

（1）诏在京诸行铺牙人，召充本务行人牙人。

（2）凡行人令供通已所有，或借他人产业金银充抵当，五人以上充一保。

（3）遇有客人物货出卖不行，愿卖入官者，许至务中投卖，勾行人牙人与客平其价。

（4）据行人所要物数，先支官钱买之。

（5）行人如愿折博官物者，亦听以抵当物力多少，许令均分赊请，相度立一限或两限送纳价钱，若半年纳即出息一分，一年纳即出息二分。

（6）以上并不得抑勒。

（7）若非行人现要物，而实可以收蓄变转，亦委官司折博收买，随时估出卖，不得过取利息。

（8）其三司诸司库务年计物，若比在外科买省官私烦费，即亦一就收买。

从魏继宗的建议可以清楚看出，设立市易务的初衷是使"出入不失其平"，"开阖敛散之权不移于富民"以及"因得取余息以给公上"，换言之，就是平物价，抑兼并，并且通过赢利增加国家财政收入。但是从尔后市易务的运作方式与职责看，市易务的职能主要有两个方面：其中（4）、（5）是官府向商人借贷，（3）、（7）是官府收购商人手中滞销的商品。除此之外，（1）、（2）规定了市易务行人或牙人的担任；（8）规定官府所需物资，如核计较向外采购为便宜时，可由市易务一并在京收买；（6）借贷或收购都不得强迫。通过以上归纳，我们认为市易务从成立之初，就有盈利的性质，其第三个目的"因得取余息以给公上"以及第一个方面职能官府向商人借贷取息就说明了这一点。另外，平物价与抑兼并的作用则"先天不足"。因为官府收购商人手中滞销的商品只能起到"贱则少增价"的作用，而对"贵则少损价"没有提出什么措施。而且这种"贵买贱卖"类似常平仓的调节物价方法，只能是短时期内的应急措施，不可能成为长时期的日常性持久措施。因为市易务买进了不该买的滞销商品，且价格比市场稍高；卖出去时又"随时估出卖，不得过取利息"。如再加上市易务的体制运作成本、储存成本、保管成本等，所以，从长远看，政府总趋势要亏本经营，最终财政无法承担这种亏损时，就得利用手中的权力进行赢利，否则，市易务就无法存在。

宋代高利贷的利率一般是一倍，偶有高达二三倍。现在市易务以20%的利率借贷给商人，必然扩大借贷的需求。而市易务在熙、丰年中"用千五百万本钱"①，是不可能满足每个商人的借贷需求。

总之，市易务收购商人手中的滞销商品出售和向商人借贷很难长久运作，因此，通过这两种方式达到平物价进而剥夺大商贾的"擅开阖敛散之权"和抑兼并，只是魏继宗、王安石等人的美好愿望，很难能取得预期的效果。更何况"因得取余息以给公上"的动机已为封建政府利用权力取利提供了依据，这是市易法推行后一切弊端产生及恶性发展的重要根源。

二、市易法对商业与民众的危害

综观宋代史料，市易法对商业和民众的危害程度超过了大商人垄断商业的危害，主要表现在以下几个方面：

（一）价格信号扭曲，市场配置资源的能力丧失

虽然垄断竞争和寡头垄断也存在经济效率的损失，但市场仍能部分地实现配置资源的能力，而封建政府垄断将使价格信号扭曲，使市场配置资源的能力完全丧失。市易司的官员"务多收息以干赏，凡商旅所有，必卖与市易；或非市肆所无，必买于市易。而本务率皆贱买贵卖，重入轻出"，"凡牙侩市井之人，有敢于与市易争买卖者……小则笞责，大则编管"②。这样的政府垄断经营，因为有整个国家的权力作后盾，对商业活动正常发展所起的阻碍作用，就只能比私商的"较固取利"更加恶劣，而且，由于在政府垄断过程中，委托人（皇帝）与代理人（各级官吏）的目标并非完全一致，前者追求的是财政收入的最大化，后者追求的是个人利益的最大化（包括物质利益和升迁机会），这就使得政府经营活动的运行成本高昂而效率低下。如民间高利贷利率的一二倍与市易务借贷利率的20%之间的巨大差价，使权力寻租应运而生。商人要借到20%利息的贷款，必须向主管官吏支付租金。因此，市易法放贷的最大得利者是主管的官吏，而遭受损失的无疑是政府，即投入巨大的资本，却赚不到什么，甚至亏本。元祐元年（1086年）十月，大臣王觌就指出："臣伏见前日朝廷行法之初，其意未尝不善也，皆因奸吏营私以乱法意，浸以为患……市易之法本以平物价，而奸吏为之，乃使民无故而破产……臣访闻市易本钱约一千二百万贯，其法每岁收息钱二分。市易官以收息之多，岁岁被赏。行之一十五年之间，若收息皆实，则子本自当数倍矣。今勾收还官及别作支用者，仅足本钱而已。盖奸吏恣为欺罔，凡支钱出外未见增耗，买物入官未经变卖，并先计息而取赏。既以得赏之后，物货损恶，本钱亏损，则皆上下相蒙而不复根究。

---

① 《长编》卷506，《宋史》卷355《吕嘉问传》载市易本钱共千二百万贯。
② 《长编》卷251。

故朝廷有得息之虚名，而奸吏有冒赏之实弊也。"①

（二）官营商业运营成本过高

市易务是封建垄断性官营机构，必然设置大量官吏，政府必须为此付出数额巨大的管理和监督费用，加上贪官污吏的贪污受贿、营私舞弊，使官营商业高成本运作，非但不能盈利，亏本是必然的。正如苏轼所指出："今官买是物，必先设官置吏，簿书廪禄，为费已厚，非良不售，非贿不行，是以官买之价，比民必贵，及其卖也，弊复如前，商贾之利，何缘而得。"②元祐元年（1086年）六月，韩川在《乞罢市易奏》中也认为：实行市易法，"仓务共占官六员，专副书吏、库级等不减百人，月给俸食几千缗，所收之息，不补所费之半。窃惟市易之设，虽曰平均物直，而其事则不免计较以取利，使获其利，实足以佐用尚不可，而又所收不补所费，顾可为邪？"③

（三）官营垄断，强买强卖

政府要扭转市易务的亏本经营，使其长期、全面运转，在国家财政补贴无力支付的情况下（其实政府不但不想补贴，还想通过市易务赢利，增加财政收入），唯一的办法只能依靠政府的强制力量，将成本积累转嫁到普通消费者头上。市易法发展到后来，把最初的"并不得抑勒"的规定抛到脑后，对许多商品实行强买强卖。如前所引，任职于市易司的魏继宗说："凡商旅所有，必卖于市易；或非市肆所无，必买于市易。而本务率皆贱以买，贵以卖，广收赢余。"食盐专卖后，"盐价既增，民不肯买，乃课民买官盐，随贫富作业为多少之差。买卖私盐，听人告，重给赏，以犯人家财给之。买官盐食不尽，留经宿者，同私盐法。于是民间骚怨"④。市易法增加了交易成本，导致一定数量的商品价格上升，消费者的购买数量下降，本来不滞销的商品都成了滞销商品，官府又不能亏本，市易务等机构还要靠赚钱维持运转，就只好靠强买强卖盘剥百姓了。市易务在盈利中其职能逐渐异化，平物价抑兼并的初衷完全丧失，在官营垄断商业中连蝇头小利也不放过。正如苏辙所批评的："今自置市易，无物不买，无利不笼；命官遣人，贩卖南北；放债收息，公行不疑；杜绝利源，不予民共。观其指趣，非复制其有无，权其轻重而已也。徒使小民失业，商旅不行，空取专利之名，实失商税之利。"⑤最后以至连水果、芝麻、梳朴之类的小商品也作为官府的经营对象。市易务还采取各种办法抽税，官吏甚至敲诈

---

① 《长编》卷391。
② 《苏轼文集》卷25《上神宗皇帝书》。
③ 《长编》卷380。
④ 《长编》卷232。
⑤ 《苏辙集·栾城集》卷35《自齐州回论时事书》。

勒索。如郑侠就揭露说，商人出京师城门，"但是一二顶头巾，十数枚木梳，五七尺衣着之物，似此等类，无不先赴都务印税，方给引照会出门"[①]。

（四）官营借贷损害人民利益

市易务在借贷方面也损害了中小商人和城市居民的利益。王安石的弟弟王安礼就对神宗说："市易法行，取息滋多，而输官不时者有罚息，民至困穷。"[②] 元丰二年（1079年）八月，都提举市易司也承认"诸路民以田宅抵市易钱久不能偿，公钱滞而不行，欠户有监锢之患"[③]。因借市易钱而遭监锢的事实说明，中小商人在市易法的实施中不是获得好处，而是受到损害。

从宋代市易法实施可以看出，尽管市场是不完善的，政府管制是对市场失灵的一种反应，但是，政府太多的手可能比市场"看不见的手"更糟糕。在封建市场中，政府失灵比市场失灵更差。因为管制会导致比未受管制市场更加扭曲的价格信号，使市场配置资源的能力丧失，权力寻租应运而生，管制本身的执行实施成本大于政府干预所带来的收益，政府不得不将成本积累转嫁到普通消费者头上，从而损害了广大民众的利益。

---

① 郑侠：《西塘集》卷1《税钱三十文以下放》，文渊阁四库全书本。
② 《宋史》卷186《食货下八》。
③ 《宋会要·食货》37之28。

第六章　宋代财政赋役治理思想

第一节

开源节流思想

一、王安石的以义理财观

众所周知，王安石变法的目的在于富国强兵，借以扭转北宋积贫积弱的局势。因此，理财或者说解决国家财政困难，便成为这次改革的中心。

在王安石理财中，其指导思想是"以义理财"。在这一思想指导下，首先，王安石认为："政事所以理财，理财乃所谓义也。一部《周礼》，理财居其半，周公岂为利哉？"① 这里，他以《周礼》为依据，肯定理财是治理国家的重要内容，是合乎正义的行为。财利是立国的根本，国家各种政治设施和活动都离不开财政实力作为支柱，义和利的关系是"利者义之和，义固所为利也"②。因此，他进一步明确指出："举先王之政以兴利除弊，不为生事；为天下理财，不为征利。"③ 其次，王安石把"理财"与"义"进行统一，"盖聚天下之人，不可以无财；理天下之财，不可以无义"④。理财必须以义作为统帅，只要不是对人民的聚敛搜刮，而是为了发展社会生产、增加国家的财政收入和使人民富裕起来，这种性质的理财就合乎"义"的要求了。最后，王安石"以义理财"的基点是生财，也就是通过发展生产增加社会财富，从而提高财政收入。早在他作州县官吏时，就曾在《与马运判书》中说："尝以谓方今之所以穷空，不独费出之无节，又失所以生财之道故也。富其家者资之国，富其国者资之天

---

① 王安石：《临川先生文集》卷73《答曾公立书》，四部丛刊本。
② 《长编》卷219。
③ 《临川先生文集》卷73《答司马谏议书》。
④ 《临川先生文集》卷70《乞制置三司条例》。

下，欲富天下，则资之天地。盖为家者，不为其子生财，有父之严而子富焉，则何求而不得？今阖门而与其子市，而门之外莫入焉，虽尽得子之财，犹不富也。盖近世之言利虽善矣，皆有国者资天下之术耳，直相市于门内而已，此其所以困与。"① 王安石认为，北宋王朝之所以财政匮乏，不仅在于国家费用开支没有节制，更主要的是没有开辟财源。要使天下富有，必须发展生产，向自然界索取，开发自然界的资源。那种只知道关起门来与儿子做生意的人，虽然全部得到儿子的财富，那也是富不了的。嘉祐四年（1059年），王安石在上奏宋仁宗的《上仁宗皇帝言事书》中又提出："臣于财利固未尝学，然窃观前世治财之大略矣。盖因天下之力，以生天下之财，取天下之财，以供天下之费。自古治世，未尝以不足为天下之公患也，患在治财无其道耳……人致己力，以生天下之财，然而公私常以困穷为患者，殆以理财未得其道。"② 这里，王安石进一步认识要解决公私困穷问题，必须理财有道，而要理财有道，关键在于发展生产，通过生产去开发自然资源，从而增加社会财富。社会财富的增加，意味着同样的税率可以取得较多的税额，就能使国家费用充足。这就是王安石所期望的善理财者的"民不加赋而国用饶"。

王安石以义理财的思想除了以发展生产，增加社会财富，从而提高财政收入外，其另一个重要的思路是抑制兼并。王安石主张夺回兼并势力所占有的社会财富，以增加国家财政收入。这就是他一再强调的"摧兼并，收其赢余，以兴功利，以救艰厄"③；"苟能摧制兼并……不患无财"④；"稍收轻重敛散之权，归之公上"⑤。

总之，王安石以义理财的思想主要由两个方面组成：其一是通过发展生产，从而增加社会财富总量，达到提高国家财政收入；其二是在社会财富总量不变的情况下，运用政治权力，进行社会财富的重新分割，从而增加国家财政收入。

王安石的"因天下之力，以生天下之财，取天下之财，以供天下之费"的思想有两层含义：一是通过改善农业生产条件，充分利用土地和人力资源，扩大生产规模，提高生产效率，大力发展农业生产来增加社会财富，这就是"生财"；二是通过巧立名目增加税收，扩大征赋，加重对民众的剥削来增加国库收入，这就是"取财"。从变法的六大措施看，除农田水利法完全是以"生财"

---

① 《临川先生文集》卷75《与马运判书》。
② 《临川先生文集》卷39《上仁宗皇帝言事书》。
③ 《长编》卷240。
④ 《长编》卷262。
⑤ 《临川先生文集》卷70《乞制置三司条例》。

第六章 宋代财政赋役治理思想

为目的外,其余青苗法、免役法、方田均税法、均输法、市易法都带有很浓厚的"取财"色彩。加之在变法中用非其人,导致这些措施更加变性,有些甚至沦为巧取豪夺,走向反面。如青苗法初衷是为了限制高利贷,后来为了扩大取息范围,又实行强制摊派,无论是坊郭户,还是乡村上户、下户和客户,都被抑配青苗钱,强制纳息,这与当初"愿则与,不愿不强也"的承诺完全相反,使青苗钱成为一种隐蔽的税收。到最后,"州县常平钱(青苗钱)实不出本,勒民出息"①,已完全异化为公开的掠夺。又如在实行免役法时,当役钱固定下来以后,不仅在州县役人中尽量扩大自愿投名,不支雇钱者的名额,还干脆取消耆长、户长、壮丁等乡役人,以保甲制度恢复差役。对于这种做法,连宋神宗也觉得说不过去,说:"已令出钱免役,又却令保丁催税,失信于百姓。"② 而保丁若由乡村上户担任,催税时可以乘机勒索,仍是肥缺,贫民备受其苦;若由乡村下户充任保丁当催税甲头,"甲头皆耕夫,岂能与形势之家、奸猾之户立敌"。由于下户从地主那里催不到税,"破产填备,势所必然","类皆卖鬻子女,狼狈于道"。再如实行市易法,固然剥夺了大商人垄断性商业经营的"较固取利",但不少中小商人由于向市易司赊贷钱货,因不能支付息钱和罚钱而破产。另外,市易法实行中建立了官府垄断经营,弊病丛生,阻碍了商品经济的正常发展。

　　王安石的一些经济管理思想,从理论上看是进步的,但从当时社会现实看,则又大大超越了当时的历史情况,是行不通的。如变法中的纳钱免役、雇佣计钱,从理论上讲,普遍地促进雇佣关系和商品货币经济的发展,从而使农民对封建国家的人身依附关系削弱。但是从现实上讲,宋代仍处于封建自给自足的自然经济,广大自耕农所拥有的不过庄田、谷、帛、牛具、桑柘而已,更遑论那些上无片瓦下无寸地的佃农,"褴褛不蔽形,糟糠不充腹……亦有未尝识钱者矣"③,哪里能年复一年地弄到许多钱向政府交纳。正如苏辙所云:"今青苗、免役皆责民出钱,是以百货皆贱而惟钱最贵,欲民之无贫,不可得也。"④ 不少贫民不得不"杀牛卖肉,伐桑鬻薪"⑤,甚者镇州、定州农民出现"伐木拆屋,以充役钱"⑥ 的惨况。

---

① 陈邦瞻:《宋史纪事本末》卷8,文渊阁四库全书本。
② 《长编》卷263。
③ 《温国文正公文集》卷45《应诏言朝政阙失事》。
④ 《苏辙集·栾城集》卷35《自齐州回论时事书》。
⑤ 《宋史》卷177《食货上五》。
⑥ 《乐全集》卷25《论役钱札子》。

二、司马光的养其本原和节省冗费思想

北宋时的财政危机，使有识之士都感到非改革不可，但采取什么办法增加财政收入来达到富国强兵的目的，则意见不一，如司马光、苏轼、苏辙、文彦博等在一些重大问题上与王安石持不同意见，其中又以司马光最为典型。限于篇幅，这里仅介绍司马光的主要观点。

嘉祐七年（1062年），司马光写了一篇长达5000言的专论理财问题的《论财利疏》[①]。此文集中反映了司马光关于解决当时宋王朝财政危机的意见和措施。

首先，司马光针对当时理财"重敛于民"的现象，提出"养其本原而徐取之"的主张。北宋中期以来，由于统治阶级挥霍浪费，"官中及民间皆不务蓄积"，国家仓廪无三年之储，乡村农民少有半年之食，一旦遇上天灾，公私匮乏，无以相救。司马光认为这是"当今之深弊"[②]，是理财"不循其本"。对此，他说："何谓养其本原而徐取之？善治财者，养其所自来，而收其所有余。故用之不竭，而上下交足也。不善治财者反此。"所谓"养其所自来"就是培养税源，对此，他做了进一步的诠释："将取之，必予之；将敛之，必散之。"他责问不懂得这样做的官员说："此乃白圭、猗顿之所知，岂国家选贤择能以治财，其用智顾不如白圭、猗顿邪？"

司马光对培养税源的认识比较全面，不局限于农业，指出："夫农工商贾者，财之所自来也。农尽力，则田善收而谷有余矣。工尽巧，则器斯坚而用有余矣。商贾流通，则有无交而货有余矣。彼有余而我取之，虽多不病矣。"可见，农、工、商都是提供财政收入的经济部门。财政收入随着各经济部门的发展而增长，只要不超过它们的负担能力，即使多取也不会造成危害。

司马光认为农业是"天下之首务"，是国家各种赋税的来源，要使农尽力，政府就要有一定的激励引导措施，"使稼穑者饶乐而惰游者困苦"。但是，当时农民的处境却恰恰相反，"苦身劳力，衣粗食粝"，"岁丰贱贸其谷，以应官私之求；岁凶则流离冻馁，先众人填沟壑"。在这种耕田者不得其食的情况下，"以今天下之民度之，农者不过二三，而浮食者常七八矣"，"望浮食之民转而缘南亩，难矣！"对此，司马光主张要减轻农民的负担，给予一些便农、护农措施，让他们有一个最起码的生活和生产条件，使大家愿意务农。他说："凡农民租税之外，宜无有所预。衙前当募人为之，以优重相补，不足则以坊郭上

[①] 《温国文正公文集》卷23《论财利疏》。以下11个自然段引文未注明出处者，均见于此。
[②] 《温国文正公文集》卷31《蓄积札子》。

户为之。彼坊郭之民，部送纲运，典领仓库，不费二三，而农民常费八九……其余轻役，则以农民为之。岁丰则官为平籴，使谷有所归；岁凶则先案籍赒赡农民，而后及浮食者。民有能自耕种积谷多者，不籍以为家赀之数。如此，则谷重而农劝矣。"

司马光认为，要使"商贾流通"，必须使"公家之利，舍其细而取其大，散诸近而收诸远"。他的根据是"彼商贾者，志于利而已矣。今县官数以一切之计变法更令，弃信而夺之。彼无利则弃业而从佗，县官安能止之哉！是以茶盐尽捐，征税耗损，凡以此也"。司马光看到商人唯利是图的本性，如果政府变更法令使其无利可图而弃业改行，那国家税收就要受到损失。因此，司马光主张对于商人应"将取之，必予之；将敛之，必散。故日计之不足，而岁计之有余"。他还以伐薪为例，来说明对待商人应从长远利益考虑的道理。他说："夫伐薪者，刈其条枚，养其本根，则薪不绝矣。若并根本而伐之，其得薪岂不多哉，后无继矣。"

其次，司马光针对当时朝廷上下费用无度的现象，提出"减损浮冗省用之"的主张。司马光在《论财利疏》中揭露了当时许多耗竭民财的弊政：其一，"左右侍御之人，宗戚贵臣之家，第宅园圃，服食器用，往往穷天下之珍怪，极一时之鲜明，惟意所欲，无复分限……至于颁赐外廷之臣，亦皆踰溢常数，不循旧规……近日俸给赐予，比于先朝，何啻数十倍矣"。其二，"宫掖之所尚，则外必为之；贵近之所好，则下必效之，自然之势也。是以内自京师士大夫，外及远方之人，下及军中士伍、圳亩农民，其服食器用，比于数十年之前，皆华靡而不实矣……夫天地之产有常，而人类日繁，耕者浸寡，而游手日众。嗜欲无极，而风俗日奢。欲财力之无屈，得乎哉！"其三，"府史胥徒之属，居无廪禄，进无荣望，皆以咶民为生者也……是以百姓破家坏产者，非县官赋役独能使之然也，大半尽于吏家矣。此民之所以重困者也"。其四，"国家比来政令宽弛，百职隳废。在上者简倨而不加省察，在下者侵盗而恣为奸利。是以每有营造贸买，其所费财物什倍于前，而所收功利曾不一二，此国用之所以尤不足者也"。其五，官员"满岁则迁，日滋月益，无复限极。是以一官至数百人，则俸禄有增而无损矣"。其六，"近岁养兵，务多不务精。夫兵多而不精，则力用寡而衣粮费。衣粮费则府库耗，府库耗则赐赍稀。是以不足者岂惟民哉，兵亦贫矣"。对此六大弊政，司马光主张用法律手段强制裁费，提倡朴素崇俭，矫正奢靡之风，惩罚行贿受贿，选用廉吏，选练战士等。他说："凡宗室外戚后宫内臣以至外廷之臣，俸给赐予，皆循祖宗旧规，勿复得援用近岁侥幸之例。其逾越常分，妄有干求者，一皆塞绝，分毫勿许。若祈请不已者，宜严加惩谴，以警其余。凡文思院后苑作所为奇巧珍玩之物，不急而无用者，一皆罢省。内自妃嫔，外及宗戚，下至臣庶之家，敢以奢丽之物夸眩相高，及贡献赂遗以求悦媚者，亦明治其罪，而焚毁其物于四达之衢。专用朴素，以率先天下，矫正风俗。然后登用廉良，诛退贪残，保佑公直，销除奸蠹，澄清庶官，选练战士，不禄无功，不食无用。如此行之，久而不懈，臣见御府之财将朽蠹而无所容贮，太仓之粟将弥漫而不可盖藏，农夫弃粮于圳亩，商贾让财于道路矣。"

司马光在裁减冗费中还提出"节省冗费，当自贵近为始"的思想，认为"凡宣布惠泽，则宜以在下为先；撙节用度，则宜以在上为始"。这是儒家传统"损上益下"原则的演绎。据此，司马光主张"裁损诸费不先于贵者、近者，则疏远之人安肯甘心而无怨乎？"[1]

在中国古代史中，由于特殊的历史原因，宋代对人民的敛取是比较严重的。对于众多的小农经济来说，取民太甚，竭泽而渔，往往带来大量的小农破产，这是对封建社会生产力的严重破坏。司马光提出的对于脆弱的小农经济应"养其本原而徐取之"，是对以小农经济为主的封建生产力的保护，从而带来社会的安定和经济的发展。在以农业自然经济为基础的历史条件下，社会生产只能是一种简单再生产，生产主要依靠人力、畜力，生产力的发展和财富的增加，不可能出现奇迹般的飞跃。从这个意义上说，社会经济的发展和财富的增加由于受生产力的制约有一个极限。纵观中国古代，宋代就处于这样一个极限点上。因此，封建国家要通过发展生产来增加财政收入是比较有限的，而主要是依靠其政治权力来进行社会财富的重新分割。因此，"重敛于民"成为一种必然的选择。但是这种重敛于民却导致了大量小农经济的破产，严重影响封建社会的简单再生产，给封建统治带来危机。面对这种趋势，司马光在主张"养其本原而徐取之"，保护财源的同时，更要"减损浮冗而省用之"，即节减开支。只有节省开支，广大农民才能减轻负担，拥有一个起码的生存和生产条件。小农经济才能得到保护，封建社会简单再生产才能顺利进行。这种思想虽然比较传统，但却切中时弊，符合客观现实。当时，不少有识之士认为，宋王朝对财源的挖掘利用，已经接近最高限度，通过进一步敛取民脂民膏来解决财政危机已不可能，唯有节省冗费才是出路。如皇祐元年（1049年），户部副使包拯言："冗兵耗于上，冗吏耗于下，欲求其弊，当治其源。治其源者，在乎减冗杂而节用度。若冗杂不减，用度不节，虽善为计者，亦不能救也。方今山泽之利竭矣，征赋之入尽矣……若不锐意而改图，但务因循，必恐贻患将来，

---

[1] 《温国文正公文集》卷39《乞听宰臣等辞免郊赐札子》。

有不可救之过矣。"① 仁宗至和元年（1054年），殿中侍御史吕景初上奏云："今百姓困穷，国用虚竭，利源已尽，惟有减用度尔。"② 更难能可贵的是司马光提出国家裁减费用自贵官近臣始，他自己多次要求皇上减少或免去对他的赏赐，这对于扭转当时朝廷奢靡之风，节省国家财政开支，减轻百姓的负担，稳定封建国家的经济秩序，起了积极的作用。

在王安石变法中，司马光与王安石的意见不一，可谓针锋相对，其实他们的一些观点可以互补。如在解决北宋财政危机的路径上，王安石重"开源"，但也主张节省勤俭，而司马光重"节流"，但不否认生产，两者都有可取之处。司马光反对王安石变法，虽然坚持务实的立场，但由于意气用事，对王安石变法予以全盘否定，难免过于偏激，走到了另一个极端，一些观点也偏离了客观现实。如他指出王安石的新政有六大阙政：

一曰广散青苗钱，使民负债日重，而县官实无所得；二曰免上户之役，敛下户之钱，以养浮浪之人；三曰置市易司与细民争利，而实耗散官物；四曰中国未治，而侵扰四夷，得少失多；五曰结保甲教习凶器，以疲扰农民；六曰信狂狡之人，妄兴水利，劳民伤财。③

从上述我们对王安石变法思想的分析可以看出，王安石变法虽然存在着不少弊端，但从总体上看，对促进社会经济的发展还是起了进步作用的，尤其是农田水利法和方田均税法。这里，司马光把兴修水利也斥为"劳民伤财"，未免失之中肯。

三、王禹偁和宋祁的裁减冗费思想

宋太宗统治后期，虽然国家财政正处于上升阶段，收入日增，但由于不注意控制财政开支，冗费问题初步显露。至道三年（997年）五月，刑部郎中、知扬州王禹偁第一次比较系统地论述了冗费存在的四个方面，并提出了解决的对策：其一，"谨边防，通盟好，使辇运之民有所休息"；其二，"减冗兵，并冗吏，使山泽之饶，稍流于下"；其三，"其艰难选举，使入官不滥"；其四，"沙汰僧尼，使民无耗"④。同年九月，监察御史王济上《陈政事十事疏》，对裁减冗官、冗兵，沙汰僧尼提出了自己的主张，尤其是对裁减冗官见解独到深刻。他说："官不必备，惟其人……官多则事繁，吏多则民残。欲事不繁，莫

---

① 《长编》卷167。
② 《长编》卷176。
③ 《温国文正公文集》卷45《应诏言朝政阙失事》。
④ 《长编》卷42。

若省官，欲民皆安，莫若省吏。天下所以未格清净者，由官吏多之故也。为陛下计，宜减分局之官，省监临之数，择百司之吏，选技术之工，去纤巧之匠，停老弱之卒，汰缁黄之流，自然无旷土，无游民，公庭肃而百事举矣……官多俸薄，不若俸厚而官少。若尽去冗食，复其全俸，则二人之俸，可以周一人之用。衣食既足，廉耻自兴。"[①] 由此可见，王济认为省官省吏不仅能够省事、省费、民安，而且还能高俸养廉。

仁宗即位之初，就着手裁减浮费。此次裁减虽有成效，却没有触及造成冗费的主要原因冗兵、冗官等问题。随后天灾频仍，冗费问题又进一步凸显。宝元二年（1039年）二月，任权三司度支判官的宋祁写了《上三冗三费疏》[②]，系统地论述冗费的危害及应采取的对策。宋祁的所谓"三冗"与王禹偁大致相同，即"天下有定官，无限员，一冗也；天下厢军不任战而耗衣食，二冗也；僧尼道士日益多而无定数，三冗也"。

但是宋祁提出的应对措施则比王禹偁更切实可行和具有针对性。他认为：

> 断自今日，僧尼道士已受戒具者且使如旧；其在寺账为徒弟子者，悉还为民，勿复岁度。今日以后州县寺观，留若干所，僧尼道士，定若干人。且令后来之数，不得过此。此策一举，可得耕织夫妇五十万人，则一冗去矣。今天下厢军，不择孱小尪弱，悉皆收配，才图供役，本不知兵，亦且月费廪粮，岁费库帛。数口之家，不能自庇，于是相挺逃匿，化为盗贼者，不可胜算。朝廷每有夫役，更籍农民以任其劳。假如厢军可令驱以就役，方且别给口券，间望赐钱。二端相率，不便明甚。陛下若敕天下厢军，今日以后，除州军须要防捉，别留三百人，自余更不收补，已在籍者，许备役终身。如此，则中下之家，悉入农业，又得力耕者数十万，则二冗去矣。国家郡县素有定官，譬以十人为额，常以十二加之，迁代罪谪，足以无乏。今则不然，一位未缺，十人竞逐，纡朱满路，袭紫成林。州县之地不广于前，而陛下官五倍于旧。吏何得不苟进，官何得不滥除？陛下诚能诏三班、审官院、内诸司、流内铨明立限员，以为定法。自今以往，门荫、流外、贡举之色，实置选限，稍务择人。俟有阙官，计员补吏。内则省息奉廪，外则静一浮华，则三冗去矣。

这里宋祁的去三冗思路主要从两方面入手：一是减少限制非生产性冗食之

---

① 《长编》卷42。
② 宋祁：《景文集》卷26《上三冗三费疏》，文渊阁四库全书本。以下2个自然段引文未注出处者，均见于此。

人，减轻社会与国家负担，其中令僧尼道士还俗并限制其人数是减轻社会负担，裁减厢军与地方官吏是减轻国家负担。二是减少限制非生产性冗食之人其实就是在增加生产性人员，据他估计，令僧尼道士还俗并限制其人数可增加农民50万人，而裁减厢军也可增加力耕者数十万。这样一减一加的确对减轻社会与国家的负担、发展生产会起较大的积极作用。宋祁应对"三冗"的措施可贵之处还在于不单是在做"减法"，即减少限制非生产性冗食人员，而同时又是在做"加法"，增加生产性人员，发展生产，从而化害为利，使社会总财富增加，三冗问题自然解决。还有值得注意的是，宋祁提出的裁减兵员和官员只是针对厢军和地方州县官，而不涉及禁军和中央官员，因此不会削弱宋朝的军事力量和引起中央官员的反对，对宋朝专制主义中央集权制不会带来影响。

宋祁的所谓"三费"是"一曰道场斋醮"之费；"二曰京师寺观"之费；"三曰使相节度"之费。这"三费"其实与"三冗"中"僧尼道士日益多而无定数"和官"无限员"关系密切，似可归于"三冗"之中，故兹不予赘述。

四、张方平的去三蠹思想

大约在同一时期，大臣张方平写了《原蠹》上中下三篇①，分析了当时宋王朝的财政经济状况，认为"今天下生民之蕃，四海山泽之富，过三代远矣。赋敛所入，财货所聚，加厚于汉、唐。内外无事，无师旅战守馈粮赏功之费，无应声卒具之征，然民力益亏，国用不赡，中家以下，衣食无余"，其症结在于"国有三蠹，而莫之恤也"。

张方平在《原蠹》上篇指出：三蠹者，"一曰兼并"，其危害是"兼并之人，害农败法，上争王者之利，下固齐民之业，擅斡山海之货，管林薮之饶……民业并蹙，国用益虚"。张方平认为要去除兼并之蠹，可采取两种措施：一是利用经济调控手段，"计本末之道，审缓急之令，平谷物之高下，视凶穰而敛发，隘其利途，使出一孔，均其损益，调其盈虚，使强贾蓄家无所牟大利，则权在君上，惠在细人矣"。这里，张方平主要采用轻重之策，调节谷物价格，使富商大贾无法投机牟取暴利。他没有触及封建社会最根本的兼并是土地兼并。虽然他在《食货论·税赋》谈到"分民之要，平土为大"，但对于具体如何"平土"，却只笼统提出"都畿之内，严立占用之限"②。二是利用封建等级制度，"宜平四民之业，无使富人专财尽物，自其室宇、车马、器服、奴婢，宜益为制度挦节之。夫分定则易足，欲寡则不争，虽积货财，无所张用，

---

① 《乐全集》卷15。以下5个自然段引文未注出处者，均见于此。
② 《乐全集》卷14《食货论·畿赋》。

则其贪聚之心知所止矣。上以厚国本，下以劝农事，使民有让，而刑罚以省，天下由乎轨道，无不足之患，其惟去兼并之蠹乎！"这里，张方平想通过等级制度来抑制大地主大商人在物质上的享受，使他们即使有很多财富也无从消费，从而收敛贪欲之心，放弃兼并。张方平的这种想法显然过于天真迂腐，是无法实行的。总之，从张方平以上去除兼并之蠹的思想可知，一方面，他看到兼并之蠹是造成"民力益亏，国力不赡"的主要原因之一，比同时代人单从"三冗"（冗兵、冗官、冗费）着眼显得视野开阔，触及封建社会较深层次的弊端；另一方面，他所提出的去除兼并的两个方面措施，却未涉及最根本的土地兼并问题，利用封建等级制度抑制兼并更是苍白无力。

张方平在《原蠹》中篇指出：三蠹之二是"游入于释道之道者"。他认为："今天下十室之邑，必有一伽蓝焉；衡门之下，必有一龛像焉……其徒满于天下，而人不知厌苦。国家之帑藏耗于上，百姓之财力竭于下。"张方平之所以把释道之徒作为三蠹之一，不仅是其人数众多，而且是属于非生产性的"游惰之徒"，而且其消耗的钱物是惊人的。张方平在此做了一个估算："今释老之游者，略举天下计之，及其僮隶服役之人，为口岂啻五十万！中人之食，通其薪樵盐菜之用，月糜谷一斛，岁得谷六百万斛；人衣布帛二端，岁得一百万端。窃度国家之制财用也，上以给郊社宗庙百神之祀，百官廪禄，六军粮馈，其计至大矣。仓庾之积，仰输东南，然而岁漕江淮之粟，入之太仓，制不过六百万斛，而莫之登也。则是释老之游者，一岁之食，敌国家一年之储也。"针对这种情况，张方平主张通过两种措施予以解决。一是采取比较温和的手段，对其宗教迷信活动加以限制，使其逐渐衰退，以节省其对社会财富的糜费。"搏省其伤财害民之事，稍禁其营筑土木亡度之费，益峻其奸盗冒法之律，而无下普度雩需之泽，及世而亡其大半矣。"张方平认为如能予以实施，可以"省其大半之衣食，以益于民，天下其不加裕乎？"二是从根本上防止百姓流入释老之道。张方平认识到，当时老百姓如此之多流入释老之道，其原因在于贫病交加、苛捐杂税繁重。因此，朝廷应"赈贫穷，恤孤寡，礼高年，存疾病，蠲逋负，宽赋敛，简刑罚，振淹滞"，使百姓生活有着落，"风俗归厚，上下与足，堂堂乎邦民咸乂，又恶乎释老之求哉！"张方平去释道之蠹的主张比较切实可行，他不主张采取过激的手段，是因为看到游入释道的人多为失业之民，如果将这些已失业之人"驱而复之南亩，毁其庐，籍其产"，由于他们人数众多，又没有田产技艺为生，将会陷入绝境，激化社会矛盾，引起严重问题。而他主张采取缓和的做法，通过限制和引导使释道逐渐自然消亡，从而节省糜费，增加人民收入，国家财政自然充裕。这种主张抓住了问题的本质，符合客观现实，如能执行会取得一定的效果。

张方平在《原蠹》下篇指出：三蠹之三是"兵马"之蠹。"今自禁卫通于州郡之冗卒，不啻百万，恣口而食，舒臂而衣，数日为期，以取赐于赍，是日有万金之奉，无时休息，天下供待，安得勿困！"而且单就百万之师的口粮，就是广大农民和国家财政的沉重负担。"末耜之民寒耕暑耘，常无余粒，中人已下率无盖藏，强家之储鲜及新谷，罄地之力，穷农之功，悉卷而西，都为兵食。"针对"兵马"之蠹，张方平亦提出两点措施：一是组建"民兵"，寓兵于农，平时务农，不脱离生产，战时打仗；农忙种地，农闲练武。这样就可以削减职业兵的数目，大大减少农民与国家的负担。总之，组建"民兵"可使"上不阙武备，下不耗国财"。据《宋史》卷187《兵一》所载："自元丰而后，民兵日盛，其募民缺额，则收其廪给，以为民兵教阅之费。"张方平组建民兵的主张得到朝廷的重视和实行。二是实行屯田。张方平认为军队屯田可收"足食足兵，不废训练"的效果，军队既可自给自足，又能坚持练武。张方平还专门著有《屯田》一文，指出：当今国家最沉重的财政负担是养兵。如果实行屯田，不仅可节省国家大量的财政开支，减轻百姓纳税负担，还可以改造军队自身，消除"宠将骄卒坐而蠹食"①的状况，保证军队的供给。"则是募屯田夫，得屯田兵也。居则稼穑之人，用则战骑之士，不衣库帛，不食廪谷。是骄卒可放省，屯仓可待盈，虽有凶荒水旱之变，而军不乏乎储峙，民不增乎横赋，建屯之利，其亦博矣。"②

军队屯田，自古已有，而且已被宋代以前的历史证明是一项行之有效的节省军费开支、减轻国家财政负担的好办法。张方平借鉴历史的成功经验，提出军队屯田，曾在一定程度上被朝廷采纳，并收到某些效果。但是，从总体上看，终宋一代，屯田时兴时废，"今之军士，皆市井桀猾，去本惰游之民，至于无所容，然后入于军籍。且其骄也久矣，呴濡保息，莫敢拂其心者，是可使之寒耕暑耘者乎？"因此，宋代屯田的效果已大大不如三国两晋时期，往往是劳民伤财，入不偿费。

五、蔡襄的缩减军费思想

据《宋史》卷187《兵一》载："开宝之籍（禁、厢军总数）总三十七万八千，而禁军马步十九万三千；至道之籍总六十六万六千，而禁军马步三十五万八千；天禧之籍总九十一万二千，而禁军马步四十三万二千；庆历之籍总一百二十五万九千，而禁军马步八十二万六千。"另据王铚《枢庭备检》所载，皇祐初军队总人数曾达140万人。由此可见，从宋太祖立国，历经太宗、真宗

---

①② 《乐全集》卷14《食货论·屯田》。

朝，至宋仁宗晚年，将近100年的时间里，常备军数量增加了3倍以上，其中禁军竟一度超过了4倍。军队人数的增加，意味着军费开支的加大，给财政带来沉重的负担。就是在这历史背景下，英宗治平元年（1064年），时任三司使的蔡襄上《论兵十事》[①]，对裁减军队缩减军费提出了自己的看法。

蔡襄作为三司使，负责国家财政收支大政方针，他对当时军队一年支出总数作了一个估算："养兵之费，禁军一兵之费，以衣粮、特支、郊赉通计，一岁约费钱五十千，厢军一兵之费岁约三十千，通一百一十八万余人，一岁约费四千八百万缗，此其大较也。"通过这样的估算，蔡襄得出了这样的结论："一岁所用，养兵之费常居六七，国用无几矣。"因此，他提出了与众不同的"兵少而精"的改革思想。他认为："兵少则财用饶，财用饶则国富矣。兵精，以战则胜，以守则固，而兵强矣。"在宋代积弱积贫、内外交困的背景，既要裁减兵员，以减轻国家负担，但又要保持足够的军事力量，与辽、西夏等少数民族政权对峙。蔡襄的"兵少而精"思想就在这样的时代要求下产生的。他的"兵少而精"不是通过单纯的裁减削弱军队而达到使国家减轻负担，而是企图通过"强兵"而"富国"，把二者统一起来，这就是"当今之急务，强兵为第一事，富国为第二事，欲修治道，自此而始。兵不强则国不富，国不富则民不安，是故始于强兵而终于安民，本末之论也"。

至于如何强兵，蔡襄提出了五个方面的措施："一曰消冗，谓冗兵不可以暴减，当有术以消之。二曰选择，谓老弱疾病不堪战阵之人即拣择而去之。三曰省兵，谓不应置兵处与置之过多者则省之。四曰训练，谓兵虽少壮，而训练不得其术，与不教同。五曰立兵法，今之兵法绝无统制，故不可用，用之则败。此五者备修，则兵少而精矣。"蔡襄提出的五个方面措施，前三个措施主要围绕"兵少"的主题，通过裁减冗兵、淘汰老弱疾病者以及讲求军队的部署等来减少兵员，这些多余或不能胜任者的减少并不影响军队的实力。后两个措施则主要围绕"兵精"、"兵强"的主题，通过加强军队训练、建立完善兵法来提高军队战斗力。

蔡襄在《论兵十事》中还进一步发展了范镇中书、枢密院与三司"通知民兵财利大计"的思想，提出："中书不与知兵，增兵多少不知也；枢密院要兵则添，财用有无不知也；管军将帅少兵则请，曾不计较今日兵籍倍多，何故用不足也；三司但知支办衣粮，日日增添，不敢论列，谓兵非职事也。四者各为之谋，以至于此。若通而为一，则可以计较兵籍多少、财用有无，不致于冗。臣欲乞招置增添兵数，枢密院、中书共议之，先令三司计度衣粮如何足用。管

[①] 《端明集》卷18《论兵十事》。以下4个自然段引文未注出处者，均见于此。

军每乞招添，边臣每乞增置，必须诘问其所少之因，必不得已，方可其奏。如此慎重，乃省兵之一端也。"这里，蔡襄构建了一个中书、枢密院、三司以及管军将帅四者在增添兵数上的运作机制，较好地协调增兵与军费供给的关系。如图6-1所示：

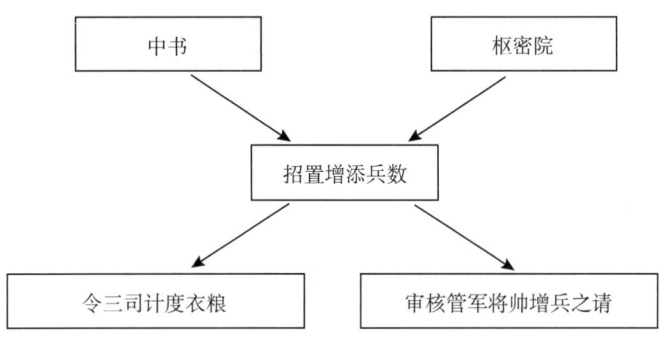

图6-1 蔡襄构建的增兵运作机制

简而言之，朝廷每逢招置增添兵数，由中书和枢密院共同商议，然后一边责令三司计度衣粮供给，一边审核管军将帅增兵之请，最后决定是否予以批准奏请。

蔡襄在《论兵十事》中还就改革纲运节省军费提出五个方面的措施，可谓切中时弊。他说："今天下无名纲运，最为枉费兵士。边郡兵官替移，迎候送还，厢军动皆数百人，多者至千人。自来明有条制，州郡皆以人情，不敢自约，此一事也。南方替罢官员，近由江浙，远自湘潭，一舟十人至二十人，大者倍之，一岁往还京师可了。一次一舟之费，小者五百千，大者七百千，所载官物不过数千缗之直，衣粮所费几何？此二事也。天下州郡，自太平以来，廨宇亭榭，无有不足。每遇新官临政，必有改作，土木之功，处处皆是，不惟枉费财用，必须多役兵卒，此三事也。天下持送官物入京，如牛皮、兵器之类，多由陆路，若委本路转运司，不急用者罢省之，或令水路，可以减省兵役，此四事也。养兵挽船不若和雇，和雇则止于程限之资，养兵终岁给之，其费必倍，此五事也。大要举此五事，严与条约，厢军可省矣。"蔡襄这里一针见血地指出以上五事均由地方厢军服役承担，如能制订条约，进行改革，严格管理，可裁减很多厢军，节省大量军费开支。

综上所述，蔡襄作为理财大臣三司使，在具体工作中深入观察研究，从而对财政负担最为沉重的养兵之费提出了改革措施。其分析是客观的，符合当时现实情况；思想是深刻的，对减少军费开支、减轻财政负担具有宏观指导意义。尤其是在"兵少而精"原则的指导下，通过强兵而达到国富民安，既增强军队战斗力，又裁减军费减轻财政和百姓负担，尤显其辩证思维，化害为利，一举两得。

六、苏辙的去三冗思想

如本章第一节所述，英宗治平二年（1065年），朝廷财政入不敷出严重，赤字达4204769（计算单位史籍记载不详），这一数字是目前所能见到的自宋太祖建国以来至宋英宗时期最高的。可见，从宋真宗至英宗朝的财政危机并没有得到缓和，反而有愈演愈烈之势。"神宗嗣位，尤先理财"[①]。苏辙即上《上皇帝书》[②]，提出了一系列的改革措施。

面对当时国家财政的危机，苏辙的指导思想是重"节流"，即"所谓丰财者，非求财而益之也，去事之所以害财者而已矣。夫使事之害财者未去，虽求财而益之，财愈不足。使事之害财者尽去，虽不求丰财，然而求财之不丰，亦不得也"。因此，他的着眼点是去除"害财者"，而不是寻求"丰财者"。苏辙把当时的害财者概括为三个方面："一曰冗吏，二曰冗兵，三曰冗费。"这个概括比较全面合理地揭示了当时国家财政不堪重负的三项巨大开支。苏辙不把以往宋祁的"僧尼道士"之冗、张方平的"释道"之蠹包含在三冗之内，其原因可能是释道主要是增加社会负担，而不是国家财政负担。

北宋自开国以来，官僚队伍膨胀迅速。在真宗景德年间，内外官有一万余人，仁宗皇祐年间，则增至两万多人。官员尸位素餐，空耗俸禄，国家为维持这支庞大的官僚队伍，需要巨额财政开支。为解决"冗吏"问题，苏辙提出三条措施："其一，使进士诸科增年而后举，其额不增，累举多者无推恩。"科举取士之多，是造成宋代冗官的一个重要原因。据学者统计，仅北宋贡举取士就达六万多人[③]。由于宋代取士之滥，加之科考及第者有种种优厚待遇，故天下之人"群起而趋之"。因此，苏辙提出延长贡举时间，并且不增加录取名额，废除推恩制度，以此来减缓官员队伍的增长速度。"其二，使官至于任子者，任其子之为后者，世世禄仕于朝，袭簪绶而守祭祀，可以无憾矣。"门荫入仕，是宋代封建统治阶级子弟亲属当官的一种特权，种类繁多，数量庞大，凡中高级官吏及后妃公主等均可奏请亲属补官。据学者估计，宋代平均每年由门荫补

[①] 《宋史》卷179《食货下一》。
[②] 《苏辙集·栾城集》卷21《上皇帝书》。以下7个自然段引文未注出处者，均见于此。
[③] 张希清：《论宋代科举取士之多与冗官问题》，《北京大学学报》1987年第5期。

官者不下 500 人①。这是造成冗官的另一原因。对此，苏辙意识到要废除这种特权制度是不可能的，只好采取折中的办法，给其子孙一定的食禄而不再担任官职。"其三，使百司各损其职掌，而多其出职之岁月。"在宋代国家机器中，旧官和新官，有权的官和无权的官，朝廷派遣的官和地方的官，层次重叠，叠床架屋，使官僚机构庞大臃肿，人浮于事。苏辙就此提出中央机构精简事务，下放权力，裁汰冗员。他举三司为例，由于三司作为封建理财机构，其事务最为繁杂，主要是因为"举四海之大，而一毫之用必会于三司，故三司者案牍之委也。案牍既委，则吏不得不多"，即权力过分集中所致。因此"三司之吏，世以为多而不可损"。其实，这种事无巨细中央统管的做法，不仅使中央机构日益膨胀，而且因忙于琐碎事务，反而失去对全局的控制。对此，苏辙主张应下放三司权力，使"天下之财，下自郡县而至于转运，转相钩较，足以为不失矣"。这样，转运使、州县各尽其职，逐层监督，互相制约，"使三司岁揽其纲目，既使之得优游以治财货之源，又可颇损其吏"，节省财政开支。最后，苏辙认为："苟三司犹可损也，而百司可见矣。"由此可见，事繁权重的三司都能精简事务，裁汰冗员，更何况中央其他机构也应如此。这将使朝廷大大减少财政开支。对于中央机构的官吏，苏辙还主张推迟晋升，使官僚队伍增长速度尽可能缓慢。

如前所述，英宗治平年间，蔡襄就已提出了裁减军队人员的主张，但是，由于英宗在位仅 4 年，冗兵问题并没有得到明显的缓解，军队将士在百万以上，巨额军费开支仍然是国家财政最主要的负担。苏辙对于冗兵问题，提出了两个方面的对策：其一，"择任将帅，而厚之以财，使多养间谍之士，以为耳目。耳目既明，虽有强敌而不敢辄近。则虽雍熙之兵（仅 30 万），可以足用于今世"。苏辙十分重视在战争中间谍的作用，"间者，三军之司命也。臣窃惟祖宗用兵，至于以少为多，而今世用兵，至于以多为少。得失之原，皆出于此"。他认为，宋太祖时用兵之所以能"以少为多"，是因为重赏这些间谍，使他们"贪其金钱，捐躯命，冒患难，深入敌国，刺其阴计而效之。至于饮食动静无不毕见，每有入寇辄先知之。故其所备者寡而兵力不分，敌之至者举皆无得而有丧。是以当此之时，备边之兵多者不过万人，少者五六千人"。而现在用兵之所以"以多为少"，是因为轻待间谍，"百饼之茶，数束之彩，其不足以易人之死也明矣。是以今之为间者，皆不足恃。听传闻之言，采疑似之事，其行不过于出境，而所问不过于熟户，苟有藉口以欺其将帅则止矣，非有能知敌之至情者也。敌之至情，既不可得而知，故常多屯兵以备不意之患，以百万之众而常患于不足，由此故也"。因此，苏辙主张利用关市征税之钱重赏间谍，以明

---

① 张希清：《论宋代科举取士之多与冗官问题》，《北京大学学报》1987 年第 5 期。

敌情，减少边兵，"三十万之奉，比于百万则约"，从而节约巨额开支。其二，"土兵可益，而禁军可损"。苏辙认为："土兵一人，其材力足以当禁军三人。禁军一人，其廪给足以赡土兵三人。使禁军万人在边，其用不能当三千人，而耗三万人之畜。边郡之储，比于内郡，其价不啻数倍。"不言而喻，增加土兵，裁减禁军，既提高战斗力，又节省 8/9 的军费。

苏辙认为："世之冗费，不可胜计也"，其主要者，有宗室、漕运和赏赐之费。北宋自宋太祖建国至宋神宗时期，已"世历五圣，而太平百年矣，宗室之盛未有过于此时者也。禄廪之费多于百官，而子孙之众宫室不能受"。由此可见，宋皇室经过 100 年的繁衍，人数众多，其供养的费用已超过所有官吏的俸禄。有鉴于此，苏辙以儒家"七世之外，非有功德则迭毁"作为理论依据，建议"凡今宗室，宜以亲疏贵贱为差，以次出之，使得从仕比于异姓，择其可用而试之以渐。凡其禄秩之数、迁叙之等黜陟之制，任子之令，与异姓均"。总之，宗室子孙超过七世，就不享有政治、经济上的特权，与一般平民相同。这样，就大大减少了宗室享有特权的人数，从而节省了财政开支。

宋代"敛重兵而聚之京师。根本既强，天下承受而服。然而转漕之费遂倍于古"。北宋定都汴梁（今开封），京师民众、官僚和驻军所食粮食主要从东南地区漕运而来，"凡今东南之米，每岁溯汴而上，以石计者，至五六百万。山林之木尽于舟楫，州郡之卒敝于道路，月廪岁给之奉不可胜计。往返数千里，饥寒困迫，每每侵盗，杂以他物，米之至京师者率非完物矣"。总之，当时漕法劳民伤财，而且效果也不好，"非法之良者也"。因此，苏辙提出了改革措施："举今每岁所运之数而四分之。其二即用旧法，官出船与兵而漕之，凡皆如旧。其一募六道之富人，使以其船及人漕之，而所过免其商税，能以若干至京师，而无所欺盗败失者，以今三司军大将之赏与之……其一官自置场，而买之京师，京师之兵，当得米而不愿者，计其直以钱偿之……今官欲买之，其始不免于贵。贵甚，则东南之民倾而赴之，赴之者众，则将反于贱。"这里，苏辙建议将每年漕粮总额一分为四，一半仍用旧法，1/4 招募江南六道富人漕运，1/4 由政府在京师置场收买，凡京师驻军不愿领米的，计值给钱，让他们上市场购买。苏辙希望"此二者与旧法皆立，试其利害而较其可否，必将有可用者。然后举而从之，此又去冗费之一端也"。

苏辙在"冗费"上与众不同、见解深刻的是把朝廷不急其所急、不用其所用，即不该开支的经费也称为"冗费"，主张应裁减这些"无益之费"。他批评朝廷"自治平京师之大水，与去岁河朔之大震，百役并作，国有至急之费，而郊祀之赏不废于百官。自横山用兵，供亿之未定，与京西流民劳徕之未息，官私乏困，日不暇给，而宗室之丧不俟岁月而葬"。他希望朝廷"苟自今从其可恤而收之，则无益之费犹可渐减。此又去冗费之一端也"。

总之，苏辙的解决"三冗"问题思想，集中地反映在《上皇帝书》一文中，其中延长贡举时间、改革荫补机构、裁减禁军等措施都比较稳健缓和，力求在不引起动荡的情况下渐进式地使弊端自行消亡。如他改革州郡选士制度，要使"十年之后，无实之士将不黜而自减"。又如禁军是北宋的正规军，是维护宋王朝统治的最重要武装力量，对其裁减必须慎之又慎。苏辙主张"使禁军之在内郡者，勿复以戍边。因其老死与亡，而勿复补，使足以为内郡之备而止。去之以渐，而行之以十年，而冗兵之弊可去矣"。苏辙的另一些改革又显得新奇大胆，如通过重金招募间谍以明敌情，有针对性、有重点地布置兵力，从而达到裁减军队减少军费的目的；他把不急所急、不用所用的开支视作冗费，亦表现了他独特的眼光。他把皇帝宗室之费视作第一大冗费建议予以裁减，则又表现出了为了国家利益而无私无畏的气概。苏辙在解决三冗中有了比较明确的经济核算思想，他的益土兵损禁军就是从"材力"与"廪给"两方面加以估算，从而得出这一措施既能提高军队战斗力，又能大大节省军费开支的结论。又如他通过"权其轻重"，使皇帝清楚地认识到重金招募间谍所用的经费大大低于因明敌情所裁减掉军队而节省的军费。

七、朱熹的撙节财用思想

如本章第一节所述，南宋供养着几乎与北宋数量相当的军队、比北宋更多的官员，并且其战争比北宋更为频繁，可想而知国家财政支出只能更为浩大，入不敷出危机依然严重。在此情况下，一些有识之士仍不断提出节省财政支出的对策。从总体上看，这些对策大多是对北宋一些观点的重复，少有新意。兹以朱熹和叶适为代表，略加介绍。

朱熹认为当时财政陷入困境，主要原因有四个方面：一是军费开支巨大，"今天下财用，费于养兵者十之八九，一百万贯养一万人"；"财用不足，皆起于养兵。十分，八分是养兵，其他用度，止在二分之中"[1]。二是"今朝廷之财赋不归一，分成两三项，所以财匮……凡诸路财赋之入总领者，户部不得而预也。其他则归户部，户部又未尽得。凡天下之好名色钱容易取者，多者，皆归于内藏库、封桩库，惟留得名色极不好极难取者，乃归户部"[2]。当时，另一著名学者陈傅良亦云："每欲省赋，朝廷以为可，则版曹以为不可；版曹

---

[1] 《朱子语类》卷110《论兵》。
[2] 《朱子语类》卷111《论财》。

以为可，则总领所以为不可；总领所欲以为可矣，奈何都统司不可也。陛下亦熟念之欤，则以都统司谓之御前军马，虽朝廷不得知；总领所谓之大军钱粮，虽版曹不得与故也。于是乎中外之势分，而职掌不同，事权不一，施行不专矣。职掌不同，则彼此不能以相谋；事权不一，则有无不能以相济；施行不专，则前后不能以相守。故虽欲宽民力，其道无由。"① 由此可见，北宋时财权分割，国家财政经费不能统一协调的问题至南宋依然存在。三是"宗室俸给，一年多一年。骎骎四五十年后，何以当之？"② 四是由于统治阶级挥霍无度，穷奢极侈，浪费了巨大的财富，"不知名园丽圃，其费几何？日费几何？"③

有鉴于此，朱熹在理财上特别强调"撙节财用"④，"侈用则伤财，伤财必至于害民"⑤。朱熹坚持自西周以来的"量入为出"的财政原则，并对此注入新的内容。宋代之前所谓"量入为出"，通常是指依据财政收入来安排财政支出，以便使财政支出不超过财政收入。朱熹则把"量入"进一步引申为对收入的准确计量，而计量的目的不仅在于使财政收入确实可靠，更在于考虑农民的实际负担能力，并且使各地区的财政负担与其贫富状况相一致。这种思想贯彻了量入为出和合理负担相结合的财政管理原则，集中体现在他以田赋为例而设计的一个"量入"的计算办法：

> 令逐州逐县各具民田一亩，岁入几何，输税几何，非泛科率又几何，州县一岁所收金谷总计几何，诸色支费总计几何，有余者归之何许，不足者何所取之。俟其毕集，然后选忠厚通练之士数人，类会考究而大均节之。有余者取，不足者与，务使州县贫富不至甚相悬，则民力之惨舒亦不至大相绝矣。⑥

朱熹有很强的儒家民本思想，他把朝廷"撙节财用"同爱民、恤民联系在一起。他说："先圣之言，治国而有节用、爱人之说。若国家财用，皆出于民，如有不节而用度有阙，则横赋暴敛，必将有及于民者，虽有爱人之心，而民不被其泽矣。"⑦ 因此，他认为"爱民必先于节用"⑧。如上所述，由于当时国家财政负担最多的是养兵，所以他主张："天下国家之大务，莫大于恤民。而恤

---

① 《止斋先生文集》卷20《吏部员外郎初对札子第三》。
② 《朱子语类》卷111《论财》。
③ 《朱子语类》卷111《论民》。
④ 《晦庵先生朱文公文集》卷26《上宰相书》。
⑤⑧ 朱熹：《论语集注》卷1《学而第一》，文渊阁四库全书本。
⑥ 《晦庵先生朱文公文集》卷25《答张敬夫》。
⑦ 《性理大全书》卷69《治道四·节俭》，文渊阁四库全书本。

民之实在省赋，省赋之实在治军。若夫治军省赋以为恤民之本。"① 这里，他把治军作为问题的根源，只有治军才能省赋，省赋才能恤民。朱熹所处的时代正是宋金对峙时期，他虽不是武将，但对这种军事局面认识得很清楚。因此，他治军的思路是"国家蹙处东南，恢复之勋未集，所以养兵而固圉者，常患其力之不足，则兵又未可以遽减。窃意惟有选将吏核兵籍可以节军赀，开广屯田可以实军储，练习民兵可以益边备。诚能行此三者，而又时出禁钱以续经用，民力庶几其可宽也"②。首先，"精练禁兵，汰其老弱，以为厢兵"③。裁减老弱冗兵，不仅可增强军队战斗力，而且又减少军费开支。其次，朱熹主张实行屯田："今日民困，正缘沿江屯兵费重。只有屯田可减民力，见说襄汉间尽有荒地。某云：当用甚人耕垦？曰：兵民兼用，各自为屯。彼地沃衍，收谷必多。若做得成，敌人亦不敢窥伺。兵民得利既多，且耕且战，便是金城汤池。兵食既足，可省漕运，民力自苏……则州郡自宽。迟之十年，其效必著。"④ 屯田之举可谓一举数得，一可解决兵食，二省漕运之费，三能节约大量开支，四可减轻百姓负担。

对于宗室俸给渐多给财政带来的负担，朱熹认为"事极必有变。如宗室生下，便有孤遗请给。初立此条，止为贫穷全无生活计者，那曾要得凭地泛及"⑤。不言而喻，朱熹意思是如按最初规定，宗室中只有实在贫困无着落的，才能够请孤遗俸，而现在是普遍享有，州郡和百姓哪能负担得起？因此，朱熹主张予以削减。当时，文武官吏的俸禄支出也是庞大的，"某人曾记得，在朝文臣每月共支几万贯，武臣及内侍等五六十万贯"⑥。朱熹认为文臣武将的俸给也要削减，以缓国家财用耗屈。

对于统治阶级的挥霍奢侈，朱熹则以理学家的角度，劝谏统治阶级尤其是最高统治者应该"正心"，"存天理，克人欲"，宫省事禁，惠康小民，"一切扫除妄费，卧薪尝胆"⑦。

八、叶适的节省军费思想

与朱熹差不多同时代的叶适对南宋使国家贫弱的冗兵、冗官问题也发表了自己的看法，并提出了改革的意见。

对于冗兵问题，叶适主张采取三个方面的措施：一是精减军队。叶适提

---

①② 《晦庵先生朱文公文集》卷11《庚子应诏封事》。
③④ 《朱子语类》卷110《论兵》。
⑤⑥ 《朱子语类》卷111《论财》。
⑦ 《朱子语类》卷111《论民》。

出：将四镇屯驻大军三十万减为十四五万，地方上的厢军与禁军，"大州四五千人，中州二千人"，一律裁遣，并发给遣散费，"与之以一二年之衣粮，使各自为子本以权给之"①，使之自行经营工商业，糊口养家。由于当时处于宋金军事对峙局面，因此叶适在主张裁减军队的同时，根据自己曾任建康府知府兼江淮制置使在长江北岸建立堡坞的经验，建议在两淮及其他地区招募富商、地主，给以官爵，使之招集流民屯垦，以卫边防。他说："淮名千里，实可居七八万家……募浙西、江东西、湖南、福建厚资产及盐茶米商能以力居民者，自一里为差至五里止，计其费以官之……今自一里而至三四十里，所居百家，室庐、粮种、什器、浚濠约费三万缗。其能五里者，补宣教秉义郎，即理知县，监押资任，其下差次，关升改官。"② 二是买田养兵。叶适认为以田养兵比以税养兵可以大大节省财政支出，从而减轻人民的负担。据他估算："以田养兵，亩四十至百而养一；以税养兵，亩四百至千而养一。以田养者，可至百万；以税养者，过十万则困竭矣。"③ "今岁买之，则来岁之获可永减民税十之三，官以其全赋给一郡之用，犹余十之五。"④ 因此，他主张"今欲傅（附）城三十里内，以爵及僧牒买田"⑤。我国在南宋之前以军队屯田方式解决官兵衣粮问题，是无偿占有土地的，叶适则以购买方式取得土地，试图用经济手段来解决。三是由募还农。叶适觉得宋代募兵制度最大弊端是巨大的军费开支是财政无法承担的。他说："边兵，募也；宿卫，募也；大将屯兵，昔有旧人而今募以补之使成军也；州郡守兵，昔之禁兵消尽，而今募其人名之曰禁兵也。四者皆募，而竭国力以养之，是徒知募而供其衣食耳，此所以竭国力而不足以养百万之兵也。"⑥ 对此，他在"以田养兵"的指导思想下，提出"由募还农"的解决方案。具体做法是："今自守其州县者，兵须地着，给田力耕；千里之内，番上宿卫，已有诸御前兵，不可轻改，因其地分募乐耕者以渐归本；边关捍御，尽须耕作，人自为战。三说参用，由募还农。大费既省，守可以固，战可以克，不必概募府兵。"⑦ 叶适"由募还农"的主张，企图使州县守兵、御前大军、边兵都有田可以耕种。其耕种之田，除了上述"以田养兵"中所买之田外，还可以"为沿江淮襄汉川蜀关外未耕之田，或可种之山（虽名民田而不能耕者皆是），使总领取而自耕自种（田一兵亩百，山一兵以所种粟计），以养屯驻大

---

① 《叶适集·水心别集》卷15《终论二》。
②④⑤ 《叶适集·水心别集》卷16《后总》。
③ 《习学记言序目》卷17《孔子家语·正论解》。
⑥ 《叶适集·水心别集》卷11《兵总论一》。
⑦ 《习学记言序目》卷39《唐书二》。

兵"①。这就是使军队开垦荒地荒山或耕种关外未耕之田。叶适认为这种军队营田的办法大有利于国家与人民："今岁行之，而来岁可减总领之赋矣。若行之数年，民不耕之田尽取而自耕，可种之山尽取而自种，则天下之赋皆可减矣。兵养至百万而不饥，税减至三十取一而藏其余，以待凶年及国之移用。如此，则天下始有苏息之望矣。"②

叶适"由募还农"，军队通过营田自给自足，从而节省财政开支，减轻人民负担的设想，从理论上说是有积极意义的，也是可行的，历史上不乏军队营田成功之例，如汉代军队屯田、曹魏军队屯田等。但是，宋朝廷对军队营田疏于管理，加上军队长期养尊处优，"终日嬉游廛市间，以鬻伎巧绣画为业，衣服举措，不类军兵，习以成风，纵为骄惰"③，不愿务农力田，因此，在实际中军队营田的效果有限，甚至还带来负面的影响。正如绍兴三十二年（1162年）任湖北鄂州武昌（今鄂城县）县令的薛季宣所言："今之营田，异于古之营田也。强士以所不能，弃之而不复教，耕者犹不足自赡，何有于一军？废战而赡之，耕非其理矣。"更有甚者，"营田部吏豪横之迹，为民显患"，"夺民膏腴"或"侵耕冒种"，"或有水源，营田皆擅其利"，而且谷米外运，运输困难，费用巨大等④。当然，薛氏所言并非都有道理，如虽然"耕者犹不足自赡"，但多多少少还是能解决一部分军粮问题，而且士兵在非战争时期耕田，总比游手好闲懒散为好。薛氏所言军队营田给民众带来的危害，如上述抢占民田、独霸水源等，这当是薛氏任县令时亲身见闻，当比较符合客观现实。

第二节

集中财权思想

一、中央与地方在财经管理上集权与分权的思想

宋代立国之初，惩唐末五代藩镇割据之弊，进行了一系列加强中央集权制的措施，"稍夺其权，制其钱谷，收其精兵"⑤，将地方上的兵、财、刑、

---

①② 《习学记言序目》卷17《孔子家语·正论解》。
③ 苏舜钦：《苏学士文集》卷10《谘目》二，文渊阁四库全书本。
④ 《浪语集》卷19《论营田札》。
⑤ 《长编》卷2。

行政大权收归中央。宋初，有关财政方面收权的记载于史籍频频见到，兹举其要：

> 是岁（乾德二年），始令诸州自今每岁受民租及管榷之课，除支度给用外，凡缗帛之类，悉辇送京师。①

> （乾德三年），申命诸州，度支经费外，凡金帛以助军费，悉送都下，无得占留。时方镇阙守帅，稍命文臣权知，所在场院，间遣京朝官廷臣监临，又置转运使、通判，为之条禁，文簿渐为精密，由是利归公上而外权削矣。②

> （开宝六年），令诸州旧属公使钱物尽数系省，毋得妄有支费。③

> 朝廷自克平诸国，财力雄富，然聚兵京师，外州无留财，天下支用悉出于三司，故费浸多。④

从宋初宋太祖集中财权的诏令和措施可以看出，其思路主要有以下几个方面：一是把地方诸州的金银、钱币和布帛等财物，留除应有的开支外，其余均运送集中到京城；二是派遣京朝官廷臣到地方监督，并设置转运使、通判等管理监督地方经济；三是地方收支及账籍要申报三司批准审核（见图6—2）。

宋代自宋太祖加强中央集权制一直至宋神宗熙宁年间，其财政管理始终是高度集权中央。正如司马光所说："祖宗之制，天下钱谷，自非常平仓隶司农寺外，其余皆总于三司，一文一勺以上悉申账籍，非条例有定数者不敢擅支，故能知其大数。"⑤这种高度集权的财经体制给管理和监督带来了困难，最突出的表现是"三司簿领堆积，吏缘为奸"⑥。熙宁五年，朝廷"于三司取天下所上账籍视之，至有到省三二十年不发其封者。盖州郡所发文账，随账皆有贿赂，各有常数。常数已足者，皆不发封。一有不足，即百端问难，要足而后已"⑦。有鉴于此，朝廷依照曾布上奏，专置账司，点磨文账。但是"至元丰三年，首尾七八年，所设官吏仅六百人，费钱三十九万缗，而勾磨出失陷钱止万缗"⑧。朝廷知其无益，元丰改制，并归比部。总之，财权过分集中中央，通过在中央设立专门机构进行管理，成本高于收益。

---

① 《长编》卷5。
② 《长编》卷6，《宋史》卷179《食货下一》，文字略有不同。
③ 《文献通考》卷23《国用一》。
④ 《长编》卷34。
⑤ 《长编》卷368。
⑥ 《宋史》卷267《陈恕附魏羽传》。
⑦ 《苏辙集·栾城集》卷40《论户部乞收诸路账状》。以下2个自然段引文未注出处者，均见于此。
⑧ 《宋史》卷179《食货下一》。

第六章 宋代财政赋役治理思想

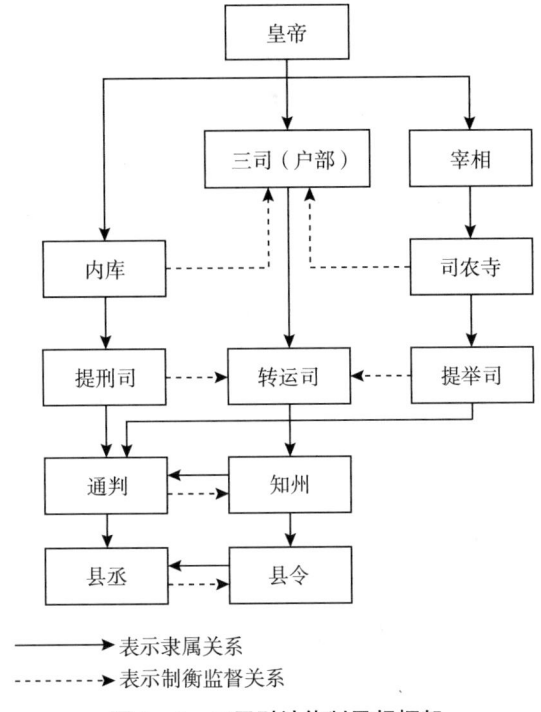

⎯⎯⎯▶ 表示隶属关系
-------▶ 表示制衡监督关系

图 6—2 三司财计体制思想框架

元祐元年（1086 年）八月十七日，苏辙上《论户部乞收诸路账状》，就如何协调中央与地方财政管理权发表了自己的见解。他建议把地方财经账籍分为两大类，"内钱帛、粮草、酒曲、商税、房园、夏秋税管额纳毕、盐账、水脚、铸钱物料、稻糯账，本司别造计账申省。其驿料、作院欠负、修造、竹木、杂物、舟船、柴炭、修河物料、施利桥船物料、车驴草料等账，勘勾讫架阁"。这种做法比较合理，"盖谓钱帛等账，三司总领国计，须知其多少虚实，故账虽归转运司，而又令别造计账申省。至于驿料等账，非三司国计虚赢所系，故止令磨勘架阁"。这样主次轻重得当，既解决了朝省汇集账籍过多，无法全部勾覆，造成积压甚至营私舞弊的问题，又避免中央对地方财政失去控制监督。而且"诸路转运司与本部州军地里不远，取索文字近而易得，兼本道文账数目不多，易于详悉。自是外内简便，颇称允当"。苏辙这里提出的诸路转运司就地审核本部州军，其优点是比较容易获取被审资料，并且由于分散各路，资料不至过多，能够较细致地审核。当然，由地方转运司审核也可能出现另一种问题，即各级长官惧于承担责任或碍于情面，往往不敢也不愿严格审核监督，更有甚者还替被审对象隐瞒真相，予以包庇。对于这种可

• 193 •

能，苏辙早在熙宁二年（1069年）三月《上皇帝书》中就已有考虑："夫天下之财，下自郡县而至于转运。转相钩较，足以为不失矣。然世常以转运使为不可独信，故必至于三司而后已。夫苟转运使之不可独信而必三司之可任，则三司未有不责成于吏者，岂三司之吏则重于转运使欤？"① 据《长编》卷383此段文字之后李焘自注，苏辙的这一主张没有得到朝廷的采纳，但他提出的协调中央与地方财经上集权与分权的思想是合理可行的，其认识是深刻的。因为他看到"天下之财，其详可分于转运使，而使三司岁揽其纲目，既使之得优游以治财货之源，又可颇损其吏，以绝乱法之弊"②。这是因为"三司之吏，世以为多而不可损，何也？国计重而簿书众也。臣以为不然。主大计者，必执简以御繁，以简自处，而以繁寄人。以简自处，则心不可乱；心不可乱，则利至而必知，害至而必察。以繁寄人，则事有所分；事有所分，则毫末不遗，而情伪必见。今则不然，举四海之大，而一毫之用必会于三司，故三司者案牍之委也。案牍既积，则吏不得不多。案牍积而吏多，则欺之者众，虽有大利害，不能察也"③。显然，苏辙认为三司作为最高理财机构，必须执简御繁，否则，将为琐事所困，反而捡了芝麻丢了西瓜，失去了管理监督财经活动的重大职能。

宋代，有关中央与地方财经管理上集权与分权的议论并不多见。元丰初年，中央曾把某些账状下放给各路转运司或提刑司审核，但是自元祐元年开始，中央把这些权力收归户部，宋朝又恢复财权高度集中中央的局面。南宋时期，为应付战争的需要，财权仍高度集中于中央，以便于统一调配。即使总领所具有相对独立的财政权，但"东南三总领所掌利权，皆有定数，然军旅饥馑则告乞于朝。惟四川在远，钱币又不通，故无事之际，计臣得以擅取予之权，而一遇军兴，朝廷亦不问"④。仅从《宋会要·职官》52记载可知，南宋朝廷经常遣官点检总领所钱粮财赋，以便加强对其的控制监督。

二、宰相总理全国财经事务的思想

宋太祖在集中财政的同时，为了防止大权旁落，又实行行政、军事、财政三权分治。其结果是中书虽然作为宰相，总领行政事务，但基本上不参与财政事务的管理。正如《建炎以来朝野杂记》甲集卷19所载："国朝承五季之旧，置三司使以掌天下利权，宰相不预。"这种机制运作的结果暴露出了一些问题，

---

① ② ③ 《苏辙集·栾城集》卷21《上皇帝书》。
④ 《文献通考》卷24《国用二》。

宋仁宗至和二年（1055年），知谏院范镇言："伏见周制，冢宰制国用，唐宰相兼盐铁转运，或判户部，或判度支，然则宰相制国用，从古然也。今中书主民，枢密院主兵，三司主财，各不相知，故财已匮而枢密院益兵不已，民已困而三司取财不已。中书视民之困，而不知使枢密院减兵、三司宽财以救民困者，制国用之职不在中书也……欲乞使中书、枢密院通知兵民财利大计，与三司量其出入，制为国用，则天下民力庶几少宽，以副陛下忧劳之心。此非使中书、枢密大臣躬亲繁务如三司使之比，直欲令知一岁之计以制国用尔。"① 正如范镇所云，中书、枢密院、三司分掌行政、军政、财政的体制的缺陷在仁宗朝对西夏长期的战争中国力消耗严重、财政困难的情况下凸显出来，即三权分治不能很好协调征收赋税、战争对财力的消耗、财政是否足以支持等之间的关系。范镇所提出的中书、枢密院必须与三司"通知兵民财利大计"有深刻的时代背景，是想通过改变自宋太祖以来行政、军事、财政三权分治的运行机制，作为解决财政困难的一种手段。

宋代三冗（冗兵、冗官、冗费）问题在宋真宗时期就已出现，到了宋仁宗时期，则进一步严重化。《长编》作者李焘在范镇此段奏言之后依据《食货志》材料做了注释，对此进行说明："真宗时，内外兵九十一万二千，宗室、吏员受禄者九千七百八十五。宝元以后，募兵益广，宗室蕃衍，吏员岁增。至是，兵二百十五万九千，宗室、吏员受禄者万五千四百四十三，禄廪俸赐从而增广。又景德中，祀南郊，内外赏赉缗钱、金帛总六百一万，及飨明堂，增至一千二百余万，故用度不得不缺。自天圣以来，帝每以经费为虑，命官裁节者数矣，臣下亦屡以为言，而有司不能承上之意，牵于习俗，卒无所建明，议者以为恨焉。"在国家财政支出不断增加，国力有限不堪重负，常常捉襟见肘的情况下，统筹安排财力就显得格外必要。

范镇提出的改变中书、枢密院、三司三权分治的系统思想，不仅有其深刻的时代背景，而且还经过一个发展的过程。庆历八年（1048年）三月十六日，宋仁宗曾下诏云："间者西陲御备，天下驿骚，趣募冗兵，急调军食，虽常赋有增，而经用不给，累岁于兹，公私匮乏。加以承平浸久，仕进多门，人浮政滥，员多阙少，滋长奔竞，糜费廪禄……朕思济此急务，罔知所从。以卿硕望，故兹访逮，躬仁条画。"② 臣僚曾公亮随即在《上仁宗答诏条画时务》中提出："臣伏闻祖宗旧制，三司每季供粮草文账一本赴枢密院，

---

① 《长编》卷179。
② 《宋朝诸臣奏议》卷147《上仁宗答诏条画时务》。

宋代国家管理思想

夫枢密不主财赋而使供账者，是欲置废兵马，常使与刍粮照对也。往岁枢臣不练事体，称粮草本属中书，密院供账久为闲冗，乞自今罢之。则知枢密总兵，自来罕问粮草之有无。如此谋国，岂天下取安之计也？今圣虑轸及，中外大幸。愿陛下毕举而行之，使太平可致也。"① 由此可见，范镇中书、枢密院必须与三司"通知兵民财利大计"的思想是在"祖宗旧制"的基础上，不单从军队的粮草供应，而且是从"制为国用"的高度，从而达到枢密院减兵→三司宽财→民力少宽的理财目标。范镇的这一思想是对宋初至仁宗朝以来中书、枢密院、三司三权分治体制的补充与完善。原三权分治体制主要是着眼于通过分权达到行政、军事和财政权的分割，防止大权旁落，有利于皇帝大权独揽，无所不总，而范镇的上述思想则是解决分权之下的协调，达到统筹安排财力，使"公私匮乏"局面有所改变。揆诸史籍，范镇的这一思想并未在实践中得到有效的施行，皇帝通过内库控制国家的大量钱物，当军费、冗官、冗费或临时性的巨额支出使财政出现赤字时，皇帝则出内库之财助战事、籴军粮、支入中之费、救灾、赏赐等，中书作为宰相，对三司财政收支之事一般不予过问②。

到了嘉祐年间，司马光对范镇的集中财权思想进一步明确化、具体化。首先，他批评了当时的内库制度，指出："夫府库者，聚天下之财以为民也，非以奉一人之私也。祖宗所为置内藏者，以备饥馑兵革非常之费，非以供陛下奉养赐予之具也。今内藏库专以内臣掌之，不领于三司，其出纳之多少，积蓄之虚实，簿书之是非，有司莫得而知也。若皆以奉养赐予而尽之，一旦有饥馑兵革之事，三司经费自不能周，内藏又无所仰，敛之于民，则民已困竭，得无狼狈而不支乎？"③ 其次，他针对当时财权分散，不能统一指挥调配国家金帛钱谷的弊端，提出：

> 夫食货者，天下之急务。今穷之如是，而宰相不以为忧。意者以为非己之职故也。臣愿复置总计使之官，使宰相领之。凡天下之金帛钱谷，隶于三司及不隶三司，如内藏、奉宸库之类，总计使皆统之。小事则官长专达，大事则谋于总计使而后行之。岁终则上其出入之数于总计使，总计使量入以为出。若入寡而出多，则总计使察其所以然理，求其费用之可省者，以奏而省之。必使岁余三分之一以为储蓄，备御不虞。凡三司使、副使、判官、转运使及掌内

---

① 《宋朝诸臣奏议》卷147《上仁宗答诏条画时务》。
② 方宝璋：《宋代财经监督研究》，中国审计出版社，2001年版，第144-145页。
③ 《温国文正公文集》卷23《论财利疏》。

第六章 宋代财政赋役治理思想

藏、奉宸等库之官,皆委总计使察其能否,考其功状,以奏而诛赏之。若总计使久试无效,则乞陛下罢退其人,更置之。议者必以为宰相论道经邦、燮理阴阳,不当领钱谷之职,是皆愚人不知治体者之言。昔舜举八恺,使主后土,奏庶艰食,贸迁有无,地平天成,九功惟叙。《周礼》冢宰以九职、九赋、九式、九贡之法治财用。唐制以宰相领盐铁、度支、户部。国初亦以宰相都提举三司、水陆发运等使。是则钱谷自古及今,皆宰相之职也。今译经润文,犹以宰相领之,岂有食货国之大政,而谓之非宰相之事乎?必若府库空竭,闾阎愁困,四方之民流转死亡,而曰我能论道经邦、燮理阴阳,非愚臣之所知也。①

司马光在范镇中书、枢密院与三司"通知兵民财利大计"的基础上,进一步强调集中财权,明确提出设置总计使,由宰相担任,统一指挥协调全国财政收支,量入为出,解决当时财政多头管理、收入混乱的问题。而且,司马光建议宰相对三司使、转运使及掌内藏、奉宸等库之官拥有考核之权,借此以对理财之官的考核权来保证财政的控制权。直至宋神宗熙宁年间,宰相不参与财政的局面才有所改变,"王荆公为政,始取财利之柄归于中书"②。熙宁二年(1069年)二月,王安石为参知政事,设立制置三司条例司,参与筹划和制定新的财政经济政策。从此,中书开始参与对财政财务收支细务的管理。

熙宁七年(1074年),宰相韩绛上奏言:"三司总天下财赋,其出入之数并无总要、考校盈虚之法。欲选官置司,以天下户口、人丁、税赋及场务、坑冶、河渡、房园之类租额年课及一路钱谷出入之数,去其重复注籍,岁比较增亏及其废置钱物、羡余、横费等数。或收多,则寻究因依,以当职之官能否为黜陟;若支不足,或有羡余,理当推移,使有无相济,如此则国计大纲,朝廷可以省察,议论正事,足宽民力。仍乞臣绛提举。"③ 与此同时,三司使章惇亦言:"天下财赋,账籍汗漫,无以察其耗登之数,请选置才士,删修为策,每年校其增亏,以考验诸路当职之官能否,得以升黜。"④ 这里,韩绛把范镇、司马光、王安石中书参与理财的思想进一步具体化,提出要在中书省下设置专门机构,负责对各级官吏经济政绩的考核,每年比较财赋增亏,使宰相总领天下之财,从宏观上把握财政收支平衡。宋神宗采纳

---

① 《温国文正公文集》卷23《论财利疏》。
② 《建炎以来朝野杂记》甲集卷17《三司户部沿革》。
③④ 《长编》卷257。

了宰相韩绛与三司使章惇的意见,在中书省下设会计司,以韩绛亲自提举。但是,会计司存在的时间很短,仅一年多,"既而事多濡滞,八年,绛坐此罢相,局亦寻废"①。

到了南宋,由于军费开支浩大,统筹安排财政收支问题又变得十分必要,集中财权的思想又被不断提出,其内容大致仍围绕着北宋的宰相理财与对内库的统一管理监督。如乾道初,臣僚言:"近以宰相兼枢密使,盖欲使宰相知兵也。宰相今虽知兵,而财谷出入之原,宰相犹未知也。望法李唐之制,委宰相兼领三司使职事,财谷出纳之大纲,宰相领之于上,而户部治其凡。"②嘉泰四年(1204年),又有臣僚言:"财赋国家之大计,其出入之数有余、不足,为大臣者皆所当知,庶可节以制度,关防欺隐。"③南宋中期,魏了翁在《答馆职策一道》中云:"近闻国用使已遍行取会诸路上供赋入及所在钱物名数,诚能始自内帑,取一岁非汎支费,严加核实一毫之出纳,国用使别得以制其可否,而参计官得以覆其虚实,毋若平时比部勘磨之具文,则内帑金帛当无欺隐。"④由此可见,南宋大臣呼吁宰相统一理财,主要目的仍然是为了控制收支平衡,监督收支上的欺骗隐瞒等不法行为,从而开源节流,克服财政困难。从理论上看,这些思想与北宋相比没有什么发展,其实际效果也极其有限。南宋宰相总领财政大权也只是十分短暂的一段时间,大致从乾道二年(1166年)宰相兼制国用使、参知同知国用事,至乾道五年(1169年)罢国用司;又从嘉泰四年(1204年)再置,开禧二年(1206年)改名国用参计所,三年(1207年)又废,宰相总管财政总共不到7年。而上述魏了翁提出的连内帑国用使也要严加核实,那更是不见实行。

三、户部集中财权的思想

宋朝自元丰改制后,财经管理机构发生了很大的变化。改制前,三司总管全国财政,户部几乎无所职掌,只委派"判户部事"一员,接受天下土贡。改制后,撤销三司,全国财计始归户部。户部之下设左右曹,原三司主要职掌归左曹,原司农寺主要职掌归右曹。改制后的户部与原三司相比,财权大大缩小。户部之下虽分为左右曹,但只有左曹隶于户部尚书,右曹则不隶于户部尚书。这就造成户部长官尚书与负责右曹事务的户部侍郎互不统属,进而使户部尚书无法统筹调配右曹分管的那一部分钱物。尚书省户部以外的五部二十司以

---

① 《宋史》卷161《职官一》。
②③ 《宋史》卷162《职官二》。
④ 魏了翁:《鹤山先生大全文集》卷21《答馆职策一道》,四部丛刊本。

第六章 宋代财政赋役治理思想

及九寺四监所掌事务中,有许多与财经有直接关系,并且其中不少原属于三司负责,现由于与户部无隶属关系,因此户部无权加以干涉,尤其是工部、都水监、军器监、将作监等所掌事务,多是费用巨大,户部既不能干预,就失去了对其支用财赋进行管理监督。其结果是"应支用钱物五曹与寺监皆得自专"①,"他司以办事为效,则不恤财之有无;户部以给财为功,则不论事之当否,彼此各营一职,其势不复相知"②。总之,元丰改制后的户部,已不具备原来三司那种于财计无所不统的最高理财机构——计省,其长官号为"计相"的地位。改制后的户部虽然名义上是全国最高理财机关,但其理财的权力范围大大缩小,这对极其有限的国家财力的筹划调配监控是不利的。有鉴于此,司马光在宋哲宗元祐元年(1086年)闰二月上奏言:

> 祖宗之制,天下钱谷自非常平仓隶司农寺外,共余皆总于三司。一文一勺以上,悉申账籍,非条例有定数者,不敢擅支。故能知其大数,量入为出,详度利害,变通法度,分画移用,取彼有余,济彼不足,指挥百司、转运使、诸州,如臂使指……故能仓库充溢,用度有余,民不疲乏,邦家乂安。自改官制以来,备置尚书省六曹二十四司,及九寺三监,各令有职事,将旧日三司所掌事务散在六曹及诸寺监。户部不得总天下财赋,既不相统摄,账籍不尽申户部,户部不能尽知天下钱谷之数。五曹各得支用钱物,有司得符,不敢不应副,户部不能制。户部既不能知天下钱谷出纳见在之数,无由量入为出。五曹及内百司各自建白理财之法,申奏施行,户部不得一一关预,无由尽公共利害。今之户部尚书,旧三司使之任也。左曹隶尚书,右曹不隶尚书,天下之财分而为二,视彼有余,视此不足,不得移用。天下皆国家之财,而分张如此,无专主之者,谁为国家公共爱惜通融措置者乎?譬如人家有财,必使一人专主管支用。使数人主之,各务己分,所有者多互相侵夺,又人人得取用之,财有增益者乎?故利权不一,虽使天下财如江海,亦恐有时而竭,况民力及山泽所出有限制乎!此臣所以日夜为国家深忧者也。今纵未能大有更张,欲乞且令尚书兼领左右曹,侍郎则分职而治。其右曹所掌钱物,尚书非奏请得旨,不得擅支。诸州钱谷金帛隶提举常平仓司者,每月亦须具文账申户部六曹及寺监。欲支用钱物,皆须先关户部,符下支拨。不得一面奏乞直支应掌钱物。诸司不见户部符,不得

---

① 《山堂群书考索》续集卷33《官制门·六尚书》。
② 《苏辙集·栾城集》卷41《请户部复三司诸案札子》。

应副。其旧日三司所管钱谷财用，事有散在五曹及诸寺监者，并乞收归户部。若以如此户部事多官少，难以办集，即乞减户部冗末事务，付闲曹比司兼领，而通隶户部，如此则利权归一。若更选用得人，则天下之财庶几可理矣①。

司马光在此认为改制后的户部权力比改制前的三司大大削弱，其在国家财经的管理监督上出现三大弊端：首先，改制前三司总领全国的财政财务收支，所有会计账籍均申报其审核，故能够全盘控制收支平衡；改制后户部无权总领天下财赋，许多会计账籍不再申报其审核，故无从全盘控制收支平衡。其次，改制前，中央机构除司农寺之下常平仓外（其实还有内库，三司也无权过问），其钱物收支有余不足均由三司统筹调配；改制后，户部尚书不与右曹之事，财权一分为二，其钱物收支有余不足无法统筹调配。最后，改制前，三司掌握各部门钱粮支出的审批权，有效地控制了规定之外的支出；改制后，户部失去了一些部门钱粮支出的审批权，导致五曹及一些部门随意支用钱物，无人审核监督。总之，改制后户部对控制国家的财政收支平衡、取有余补不足的统筹调配以及支用钱物的审核监督诸方面的职能大大削弱，这种机构运行机制上的欠缺，司马光总结为"利权不一"，致使国家财力得不到合理配置，流失严重，国家财政更显困竭。鉴于此，司马光提出了改革措施，主张首先在权力的设置上应扩大户部尚书的权力范围，使其兼领左右曹，右曹所掌钱物，也必须经尚书奏请得旨，方可支用。这样，户部尚书就能统筹调配左右曹钱物，并能从宏观上控制财政收支平衡。其次，地方诸州钱谷金帛会计账籍，必须每月申报户部审核；如要支用，必须先报请户部批准，然后予以支拨。通过钱物支出的事前审批核准事后的审核监督，户部就能有效地控制钱物的随意支出，从而节省财政开支。总之，司马光所指出的改制后三司变为户部所产生的弊端是客观和切中要害的，其措施也是具体、可行的，无论是控制国家的财政收支平衡，还是取有余补不足的统筹调配，或支用钱物的审核监督，其落脚点都是围绕着解决财政上的困难。

元祐元年（1086年），监察御史上官均就内库不隶属理财机构统一管辖，存在着管理与监督上的盲区问题，提出了建议。他说："臣闻财用出于一司，则有无多少得以相通，差缪攘盗得以稽察，故财无妄出之费，而国无不足之忧。然后可以裕民之财力，而仁泽被于天下……先朝自新官制，盖有意合理财之局总于一司；故以金部右曹案主行内藏受纳宝货、支借、拘催之事，而奉宸、内藏库受纳，又隶太府寺。然按其所领，不过关报宝货之所入为数若干，

---

① 《温国文正公文集》卷51《论钱谷宜归一札子》。

其不足若干，为之拘催岁入之数而已。至于支用多少，不得以会计，文籍舛谬，不得以稽察，岁入朽腐，不得以转贸。总领之者，止中官数十人，彼惟知谨扃钥、涂窗牖，以为固密尔。承平岁久，宝货山积，多不可校，至于陈朽蠹败，漫不知省，又安能钩考其出入多少与夫所蓄之数哉？臣窃闻昨来内藏斥卖远年缣帛，每匹止二三百文。夫自外郡之远输至内帑，每缣之直，须近二千，今斥卖之直，止于十之一二，此不知贸易移用之弊矣。夫不知理府库之财，而外求于民，不知节用之术，而为多敛之计，此有司之罪也。臣以为宜因官制之意，令户部、太府寺于内藏诸库得加检察，而转贸其岁久之货弊，则帑藏有盈衍之实，而无弃败之患，国用足而民财裕矣。"① 这里，上官均指出了内库不属于理财机构统一管理的三个弊端：一是没有必要的会计、审计制度，使库藏钱物账目混乱不清，致使收入、支出及库藏多少不得而知；二是库藏之物没有得到有效的管理，陈朽蠹败损失严重；三是出卖库藏多余物品，由于管理者缺乏理财节用之术，贱价出卖，等于内库钱物流失。有鉴于此，上官均建议户部、太府寺应对内库进行检查，消除这些弊端（见图6—3）。

　　揆诸史籍，司马光上奏后不久，朝廷就采纳了他的意见，户部尚书兼领左右曹事。元祐元年（1086年）七月己卯，"户部言：'府界诸路州军钱谷文账，旧申三司者，昨付逐路转运司点磨；其常平等文账，旧申司农寺监者，昨付逐路提举司点磨；及在京库务文账，见分隶礼、兵、工曹者，诸并收归户部。'从之，用司马光闰月所奏立法也"②。还有，"军器、将作、少府、都水监、太府、光禄寺等处，辖下系应干申请、创修、添修、计置、收买材料钱物、改铸钱料、兴废坑冶之数，并先申户部看详检覆，候与夺定许令造作物数，从本部关赴本辖部分，督责寺监依功限差工匠造作。内河防急切申禀不及者，听逐急应副毕，亦申户部点检"③。这样"都水、军器、将作三监，皆兼隶户部，使户部定其事之可否，裁其费之多少，而工部任其功之良楛，程其作之迟速。苟可否、多少在户部，则凡伤财害民，户部无所逃其责矣；苟良楛迟速在工部，则凡败事之用，工部无所辞其谴矣"④。绍圣后，虽然曾有一段时期户部右曹仍以右曹侍郎专领，事得直达奏裁。但从南宋开始，基本上还是遵循司马光财政集权的思想，户部尚书虽不常设，但侍郎二人则通治左右曹事务。至于监察御史上官均所奏"户部、太府寺于内藏诸库得加检察"之事，据李焘所注，不得"其从与不从也"，即朝廷是否采纳了他的意见，不得而知。

---

① 《长编》卷374。
② 《长编》卷383。
③④ 《长编》卷422。

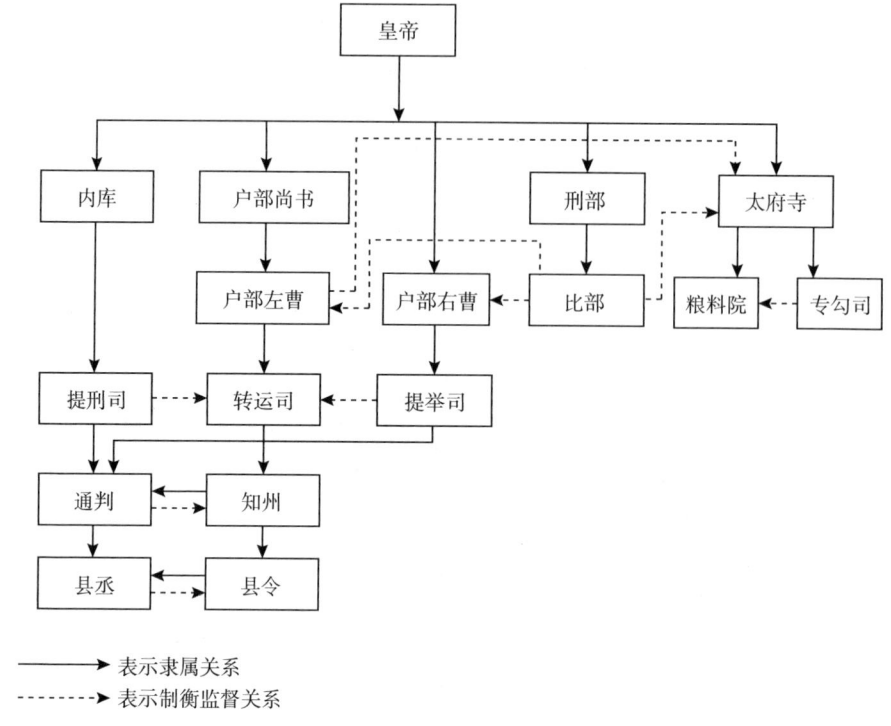

图6—3 户部财计体制思想框架

综上所述，宋代集中财权的思想主要围绕三个方面：一是协调中央与地方在财经管理上的集权与分权；二是宰相必须总管全国财政，内库必须纳入理财机构的统一管理与监督；三是改制后的户部必须同改制前的三司一样，具有较大的理财权力范围。而且这三个方面的着眼点是相同的，即从机构运行机制层面入手，通过集中财权达到有效地统筹调配全国钱物，控制财政收支平衡，防范财政财务收支上的不法行为，开源节流，从而解决财政困难。这种集中财权的思想在当时因三冗和因战争支出巨大、国力匮乏的情况下，是具有较大的积极意义。但是这三个方面的思想，前二者的实践极其有限，只有第三方面得到了较好的实行。终宋一代，地方财权高度集中中央，而中央除短促的会计司与国用司由宰相兼领总天下财赋而节以制度、关防欺隐外，其余时期宰相虽或时参与某些财经管理和监督，但都是局部的、短暂的，显得十分软弱无力，基本上处于"天下财用岁入，有御前钱物、朝廷钱物、户部钱物，其措置裒敛，取索支用，各不相知"①，始终没有一个统一的机构来管理监督各方面的收支。宋朝内库储藏着国家相当大的一部分钱物，由皇帝直接掌握。皇帝亲自掌握国家大量钱物的目的是迫使计司在一定程度上必须仰赖之，借此能有效地控制监督国家财政收支。当军费、冗官、冗费或临时性的巨额支出使财政出现赤字时，皇帝则出内库之财予以平衡。皇帝通过亲自掌握雄厚的内库之财，在调整财政，尤其是调整非常经费方面起了重大的作用。由于内库执国家财政之牛耳，以备军国之用，宋皇帝"虑司计之臣不能节约，异时用度有阙，复赋率于民"②，于是内库钱物之储藏数目严格保密，外廷不得而知。司计大臣在议论国家财政收支时也不予涉及。如苏辙在《元祐会计录叙》中曰："若夫内藏、右曹之积，与天下封桩之实，非昔三司所领，则不入会计。"③南宋绍兴三十二年（1162年），礼部侍郎黄中对高宗之问，亦曰："今天下财赋，半入内帑，有司莫能计其盈虚。"④ 不言而喻，宋代历朝虽然不时有大臣疾呼内库要归理财机构统一管理监督，利权归一，殊不知这种要求其实是触动到最高统治者直接控制监督国家财政总收支的大权。

总之，在宋封建专制主义中央集权制高度强化的制约下，宋财经最高管理与监督权掌握在皇帝手中。皇帝亲自览阅会计录，过问财政大事，紧紧控制内库的大量钱物，以不变应万变，调节国家的财政收支平衡。当军费、冗官、冗费使财政出现赤字，计臣顾此失彼、弄得焦头烂额之时，皇帝则出内库之财以给之。皇帝独揽大权，即使英睿明断，却也不能事事躬亲，更何况昏庸之君，必败事有余。故终宋一代，朝廷上下大臣无一人遍晓全国财政总收支，即使计臣也"不能尽知天下钱谷之数"⑤，致使"其措置哀敛，取索支用，各不相知"⑥，国家财政经济常常处于混乱状态。有识之士时时呼吁宰相总领国计，内库统一管理监督，但效果微乎其微。另外，对于日常繁杂琐细的财政财务收支的管理监督，皇帝没有必要也不可能亲自一一过问，因此把它交给中央至地方有关部门。大致说来，宋中央财政分计司（三司或户部）、内库、朝廷三个系统，其管理监督各自为政，互不过问。地方转运司、提刑司、常平司也分管不同的财政收支，各隶属于中央不同的部门。这种分权有利于各部门之间的互相牵制，防止大权旁落，并体现了财经管理监督中不让一个部门包办到底，职掌范围有限，互相制约的原则。总之，宋代财经管理与监督是皇帝大权独揽，

---

①②⑥ 《宋史》卷179《食货下一》。
③ 《苏辙集·栾城后集》卷15。
④ 《晦庵先生朱文公文集》卷91《端明殿学士黄公墓志铭》。
⑤ 《温国文正公文集》卷51《论钱谷宜归一札子》。

无所不总,而臣下是事事分权,有权不专。这种运作机制寓管理监督于集权和分权的对立统一之中,与军事上的强干弱枝、政治上的内外相维相互为用。当然,这种机制在宋代特定的历史背景下,也有其合理的一面。在战争的环境中,许多开支难以预算,计划性差,皇帝通过内库应付临时开支,不失是个以简驭繁、行之有效的办法。

第三节

赋税治理思想

一、征收农业税思想

宋代商品经济虽然有了高度发展,但农业税收仍然是国家的主要财政来源。拖欠农业税收,意味着必然影响国家的财政收入。宋代财政经常入不敷出,因此,统治者特别注重农业税的及时征收。宋廷为了确保农业税收的实现,制定了保证二税(夏税和秋税)征收的各种法规和条例,甚至不惜采用刑罚手段,以确保二税的按时完纳。

(一)确定起纳催科期限

宋代根据南北地区气候的差异,二税的征收时间也不一致。宋初,江南的夏税自"五月一日起纳,至七月十五日毕";北方的夏税自"五月十五日起纳,至七月三十日毕";"秋税自九月一日起纳,十二月十五日毕"。宋太宗端拱元年(988年)四月诏:"自今并可加一月限。"① 自此,夏税一般是以6月1日至8月底为输纳期限,秋税以10月1日至12月底为缴纳期限。

宋代二税输纳期限又各分为三限,作为二税起纳和催科的时间划分。宋廷规定,催科"夏秋二税,分立三限,中限不纳,方许追催"。其之所以对追催时限做出如此明确、严格的限制,原因在于州县官吏"多不遵奉条法",往往"受纳之初,便行催督。蚕方成丝,即催夏税,禾未登场,即催冬苗。峻罚严刑,恣行箠楚"②,致使人户逃徙,亏损国家税赋,甚至激化社会矛盾,引起武装反抗,严重威胁封建统治。

有鉴于此,宋代每朝常申明催科税租的时限。如太祖建隆四年(963年)规定:"初限已前,未得校科,中限将终,全未纳者,即追户头或次家人,令

---

① 《宋会要·食货》70之4。
② 《宋会要·食货》10之3。

佐同共校科。"① 即起纳二税和催科二税之前，都必须先经校科。北宋末年，先期催科之弊日益严重，致使人户逃徙日多，故宋徽宗大观二年（1108年）七月诏，"自今如前催纳输官之物，加罪一等，致人户逃徙者，又加一等"②，以约束官吏的肆意追催。

南宋时，"官司辄促常限及未入末限，或未经科校辄差人催理"③ 的情况更为突出，所以有关限制催科的法禁更加详备。如《庆元条法事类》卷47《拘催税租》规定：州县如"未入末限，或未经科校辄差人下乡者，并杖一百"；"官司辄促其常限者，徒一年；因致逃亡者，加一等"。

（二）制裁违欠二税

《宋刑统》卷13《输税违期》明确规定：应输课税"违期不充者，以十分论，一分笞四十，一分加一等"。"全违期不入者，徒二年"。其实这只是笼统的规定，宋代对不同等级的人户所欠税物，采取了不同的处理办法，以避免社会矛盾的激化。如北宋朝廷规定：对税户中的下户"逋税逾期者，取保放归了纳，勿得禁系"；对故意迁延不纳的形势户，则"委本判官置簿催促，须于三季前半月内纳毕"④，如果"本判官不切点检，致有违欠，依令佐催科分数停罚"⑤。宋仁宗皇祐五年（1053年）十二月更明确规定："第四等户残欠税物，并与倚阁。自今须纳七分以上者，方为残欠，仍著为定制。"⑥ 由于人户所欠税物，多是贫民拖欠岁久，不易一并输纳，因此"诏第四等以下户欠负，候夏熟输纳"⑦，或令分期输纳，或展延输纳年限。借此以宽恤民力，稳定社会，保障生产。

南宋时，一些形势之家"凭悖强横，全不输纳。苟有追呼，小则击逐户长，大则胁制官吏……又有阴为民户，影占田产，规避税役，习以成风"⑧，严重影响了国家的赋税征收，使原已困难的财政雪上加霜。对此，朝廷又颁布了一些有关规定。

如前所述，朝廷一方面禁止官吏提前催科，肆意追扰而使民户逃徙；另一方面又对官吏拖欠或积欠二税予以处罚。如《庆元条法事类》卷47《违欠税租》规定：输纳税物"未限满，欠不及一分，县吏人、书手、户长笞四十，令

---

① ⑤ 《宋会要·食货》70之2。
② 《宋会要·食货》70之20。
③ 《宋会要·食货》70之37。
④ 《宋会要·食货》70之4。
⑥ 《宋会要·食货》70之9。
⑦ 《宋会要·食货》9之15。
⑧ 《宋会要·食货》10之13。

佐罚三十值；一分杖六十，令佐罚六十值，州吏人笞四十，都孔目、副都孔目官笞二十，幕职官（罚）三十值，通判、知州（罚）二十直，每一分各加二等，至三分罪止，令佐仍冲替，州县吏人、书手勒停，都孔目、副都孔目官降一资；其拖欠或积欠者，再限满不足，各依分数减一等"。如税户逃亡而"不画时倚阁者，官吏并徒二年，其被抑令偿备者，许经监司越诉"。

南宋继承北宋的传统，主要对形势户及递年违欠者予以处罚。如凡"输税租违欠者，笞四十；递年违欠及形势户，杖六十"[①]；"上三等户及形势之家应输税租，而出违省限输纳不足者，转运司具姓名及所欠数目，申尚书省取旨。未纳之数，虽遇赦降，不在除放之限"[②]。对于"诸税租户逃亡，厢耆、邻人即时申县，次日具田宅四至、家业什物、林木苗稼申县"，县录状申州；"州县各置籍，开具乡村、坊郭户名、事因年月、田产顷亩、应输官物数，候归请日销注……限满不归，舍宅什物，估卖入官"[③]。

（三）惩罚隐匿二税

宋代推行田制不立、不抑兼并的政策，隐田漏税成为一个严重的问题。一些贫民下户为了逃避国家的沉重税赋负担，有的"坐家申逃"，有的携田投于豪家，严重影响了国家的财政来源。从性质上看，隐匿二税比违欠二税更严重，因此，宋代对隐匿二税的惩罚更为严厉。

宋代统治者为了确保国家的二税收入，对隐匿二税不仅采取了防范措施，而且制定了惩治隐匿二税犯罪的法律。

1. 解决隐田漏税

宋代农业税的征收主要是根据土地的好坏、多少、物力的大小确定户等征收的。所以，解决隐田漏税是一个关键的问题。宋初太祖时就不断下诏清查隐田，并规定3年1次推排物力，以田亩和物力的变化升降户等，作为二税征收的依据。但是隐田一直没有得到解决，反而随着土地兼并的发展，问题越来越突出。而后，宋仁宗时郭谘、孙琳清丈土地，实行检查漏税的"千步方田法"；宋神宗熙宁变法时，又行"方田均税法"；南宋初，又行"经界法"，但都效果甚微[④]。

2. 建立连保制，防止人户逃匿二税

宋太宗时，采取"民十家为保。一家逃，即均其税于九室；二室三室逃，

---

① 《庆元条法事类》卷47《违欠税租》。
② 《宋会要·食货》70之64。
③ 《庆元条法事类》卷47《阁免税租》。
④ 有关"千步方田法"、"方田均税法"、"经界法"的情况，详见本书第五章第二节户口与土地管制思想。

亦均其税。乡里不得诉,州县不得蠲其租"。其结果是一家逃匿,其余人家害怕均摊,也相继逃匿。因此,宋真宗咸平二年(999年)八月诏诸路州府:"不得更将逃户名下税物均摊,令见在人户送纳。"① 宋徽宗宣和三年(1121年)三月又重申:"逃移人户旧欠,不得令新佃人承认。"② 南宋高宗建炎四年(1130年)七月又规定:"先有积欠税物,亦不许于租佃户名下催理。"③ 但是这种禁令有时并没有得到很好的执行。如宁宗嘉泰三年(1203年),"佃户租种田亩,而豪宗巨室逋负税赋不肯以时供输,守令催科,纵容吏胥追逮耕田之人,使之代纳,农民重困"④。

3. 立自首之法

宋真宗天禧四年(1020年)九月诏:"隐陷税物者,与限百日听自官首罪,止自改正。已后收其税物限满不首,为纠告者,论如法。"⑤ 南宋时又规定:凡诈匿减免等第或科配能"自首者,改正其应输之物,追理价钱"⑥。

4. 定告获之赏

仁宗庆历三年(1043年)十月规定:"有虚作逃亡破税","或请占官田而不输税致久而失陷者,其知县令佐能根括出积弊者,当议量其多少之数而赏之"⑦。神宗熙宁元年(1068年)十二月又规定:"告首一亩以上至十亩,赏钱五千;十亩以上至一顷,赏钱十千;每一顷增五千,至百千止。以犯人家财充,如不足,于知情邻人处催理。或告数户,各据逐户顷亩给赏。其本户如欺隐,已经妄破税物,计赃重者,从诈匿不输律条定断,条内增赏钱一倍。"⑧ 南宋时,亦详细定有各种类型告获之赏:告获诈匿减免税租者,以所告田产全给,未减免者给半;告获诈匿减免等第者,以所告财产给五分,如系告获州县人吏、乡书手,并全给;未减免者给三分之一,告获州县人吏、乡书手给五分⑨。由此可见,宋廷为了惩治隐匿二税的犯罪,不惜以很重的赏额奖励举报者,如赏钱"五千"、"十千"、"百千"或"全给"、"给半"等。

5. 重惩诈匿之罪

《宋刑统》卷15《输课税逗留湿恶》规定:凡应输纳课税而诈匿不输,或

---

① 《宋会要·食货》69之38。
② 《宋会要·食货》69之43。
③ 《宋会要·食货》69之48。
④ 《宋会要·食货》70之103。
⑤ 《宋会要·食货》70之7。
⑥⑨ 《庆元条法事类》卷47《匿免税租》。
⑦ 《宋会要·食货》70之8。
⑧ 《宋会要·食货》70之11。

巧伪湿恶者，"计所阙入官物数，准盗科罪，依法陪填"。从"准盗科罪"可知，朝廷对诈匿二税的惩罚是相当严峻的。如宋初规定：凡强盗计赃钱满三千文足陌，皆处死①。南宋《庆元条法事类》卷47《匿免税租》规定："诸诈匿减免税租者（谓如诈作逃亡，及妄称侵占之类，诡诈百端，皆是下条，准此），论如回避诈匿不输律，许人告。"如"官司知情者，计一年亏官物数，准枉法论，许人告；吏人、贴司、乡书手，杖罪并勒停，流罪配本城"。如系"诈匿减免等第或科配者（谓以财产隐寄，或假借户名，或诈称官户，及立诡名挟户之类），以违制论。如系州县人之乡书手，各加二等；命官仍奏裁"。从"准枉法论"可知，南宋对诈匿二税的处罚仍与北宋一样，因为"盗"与"枉法"属于同样处罚的犯罪。

宋代征收二税措施、规定虽然详备、严厉，但效果并不好。正如时人所云："州县夏秋二税之欠，或水旱逃荒不行除放，或豪贵典卖不为推收，或簿钞积压而不销，或公吏领揽而不纳，逮至省限过勘，旋凭乡司根刷，或勒贫民重叠监理，或追耆长责认陪填，徒有举催旧科之名，即是侵过本科之物，但添追扰，再欠如初。"② 其最主要的原因当是吏治的腐败，州县官吏"旁缘为奸，出入走弄，阴夺巧取，额外多科"③。这些官吏即使因违法乱纪被惩罚，但"一遇赦恩除放，吏之罪释，然而民之忧如故"④。

二、征收商税思想

宋代随着封建商品经济的高度发展，商业税收在国家财政收入结构中的比例日益加大，地位越来越重要。宋廷为了确保商税征收，亦制定了详备、严厉的法规和条例，对此进行管制。

（一）惩治偷税漏税

偷税漏税，是影响国家商税收入的严重犯罪，所以自宋初就规定了惩罚匿税之法。宋太宗淳化五年（994年）规定：凡应征税货物，"有敢藏匿物货为官司所捕获，没其三分之一，仍以其半与捕者"⑤。神宗元丰三年（1080年）十二月又规定：沿海"偷税之人，并不就海口收税者，许人告，并以船货充赏"⑥。可见，北宋主要通过没收偷税漏税人的财物来重奖举报人的办法对此

---

① 《九朝编年备要》卷1。
② 《宋会要·食货》10之12。
③ 《宋会要·食货》70之103。
④ 《宋会要·食货》70之56。
⑤ 《宋会要·食货》17之13。
⑥ 《宋会要·食货》17之26。

进行治理。

南宋时,由于财政吃紧,朝廷更加重视商税的征收,对有关惩治匿税的法令和措施制定详备。如《庆元条法事类》卷36《商税》中就有较详细的规定,主要有以下四个方面的内容:

1. 对一般匿税者的惩治

"诸物应税而不赴务,及虽赴而欺隐者,皆为匿";凡"匿税者,笞四十;税钱满十贯,杖八十;监临官、专典、拦头自匿,论如诈匿不输律",并许人告;"诸匿税者,虽会恩,并全收税,仍三分以一分没官;能自首者,并免没官"。

2. 对通过藏匿物货、弄虚作假而匿税的惩治

如凡私收寄物"以匿税者,杖九十,受寄者加一等,受财又加三等(即徒一年半)";凡"以客人物货诈称己物,揽纳商税者,徒二年";"其物虽赴务,并依匿税法;当职官知而不举,与同罪;受请求者,加二等";因管押影庇,"受财赃重者,准盗论"。

3. 对武装或有组织匿税的惩治

如凡"结集五人以上持杖匿税,不以财本同异,杖八十,许人捕;拒捍者,杖一百,伤人者,下手重及为首结集人,徒一年半,并配本州;税物并所负载舟车、畜产没官"。

4. 奖励举报匿税者

主告获匿税者,"以所告匿税物给三分之一",但告匿税"须指定物名及所在",搜检所得"非所告者,不为匿"。

(二) 禁止非法增收商税

宋代在全国各地的税场税务中,都设有专门负责检查商旅货物的男女拦头。他们靠勒索商人,肆意增收商税,甚至据为己有为生,成为征收商税中一大弊端。如北宋仁宗时,由于"军兴而用益广",法外掊取日多,不仅空船征收"力胜钱"、"到岸钱",长途贩运中有"打扑钱",官税中又征"市例钱",而且"鱼、薪、蟹、蛤,匹夫匹妇之利,皆征之"[①]。即使已免税的婚嫁"聘礼物色匹帛",只要出本州县境者,亦要"经由商税处依例收税"[②]。元祐初,"户部用五年并增法立新额"[③],使法外之征合法化。

---

① 陈舜俞:《都官集》卷2《厚生五》,文渊阁四库全书本。
② 《宋会要·食货》17之17。
③ 《宋会要·食货》17之27。

南宋时"州县场务，利于所入"，"辄于额外增置专栏，将不合收税之物拦截重敛"①。而在"每一拦头名下各置家人五、七人，至于一务，却有一二百人。及巧作名色，容留私名，贴司在务，更不计数，皆是蚕食客旅"。拦头又"各有小船，离税务十里外邀截客旅，搜检税物，小商物货，为之一空。税钱并不入官，掩为已有"②。地方征收商税场务巧立名目，花样层出不穷。如船本实无货物，"却撰说名件，抑令纳税，谓之虚喝"；客贩本是低贱物货，"却因其名色，抬作贵细；仍以一为百，以十为千，谓之花数"；"过往空船，明无税物，并过数喝税，谓之力胜"③；"所收商税，专责见钱，商旅无所从，得苛留日久，即以物货低价准折，谓之折纳"④。更由于官吏受贿，"多得则税轻，少得则税重"，因此"富商大贾，先期遣人怀金钱以赂津吏，大舸重载，通行无苦"⑤；拦头、弓手更是"得厚赂则私与放行，径不令其到务商税"⑥。

宋初，为"惠通商贾，懋迁万货"⑦，防止州县税务官吏非法邀阻和勒索商旅，太祖建隆二年（961年）二月诏："沿河州县民船载粟者勿算。"⑧ 宋太宗时，又对"江淮湖浙民贩芦苇者"，"民贩鬻斛斗"，"民间所织缣帛非出鬻于市者"以及"贩夫贩妇细碎交易"⑨，并免收算。真宗时，对"诸路州军农器"，"无名商税钱"及"民拆舍屋卖材木"等⑩，亦诏免收税（见图6-4）。

南宋高宗初年，由于关市之征日趋苛重，朝廷曾规定："贩运斛斗、布帛、农具、竹木、丁铁、柴菜、油面之类"，皆免征算⑪。如果"客贩粮斛、柴草入京，船车经由官司抑令纳力胜商税钱者，从杖一百科罪"；"辄于例外增收税钱罪轻者，徒一年，许诣尚书省越诉"⑫。到了宁宗庆元年间，《庆元条法事类》卷36《商税》比较全面地对此做了规定，主要有三个方面内容值得注意：

---

① 《宋会要·食货》17之42。
②③ 《庆元条法事类》卷36《商税》。
④ 《宋会要·食货》18之9。"折纳"原作"所纳"，据《庆元条法事类》卷36《商税》改。
⑤ 《渭南文集》卷4《上殿札子》。
⑥ 《昼帘绪论·理财篇第九》。
⑦ 《宋会要·食货》17之38。
⑧ 《宋会要·食货》17之10。
⑨ 《宋会要·食货》17之11-13。
⑩ 《宋会要·食货》17之16-17。
⑪ 《宋会要·食货》17之35。
⑫ 《宋会要·食货》17之33-34。

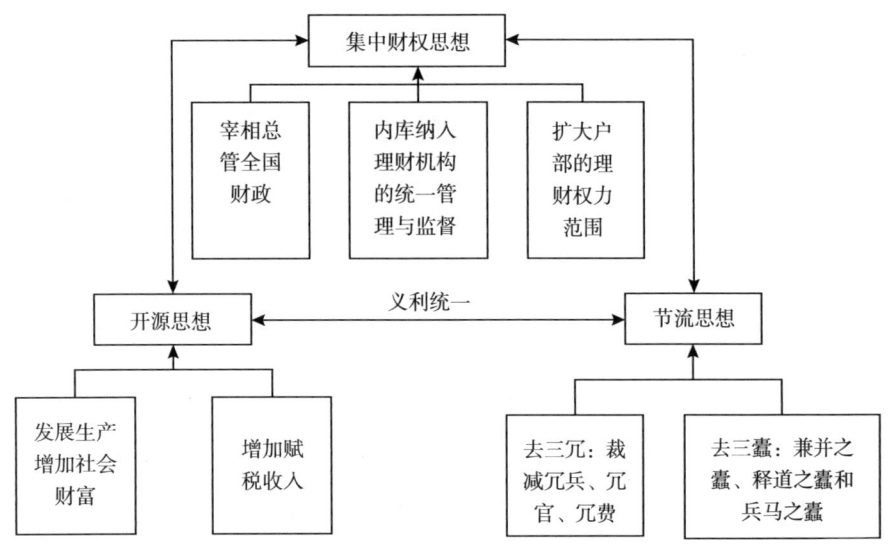

图6—4 宋代财政管理思想框架

一是不得违反规定增加征收商税名目。如"诸客贩谷米、面麦及柴,辄收税并收船力胜者,徒二年,仍许客人经监司越诉";空船收力胜钱,及"收纳力胜钱过数,各杖一百,留滞三日加一等,罪止徒二年"。二是不得无故稽留、邀阻过往商旅。如"检纳税钱违限,或限内无故稽留,及搜检非理,并约喝无名税钱者,各徒二年";税物入务而"邀阻留难过一时,及于物数有所增减",故为透漏及乞取赃轻者,"各杖一百";"留难一日以上致损败者,邻州编管,并许人告"。三是不得侵害商旅、请托舞弊。如巡拦人离城五里外巡察,拦无税人入务,"各杖八十";缘身搜索,"或拆剥裹成器之物者,加一等";"州县官于税务请托过税及为过之者,各徒一年半";若因请托过税而亏损商税,"各计所亏准盗论"。四是不得私置税务税场征税。"诸税务应创置不申尚书户部待报,及虽申而不应置者,并陈请人各杖一百";"诸私置税场,邀阻商旅者,徒一年,所收税钱坐赃论,仍许越诉"。

宋代禁止官吏非法增收商税和邀阻勒索客商的法令不谓不严不密,但终宋一代其弊难以革除。正如时人所云:"所差罢吏奸胥,略无顾藉,缗钱斗粟,菜茹束薪,悉令输税;空身行旅,白取百金;纡路曲径,指为透漏,官吏利其所入,悉为施行抽分给赏,断罪倍输,至有捆载而来,罄囊而归者。"[①] 其实,

---

① 《宋会要·食货》18之24。

造成这种现象的最关键因素仍在官府本身。一方面,宋廷财政不时陷入赤字的困境,因此迫使其不断巧立名目,增加苛捐杂税。据不完全统计,南宋时苛捐杂税名目最多时达六七十种。而要完成这些苛捐杂税的征收,官府只能依靠那些如狼似虎的税务官吏,这就是"在州,则知州以税务为鹰犬;在县,则县令以税务为肘腋。百色呼须,暗行赔填,是致税务苛刻,州县不问,商旅无诉"①。另一方面,宋朝廷又担心太沉重的苛捐杂税对商业的侵害,税务官吏的非法邀阻和勒索使商旅不行,营私欺隐、受贿不征使国家暗失课入。总之,为了维护正常的商贸活动,防止税吏过分非法增税和勒索客商,保证国家征商之利,宋廷又出台了一系列的法令和措施,禁止税务官吏违法乱纪。这种矛盾不仅是宋廷而且也是整个封建制度难以协调解决的,因此,非法增加商税和邀阻勒索客商之弊随着财政危机的日益严重而愈演愈烈。

第四节
青苗法、免役法是政府赋役治理的失败

一、青苗法思想的主要内容与本质

青苗法于熙宁二年(1069 年)九月开始推行,其具体实施办法主要有以下六个方面:①常平广惠仓现钱许照陕西青苗钱例,于夏秋未熟前,约逐处收成时酌中物价,定每斗预支例价,出示召人请领。②愿请领者,10 户为 1 保,不拘户等高下。后经修订为 10 户以上结成 1 保。每保须以第三等以上有力人户充甲头。规定量人户物力以定钱数多少,如河北第五等户并客户不得过 1 贯 500 文;第四等户每户不得过 3 贯;第三等户每户不得过 6 贯;第二等户每户不得过 10 贯;第一等户每户不得过 15 贯。将原来不拘户等高下的原则完全放弃。若客户愿请,即与主户合保。③不愿请领者不得抑配。④若约度物数,支与乡村人户有剩,亦可准上法支俵与坊郭有物力抵当人户。后经转运司修订为如本钱有剩余可以让农村第三等以上人户在规定贯数外添数支给,即三等以上户的贷款额可以提高。如本钱还有剩余再贷给坊郭人户,但以 5 家以上为 1 保进行抵押借款,并不得超过抵当物业所值钱价之半。为防止各地官司将本钱专

---

① 员兴宗:《九华集》卷 7《议征税疏》,文渊阁四库全书本。

放给有力人户，应妥为晓谕不愿请领者请领。这一规定初意是使人人均享贷放利益，但后来变成抑配的根据。⑤如纳时斗斛价贵，愿纳现金者，亦听，仍相度量减时价送纳。后经转运司补充，在此情况下以现金交纳数不得超过原贷款额的30%。⑥夏料于正月三十日前支俵，秋料于五月三十日前支俵①。

从王安石的诸多言论中可以看见，其实行青苗法的初衷是把它作为"理财以农事为急，农以去其疾苦，抑兼并，便趣农为急"②的一项重要措施。如他认为：散发青苗钱谷，"非惟足以待凶荒之患，又民既受贷，则于田作之时不患阙食，因可选官劝诱，令兴水土之利，则四方田事自加修益"③。再则，"人之困乏，常在新陈不接之际，兼并之家乘其急以邀倍息，而贷者常苦于不得"④。实行青苗法，可使"昔之贫者举息之于豪民，今之贫者举息之于官，官薄其息，而民救其乏"⑤。但是，我们如果对青苗法最初的规定加以考察，就会发现其在一些地方已违背了王安石的初衷。其一，青苗法顾名思义是在青黄不接时向农民发放低息贷款，以防止兼并之家乘此时进行高利贷盘剥。但是每年夏秋两次贷款，"夏料钱于春中俵散，犹是青黄不接之时，尚有可说，若秋料于五月俵散，正是蚕麦成熟，人户不乏之时，何名济阙，直是放债取利耳！"⑥欧阳修在此一针见血地指出：夏粮未熟是青黄不接之时，而秋粮未熟则不是青黄不接之时，但政府还要农民借贷，显然，其用意是以贷款为借口向农民敛取。这里，欧阳修把青苗法辗转取息、官放高利贷的本质揭露无遗。其二，按王安石的初衷，青苗钱应贷给"阙食"、"困乏"之家，但是在具体贷款措施中，那些真正需要贷款的客户、第五等户却只能贷1贯500文，而第三等以上人户本来就不需要贷款，现在却要摊配年利四分的大量青苗钱。如第一等户可贷到15贯，是客户、第五等户的10倍。正如司马光所指出的："今之散青苗钱者，无问民之贫富，愿与不愿，强抑与之，岁收其什四之息。"⑦从此可以清楚地看出，青苗法更多的是在不该贷款的时候，向不需要贷款的民户贷款，其真正用意是依靠国家的权力，根据民户财产多寡，以贷款为借口，强制向他们增收赋税。总之，无论对贫民还是富户来说，青苗法的性质从一开始就已深深打上向民众额外敛取的烙印。青苗法无去疾苦、抑兼并之效，却有增加赋入之实。正如陈舜俞在《都官集》卷5《奉行青苗新法自劾奏状》中所说：

---

① 韩琦：《韩魏公集》卷17《家传》，丛书集成本。
② 《长编》卷220。
③④ 《宋会要·食货》4之16。
⑤ 《临川先生文集》卷41《上五事札子》。
⑥ 《文献通考》卷21《市籴二》。
⑦ 《温国文正公文集》卷60《与王介甫第三书》。

行青苗法，使吾民"终身以及世世，一岁常两输息钱，无有穷已。万一如此，则是别为一赋以敝生民"。

此后，青苗法在具体实施中，与王安石的初衷越来越远，非但没有减轻农民的负担和疾苦，以及抑制了兼并，反而增加了农民的负担和疾苦，助长了兼并。其一，在俵散和收纳青苗钱时，官吏从中作弊勒索贫下之户。散敛之际，"除头子钱，减克升合，量收出剩"①，"以陈粟腐麦代见钱支俵"②，"仓官受入，又增斗面，百端侵扰，难以悉数"③。因此，如把这些贷还中的灰色成本均计算在内，青苗钱"盖名则二分之息，而实有八分之息"④。甚者则有纳倍息的，如司马光就揭露：陕西青苗钱"以一斗陈米散与饥民，却令纳小麦一斗八升七合五勺，或纳粟三斗，所取利约近一倍。向去物价转贵，则取利转多，虽兼并之家乘此饥馑取民利息，亦不至如此之重"⑤。苏辙在论诗句中也称："吏缘为奸至倍息。"⑥ 其二，许多贫民下户无力偿还青苗本息，在官府的逼督之下，只好"复举贷于兼并之家，出倍称之息以偿官通"⑦。时人王岩叟对此作了批判："说者曰（青苗之法）所以抑兼并，曾兼并未必能抑也。一旦期限之逼，督责之严，则不免复哀求于富家大族，增息而取之。名为抑兼并，乃所以助兼并也。"⑧ 其三，一些官吏在实施青苗法时以多放钱多收息为功，因此进行强行摊派，无论是坊郭户，还是乡村上户、下户和客户，都被抑配青苗钱，强制纳息，这与当初"愿则与，不愿不强也"的规定完全背道而驰。"州县常平钱（青苗钱）实不出本，勒民出息"⑨，使青苗钱成为一种新增的强制性交纳的苛捐杂税。正如苏轼所云："先朝初散青苗，本为利民，故当时指挥，并取人户情愿，不得抑配。自后因提举官速要见功，务求多散，讽胁州县，废格诏书，名为情愿，其实抑配。"⑩ 司马光也揭露说：青苗钱"以春秋贷民，民之富者皆不愿取，贫者乃欲得之。提举官欲以多散为功，故不问民之贫富，各随户等抑配与之。富者与债仍多，贫者与债差少。多至十五缗，少者不减千

---

① 吕陶：《净德集》卷3《奏乞权罢俵散青苗一年以宽民力状》，丛书集成本。
② 《宋朝诸臣奏议》卷149《上哲宗五事》。
③ 《净德集》卷3《奏乞权罢俵散青苗一年以宽民力状》。
④ 晁说之：《嵩山文集》卷1《元符三年应诏封事》，四部丛刊本。
⑤ 《温国文正公文集》卷44《奏为乞不将米折青苗钱状》。
⑥ 《苏辙集·栾城三集》卷8《诗病五事》。
⑦ 杨时：《杨龟山先生集》卷6《神宗日录辨》，文渊阁四库全书本。
⑧ 《长编》卷376。
⑨ 《宋史纪事本末》卷8。
⑩ 《苏轼文集》卷27《乞不给散青苗钱斛状》。

钱"①。可见，北宋官府为了聚敛民财，达到了不择手段的地步。其四，青苗钱一年两贷的方式，其实很难帮助解决贫民的困乏，反而加重了负担。熙宁三年（1070年）二月，知山阴县陈舜俞在上疏中指出：青苗钱"虽分为夏秋二料，而秋放之期与夏敛之期等，夏放之月与秋敛之期等，正月放夏料，五月放秋料，所敛亦在当月，不过展转计息，百姓以给为纳，实无所利"②。司马光也说："王广廉在河北，民不能偿春耕，乃更俵秋料使偿之，民受之知县厅，即输之主簿厅。"③这就是说，官府每年两次发放青苗钱和收归本息，农民一手借到青苗钱，一手即将此钱加上利息还给官府，实际上未借到钱，反而倒贴了利息。还有农民在贷还青苗钱时，存在着多次折算的问题。借款人实际上借的和还的可能都是粮食，但要折钱计算，借时按青黄不接时的高粮价借，还时则按丰收时的低粮价折钱。因此，虽然归还的本金在钱数上没有变化，而粮食数却比借时增加了许多。借贷者必须以多于借时的粮食去换钱还贷，这等于在规定的利息以外又负担了一笔无形的高息。所以，司马光反对以米折钱，坑害百姓，主张"不以元籴价贵贱，更不纽作见钱，只据所散与人户石斗，至将来成熟，令出息二分。每散得一斗米者，纳一斗二升"④。其五，王安石发放青苗钱的大量本钱来之于常平仓的本钱，大量的常平钱谷被挪用导致常平仓基本上停止运作。但是，宋代常平仓在调节谷价、赈济等方面是不向农民收取利息等费用，因此更容易受到农民的欢迎，在抑制大地主、大商人囤积居奇、贱买贵卖、操纵粮价、坑害农民方面发挥了一定的作用。虽然王安石自称"青苗法"为常平新法，但其性质与常平法有很大差异，青苗法既起不到调节粮价的经济杠杆作用，又无法以粮食赈济农民，农民反而还要因借青苗钱而付出40%以上的利息。因此，青苗法根本无法替代常平法。司马光指出："常平仓者，乃三代圣王之遗法……民赖其食，而官收其利，法之善者无过于此……今闻条例司尽以常平仓钱为青苗钱，又以谷换转运司钱，是欲尽坏常平，专行青苗也。国家每遇凶年，供军仓自不能足用，固无羡余以济饥民，所赖者止有常平钱谷耳。今一旦尽作青苗钱散之，向去若有丰年，将以何钱平籴？若有凶年，将以何谷赒赡乎？……臣以谓散青苗钱之害犹小，而坏常平之害犹大也。"⑤

---

① ⑤ 《温国文正公文集》卷41《乞罢条例司常平使疏》。
② 《续资治通鉴长编拾补》卷7。
③ 《长编》卷211。
④ 《温国文正公文集》卷44《奏为乞不将米折青苗钱状》。

二、青苗法对小农经济的破坏

众所周知，宋代由于冗兵、冗官、冗费等巨额开支耗去国家收入的很大部分，因此，财政支出庞大，经常是入不敷出。要改变这种财政危机的局面，不能不重视节流。这种思想虽然比较传统，缺乏创新，但却切中时弊，符合客观现实。但遗憾的是，王安石的理财思想重开源，轻节流，对节支没有足够的重视。如他并不认为兵多官滥、支出太过是造成国家财政涸竭的根本原因。他曾写过一首《省兵》诗，其中云"以众抗彼寡，虽危犹幸全"，意思是兵多多益善，因此，"兵省非所先"①。他在《上仁宗皇帝言事书》中则认为"增吏禄不足以伤经费也"②。他还不顾当时积贫的客观事实，说"国家富有四海，大臣郊赉所费无几，而惜不之与，未足富国，徒伤大体"，"国用不足，非方今之急务也"③。

王安石解决财政危机的主导思想是开源，即"因天下之力，以生天下之财，取天下之财，以供天下之费"④。这里有两层含义：一是通过改善农业生产条件，充分利用土地和人力资源，扩大生产规模，提高生产效率，大力发展农业来增加社会财富。但是，在中国古代以农业自然经济为基础的历史条件下，社会生产只能是一种简单再生产，生产主要依靠人力、畜力，生产力的发展和财富的增加，不可能出现奇迹般的飞跃。从这个意义上说，社会经济的发展和财富的增加由于受生产力的制约有一个极限。纵观中国古代，宋代就处于这样一个极限点上。因此，封建国家要通过发展生产来增加财政收入是比较有限的。二是通过巧立名目增加税收，扩大征赋，加重对民众的剥削来增加国库收入。在重敛于民的政策下，拥有较多财富的富户豪民又首当其冲，因此，王安石一再强调"摧兼并，收其赢余，以兴功利，以救艰厄"⑤；"苟能摧制兼并……不患无财"⑥；"稍收轻重敛散之权，归之公上"⑦。王安石这种通过夺取兼并势力所占有的社会财富，从而增加国家财政收入的做法，其实质上是在社会财富总量不变的情况下，运用政治权力，强制进行社会财富的重新分割。在这种思想指导下，王安石变法的六大措施，除农田水利法之外，其余青苗法、免役法、方田均税法、均输法、市易法都带有很浓厚的敛财色彩。加之在变法

---

① 《临川先生文集》卷 12《省兵》。
②④ 《临川先生文集》卷 39《上仁宗皇帝言事书》。
③ 《温国文正公文集》卷 39《八月十一日迩英对问河北灾变》。
⑤ 《长编》卷 240。
⑥ 《长编》卷 262。
⑦ 《临川先生文集》卷 70《乞制置三司条例》。

中用非其人，导致这些措施更加变性，有些甚至沦为巧取豪夺，走向反面。如青苗法初衷有限制高利贷的目的，但后来为了扩大取息范围，增加财政收入，把它作为考核地方官吏经济政绩的一项主要指标。其结果导致地方官吏实行强制摊派，无论是坊郭户，还是乡村上户、下户和客户，都被抑配青苗钱，强制纳息。这与当初的"不愿请领者不得抑配"的规定已完全相背，使青苗钱成了一种隐蔽的税收。到最后，"州县常平钱（青苗钱）实不出本，勒民出息"①，已完全异化为公开的掠夺。又如在实行免役法时，当役钱固定下来以后，不仅在州县役人中尽量扩大自愿投名、不支雇钱者的名额，还干脆取消耆长、户长、壮丁等乡役人，以保甲制度恢复差役。对于这种做法，连宋神宗也觉得说不过去，认为"已令出钱免役，又却令保丁催税，失信于百姓"②。从大量的史实还可以看出，王安石虽然打着"摧兼并"的旗号敛财，但其在实施中却是"大小通吃"，对第四等以下贫困户照样没有放过。如在免役法中，虽然下户纳钱不多，但由于户数量大，因此这一阶层所纳役钱占所有役钱总数约一半。正如苏轼一语道破天机："第四等以下，旧本无役，不过差充壮丁，无所陪备。而雇役法例出役钱，虽所取不多，而贫下之人无故出三五百钱……当时议者亦欲蠲免此等，而户数至广，积少成多，役钱待此而足，若皆蠲免，则所丧大半，雇法无由施行。"③

这种重敛于民的政策不可避免地导致了大量小农经济的破产，正如苏轼所云："今青苗、免役皆责民出钱，是以百货皆贱而惟钱最贵，欲民之无贫，不可得也。"④翰林学士承旨韩维亦言："畿县近督青苗甚急，往往鞭挞取足，民至伐桑为薪以易钱。旱灾之际，重罹此苦。"⑤不言而喻，小农经济的大量破产，是对封建社会生产力的破坏，严重影响了封建社会的简单再生产，给封建统治带来了危机。

历史已经证明，王安石变法中重敛于民的政策最终必然遭到失败。在中国古代史中，由于特殊的历史原因，宋代对人民的敛取是相当严重的。当时，不少有识之士认识到，宋王朝对财源的挖掘利用，已经接近最高限度，通过进一步敛取民脂民膏来解决财政危机已不可能，唯有节省冗费才是出路。如皇祐元年（1049年），户部副使包拯言："冗兵耗于上，冗吏耗于下，欲求其弊，当治其源。治其源者，在乎减冗杂而节用度。若冗杂不减，用度不节，虽善为计

---

① 《宋史纪事本末》卷8。
② 《长编》卷263。
③ 《长编》卷435。
④ 《苏辙集·栾城集》卷35《自齐州回论时事书》。
⑤ 《宋史》卷176《食货上四》。

者，亦不能救也。方今山泽之利竭矣，征赋之入尽矣……若不锐意而改图，但务因循，必恐贻患将来，有不可救之过矣。"① 至和元年（1054年），殿中侍御史吕景初上奏云："今百姓困穷，国用虚竭，利源已尽，惟有减用度尔。"②

三、免役法思想的主要内容及积极意义

免役法又称募役法、雇役法，是王安石变法中的一项重要内容。有关对免役法的看法，从当时至现在1000多年中，人们对它就褒贬不一，是王安石变法内容中争议比较大的一项措施。其具体措施主要有如下几个方面：①乡村及坊郭人户按资产贫富分等，以夏秋两季随等纳钱；乡户四等以下，坊郭自六等以下勿输。析居者随析居而升降其户等。②乡村官户、女户、寺观户、未成丁户，减半输。③向来当役人户，依等第出钱，名免役钱。④坊郭等第户及未成丁、女户、寺观、品官之家，旧无色役而现在出钱者，名助役钱。⑤输钱数额，先视州县应用雇值总数若干随户等均取。雇值总额之外增取2分，以备水旱欠缺，但所增不得超过2分，谓之免役宽剩钱。⑥用以上输钱募三等以上税户代役，随役轻重制禄；募役给禄外有赢余，以备凶荒欠缺之用。⑦凡买扑酒税坊场，旧以酬衙前者，由官自卖，以其钱同役钱随分给之。⑧坊郭每5年，乡村每3年重新评定户等。⑨应募衙前以物产作抵，弓手须试武艺，典史试书记，以3年或2年为期更换③。

免役法的积极意义大致可归纳为三个方面：其一，从理论上说，免役法以货币代替极大部分的差役，客观上进一步缩小了劳役制的残余，这是一个进步。纳钱免役，雇人代之，这是赋役货币化进程中的重大步骤，标志着封建政权对人民人身控制的放松，是历史发展的趋势。王安石实行免役法的本意就是"举天下之役，人人用募"，以役钱代替身役，而"释天下之农，归于畎亩"，使"农时不夺而民力均矣"④。让众多的农民从影响生产劳动的差役中解放出来，在缴纳役钱之后安心耕作，从而促进农业生产的发展。其二，免役钱的征收涉及原来不服役的寺观户、官户，甚至品官之家，让他们出一定数量的助役钱，多少使原来服役不均的现象，得到了一些改善。特别是由于按户等高低征收役钱，使拥有大量田产的豪强兼并之家不得不多交免役钱。时人杨绘就指出："假如民田有多至百顷者、少至三顷者，皆为第一等，百顷之与三顷，已

---

① 《长编》卷167。
② 《长编》卷176。
③ 《文献通考》卷12《职役一》。
④ 《临川先生文集》卷41《上五事札子》。

第六章 宋代财政赋役治理思想

三十倍矣，而役则同焉。今若均出钱以雇役，则百顷者其出钱必三十倍于三顷者矣。"① 在这种征收办法下，"富县大乡，上户所纳役钱岁有至数百缗者，又有至千缗者"②；"两浙之民，富溢其等者为无比户，多者七八百千，其次五百千。臣窃以旧法（指差役法）言之……上户者十年而一役，费钱数百万，则是年百千矣。今上户富者出八百千，则是七倍昔日"③。由此可见，免役法对豪强兼并者起了一定的抑制作用。其三，差役法改成募役法使封建政府有了相对稳定的应役人员，这对于维护各级封建政府的正常运作，促进政府公务人员的职业化，具有一定的积极作用。苏辙就认为："熙宁以前，散从、弓手、手力诸役人常苦逆送，自新法以来，官吏皆请雇钱，役人既便，官亦不至阙事。"④ 还有用征取的免役钱去雇请服公役的人，使社会上那些找不到职业的人以及乡村那些失去土地的人，多一条谋生之路。

四、免役法思想的弊端

从总的说来，这项措施还是弊大于利，其要害有两个方面：一是其措施超越了当时的现实；二是与青苗法、市易法等一样，具有明显的敛财性质，加重了民众的负担。

免役法的最终失败也说明其本身存在致命的问题，主要有以下四个方面：

（一）免役法纳钱免役虽然从理论上说比差役法进步，但在实践中却超越了当时的现实，给广大下层民众带来了灾难，是无法实现的

在当今经济全球化的时代，中国偏远贫困乡村的一些农民自己种粮食、蔬菜，养猪喂鸡，日常生活还能自给自足，但是当遇到子女上大学、生病住院等，仍然感到手中缺乏货币，无法支付这些巨额的费用。更何况在1000多年前的宋代，虽然封建商品经济高度发展，但总的说来，整个社会仍然是自给自足的封建自然经济。广大下层农民家无分文，根本无法缴纳免役钱，偏远地区贫苦农民甚至不知钱为何物。正如司马光所说："夫力者，民之所生而有也。谷帛者，民可耕桑而得也。至于钱者，县官之所铸，民不得私为也。自未行新法之时，民间之钱固已少矣。富商大贾藏镪者，或有之；彼农民之富者，不过占田稍广，积谷稍多，室屋修完，耕牛不假而已，未尝有积钱巨万于家者也。其贫者，褴褛不蔽形，糟糠不充腹，秋指夏熟，夏望秋成，或为人耕种，资采

---

① 《长编》卷224。
② 刘挚：《忠肃集》卷5《论役法疏》，文渊阁四库全书本。
③ 《长编》卷324。
④ 《宋史》卷177《食货上五》。

拾以为生，亦有未尝识钱者矣。是以古之用民者，各因其所有而取之。农民之役不过出力，税不过谷帛。"① 农民缺钱，但在政府的威逼下，只好贱价出卖自己的农产品，多遭受一次盘剥。正是"今有司为法则不然，无问市井、田野之民，由中及外，自朝至暮，唯钱是求。农民值丰岁，贱粜其所收之谷以输官，比常岁之价，或三分减二，于斗斛之数，或十分加二，以求售于人。若值凶年，无谷可粜，吏责其钱不已，欲卖田则家家卖田，欲卖屋则家家卖屋，欲卖牛则家家卖牛。无田可售，不免伐桑枣、撤屋材，卖其薪，或杀牛卖其肉，得钱以输官。一年如此，明年将何以为生乎？"② 就连王安石变法的核心成员章惇也不得不承认："大抵（司马）光所论事，亦多过当。唯是称'下户元不充役，今来一例纳钱。又钱非民间所铸，皆出于官，上农之家所多有者，不过庄田、谷帛、牛具、桑柘而已。谷贱已自伤农，官中更以免役及诸色钱督之，则谷愈贱。'此二事最为论免役纳钱利害要切之言。"③

（二）宋政府通过征取免役钱大肆敛财

如前所述，免役法原规定，乡户自四等、坊郭户自六等以下是不输役钱的。但是免役法实施后，除开封府界之外，两浙路、荆湖南路、河北东、西路、淮南路等广大地区，下户普遍交纳役钱④。尤其是原不充役的下户（约占总人口的一半）以及单丁、女户、客户等本无役者，都要承担纳钱免役的重负。对此，司马光指出："又乡者役人皆上等户为之，其下户、单丁、女户及品官、僧道，本来无役，今更使之一概输钱，则是赋敛愈重，非所以宽之也。故自行免役法以来，富室差得自宽，而贫者穷困日甚。"⑤ 苏轼亦指出："第四等以下，旧本无役，不过差充壮丁，无所陪备。而雇役法例出役钱，虽所取不多，而贫下之人无故出三五百钱……当时议者亦欲蠲免此等，而户数至广，积少成多，役钱待此而足，若皆蠲免，则所丧大半，雇法无由施行。"⑥ 可见，下户每户虽然纳钱不多，但由于户数量大，因此这一阶层所纳役钱占所有役钱总数约一半。这清楚地说明宋朝廷通过征取免役钱对下层民众盘剥之多。在免役法中，除了征收免役钱、助役钱之外，宋政府还巧立名目，借口为防水旱欠阙，又多收二分所谓的免役宽剩钱。地方官吏为邀功请赏，原只规定征收20％的免役宽剩钱则按百分之四五十的比例征收，这又再增加了一层盘剥。苏轼就指出："先帝初行役法，取宽剩钱不得过二分，以备灾伤，而有司奉行过

---

①② 《温国文正公文集》卷45《应诏言朝政阙失事》。
③ 《长编》卷367。
④ 《长编》卷248、252、254、255等。
⑤ 《温国文正公文集》卷47《乞罢免役状》。
⑥ 《长编》卷435。

当,通行天下乃十四五。然行之几十六七年,尝积而不用,至三千余万贯石。"① 可见,朝廷以免役宽剩钱的名义又攫取到一大批的钱财。

(三)朝廷在实行免役法之后,又实行了保甲法

这使民户既纳了役钱,又要再服役。连宋神宗都觉得这样做不妥,认为"已令出钱免役,又却令保丁催税,失信于百姓"②。于是下诏罢去甲头代替耆长、户长服役。但由于甲头代替耆长、户长服役,对官府实在太有利了,不久各路州县又恢复了此做法。元祐时期,知吉州安福县上官公颖上奏,再次提出:"旧以保正代耆长,催税甲头代户长,承帖人代壮丁,并罢。如元充保正、户长、保丁,愿不妨本保应募者听。"③ 但由于户部反映如果耆长、户长、壮丁都实行雇募,官府支付雇钱有困难,建议仍按各地业已实行的办法执行。宋廷同意了户部的意见,下令"府界诸路(耆长、户长等役)自来有轮差及轮募役人去处,并乞依元役法"④。可见,自熙丰至元祐时期,民户既出钱免役,又要服役的现象始终存在。对此,马端临在《文献通考》卷12《职役一》按语中批评说:"盖熙宁之征免役钱也,非专为供乡户募人充役之用而已。官府之而需用、吏胥之禀给,皆出于此……是假免役之名以取之,而复他作名色以役之也。"

(四)免役法是按户等高低征收不同数量的免役钱,因此确定户等高低关系到每家每户的切身利益,成为免役法实施中能否公平的关键所在

但是在实际操作中,评定户等是一项十分复杂困难的工作。如千家万户情况各异,如何用一个比较合理公平的标准进行评定;对千家万户逐一进行评定,工作量很大,如何制定一套简单易行的评定程序等。总之,一系列具体操作中的复杂问题,远非僵化、低效的封建官僚体制所能解决。宋代评定户等设有统一的标准,主要采取两种方法:一是以家业钱定户等,其方法是官府派人召集人户,将应纳的免役钱数分摊到各户,再据各户所纳免役钱若干当家业钱若干,定出户等;二是以各户所缴的税钱多少定出户等,甚至有自1~10贯或5~50贯并列为第一等户的。由此可以看出,这两种方法定出的户等都是很不准确的,这就给那些不法官吏在定户等中乘势弄权、营私舞弊、贪污受贿等留下了很大的操作空间。正如张方平所批评的:"向闻役法初行,其间刻薄吏点阅民田、庐舍、牛具、畜产、桑枣、杂木以定户等,乃至寒瘆小家农器、舂

---

① 《长编》卷374。
② 《长编》卷263。
③ 《长编》卷360。
④ 《长编》卷364。

磨、铏釜、犬豕，莫不估价，使之输钱。"① 其结果可想而知，在实际执行中，户等评定不公正的现象比比皆是。如在蓬州、阆州，是按家业多少评定役钱的，但"上户家业多而税钱少，下户家业少而税钱多，以至第一第二等户输纳钱少于第四、五等"②。

五、差募兼行思想是较好的选择

北宋差役主要有服役于州县官府的衙门、弓手和服役于乡里的里正、户长、耆长、壮丁等役。宋初，重役一般由上户担任，下户的差役负担很轻。后来，由于官僚、地主、富商等兼并土地，隐漏赋税和逃避差役，把差役负担转嫁给中小地主和自耕农、半自耕农。尤其是衙前重役实行差派的弊端，不管是变法派还是反对派都是承认的。"元祐更化"时期全面废除熙丰新法，但大臣们对役法的意见却很不一致，其中苏辙、司马光提出的役法改进思想比较切实可行，并能在一定程度上克服差役和募役的弊端，调整上户、中户、下户各方的利益冲突。

苏辙认为，实行差役法，"衙前之害，自熙宁以前，破败人家，甚如兵火，天下同苦之久矣"③。但是"近岁所以民日贫困，天下共苦免役法者，乃是庄农之家，岁出役钱不易"，而坊郭人户"所出役钱太重，未为经久之法"④。这种分析，基本上抓住了差役法与免役法各自最关键的弊端。而且他对差役法和免役法均招致人们的反对也做了比较具体客观准确的分析。他把元祐更化期间恢复差役法之后产生的种种民意，同熙丰时免役法的民意作了比较，深刻揭示了前、后两个时期不同阶层的不同态度及原因。他说："熙宁雇役之法，三等人户并出役钱，上户以家产高强，出钱无艺；下户昔不充役，亦遭出钱，故此二等人户不免咨怨。至于中等，昔既已自差役，今又出钱不多，雇法之行，最为其便。及元祐罢行雇法，上下二等欣跃可知，惟是中等则反为害。臣请且借畿内为比，则其余可知矣。畿县中等之家，大率岁出役钱三贯，若经十年，为钱三十贯而已。今差役既行，诸县手力最为轻役，农民在官，日使百钱，最为轻费。然一岁之用，已为三十六贯；二年役满，为费七十余贯。罢役而归，宽乡得闲三年，狭乡不及一岁。以此较之，则差役五年之费，倍于雇役十年所供。赋役所出，多在中等，如此安得民间不以今法为害而熙宁为利乎？"⑤ 总

---

① 《乐全集》卷26《论率钱募役事奏》。
② 《长编》卷301。
③④ 《苏辙集·栾城集》卷37《论差役五事状》。
⑤ 《苏辙集·栾城集》卷43《三论分别邪正札子》。

之，苏辙认为："差役之利，利在上等、下等人户，而雇役之利，利在中等。既利害相半，则兼行差雇为利实多。"① 苏辙的"兼行差雇"的具体做法是"今既行差役法，仍许所差之人不愿身充，亦得雇募，盖所以从民之便也。然私下雇人，为弊不一：或官吏苛虐，必使雇募某人，或所雇顽狡百端，取其雇直。官中所使，要以皆非税户正身，而横使民间分外糜费……臣欲乞应州县诸役所差人，如欲雇人，并许依元丰以前官雇钱数，纳钱入官，官为雇人，一如旧法"②。苏辙这里主张不愿服役之人可向官府交纳免役钱，由官府出面雇人代役。

与此同时，司马光也主张差募兼行，他与苏辙的不同之处是不愿服役之人自己出钱私下雇人服役，不必由官府出面雇人代役。苏辙担心私下雇人代役会出现所雇之人"顽狡百端"，对此司马光则提出了应对办法。他主张："应天下免役钱一切并罢，其诸色役人，并依熙宁元年以前旧法人数，委本县令佐亲自揭五等丁产簿定差，仍令刑部检会熙宁元年见行差役条贯，雕印颁下诸州。所差之人，若正身自愿充役者，即令充役；不愿充役者，任便选雇有行止人自代。其雇钱多少，私下商量。若所雇人逃亡，即勒正身别雇；若将带却官物，勒正身陪填。如此，则诸色公人，尽得其根柢行止之人，少敢作过，官中百事，无不修举。其见雇役人，候差到役人，各放令逐便。"③ 司马光主张不愿服役之人自己出钱私下雇人服役比苏辙的由官府收钱再出面雇人代役更简易可行，节省了官府收钱再出面雇人代役的管理费用。同时，"若所雇人逃亡，即勒正身别雇；若将带却官物，勒正身陪填"的办法，则避免了募役法由政府"召募四方浮浪之人，使之充役，无宗族田产之累。作公人则恣为奸伪，曲法受赃；主守官物则侵欺盗用。一旦事发，则挈家亡去，变姓名别往州县投名，官中无由追捕，官物亦无处理索"④的问题。

总之，苏辙与司马光差募兼行的主张对克服免役法实施中的弊端会起一定的作用，其理由如下：一是差募兼行给了民众较大的选择空间，不愿服役之人如支付得起雇役钱就出钱雇人代役，如支付不起雇役钱或自己愿意服役的即令亲身服役。这就使政府威逼缺钱农民非得交纳免役钱的现象得到解决。二是允许不愿服役之人自己出钱私下雇人服役而不必由政府收取免役钱出面雇人代役，使百姓在出钱雇人代役还是自身充役的选择上摆脱了政府的操纵控制，政府很难再以征收免役钱为借口大肆盘剥广大民众。政府不再负责收取免役钱出面雇人代役，避免了既让民户缴纳免役钱又要民户再服役的不合理现象，同时有效地防止了不法官吏借征取免役钱乘势弄权、营私舞弊、贪污受贿等。

---

①② 《苏辙集·栾城集》卷45《论衙前及诸役人不便札子》。
③④ 《温国文正公文集》卷49《乞罢免役钱依旧差役札子》。

第七章 宋代公共事业思想

■ 第一节

公共建设工程思想

一、修建民生工程思想

宋代重视对公共工程的修建，单就农田水利工程的兴修来说，在中国古代是比较突出的。公共工程往往规模较大，需花费大量的财力、物力和人力，但两宋财政则常常处于入不敷出的危机中。宋廷本着少花钱、多做事的理念，通过各种方式筹集经费，征调人力，修建了不少公共工程。其中所体现的一些思想与理念，值得我们重视与研究。

宋代修建的公共工程，与民生关系重大的，主要有以下五种类型：一是农田水利工程。宋代规定：无论官吏还是百姓，凡"有能知土地所宜、种植之法及可以完复陂湖河港，或不可兴复只可召人耕佃，或元无陂塘、圩埠、堤堰、沟洫而即今可以创修，或水利可及众而为之占擅，或田土去众用河港不远为人地界所隔可以相度均济流通者。但于农田水利事件，并许经管勾官或所属州县陈述"。经各级官员商量或察视清楚，如确属有利，即由州县实施。如工程浩大，或事涉数州，要奏请朝廷裁定①。由此可知，宋代有关农田水利工程所包括的范围较广，如完复陂湖河港，创修陂塘、圩埠、堤堰、沟洫，疏通河港等。二是治河。北宋时，黄河水系经常泛滥成灾，治河在当时社会生活中是朝野关注的大事。如太宗雍熙元年（984年），"塞房村决河，用丁夫凡十余万，自秋徂冬，既塞而复决"②。仁宗天圣五年（1027年），"发丁夫三万八千，卒

---

① 《宋会要·食货》1之27。
② 《长编》卷25。

二万一千，缗钱五十万，塞（滑州）决河。转运使五日一奏河事"①。宋神宗元丰元年（1078年），修筑曹村附近新堤，"凡兴功一百九十余万，材一千二百八十九万，钱米各三十万"②。三是修建城池。如皇祐四年（1052年）十月二十九日，朝廷下诏"知广州魏瓘、广东转运使元绛，凡守御之备，毋得苟且而为之，若民不暂劳，则不能以久安。其广州城池，当募蕃汉豪户及丁壮并力修完之。若无捍敌之计，但习水战，寇至而斗，非完策也"③。熙宁元年（1068年）四月，张田知广州，"筑东城，环七里，赋功五十万，两旬而成"④。四是修建桥梁道路。如真宗大中祥符八年（1015年），诏："开封府界诸县镇桥，自今盖造添修，并要本府勾当。"⑤徽宗政和年间，修建滑州浮桥，计用"兵士八万一千余工，钱二十二万八千余贯"⑥。五是治理港口。宋代海上贸易繁荣，为了让商船更好地出入港口以及在飓风来临时躲避风难等，市舶官员对港口的治理非常重视。如大中祥符四年（1011年），邵晔知广州时，针对"州城濒海，每蕃舶至岸，常苦飓风"的情况，组织人员"凿内濠通舟"，使飓风不再影响蕃舶靠岸⑦。乾道二年（1166年），两浙转运副使姜诜会同知江阴军徐蒇"开通波塘，置张泾堰闸，浚申港、利港"，修蔡泾闸⑧。

宋代在修建众多的公共工程中，政府能根据各种不同类型的公共工程以及其规模大小，采取不同的方式筹集经费，征调人力、物力等。从整体上看，主要有以下三种方式：

（一）兴修公共工程中财力、物力、人力取之民者

在宋代，兴修农田水利设施所需的财力、物力、人力，原则上是由受益农田所有者均摊，即受益多者多摊，受益少者少摊。如至和元年（1054年），光州仙居县令田渊上奏，请令江淮地区官府于农闲组织百姓兴修水利，有关各县"每年检计工料，各具析合系使水人户各有田段亩数，据实户远近，各备工料，候至春初，本县定日如差夫例点集入役"⑨。熙宁三年（1070年），有官吏上言，请江淮荆楚各地官府组织兴修水利，"官司予行计度，俾因岁丰暇，据占

---

① 《宋史》卷91《河渠志》。
② 《宋会要·方域》14之25-26。
③ 《宋会要·方域》9之27。
④ 《宋史》卷333《张田传》。
⑤ 《宋会要·方域》13之20。
⑥ 《宋会要·方域》13之25。
⑦ 《宋史》卷426《邵晔传》。
⑧ 张内蕴：《三吴水考》卷15《水绩考》，文渊阁四库全书本。
⑨ 《宋会要·食货》61之94。

以植地利人户，以顷亩多少为率，劝诱出备工料兴修"①。"若渠堰应修者，先役用水人家"②。由此可见，兴修农田水利设施的基本方式是由政府牵头组织，但财力、人力、物力则由民间根据受益农田面积的大小和是否用水等情况自行分摊筹措。当然如一些农田水利工程规模浩大，民间一时无力兴办，则可向官府借贷，有时也可向富户借贷。但其原则还是受益者自己承担，借贷必须按期归还，并且还要加付利息。如熙宁五年（1072年），宋神宗推行农田水利新法，特下诏书规定："应有开垦废田、兴修水利、建立堤防、修贴圩埠之类，工程浩大，民力所不能给者，许受利人户于常平仓系官钱斛内连状借贷支用，仍依青苗钱例作两限或三限送纳，只令出息二分。如是系官钱斛支借不足，亦许州县劝诱物力人户出钱借贷，依乡源例出息，官为置簿，及时催理。"③ 南宋时期，兴修农田水利设施出人集资的原则仍沿袭北宋。绍兴四年（1134年），浙西路宣谕上言："乞行下两浙诸州军府委官相度管下县分乡村，劝诱有田产上中户量出功料，相度利害，予行补治堤防圩岸等，以备水患。"④ 绍兴十五年（1145年），"两浙转运判官吴炯条具便民事，乞令常平司支借钱谷，劝民浚决华亭等处沿海三十六浦，以泄水势，庶无浸损民田之患。诏可"⑤。

（二）兴修公共工程中财力、物力主要取之官者，人力则视情况征调民工或士兵

宋代黄河经常决口泛滥，其危害大，受灾范围广。对黄河的治理往往时间紧迫，投入的财力、物力、人力往往以十万、百万甚至千万计。不言而喻，治河的财力、物力的筹集，人力的征调，依靠民间的力量，在短时间内是很难做到的。因此，主要应由政府依靠国家的力量加以解决。史载："旧制，岁虞河决，有司常以孟秋预调塞治之物，梢芟、薪柴、楗橛、竹石、茭索、竹索凡千余万，谓之春料。诏下濒河诸州所产之地，仍遣使会河渠官吏，乘农隙率丁夫水工，收采备用……所费皆有司岁计而无阙焉。"⑥ 这就是说，治河所用物资，大部分是列入国家财政预算的，通常通过赋税折科的办法筹办，是有保障的。治河人力的征调，包括兵士和民工。如太宗雍熙元年（984年），"塞房村决河，用丁夫凡十余万，自秋徂冬，既塞而复决。上以方春播种，不可重烦民

---

① 《宋会要·食货》61之98。
② 《庆元条法事类》卷49《农田水利》。
③ 《宋会要·食货》61之100。
④ 《宋会要·食货》61之105。
⑤ 《建炎以来系年要录》卷154。
⑥ 《宋史》卷91《河渠志》。

力，乃发卒五万人"，继续施工①。开始为秋冬农闲季节，朝廷征发民工十万治河，后来塞而复决，已到来年春，碰上农忙季节，故改征调士兵五万人代替民工。

宋代修建城池、桥梁、道路等，所用财力、物力、人力的解决办法与治河类似，即财力、物力一般由官府开支，人力则视情况征发民工或征调士兵。如神宗熙宁三年（1070年）五月一日，"知明州卫尉卿王罕言：'州滨大海，外接蕃夷，城壁颓圮。比岁邻郡荐饥多盗，而戍卒不满二百，乞降度僧牒以完州城。'诏止以役兵修筑"②。熙宁十年（1077年），宋廷命各路州县"检视城壁，合修去处计会工料，于丰岁分明晓谕在城中上等人户，各出丁夫修筑……应合用修城动使、柱木、搏子、椽之类，并委转运司勘会有处移那支拨，其椽木亦许系官无妨碍地内采斫充使。一应城门并检计合用物料人工差官覆检，支破官钱，收买应副使用"③。政和年间，朝廷修缮滑州浮桥，计用"兵士八万一千余工，钱二十二万八千余贯"④。

如前所述，宋代兴修农田水利设施一般由民户自行筹资，但有时官府亦视情况无偿予以拨付。如北宋时，越州"有鉴湖租三十万，法许兴修水利支用"⑤。南宋绍熙四年（1193年），知太平州叶翥言："近一二十年以来，官司出钱，每于农隙之际鸠集圩户增筑岸埂"，本年"已于本州去年州用米内取拨米三千石，趱积到钱一千贯专充修圩使用"⑥。

（三）以公共工程盈利来扩建养护该公共工程

苏轼知杭州时，曾对西湖埋塞其半进行了综合治理。对于经费的筹集，他提出以湖养湖的思想："朝廷近赐度牒一百道，每道一百七十贯，为钱一万七千贯。本州既高估米价，召人入中，又复减价出粜，以济饥民，消折之余，尚有钱米约共一万贯石……今乞用上件钱米，雇人开湖，候开成湖面，即给与人户，量出课利，作菱荡租佃，获利既厚，岁岁加功，若稍不除治，微生菱荸，即许人划赁，但使人户常忧划夺，自然尽力，永无后患。今有钱米一万贯石，度所雇得十万工，每工约开荸一丈，亦可添得十万丈水面，不为小补……所有新旧菱荡课利钱，尽送钱塘县尉司收管，谓之开湖司公使库，更不得支用，以

---

① 《长编》卷25。
② 《长编》卷211。
③ 《宋会要·方域》8之5—6。
④ 《宋会要·方域》13之25。
⑤ 《宋会要·食货》61之104。
⑥ 《宋会要·食货》61之136。

备逐年雇人开葑撩浅，如敢别将支用，并科违制。"① 这里苏轼通过出卖度牒、赈粜等筹集到最初的开湖启动经费，待湖面开成之后，作为菱荡租佃，以所得课利钱逐年雇人开葑撩浅，以湖养湖。这是一种既不增加国家财政负担，又能为民办实事的思想，是难能可贵的。

总之，宋代对公共工程修建中财力、物力、人力的集筹，其总的指导思想正如王安石所指出的："兴农事不费国财，但因民利而利之，财亦因民财力而用也。"这在国家财力匮乏的窘况下，仍能大规模在全国展开，并取得较好的效果。如农田水利新法的实施，全国各地相继兴建湖陂、疏通河道、扩大水田、改造盐碱等，使多年堙塞的陂湖河港得到了兴修、重建和扩建，恢复或扩大了排灌机能，不仅南方的水田得到了旱涝保收，北方靠河的土地也变成了水田。熙宁年间兴建的10793处水利工程，民田受益达36117888亩，官田受益达191530亩②，其效果是相当突出的。

二、对公共工程的管理和利用思想

宋代不仅重视公共工程的建设，而且还注意平时对其管理和利用，制定有具体的法令章程。如两宋南方不少地区，人多地少，人地矛盾、湖田矛盾比较突出。为合理协调、解决这些矛盾，朝廷出台了不少有关农田水利的法规。"祥符、庆历间，民始有盗陂湖为田者，三司、转运使下书切责州县，复田为湖。当时条约甚严谨，水之蓄泄，则有闭纵之法，禁民之侵耕，则有赏罚之法。"③ 为了合理用水，防止在用水时损人利己，发生争水纠纷等，朝廷规定："诸大渠灌溉，皆置斗门，不得当渠造堰，如地高水下，听于上流为斗门引取，申所属检视置之"，"诸以水溉田，皆从下始，仍先稻后陆……其碾硙之类壅水于公私有害者，除之"。④ 在水资源缺乏的季节，宋代首先保证农田灌溉用水的需要，然后再考虑其他用水的需要。如《庆元条法事类》卷49《农田水利》规定："诸小渠灌溉，上有碾硙即为弃水者，九月一日至十二月终，方许用水，八月以前其水有余，不妨灌溉者，不用此令。"由此可见，碾硙用水，在水源充足的地方，不妨碍农田灌溉的，不受季节的限制；但在水源不充足的地方，如其用水影响农田灌溉，则必须在农田收获后的九月一日至十二月终休耕期间允许使用。

---

① 《苏轼文集》卷30《申三省起请开湖六条状》。
② 《宋会要·食货》61之68。
③ 李光：《庄简集》卷11《乞废东南湖田札子》，文渊阁四库全书本。
④ 《庆元条法事类》卷49《农田水利》。

南宋时期，南方一些地方人多地少，民众侵耕河陂湖泽，严重影响水利工程储水灌溉、蓄洪排涝的功能。对此，朝廷规定："河道不得筑堰或束狭以利种植，即潴水之地，众共溉田者，官司仍明立界至注籍。"如果"诸潴水之地，辄许人请佃承买，并请佃承买人，各以违制论，许人告，未给未得者，各杖一百"①。为了防止豪强地主占湖为田合法化，朝廷规定：对于非法围湖垦田者，"县令毋给据，尉警捕，监司觉察。有围里者，以违制论；给据与失察者，并坐之"②。这里明确指出占湖为田是违制行为，如官吏给非法围湖垦田者凭据以及监司对此行为失于觉察，都要受到连坐处罚。

第二节

生态环境保护思想

一、对林木资源保护和利用的思想

（一）重视植树护林

宋代，自开国君主宋太祖开始，历朝皇帝都重视植树造林，这种思想成为朝廷上下的主导思想。宋初，面对战后百业凋零的衰败景象，宋太祖于建隆元年（960年）即位伊始就下诏令广为植树，并规定了植树的品种、数量以及考核的方式。诏令称："课民种树，定民籍为五等，第一等种杂树百，每等减二十为差，桑枣半之……令、佐春秋巡视，书其数，秩满，第其课为殿最……野无旷土者，议赏。"③按此规定：第一等户必须种杂树100棵，桑枣树50棵，共计150棵。至第五等户，也须植杂树20棵，桑枣树10棵，共计30棵。而且县令佐要进行考核，能做到该种树的地方都种上树的，将给予奖赏。开宝五年（972年）正月，宋太祖又下诏重申："应缘黄、汴、清、御等河州县，除准旧制种蓺桑枣外，委长吏课民别树榆柳及土地所宜之木。仍案户籍高下，定为五等：第一等岁树五十本，第二等以下递减十本。民欲广树蓺者听，其孤、寡、茕、独者免。"④宋太宗至道元年（995年）也下诏："令诸路州府各据本县所管人户，分为等第，依原定桑枣株数，依时栽种。如欲广谋栽种者，亦听。其无田土及孤老残疾女户无男丁力者，不在此限。如将来增添桑土，所纳

---

① 《庆元条法事类》卷49《农田水利》。
②③ 《宋史》卷173《食货上一》。
④ 《宋史》卷91《河渠一》。

税课并依原额，更不增加。"① 至道二年（996年）再次下诏："耕桑之外，令益种杂木、蔬果。"② 由此可见，宋太宗十分重视植树造林，连续两年下诏督促植树，并给予增添桑土者不增税的优惠。宋神宗时期，朝廷对于植树更强调的是成活率，并以差减户租作为奖励。熙宁二年（1069年）规定："民种桑柘毋得增赋……令民即其地植桑榆或所宜木……官计其活茂多寡，得差减在户租数，活不及数者罚，责之补种。"③ 到了南宋，朝廷仍采取鼓励植树的规定，并提高了官吏和百姓的植树棵数。宋孝宗乾道元年（1165年）都省言："淮民复业，宜先劝课农桑。令、丞植桑三万株至六万株，守、倅部内植二十万株以上，并论赏有差。"④

两宋时期，人们还注意到虫害对林木资源的破坏，探索以生物防治办法来保护林木资源。据庄绰（字季裕）的《鸡肋编》卷下记载：宋人曾使用了"买蚁除蛀养柑"的方法。当时，"广南可耕之地少，民多种柑桔以图利。常患小虫损食其实，惟树多蚁，则虫不能生，故园户之家，买蚁于人。遂有收蚁而贩者，用猪羊脬盛脂其中，张口置蚁穴旁，俟蚁入中，则持之而去，谓之'养柑蚁'"。这种利用生物界的生物链来防治虫害，保护林木资源的思想，反映了我国古代劳动人民在保护林木资源方面的高度智慧。

宋代统治者一方面鼓励督促百姓植树；另一方面又颁布许多法律，对林木进行保护，严禁私自砍伐林木，必须依法进行开采，禁火烧林等。

宋初规定："毁伐树木、稼穑者，准盗论。"⑤ 毁伐树木与盗取同罪，可见处罚是相当严厉的。宋徽宗政和时规定："诸系官山林辄采伐者，杖八十。"⑥ 宋宁宗庆元年间仍规定：采伐"官山林"者，"杖八十，许人告"，给告者"钱三十贯"⑦。

《庆元条法事类》卷80《采伐山林》规定："诸因仇嫌毁伐人桑柘者，杖一百，积满五尺，徒一年，一功徒一年半（于木身去地一尺，围量积满四十二尺为一功）。每功加一等，流罪配邻州。虽毁伐而不至枯死者，减三等。"如即使是自家栽种的桑柘等，"非灾伤及枯朽而辄毁伐者，杖六十"。

虽然上述法令条文禁止随意砍伐林木，但现实生活中因建房造屋、造船、柴薪等需要，砍伐树木又是必然存在的事实，只是这些砍伐必须依照规定在法

---

① 《宋会要·食货》63之163。
② 《宋史》卷91《河渠一》。
③④ 《宋史》卷173《食货上一》。
⑤ 《宋刑统》卷27《杂律》。
⑥ 《宋会要·方域》10之7。
⑦ 《庆元条法事类》卷80《采伐山林》。

令许可的范围内进行。其一,因建筑需要砍伐树木要事先申请,即"官司兴造须采伐者报所属",经有关部门批准后才可砍伐①。其二,要按照规定的时间、地点进行采伐。如春夏是林木生长的季节,为保护其正常生长,法律规定"春夏不得伐木"②。宋朝规定,军队伐木在二月十三日以前,如其后缺少薪柴,则必须申请,被批准后,才可在指定地点限量砍伐。如果擅自砍柴,则"当依军法。将佐不钤束,重置典宪"③。其三,南宋军队砍伐林木时需要有专门的"号"。绍兴元年(1131年)规定,诸军及三衙得旨可打柴,兵士需要持有长官所发给的"号",而且另有专官监督。如果士兵没有"号",或砍伐坟地的林木,巡尉、乡保可将其捕获送枢密院听候裁决,随行官员也要受到一定的处罚④。其四,宋朝十分重视林地被采伐后要即时种植,"以时补足"⑤。因为采伐不可避免,重要的是采伐后的林地应及时再造,这样才有源源不断的林地供子孙后代采伐,而且不因采伐毁坏树林而影响水土生态。

山林如因人们不慎或故意而引火焚烧,其损失是极其巨大的。对此,宋朝廷一般都予以严惩。宋初规定:"延烧林木者,流二千里。"如果是在外失火而延烧到林木时,减一等论罪。为了保持土地的肥力,宋代农民每年冬季要烧田。政府规定烧田只能在十月三十日以后到第二年二月一日之前,非时烧田是法律所禁止的。大中祥符四年(1011年),宋真宗曾重申火田之禁,下诏说:"火田之禁,著在《礼经》,山林之间,合顺时令。其或昆虫未蛰,草木犹蕃,辄纵燎原,则伤生类。诸州县人畬田,并如乡土旧例,自余焚烧野草,须十月后方得纵火。其行路野宿人,所在检察,毋使延燔。"⑥按规定,除开荒垦田处在冬季可焚烧野草外,其他地方不得焚烧。即便是荒田,只要其上有"桑枣",也不能放火⑦。《宋刑统·杂律》载:"诸失火及非时烧田野者,笞五十。"南宋宁宗庆元年间规定:"诸因烧田野致延烧系官山林者,杖一百,许人告。其州县官司及地分公人失觉察,杖六十。"⑧而对"告获故烧官山林者:不满一亩,钱八贯;一亩,钱一十贯,每亩加二贯(五十贯止)"⑨。

(二)植树护林的目的

宋代朝廷之所以如此重视林木的种植与保护,主要是基于环境保护的目

---

① 《宋会要·方域》10 之 6-7。
② 《庆元条法事类》卷 80《采伐山林》。
③④ 《宋会要·刑法》2 之 109。
⑤ 《庆元条法事类》卷 49《种植林木》。
⑥ 《宋史》卷 173《食货上一》。
⑦ 《宋刑统》卷 27《失火》。
⑧⑨ 《庆元条法事类》卷 80《失火》。

的，宋人虽然没有明确提出环境保护这个概念，但其行为已具有这方面的思想意识。除此之外，宋人对林木的种植与保护还具有经济和军事上的目的等。

1. 宋人对树木能保持水土、防止洪涝的作用已经有了认识

如宋人魏岘认为："四明水陆之胜，万山深秀，昔时巨木高森，沿溪平地竹木，蔚然茂密，虽遇暴水湍激，沙土为木根盘固，流下不多，所淤亦少。"后来由于木材价高，人们竞相砍伐，结果"靡山不童，而平地竹木，亦为之一空"，一旦下起大雨，"大水之时，既无林木少抑奔湍之势，又无包缆以固沙土之积，致使浮沙随流而下，淤塞溪流，至高四五丈，绵亘二三里。两岸积沙，侵占溪港，皆成陆地……由是舟楫不通，田畴失溉……旱势如焚，田苗将槁"①。所以他提出应该"植榉柳之属，令其根盘错据，岁久沙积，林木茂盛，其堤愈固，必成高岸，可以永久"②。

2. 宋人懂得通过植树壮堤防，防河决

宋太祖建隆三年（962年）十月，即诏"沿黄、汴河州县长吏，每岁首令地分兵种榆柳以壮堤防"③。宋太宗时，王嗣宗通判澶州，在河东西，"植树万株，以固堤防"④。宋真宗时，谢德权在汴河"植树数十万以固岸"⑤；荆湖北路江陵府"濒大江，岁坏为巨浸，民无所托"，知府袁枢调兵民"种木数万，以为捍蔽，民德之"⑥。咸平三年（1000年），真宗"又申严盗伐河上榆柳文禁"⑦。可见，早在宋真宗咸平三年之前，宋朝就有禁伐堤岸树的法令。宋徽宗重和元年（1118年）三月诏："滑州、濬州界万年堤，全藉林木固护堤岸，其广行种植，以壮地势。"⑧宋孝宗乾道八年（1172年）还令沿海塘堰种植芦苇，"所筑华亭捍海塘堰，趁时栽种芦苇，不准樵采"⑨。南宋时，结合圩田建设，圩岸"高广坚致，濒水种柳榆，足捍风涛，实为水利"⑩。总之，宋人认识到江河塘堰堤防上种植林木可以起到固定沙土，加固河堤，减缓洪涝灾害发生的作用。

---

① 魏岘：《四明它山水利备览》卷上《淘沙》，文渊阁四库全书本。
② 《四明它山水利备览》卷上《防沙》。
③ 《宋会要·方域》14之1。
④ 《宋史》卷287《王嗣宗传》。
⑤ 《宋史》卷309《谢德权传》。
⑥ 《宋史》卷389《袁枢传》。
⑦ 《宋史》卷91《河渠一》。
⑧ 《宋史》卷93《河渠三》。
⑨ 《宋史》卷97《河渠七》。
⑩ 阎镇珩：《六典通考》卷64，江苏广陵古籍刻印社影印本，1990年版。

第七章 宋代公共事业思想

3. 宋人种植行道树，既可养护道路、荫庇路人，又可增补官用木材

真宗大中祥符九年（1016年），"太常博士范应辰言：'诸路多阙系官材木，望令马递铺卒夹官道植榆柳，或随地土所宜种杂木，五七年可致茂盛，供费之外，炎暑之月，亦足荫及路人。'从之"①。仁宗时，陶弼在广西阳朔，"课民植木官道旁，夹数百里，自是行者无夏秋暑喝之苦。它郡县悉效之"②。由此可见，道旁植树的好处普遍被人们了解，因此其他郡县才会纷纷效仿陶弼在阳朔道旁植树。据《宋史·蔡襄传》载，宋徽宗政和六年（1116年）时，福州行道树"共栽植杉松等木三十三万八千六百株，渐次长茂，已置籍拘管"。从"置籍拘管"可知，宋人对行道树已登记成册进行管理。

4. 宋人通过植树来美化环境

宋代皇亲国戚和富商大贾往往凭借自己的地位或经济实力大兴土木，营造园苑，并植树予以美化。据李格非《洛阳名园记》所载，洛阳就有名园19个，栽有牡丹、李、桃、杏、竹、菊、莲等，园中繁花似锦，古木参天。此外，其他州县的园林也都以栽植树木作为园苑的主要景色。如河北路真定府之潭园，"园围九里，古木参天"③。定州众春园位处"郡城东北隅，潴水为塘，广百余亩，植柳数万本，亭榭花卉之盛，冠于北垂"④，而相州康乐园内，"南北二园，皆植名花杂果、松柏杨柳所宜之木，凡数千株"⑤。宋代，释道两教盛行，僧侣、道士往往占山兴寺，建院植树。如宋真宗景德年间，庐山黄龙寺和尚大超，手种杉木万株，皇帝赐名为"万杉"。宋末诗人张孝祥为此吟诗曰："老干参天一万株，庐山佳处看浮图。"

5. 宋人充分认识到林木的经济价值

宋人重视栽培经济林木，首先最重要的是桑树、枣树。这是因为桑树可以养蚕织丝布，枣树则是北方最常见的果树。宋太祖就曾多次表示"永念农桑之业，是为衣食之源"⑥，故常诏"所在长吏谕民，有能广植桑枣、垦辟荒田者，止输旧租"⑦。此后，宋代历朝皇帝都注重"设劝课之法，欲重农桑，广种植也"⑧。各级地方官吏也教民农桑并举，积极种树，"十年二十年之间，即享其

---

① 《长编》卷87。
② 《宋史》卷334《陶弼传》。
③ 吕颐浩：《忠穆集》卷8《燕魏杂记》，文渊阁四库全书本。
④ 韩琦：《安阳集》卷21《定州众春园记》，文渊阁四库全书本。
⑤ 《安阳集》卷21《相州新修园池记》。
⑥ 《宋会要·食货》1之15。
⑦⑧ 《宋史》卷173《食货上一》。

利"①。据《庆元条法事类》卷 5《考课》记载，宋代对地方官经济政绩的考核，第一项就是考核"劝农桑"，其内容要求官员填写出"某官职姓名任内劝诱人户栽植到下项：桑若干、柘若干、枣若干"。

宋代随着造纸、造船和建筑行业的发展，木材的需求大量增加，价格不断上涨，刺激经济林木的生产。当时，松、杉、柏、桧、漆、皂荚、椿等已为人们认识到具有较高的经济价值，并被广泛种植。如皖南歙州、徽州地区很适宜杉木的生长，"土人稀作田，多以种杉为业，杉又易生之物，故取之难穷"②。种椿木的经济收益也很可观，"三年一斫，种三十亩，一年斫十亩，三年一遍，岁收织百匹，永无尽期"③。浙江平原、丘陵地带则广种乌桕。徐光启《农政全书》卷 38 说："乌桕树收子取油，甚为民利。他果实总佳，论济人实用无胜此者。江浙人种者极多，树大或收子二三石。"

果树的种植到宋代也日益增多，成为农业中的一个独立生产部门。我国南方的"桔园甚多"，形成了产桔的中心。如洞庭山一带，"地占三乡，户率三千，环四十里……皆以树桑栀甘柚为常产"④，"地方共几百里，多种柑桔桑麻"⑤。如前所引，庄绰《鸡肋编》卷下就提到："广南可耕之地少，民多种柑桔以图利。"由此可见，人们把种柑桔作为生活的主要来源。宋代荔枝的种植也日益推广。荔枝是果中珍品，盛产于南方、西南，"岭南及巴中，今泉、褚、淳、嘉、蜀、渝、涪州、兴化军及二广州军皆有之"⑥。宋人十分重视荔枝的经济价值，不仅贩运国内各地，还远销海外。每年荔枝成熟之时，"水浮陆转，以入京师，外至北戎、西夏。其东南舟行新罗、日本、琉球、大食之属，莫不爱好，重利以酬之，故商人贩益广，而乡人种益多，一岁之出，不知几千万亿"⑦。

除此之外，至宋代时期，林木是薪炭的主要来源，"民可享其利"。与欧阳修同修《新唐书》的宋祁，在四川益州（今成都）为官时，号召人们广种桤木、楠木。他说：桤木"厥植易安，数岁辄林，民赖其用，实代其薪……亦得所宜，民家莳之，不三年材可倍常，（斧而）薪之。疾种亟取，里人以

---

① 《袁氏世范》卷 3《桑木因时种植》。
② 范成大：《骖鸾录》，四部丛刊本。
③ 韩鄂原：《四时纂要校释》卷 4，农业出版社，1981 年版。
④ 《苏学士文集》卷 13《苏州洞庭山水月禅院记》。
⑤ 庄绰：《鸡肋编》卷中，中华书局点校本，1983 年版。
⑥ 唐慎微：《重修政和经史证类备用本草》卷 23《荔枝》，四部丛刊本。
⑦ 蔡襄：《荔枝谱》，百川学海本。

为利"①。

总之，宋人注重栽种桑枣以及各种果树等，其主要目的是为了获取其经济价值，但对保护农作区的林木资源，保护其生态平衡的客观作用也是显而易见的。

6. 宋人植树造林，用于军事防御

北宋王朝自建立以后就一直面临着北方契丹和西北方西夏的威胁，这两个富有进攻性的游牧民族政权，多次发起战争，宋王朝一直处于被动防御的势态。由于宋辽边界位于今华北平原北部一带，这里"地广平，利驰突"，而辽兵恰好多善骑战，边界地区广阔的平原正好为其提供了方便，利于骑兵疾驰而下。如果有众多林木为阻隔，则可形成天然屏障，在一定程度上可以阻挡敌骑南下的速度。有鉴于此，北宋不仅有意识地保留边境地区原有的森林，而且进一步采取措施植树造林。史载自宋太祖诏令"于瓦桥一带南北分界之所专植榆柳"始，此后历朝坚持植树造林。尤其是雄州李允则，治雄州十几年，"颇用心于此"，曾"下令安抚司，所治境有隙地悉种榆。久之，榆满塞下。谓僚佐曰：'此步兵之地，不利骑战，岂独资屋材耶？'"②宋立国后，多次诏令保护边界地区的林木，"差官领兵遍植榆柳，冀其成长，以制敌骑"。尤其是北宋中期，对河东与河北等地之"山林险阻，仁宗、神宗常有诏禁止采斫。积有岁年，茂密成林，险固可恃"③。宋仁宗时有人上疏说："往岁安抚使贾宗患边地平坦，不足以待寇，故植榆柳为塞，以绝戎骑之奔突。其后林木既成，虏人患之。"④宋神宗熙宁五年（1072年），"东头供奉官赵忠政言：'界河以南至沧州凡二百里，夏秋可徒涉，遇冬则冰合，无异平地。请自沧州东接海，西抵西山，植榆、柳、桑、枣，数年之间，可限契丹。'"⑤直至南宋初期，金兵已南下，但这种军事防御林还起着作用。宋高宗曾多次指出："河东黑松林，祖宗时所以严禁采伐者，正为借此为阻，以屏捍外夷耳。"⑥绍熙二年（1191年），光宗曰："淮上一望都无阻隔，时下栽植榆柳，虽未便何用，缓急亦可为藩篱。"三年，令两淮、京西、湖北、四川等路，"多种林木，令人防守"⑦。绍熙四年（1193年）十二月四日，枢密院言："两淮、荆、襄控扼去处，全藉

---

① 宋祁：《益部方物略记》，文渊阁四库全书本。
② 《长编》卷93。
③ 《宋会要·刑法》2之80。
④ 《宋会要·兵》27之28。
⑤ 《宋史》卷95《河渠五》。
⑥ 《建炎以来系年要录》卷100。
⑦ 《宋会要·兵》29之44。

山林蔽护，访闻民间采斫，官司更不禁止。"上曰："屡有约束，久而人玩，宜再禁戢。"① 总之，宋人善于保护、利用林木，作为边防要地的军事防御林，在"以制敌骑"、"以绝戎骑之奔突"中发挥了作用。当时，河北边界地区一度榆柳广布，所种树木达300余万棵，宋人认为"此中国万世之利也"②。宋朝廷还专门绘制了《北面榆柳图》，真宗曾得意地向大臣出示该图，并说："此可以代鹿角也。"③

二、对动物资源保护和利用的思想

保护野生动物资源，是维护生态平衡的重要环节之一。宋代在保护野生动物资源方面所体现的思想，至今值得我们借鉴。

（一）告示百姓，进行宣传，做到家喻户晓

古代没有像今天这么发达的报纸、广播、电视、网络等宣传媒体，主要是通过在重要场所或交通要道处粉刷墙壁，于其上贴写诏书，告示百姓，不得违时滥捕禽兽，非法猎杀野生动物等。如宋太宗太平兴国三年（978年）诏曰："方春阳和之时，鸟兽孳育，民或捕取以食，甚伤生理，而逆时令。自（今）宜禁民，二月至九月，无得捕猎，及持竿携弹，探巢摘卵，州县吏严饬里胥，伺察擒捕，重致其罪。仍令州县，于要害处粉壁，揭诏书示之。"④

（二）禁止非时滥捕禽兽

如春夏之时正是动物繁殖生育之时，禁止这一时期捕猎，有助于动物的正常生长繁殖。特别是成年鸟兽鱼类正在孵卵育雏，如捕杀成年，还会害及大量幼年鸟兽或卵子的生育孵化，因此，这一时期不应对野生动物进行捕猎，是合乎禽兽繁殖生长的自然规律。只有保护好动物的繁殖生长，合理地利用自然动物资源，才可能使其取之不尽，用之不竭。建隆二年（961年）二月，宋太祖就曾下诏："禁春夏捕鱼射鸟。"⑤ 前引宋太宗太平兴国三年下诏中亦说："方春阳和之时，鸟兽孳育，民或捕取以食，甚伤生理，而逆时令。自（今）宜禁民，二月至九月，无得捕猎。"宋真宗时，为了使百姓不在禁猎期随意捕杀动物，要求地方长官每年春夏时都要向民众重申这一禁令。大中祥符三年（1010年）二月诏："禁方春射猎，每岁春夏所在长吏申明之。"⑥

---

① 《宋会要·刑法》2之126。
② 《宋史》卷347《王汉之传》。
③ 《宋会要·方域》12之8。
④ 《宋大诏令集》卷198《二月至九月禁捕猎诏》。
⑤ 《宋史》卷1《太祖一》。
⑥ 《宋史》卷7《真宗二》。

第七章 宋代公共事业思想

（三）在围猎中，反对一网打尽、竭泽而渔，使野生动物资源耗竭，主张网开一面，让它们生生不息

《癸辛杂识·癸辛杂识续集上》载："北客云：'北方大打围，凡用数万骑，各分东西而往，凡行月余而围始合，盖不啻千余里矣。既合，则渐束而小之，围中之兽皆悲鸣相吊。获兽凡数十万，虎、狼、熊、罴、麋鹿、野马、豪猪、狐狸之类有之，特无兔耳。猎将竟，则开一门，广半里许，俾余兽得以逸去，不然则一网打尽，来岁无遗种矣。'又曰：'未猎之前队长去其头帽，于东南方开放生之门，如队长复帽，则其围复合，众始猎耳，此亦汤王祝网之意也。'"

（四）最高统治者做出表率，停止各地进献珍禽异兽，不在禁猎季节出猎

宋代时期，由于其自然生态环境与社会环境和当代不同，所以许多今天我国境内多已不存或稀少的野生动物资源在当时还较多，如大象、老虎等，但其数量却已明显地减少，甚至有的已很少见。因此，宋代皇帝多次诏令更革传统习惯，禁止向朝廷上贡驯象及其他珍贵动物。大中祥符五年（1012年），真宗特地诏令："罢献珍禽异兽"①，并强调"仍令诸州依前诏，勿以珍禽异兽为献"②。史载，庆历七年（1047年）三月庚午，宋仁宗出猎，因是禁猎季节，从而引起御史何郯等人的强烈净谏，认为"田猎之事，具有礼文，行之以时"，要求皇上"动遵法度，不喜弋猎"，结果经"群臣抗言，随即停罢"。不久，仁宗一时兴起，又想出猎，最终同样受到了群臣的反对，不得不"诏罢出猎"③。在中国古代君主专制社会里，皇帝能有如此的诏令发布和从谏罢猎的行动，对于保护野生动物资源，无疑是有积极意义的。

（五）注意从滥捕乱杀的根源上加以制止

从古代到当代，滥捕乱杀的根源往往是经济利益，如有的是获取动物珍贵的皮毛，有的是为了享用美味。宋仁宗时期，官宦争奇斗艳，竞相奢侈，盛行戴鹿胎冠之风，致使鹿类横遭劫难，受到大量捕杀。对此，宋仁宗于景祐三年（1036年）六月十五日下诏说："冠冕有制，盖戒于侈心；麛卵无伤，用蕃于庶类。惟兹麀鹿，伏在中林，宜安濯濯之游，勿失呦呦之乐。而习俗所贵，猎捕居多，资其皮存，用诸首饰。竞剖胎而是取，曾走险之莫逃。既浇民风，且暴天物。特申明诏，仍立严科，绝其尚异之求，一此好生之德。宜令刑部遍牒三京及诸路转运司辖下州、府、军、监、县等，应臣僚士庶之家，不得戴鹿胎冠子，及今后诸色人，不得采捕鹿胎，并制造冠子。如有违犯，并许诸色人陈

---

① 《宋史》卷8《真宗三》。
② 《长编》卷79。
③ 《长编》卷160。

告,其本犯人严行断遣。告事人如采捕鹿胎人,支赏钱二十贯文,陈告戴鹿胎冠子并制造人,支赏钱五十贯文,以犯事人家财充。"① 宋仁宗通过下诏书通令全国,一律不准戴鹿胎冠,不得捕鹿取胎,不许以鹿胎制造冠帽,如有违犯即处以重罚。诏令还鼓励告发,凡告发捕采鹿胎属实者,获赏钱20贯;凡告发戴鹿胎冠或制造鹿胎冠者,赏钱更高,达50贯,可见仁宗的用意是想从源头加以制止。因为如无人敢戴鹿胎冠或制造鹿胎冠,那捕鹿采胎之事自然消失。这道诏令的下达,的确一度刹住了乱捕滥猎鹿类的歪风,保护了动物资源。还有为了禁止因食用野生动物而滥捕,宋真宗还严格规定:为保护飞禽走兽,"粘竿弹弓等物,不得携入宫观寺院,及有屠宰,违者论如法"②。宋神宗时甚至规定:"内庭洎宗室",不得入市买禽兽以为食,"使民知禁"③。正是这种严格的禁令,使许多滥捕乱杀的行为从源头上得到了一定的遏制,从而受到了约束和制止。

(六)重视保护害虫的天敌,以造福于人类

宋人已有十分明确的利用动物界的食物链防治害虫的思想。五代乾祐元年(948年)发生蝗灾,阳武、雍丘、襄邑三县"蝗为鸜鹆聚食,诏禁捕鸜鹆"④。这是历史上保护益鸟以防治害虫的较早记载。青蛙吞食大量害虫,对农作物生长有利,这是童叟皆知的事实。宋代禁民捕蛙。宋神宗时彭乘的《墨客挥犀》卷6记载:"浙人喜食蛙,沈文通在钱塘日切禁之。"又据南宋赵葵的《行营杂录》记载,宋人不但禁止捕蛙,还对犯禁者予以严惩。"马裕斋知处州,禁民捕蛙"。有一个浪荡女子为了陷害丈夫,唆使其夫捕蛙,又秘密告官,守城士卒前往缉拿。结果其夫"为门卒所捕,械至于庭"。总之,宋人禁捕青蛙,故大词人辛弃疾才在《西江月·夜行黄沙道》中写出"稻花香里说丰年,听取蛙声一片"这样流传千古的佳句,表达了宋人保护并利用青蛙消灭害虫,取得农作物丰收的思想。

三、对水土资源保护和利用的思想

(一)对长江流域水土生态的综合治理思想

宋代以来,由于植被的破坏,水土流失严重,江河湖泊等淤积使蓄水泄洪的能力降低,南北水患频繁。宋辽、宋金的先后对峙,使宋统治者对北方黄河的决、溢、徙所引起的严重水灾,只从借河御敌或漕运的需要出发,着重防治

---

① 《宋大诏令集》卷199《禁鹿胎诏》。
②③ 《宋会要·刑法》2之159。
④ 薛居正:《旧五代史》卷101《隐帝纪上》,中华书局点校本,1986年版。

下游河患，对黄河的治本工作没有予以认真思考，而南方长江流域的水土生态系统，由于人口的剧增以及土地的开发，其平衡渐形失调，有的陷入干旱与洪涝的恶性循环中。生态平衡的破坏，直接威胁农业的发展，影响了漕运，对民众生活产生很大的冲击。因此，不少人对此进行思考和探讨，发表了有关对水土资源的保护和利用的思想。

宋人认为南方长江流域中水土生态平衡遭到破坏最主要的是两个方面的问题：其一，围湖为田，使水旱之灾加剧。"（绍兴）五年，江东帅臣李光言：'明、越之境，皆有陂湖，大抵湖高于田，田又高于江、海，旱则放湖水溉田，涝则决田水入海，故无水旱之灾。本朝庆历、嘉祐间，始有盗湖为田者，其禁甚严。政和以来，创为应奉，始废湖为田。自是两州之民，岁被水旱之患。'"①绍兴二十三年（1153年），"谏议大夫史才言：'浙西民田最广，而平时无甚害者，太湖之利也。近年濒湖之地，多为兵卒侵据，累土增高，长堤弥望，名曰坝田。旱则据之以溉，而民田不沾其利；涝则远近泛滥，不得入湖，而民田尽没。望尽复太湖旧迹，使军民各安，田畴均利。'从之"。由此可见，宋人已清楚地认识到湖泊在水土生态中的重要性，它们起着干旱时蓄水灌溉、洪涝时泄水分流的作用，如果人类一味地为着扩大耕地面积，围湖为田，事实则证明将受到自然界的惩罚。因为湖泊的消失，使水无处蓄积，干旱时就无水可以灌溉，洪涝时则又无处分流排泄洪水而泛滥成灾。其二，荒废陂塘，也会使水旱之灾加剧。陂塘类似于当代的水库，起着重要的蓄水排洪功能，对农业作用甚大。对于陂塘与农业的关系，宋人也有清楚的认识。《宋史·食货上一》载："初，五代马氏于潭州东二十里，因诸山之泉，筑堤潴水，号曰龟塘，溉田万顷。其后堤坏，岁旱，民皆阻饥。（绍兴）七年，守臣吕颐浩始募民修复，以广耕稼。""庆元二年，户部尚书袁说友等言：'浙西围田相望，皆千百亩，陂塘溇渎，悉为田畴，有水则无地可潴，有旱则无水可戽。不严禁之，后将益甚，无复稔岁矣。'"宋人在实践中懂得，耕田必须与一定面积的陂塘配套，才可能获得丰收，否则，把陂塘也变成耕地，非但不能增加总产量，反而得不偿失，减少该地区的总收获量。

针对上述情况，宋人就围湖废塘垦田所带来水土生态失调而影响农业的问题提出了许多对策和措施，主要有以下六点：

1. 还田为湖

如"隆兴二年八月，诏：'江浙水利，久不讲修，势家围田，堙塞流水。诸州守臣按视以闻。'于是知湖州郑作肃、知宣州许尹、知秀州姚宪、知常州

---

① 《宋史》卷173《食货上一》。以下7个自然段引文未注明出处者，均见于此。

刘唐稽并乞开围田，浚港渎。诏湖州委朱夏卿，秀州委曾惜，平江府委陈弥作，常州、江阴军委叶谦亨，宣州、太平州委沈枢措置。九月，刑部侍郎吴芾言：'昨守绍兴，尝请开鉴湖废田二百七十顷，复湖之旧，水无泛滥，民田九千余顷，悉获倍收。今尚有低田二万余亩，本亦湖田，百姓交佃，亩直才两三缗。欲官给其半，尽废其田，去其租。'户部请符浙东常平司同绍兴府守臣审细标迁。从之"。这里，刑部侍郎吴芾算了一笔账，把鉴湖废田 270 顷还田为湖，可使民田 9000 余顷无水灾之患，增产一倍，其实际的收益是：

9000 顷×亩产－270 顷×亩产＝8730 顷×亩产

吴芾还进一步建议把低田 2 万余亩再还田为湖，政府补贴田地卖价的一半给百姓，并去掉田租。这种以半价收买的方式将民间的田地还为湖泊，在封建社会也是相当可取的政策，既解决水土生态系统平衡失调的问题，又能考虑到被淹田的田主生计问题。

2. 修复养护陂塘

绍兴年间，"比部员外郎李泳言，淮西高原处旧有陂塘，请给钱米，以时修浚"。乾道九年（1173 年）八月，"臣僚言江西连年荒旱，不能预兴水利为之备。于是乃降诏曰：'朕惟旱乾、水溢之灾，尧汤盛时，有不能免。民未告病者，备先具也。豫章诸郡县，但阡陌近水者，苗秀而实；高印之地，雨不时至，苗辄就槁。意水利不修，失所以为旱备乎？唐韦丹为江西观察使，治陂塘五百九十八所，灌田万二千顷。此特施之一道，其利如此，矧天下至广也。农为生之本也，泉流灌溉，所以毓五谷也。今诸道名山，川原甚众，民未知其利。然则通沟渎，潴陂泽，监司、守令，顾非其职欤？其为朕相丘陵原隰之宜，勉农桑，尽地利，平繇行水，勿使失时。虽有丰凶，而力田者不至拱手受弊，亦天人相因之理也。朕将即勤惰而寓赏罚焉。'"从宋孝宗诏书可以看出，宋最高统治者十分清楚地认识到陂塘其利至广，对农业灌溉至关重要，因此修复、养护陂塘是地方监司、守令的一项职责，朝廷把这项职责作为考核赏罚地方官员的重要依据。

3. 不使豪强地主围湖垦田合法化，加强管理与处罚

淳熙十年（1183 年），"大理寺丞张抑言：'陂泽湖塘，水则资之潴泄，旱则资之灌溉。近者浙西豪宗，每遇旱岁，占湖为田，筑为长堤，中植榆柳，外捍菱芦，于是旧为田者，始隔水之出入。苏、湖、常、秀昔有水患，今多旱灾，盖出于此。乞责县令毋给据，尉警捕，监司觉察。有围里者，以违制论；给据与失察者，并坐之。'既而漕臣钱冲之请每围立石以识之，共一千四百八十九所，令诸郡遵守焉"。这里明确规定了趁干旱时占湖为田是违制行为，如官吏给非法围湖垦田者凭据以及监司对此行为失于觉察，都将受到连坐处罚。《文

献通考·田赋六》载淳熙三年（1176年）傅淇奏言也提到类似的情况，当时浙西"豪右之家"肆意围湖垦田，计亩纳钱，而官司"利其所入，给据付之"，使其围湖垦田合法化，对此，朝廷"条约诸县，毋得给据与官民户及寺观"。

4. 完善水利设施，使湖泊陂塘更好地发挥灌溉排涝的作用

湖泊陂塘要更好地发挥灌溉排涝的作用，必须有一定的水利设施配套，其中最重要的是设置闸门，才能做到干旱时蓄水洪涝时分流泄水。如镜湖由于水利失修，设施不齐备，所以"濒湖之民始得增高益卑，盗以为田"。对于这种情况，徐次铎提出"使其堤塘固，堰闸坚，斗门启闭及时，暗沟禁窒不通"，就能使"民虽欲盗耕为尺寸田，不可得也"①。乾道二年（1166年）六月，"知秀州孙大雅代还，言：'州有柘湖、澱山湖、当湖、陈湖，支港相贯，西北可入于江，东南可达于海。旁海农家作坝以却咸潮，虽利及一方，而水患实害邻郡；设疏导之，则又害及旁海之田。若于诸港浦置闸启闭，不惟可以泄水，而旱亦获利。然工力稍大，欲率大姓出钱，下户出力，于农隙修治之。'于是以两浙转运副使姜诜与守臣视之，诜寻与秀常州、平江府、江阴军条上利便。诏'秀州华亭县张泾闸并澱山东北通陂塘港浅处，俟今年十一月兴修；江阴军、常州蔡泾闸及申港，明年春兴修；利港俟休役一年兴修；平江府姑缓之。'三年三月，诜使还，奏：'开浚毕功，通泄积水，久浸民田露出塍岸。臣已谕民趁时耕种。恐下户阙本，良田复荒，望令浙西常平司贷给种粮。'又奏措置、提督、监修等官知江阴军徐藏等减磨勘年有差"。由此可见，宋人已充分认识到置闸启闭可有效地调节旱涝之灾，使受灾之田及时耕种并获得丰收，效果是显著的，有关官员都受到朝廷的破格提升。

5. 对湖泊陂塘及其水道进行疏浚

宋代由于植被的破坏，水土流失严重，造成湖泊陂塘及其水道淤积，水流不畅，使湖泊陂塘逐渐失去灌溉和排涝等功能。因此，宋代朝廷上下不时必须对淤积问题进行治理。这些治理大多工程浩大，需花费大量的人力、财力，或在技术层面上施工困难，因此，往往成为官府施政的一个重要议题。绍兴二十八年（1158年），"两浙转运副使赵子潚、知平江府蒋璨言：'太湖者，数州之巨浸，而独泄以松江之一川，宜其势有所不逮。是以昔人于常熟之北开二十四浦，疏而导之江；又于昆山之东开一十二浦，分而纳之海。三十六浦后为潮汐沙积，而开江之卒亦废，于是民田有淹没之患。天圣间，漕臣张纶尝于常熟、昆山各开众浦；景祐间，郡守范仲淹亦亲至海浦，浚开五河；政和间提举官赵霖复尝开浚。今诸浦堙塞，又非前比，计用工三百三十余万，钱三十三万余

---

① 徐次铎：《复镜湖议》，载徐光启《农政全书》卷16《水利·浙江水利》，文渊阁四库全书本。

䌷，米十万余斛。'于是诏监察御史任古复视之。既而古至平江言：'常熟五浦通江诚便，若依所请，以五千功，月余可毕。'诏以激赏库钱、平江府上供米如数给之。二十九年，子潇又言：'父老称福山塘与丁泾地势等，若不浚福山塘，则水必倒注于丁泾。'乃命并浚之"。从赵子潇、蒋璨所言可知，太湖通江海诸浦在北宋160余年间至少有4次重大的疏浚。人们之所以投入巨大的人力、财力进行治理，因为认识到水土系统的平衡关系到沿湖百姓的生存问题。这是宋代人民认识生态环境的重要性并尽力加以保护和利用所进行的不懈努力。

当时，除了水土流失造成淤积之外，人为的侵占围垦，也是使湖泊、陂塘淤积的一个因素。嘉定十七年（1224年），臣僚言："越之鉴湖，溉田几半会稽，兴化之木兰陂，民田万顷，岁饮其泽。今官豪侵占，填淤益狭。宜戒有司每岁省视，厚其潴蓄，去其壅底，毋容侵占，以妨灌溉。"这里"厚其潴蓄，去其壅底"就不单是疏通水道，而是要对陂塘湖泊淤积部分进行深挖，清除淤泥，增加其蓄水能力。

6. 在不破坏水土系统平衡的前提下，广辟圩田以发展农业

北宋仁宗时期，范仲淹就提出在江南地区广泛修举圩田，其理由是圩田"中有河渠，外有门闸。旱则开闸，引江水之利；潦则闭闸，拒江水之害，旱涝不及，为农美利"[①]。可见，圩田具有旱时引水灌溉，涝时防洪淹灌，使农田旱涝保收的优势。南宋孝宗乾道九年（1173年），"户部侍郎兼枢密都承旨叶衡言：'奉诏核实宁国府、太平州圩岸，内宁国府惠民、化成旧圩四十余里，新筑九里余；太平州黄池镇福定圩周四十余里，延福等五十四圩周一百五十余里，包围诸圩在内，芜湖县圩周二百九十余里，通当涂圩共四百八十余里。并高广坚致，濒水一岸种植榆柳，足捍风涛，询之农民，实为永利。'于是诏奖谕判宁国府魏王恺，略曰：'大江之壖，其地广袤，使水之蓄泄不病而皆为膏腴者，圩之为利也。然水土斗啮，从昔善坏。卿聿修稼政，巨防屹然，有怀勤止，深用叹嘉。'"滨湖之地低洼，极容易受湖水的浸灌。为了防止湖水侵入耕地，宋人在田地四周筑起土堤，这种防止湖水侵入而在四周筑堤的田地就称作圩田。宋人认识到圩田的垦辟必须以"水之蓄泄不病"作为前提，这是在长期合理保护和利用水土资源实践中的真知灼见。

（二）苏轼综合治理西湖的思想

据笔者所知，在宋人中把水土环境作为一个系统进行综合考察，其思想比较深刻突出的当推苏轼。他在《杭州乞度牒开西湖状》和《申三省起请开湖六

[①] 范仲淹：《范文正奏议》卷上《答手诏条陈十事》，文渊阁四库全书本。

条状》》[①]两篇文章中集中阐述了自己的水土系统综合治理思想，以下就此做简要分析阐发。

首先，苏轼在《杭州乞度牒开西湖状》中以朴素的系统生态学的眼光阐述了西湖埂塞其半，但不可废的五个原因：一是西湖"一旦埂塞，使蛟龙鱼鳖同为涸辙之鲋"，这就是说如西湖消失了，那些以西湖作为生存环境的野生动物将全部无法存活。二是"杭之为州，本江海故地，水泉咸苦，居民零落，自唐李泌始引湖水作六井，然后民足于水，井邑日富，百万生聚，待此而后食。今湖狭水浅，六井渐坏，若二十年之后，尽为葑田，则举城之人，复饮咸苦，其势必自耗散"。可见，西湖作为杭州全城百万居民的饮食用水，关系到城市的兴衰，如西湖不复存在，那么全城百姓将要重新饮用咸苦之水，必然导致居民迁往他处。三是西湖之水"若蓄泄及时，则濒河千顷，可无凶岁"，"而下湖数十里间，茭菱谷米，所获不赀"。如西湖埂塞，此蓄水灌溉之利不复存在。四是"西湖深阔，则运河可以取足于湖水。若湖水不足，则必取足于江潮。潮之所过，泥沙浑浊，一石五斗。不出三岁，辄调兵夫十余万功开浚，而河行市井中盖十余里，吏卒骚扰，泥水狼藉，为居民莫大之患"。显然，湖水有利于水运，如靠江潮行船，河床三年就会淤积需要开浚，那将花费大量人力、财力，还给城市居民带来莫大生活上的不便。五是"天下酒税之盛，未有如杭者也，岁课二十余万缗。而水泉之用，仰给于湖，若湖渐浅狭，水不应沟，则当劳人远取山泉，岁不下二十万功"。也就是，如西湖水浅无法在水道流动，那么人们酿酒用水要到远处汲取山泉，将付出"二十万功"的劳动力，必然影响国家一年"二十余万缗"的酒课收入。总之，苏轼认为杭州如没有西湖之水，那么滨湖地区生存的生物、居民饮水、农业灌溉、水运以及酿酒用水都将出现问题，也就是水土生态系统中只要一个基本子系统出现故障，将影响整个系统的正常运行。这种用综合性的系统思维来说明西湖不可废，见解深刻，视角独特，比较有说服力。

其次，在这种综合性系统思维探讨西湖不可废的五种原因的基础上，苏轼提出了治理西湖所要达到的目标及措施。其一，苏轼"自去年（元祐四年，公元1089年）七月到任，首见运河干浅，使客出入艰苦万状，谷米薪刍，亦缘此暴贵，寻划捍捍江兵士及诸色厢军得千余人，自十月兴工，至今年四月终，开浚茅山、盐桥二河，各十余里，皆有水八尺以上。见今公私舟船通利"。其二，"今宜于钤辖司前创置一闸，每遇潮上，则暂闭此闸，令龙山浙江潮水，径从茅山河出天宗门，候一两时辰，潮平水清，然后开闸，则盐桥一河过阛阓

[①] 《苏轼文集》卷30。以下3个自然段引文未注出处者，均见于此。

中者，永无潮水淤塞、开淘骚扰之患……茅山河既日受潮水，无缘涸竭，而盐桥河底低茅山河底四尺，则盐桥河亦无涸竭之患"。总之，置闸既可阻挡潮水侵入淤塞，又可放水流入茅山河和盐桥河，避免两河涸竭之患，有利于灌溉。其三，"宜于涌金门内小河中，置一小堰，使暗门、涌金门二道所引湖水，皆入法慧寺东沟中，南行九十一丈，则凿为新沟二十六丈，以东达于承天寺东之沟，又南行九十丈，复凿为新沟一百有七丈，以东入于猫儿桥河口，自猫儿桥河口入新水门，以入于盐桥河，则咫尺之近矣。此河下流，则江潮清水之所入，上流，则西湖活水之所注，永无乏绝之忧矣，而湖水所过，皆阛阓曲折之间，颇作石柜贮水，使民得汲用浇灌，且以备火灾，其利甚博"。这一工程解决了滨湖地区居民的生活用水和消防用火。总之，苏轼的三条措施始终紧紧围绕解决西湖之水这一关键根本问题，从而带动西湖整个水土生态系统中的生物生存环境、居民生活用水、农业灌溉、水运等相关问题的迎刃而解（见图7-1）。

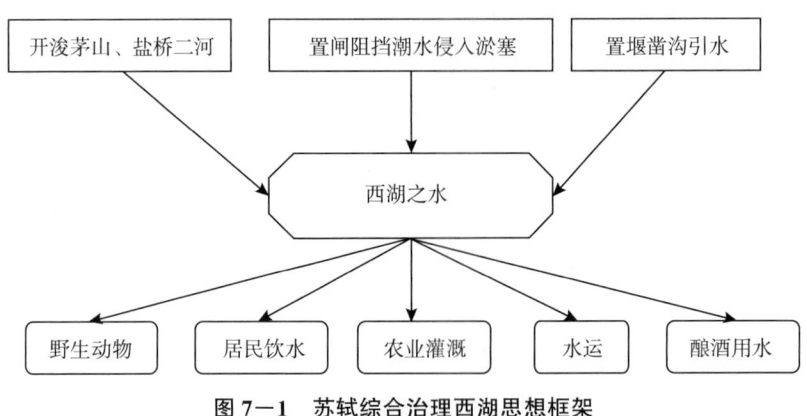

图7-1　苏轼综合治理西湖思想框架

最后，值得一提的是苏轼不仅从朴素的系统生态学的角度阐述了治理西湖的重要性和治理的工程规划，而且还就经费的筹集也提出了切实可行的建议。他主张："朝廷近赐度牒一百道，每道一百七十贯，为钱一万七千贯。本州既高估米价，召人入中，又复减价出粜，以济饥民，消折之余，尚有钱米约共一万贯石……今乞用上件钱米，雇人开湖，候开成湖面，即给与人户，量出课利，作菱荡租佃，获利既厚，岁岁加功，若稍不除治，微生茭苇，即许人划赁，但使人户常忧划夺，自然尽力，永无后患。今有钱米一万贯石，度所雇得十万工，每工约开葑一丈，亦可添得十万丈水面，不为小补……所有新旧菱荡课利钱，尽送钱塘县尉司收管，谓之开湖司公使库，更不得支用，以备逐年雇

第七章 宋代公共事业思想

人开茭撩浅,如敢别将支用,并科违制","勘会西湖茭田共二十五万余丈,合用人夫二十余万功。上件钱米,约可雇十万功,只开得一半。轼已具状奏闻,乞别赐度牒五十道,并于前来所赐本路诸州度牒二百道内,契勘赈济支用不尽者,更拨五十道,通成一百道,充开湖费用"。这里苏轼通过出卖度牒筹集最初的开湖启动经费,待湖面开成之后,作为菱荡租佃,以所得课利钱逐年雇人开茭撩浅,以湖养湖。这是一种既不增加国家财政负担又能为民办实事的思想,是难能可贵的(见图7-2)。

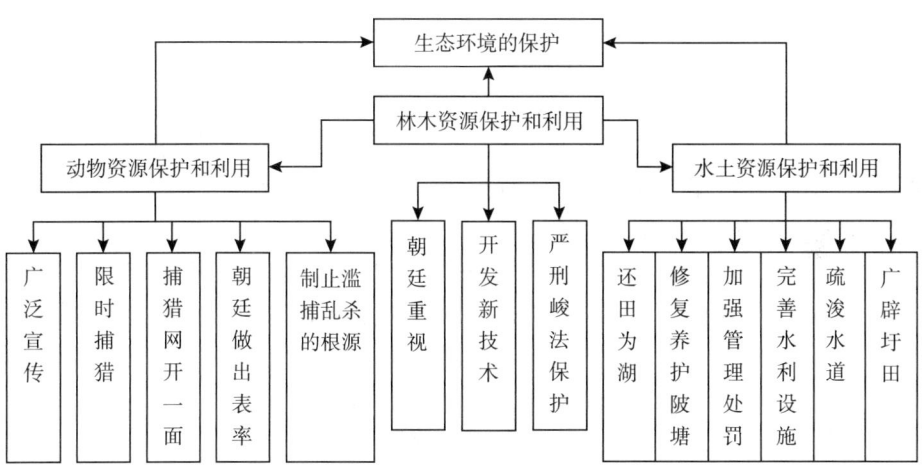

图7-2 宋代的生态环境保护思想框架

第三节

城市治理思想

一、城市人口管理思想

宋代随着封建商品经济的繁荣,城市人口迅速发展,对城市人口的管理成为城市治理的一个重要内容。

宋代继续前代的户籍制度,对城市的人口管理实行户口登记制度。宋廷对人口的统计上报对象主要是成年男子,同时对被统计男子的年龄范围也有限制。乾德元年(963年)十月,宋太祖颁布制造版籍的诏书:"令诸州岁所奏户账，其丁口，男夫二十为丁，六十为老，女口不须通勘。"①

与户口登记密切相关的是，城市居民按财产的多少分为十等。正如欧阳修所说的："往时因为臣僚起请，将天下州县坊郭人户分为十等差科。"② 政府将城市居民划分户等的目的很清楚，即依据户等的不同，负担不同的赋役。神宗熙宁元年（1068年），判寺邓绾、曾布指出："畿内乡户，计产业若家资之贫富，上下分为五等。岁以夏秋随等输钱，乡户自四等、坊郭自六等以下勿输，两县有产业者，上等各随县，中等并一县输。析居者随所析而定，降其等。"神宗对此表示赞同，并进一步指出："然输钱计等高下，而户等著籍，昔缘巧避失实"，并令郡县"坊郭三年，乡村五年，农隙集众，籍其物产，考其贫富，察其诈伪，为之升降"。如"故为高下者，以违制论"③。元丰二年（1079年），宋神宗又下诏"两浙路坊郭户役钱，依乡村例随家产裁定免出之法。初，诏坊郭户不及二百千，乡村户不及五十千，并免输役钱。续诏乡村合随逐县民户家业裁定免出之法。至是提举司言，乡村下等有家业不及五十千而犹输钱者，坊郭二百千以下乃悉免输钱，轻重不均。故有是诏"④。从"输钱计等高下"、"坊郭自六等以下勿输"、"依乡村例随家产裁定免出之法"等可知，户等不同，所承担封建国家赋税、徭役的量也是不同的，坊郭前五等按等出钱，六等以下免出钱。除此之外，没有财产的城市居民亦与乡村一样通称为客户，属于等外户，不再进行分等，原则上不承担赋税。

宋代坊郭划分户等在实际操作中主观随意性较大，标准不易掌握。"当定户之时，系其官吏能否。有只将堪任差配人户定为十等者，有将城邑之民不问贫穷孤老尽充十等者，有只将主户为十等者，有并客户亦定十等者。"⑤ 但是尽管如此，宋代政府对城市户口的登记及坊郭户等划分体现了政府治理思想中力求真实、可靠、合理、公平的理念，即户口的登记必须真实、可靠，户等的划分涉及不同的户等承担不同的赋税徭役，故必须划分得合理、公平。

宋代，城市流动人口众多，其来源主要有以下三个方面：一是大量乡村居民因饥馑、战乱或赋役租税过重，或因土地被豪强地主兼并而背井离乡，成为城市流民。如"久饥之民，相比而集于城郭"⑥。二是宋代封建商品经济发达，不少行商往返于城市与城市、城市与乡村之间，经营各种贸易活动。这些商人不断涌入城市中，使城市较前代集中了更多的人口。如南宋临安因"江商海

---

① 《长编》卷4。
②⑤ 《欧阳修全集》卷116《乞免浮客及下等人户差科札子》。
③ 《宋史》卷177《食货上五》。
④ 《长编》卷299。
⑥ 《宋会要·食货》68之149。

贾"的汇集而在百万人口以上①。三是暂居在城市的部分流氓、无赖等流动人口。宋人钱彦远曾对皇祐以后社会上游手之多做了揭示："是田畴不辟而游手多矣。"② 一些游手进入城市，整日惹是生非，偷鸡摸狗，打架斗殴，成为社会不稳定的重要因素之一。

针对城市大量流动人口的存在，宋廷采取了一些措施加以治理，主要者有以下五点：

（一）吸引流民回归原籍

宋廷采取减免赋税、给予返乡口粮、安排住房、提供耕地等优惠政策，鼓励流民回归原籍，以减轻城市的压力。如明道二年（1033年），仁宗下诏："开封府及京东西、淮南、江东、河北、河东路，明道二年以前流民去乡里者，限一年令归业者，仍蠲赋役一年，限满不至者，听人请佃之。"③ 减免赋税，对广大流民来说具有较大的吸引力。但是流民返乡，因路途遥远，缺乏口粮盘缠而无法成行。对此，朝廷发给口粮，或安排沿途州县给予饮食。如绍圣元年（1094年），"诏府界京东、京西、河北路应流民所过州县，令当职官存恤诱谕，遣还本土。内随行别无资蓄者仍计口给历，经州县排日给食"④。隆兴二年（1164年），赵令良为官绍兴，城内外流民甚多，死者不可胜计。赵令良于是"计其地里之远近，日数之多寡，人给两月之粮，令归治本业"。此令实施后，"城市无一死人，欢呼盈道"⑤。政府劝导在城流民返乡，意在让他们能在原籍重新生存下去，不至于不久之后又倒流回城市。因此，政府必须切实解决他们起码的居住问题与再生产能力。有鉴于此，有些地方政府出台这样的优惠政策，若在城流民愿往乡村谋生，"仰耆壮尽将引领于趁那下房内安泊讫，申报本县，及当职官员躬亲劝诱，逐家量口数，各与桑土或贷种救济，种植度日，内有见在房数少者，亦令收拾小可材料，权与盖造应付"⑥。

（二）设立临时户籍管理在城流民，并给予米钱

宋政府为了掌握流民的情况，以便更好地管理和救助，注意对流民实行登记。《救荒活民书》卷3载：当时在城各厢官吏，"每见流民，逐家尽底唤出本家骨肉，亲自当面审问的实人口，填定姓名口数。逐家便各给历子一道收执，照证准备，请领米豆"。在登记过程中，在城流民不得重复登记，多领米钱。

---

① 《中国经济通史·宋代经济卷》，第1065页。
② 《鸡肋编》卷下。
③ 《长编》卷113。
④ 《宋会要·食货》57之11-12。
⑤ 《救荒活民书》卷3《赵令良赈济法》。
⑥ 《救荒活民书》卷3《富弼青州赈济行道》。

一经发现,原有的"历子"要销毁。流民离开时,居住房东要主动报告厢官,销毁流民的临时户口。

宋代,一些流民由于资产雄厚,转变为该城的坊郭户。如南宋初年,西北许多富室大贾寓居临安府,"辐凑骈集,数倍土著"。面对这一事实,绍兴二十年(1150年),朝廷下令:"钱塘、仁和两县在城民户与西北人衮同推排等第,各已注籍。"① 这就使一部分西北富商取得了临安府坊郭户的身份。

(三)为城市流民解决住宿问题

对于滞留城市长期未返乡的流民,宋政府充分利用空闲官房、仓库、邸店,修建临时简易棚屋等,来安置他们。皇祐元年(1049年),京东各州县大饥,富弼知青州,"择公私庐舍十余万区,散处其人,以便薪水"②。宣和六年(1124年),面对秀州城内外流民众多的情况,朝廷乃"立屋于西南两废寺,十人一室,男女异处,防其淆伪"③。有时流民很多,没有足够的空置房安顿,政府就用行政手段,强迫城乡主户提供住房:坊郭第一等户5间,第二等户3间,第三等户2间,第四等、第五等1间;乡村人户第一等7间,第二等5间,第三等3间,第四等、第五等2间。流民到城后,由专人引领至所腾出的空房内,"其在州则引于司理处出头,其在乡即引于知县处出头,其在镇内即引于监务处出头,各仰逐官相度人数,指定那趱房屋主人姓名,令干当人尽将引押于抄点下房屋内安泊"④。

总之,设立临时户籍管理流民,给予米钱,安置住宿,让广大流民有起码的生存条件,这是城市管理流民最基本,也是最重要的措施。

(四)对城市雇工和外来商贩的管理

宋代城市里普遍存在雇工,其中有一部分为流动人口。宋廷限制雇工的自由,规定他们在受雇年限内不得随意迁出。如宋真宗时规定:"自今人家佣赁,当明设要契及五年"⑤;"雇人为婢,限止十年"⑥。雇工若在契约约定的时间内逃匿,就会有人跟随寻找。"如有逃闪,将带东西,有元地脚保认人前去跟寻。"⑦

宋廷规定流入城市的农民受雇于人或独立从事工商业,必须得到政府的准

---

① 《宋会要·食货》38之19。
② 《长编》卷166。
③ 《救荒活民书》卷3《洪皓救荒法》。
④ 《救荒活民书》卷3《富弼青州赈济行道》。
⑤ 《文献通考》卷11《户口二》。
⑥ 罗愿:《罗鄂州小集》卷5《鄂州到任五事札子》,文渊阁四库全书本。
⑦ 吴自牧:《梦粱录》卷19《顾觅人力》,丛书集成本。

许，同业行会的认可并交纳免行钱，方可营业。如"京城诸行……有指挥：元不系行之人，不得在街市卖坏钱纳免行钱人争利；仰各自诣官投充行人，纳免行钱，方得在市卖易；不赴官自投行者有罪，告者有赏。此指挥行，凡十余日之间，京师如街市提瓶者必投充茶行，负水担粥以至麻鞋头发之属，无敢不投行者"①。连市井卖茶水、米粥的都要得到官府的批准，同业行会的认可并交纳免行钱，才能予以营业，可见其控制之严！

对于外来商贩的管理，宋廷除了设立层层商税场务进行征税外，还利用店户监督商旅。政府规定：凡行商客旅住店，店户必须"仔细说谕，只可令系籍有牌子牙人交易，若或不曾说谕商旅，只令不系有牌子牙人交易，以致脱漏钱物及拖延稽滞，其店户当行严断"。同时，必须"说谕客旅，凡出卖系税行货，仰先赴务印税讫，方得出卖，以防无图之辈恐吓钱物"。另外，店户必须"说谕客旅，不得信凭牙人说作高抬价钱，赊卖物色前去拖坠不还，不若减价现钱交易"②。外地商贩流动性很大，政府无法也没必要进行户口登记或建立临时户口簿，而利用店户劝诱、监督商旅贸易，既保证了城市商业贸易的正常有序进行与封建国家的商税收入，又为商人的贸易活动提供了一定的保障，促进了社会经济的发展。

（五）对市井中流氓、无赖等的管制

对于任何社会来说，城市中的流氓、无赖等均是社会的毒瘤，对社会安定有序构成巨大的威胁。因此，对政府来说，必须对其实行严密的管制，不使这股恶势力蔓延，欲除之而后快。宋廷对市井流氓、无赖主要采取两方面的措施：一是对其中违法乱纪者予以严惩。如开宝四年（971年），"开封府捕获京城诸坊无赖恶少及亡命军人为盗并尝停止三百六十七人。诏以其尤恶二十一人弃市，余决杖配流"③。大中祥符二年（1009年），"乙未，诏如闻京城多有无赖辈妄称禀命侦察，诸司宣令三班捕而惩之"④。二是通过募兵把社会上游手好闲之徒吸纳到军队里，消除他们对城市治安的压力，并化害为利，派他们戍守边防等。

二、城市社会保障思想

宋代统治者重视社会保障工作，尤其注重对城市人口中的鳏寡孤独者、贫

---

① 《文献通考》卷20《市籴一》。
② 《作邑自箴》卷7。
③ 《长编》卷12。
④ 《长编》卷71。

民以及乞丐、弃婴等实施政府救助，建立和发展了救助弱势群体的常设机构，采取了一系列措施，以缓解弱势群体面临的困境，缓和社会矛盾，稳定社会秩序，以达到长治久安。

宋代对政府城市救助总体指导思想是"鳏寡孤独，古之穷民，生者养之，病者药之，死者葬之，惠亦厚矣"[①]。宋代在城市设置的救助鳏寡孤独者的机构主要包括福田院、养济院、居养院等，这些机构虽然救助的侧重面有些不同，但总的说来还是大同小异的。其救助的原则和措施正如元符元年（1098年）十月八日详定一司敕令所言："鳏寡孤独贫乏不得自存者，知州、通判、县令、佐验实，官为居养之；疾病者仍给医药。监司所至检察阅视，应居养者，以户绝屋居，无户绝者以官屋居之；及以户绝财产给其费，不限月份，依乞丐法给米豆，阙若不足者以常平息钱充。已居养而能自存者罢。"[②] 这里，救助的对象限定在"鳏寡孤独贫乏不能自存者"，救助的程序是先由知州、通判、县令佐审查核实，然后政府予以供养，有病的给予医治。路级监司巡视监督州县政府救助情况。供给的经费来自户绝房屋、财产，所提供的食粮依据常平法的标准。如经费不足，可以常平息钱补充。原先靠政府供养，后来能自存的人，取消政府供养。到了徽宗年间，朝廷扩大了供养对象。崇宁四年（1105年）规定："非鳏寡孤独而癃老疾废委是贫乏不能自存"者，亦许居养[③]。

冬季是社会弱势群体最难过的日子，那些流入城市的"不能自存者"，往往饥寒交迫。因此，政府特别关注冬季的救助。如熙宁六年（1073年），诏："开封府雪寒，京城内外老疾幼孤无依者，并收养于四福田院，自今准此。"[④] 南宋绍兴年间，每遇冬寒，临安府有许多乞丐及寒饿之人，朝廷令临安府两通判体认朝廷惠养之意，行下诸厢地分，都监将街市冻馁乞丐之人尽行依法收养。仍仰两通判常切躬亲照管，毋致少有死损。如稍有灭裂，所委官取旨，重作施行，仍日具收养人数以闻。从临安府通判亲自主管和每日报告收养人数可以看出，朝廷非常重视冬季对冻馁乞丐之人的救助。

宋代，南方不少地区人多地少，许多家庭因生活困难和重男轻女的观念，普遍采取弃婴、溺婴的办法来解决生育子女过多的问题。弃婴、溺婴是极不人道的，有背传统儒家的仁爱观念，对社会道德底线是严峻的挑战。宋代统治者和一些封建士大夫极力反对弃婴、溺婴，建立了专门机构，采取一些措施，来

---

① 《宋会要·食货》60 之 6。
② 《长编》卷 503。
③ 《宋会要·食货》68 之 131。
④ 《长编》卷 248。

解决这一严重的问题。

宋代对婴幼儿的救助机构主要有婴儿局、慈幼局和慈幼庄等,出现于南宋中期以后,分布在全国许多府、县。宁宗嘉定末年,袁甫首创婴儿局于湖州(今浙江吴兴)。婴儿局救助弃婴的主要做法是:"有弃儿于道,人得之,诘其所从来,真弃儿也,乃书于籍,使乳母乳之,月给之粟。择媪五人为众母长,众乳各哺其儿,又一人焉以待不时而来者。"① 由此可见,婴儿局救助弃婴首先是确定其是否为弃儿,确定后予以登记,然后让乳母哺乳。乳母每月给予一定数量的粟作为报酬。婴儿局选择5位老妇人为众乳母之长,众乳母各自哺养一人,剩一位乳母以备不时有新的弃儿送来。理宗淳祐七年(1247年),"临安府创屋为慈幼局,应遗弃小儿民间有愿收养者,月支钱一贯,米三斗,尽三岁止。其无人收养者,官为雇倩贫妇,就局乳视。惟谨续有愿子之者,从官请仍给钱米如式"②。慈幼局救助弃婴的措施主要是两方面:一是让弃婴由民间人家收养,政府补助钱米三年;二是无人收养者,官府雇贫穷妇人来局哺乳,这样更便于管理。

宋代主要以救治贫民患病者的机构为安济坊。《夷坚志·支志·乙集》卷4《优伶箴戏》载:"不幸而有病,家贫不能拯疗,于是有安济坊,使之存处,差医付药,责以十全之效。"安济坊创置于崇宁元年(1102年),其创置伊始,主要目的就是"养民之贫病者"③。尔后,朝廷要求凡户数上千的城寨镇市都要设置安济坊,凡境内病卧无依之人,都可送入安济坊医治。由此可见,宋朝廷重视对有病无力医治者的救助。这不仅体现了宋代救死扶伤的人道主义思想,而且对控制疾病的传播发挥了积极的作用。

中国传统儒家思想强调:慎终追远,民德归厚。在这种观念的指导下,历代朝廷的主导思想是非常重视丧葬,强调入土为安。统治者认为,养生送死是一个社会达到治理的最基本标准。一个国家如生不得养,死不得葬,那就将走向灭亡了。

两宋时期,因疾疫或贫穷,往往使一些人客死他乡,有的无家可归者甚至死于道旁。对于这些贫困无力埋葬的人,官府出钱置买土地,用来安葬无主尸骨。如真宗"天禧中,于京畿近郊佛寺买地,以瘗死之无主者"④。仁宗嘉祐七年(1062年),"诏开封府市地于四郊,给钱瘗民之不能葬者"⑤。由此可以

---

① 袁甫:《蒙斋集》卷12《湖州婴儿局增田记》,文渊阁四库全书本。
② 潜说友:《咸淳临安志》卷88《恤民》,文渊阁四库全书本。
③ 《宋史》卷19《徽宗一》。
④ 《宋史》卷178《食货上六》。
⑤ 《宋史》卷12《仁宗四》。

看出，真宗、仁宗时期，官府出钱安葬无主尸骨的救助行为大致仅局限于都城开封及周边近郊地区。宋神宗以后官置公墓才开始建立起来，并推向全国。熙宁元年（1068年）诏："诸州军每年春首，令请县告示村耆，遍行检视，应有暴露骸骨无主收认者，并赐官钱埋瘗。"① 徽宗崇宁三年（1104年），"诏诸州择高旷不毛之地，置漏泽园。凡寺观寄留榇椟之无主者，若暴露遗骸，悉瘗其中"。"绍兴十四年，诏临安府措置漏泽园……选僧二名主管，月给常平钱五贯、米一石"。② 一直到南宋灭亡，漏泽园一直存在，并遍布全国各地。

宋代官府出钱安葬无主尸骨的救助行为所体现的一些思想值得注意：一是此事"选僧二名主管，月给常平钱五贯、米一石"。僧人日常的主要宗教活动之一就是超度亡灵，因此此事由僧人主持是最合适的。二是"择高旷不毛之地"收葬，不会占用日益紧张的耕地。三是官府根据埋瘗人数多少给予僧人奖励，使他们有长期从事这项工作的积极性。熙宁三年（1070年），神宗下诏："开封府界僧寺旅寄棺柩，贫不能葬，令畿县各度官不毛之地三五顷，听人安厝，命僧主之。葬及三千人以上，度僧一人，三年与紫衣；有紫衣，与师号，更使领事三年，愿复领者听之。"③

三、城市防火灭火思想

在宋代城市经济的飞速发展中，城市火灾频繁发生。据学者研究，宋代城市火灾有三个特点：一是频繁出现，持续时间较长；二是受灾地域广；三是灾情严重。宋代火灾多发，其原因是多方面的，但最主要的原因应是随着城市经济的发展，城市居民数量大幅增加，人口密度较大，住房拥挤。加上宋代房屋大多数以木结构为主，所以很容易引起火灾，而且一烧火就酿成大灾。如南宋都城"临安城郭广阔，户口繁伙，民居屋宇高森，接栋连檐，寸尺无空，巷陌壅塞，街道狭小，不堪其行，多为风烛之患"④。宋宁宗嘉泰元年（1201年）和宋理宗嘉熙元年（1237年），临安府两次火灾，延烧房屋竟达三五万家，灾情非常严重。孝宗淳熙十四年（1187年）成都府失火，因"府有棋盘市，俗言孔明八阵营也，居民枃比，一燎无遗"⑤。

宋代城市火灾的频繁发生，严重威胁着市民的生命和财产的安全，成为城市经济发展的障碍。为此，宋朝政府制定了一套防火救火制度，加强城市管

---

① 《宋会要·食货》68之112。
② 《咸淳临安志》卷88《恤民》。
③ 《宋史》卷178《食货上六》。
④ 《梦粱录》卷10《防隅巡警》。
⑤ 《建炎以来朝野杂记》乙集卷8《丁未成都火》。

理，其措施主要有以下几个方面：

（一）宋政府为防止火灾发生，建立了一套严密的防火规章制度

宋代京师和州郡严格限制燃火，特别是夜间燃火，防患于未然。北宋"京师火禁甚严，将夜分，即灭烛。故士庶家凡有醮祭者，必先关白厢使，以其焚楮币在中夕之后也"①。对于一些重要机构，宋廷还另外有更严厉的防火规定。如宋真宗大中祥符八年（1015 年），"诏皇城、内诸司、在京百司库务、仓草场无留火烛，如致延燔，所犯人及官吏悉处斩"②。当时的秘书省也实行很严格的火禁。宋高宗"绍兴十四年，秘书郎张阐言：'本省自来火禁并依皇城法。遇有合用火烛去处，守门亲事官一名专掌押火洒熄。除官员直舍并厨司翰林司监门职级房存留火烛，遇官员上马，主管火烛亲事官监视洒熄，其余去处并不得存留。'有旨依"③。由此可见，秘书省的火禁相当严密，合用火烛的地方必须有亲事官专门掌管，当用完火烛官员离开之际，必须亲自监视用水洒熄。除一些需用火烛的地方外，其余一律不准留用火烛。

从宋代防火的法规条文可以看出，其立法指导思想是禁火、限火，具体而言，主要抓三个方面：一是一些重要的地方禁火，即不许用火；二是如需用火的地方要有专人看管，用完火后在人离开之前，要用水熄灭，并有专人监视；三是用火受时间限制，如规定"夜分即灭烛"，"焚楮处在中夕之后也"。

（二）宋政府设置专门防火机构，负责防火灭火事宜

北宋都城开封的防火、灭火设施较为完备。史载："每坊巷三百步许，有军巡铺屋一所，铺兵五人，夜间巡警，收领公事。又于高处砖砌望火楼，楼上有人卓望。下有官屋数间，屯驻军兵百余人，及有救火家事，谓如大小桶、洒子、麻搭、斧锯、梯子、火叉、大索、铁猫儿之类。"④南宋临安城"官府以潜火为重，于诸坊界置立防隅官屋，屯驻军兵，及于森立望楼，朝夕轮差，兵卒卓望"⑤。除两宋都城外，全国府州治所也设有防火机构。如宣州"潜火队在官衙南，绍兴二十一年，王侯晌置，为土瓦屋三间，收贮梯、桶、钩、搭、绳索、锯斧之属，以备不虞。兵百人，每旬各执其物以陈，例差提督指使一员"⑥。南剑州设有"水铺，在签厅之前。本州与山争地，民多楼居，瞰虚凭高，甍连栋接，一遭回禄，扑灭良艰。绍兴戊寅（1158 年）秋，创造防虞器

---

① 魏泰：《东轩笔录》卷 10，中华书局点校本，1983 年版。
② 《宋会要·刑法》2 之 12。
③ 陈骙：《南宋馆阁录》卷 6《故实》，文渊阁四库全书本。
④ 孟元老：《东京梦华录》卷 3《防火》，丛书集成本。
⑤ 《梦粱录》卷 10《防隅巡警》。
⑥ 《永乐大典》卷 15140《队》引《宣城志》，中华书局影印本。

具,种种毕备,置之水铺。月差禁军看管,轮兵官一员点检,民随时修葺,以为不测之防。今旬呈潜火器者,即水铺之制也"①。

由此可见,宋代城市专门防火机构的设置已注意到区位分布的网状化、合理化,即每坊巷300步许设一所巡铺屋,或诸坊界置立防隅官屋,从而形成严密的城市防火布局。每屋设铺兵、士兵若干人,夜间巡警,随时待命灭火。城内高处还用砖砌成一高楼,名曰望火楼、望楼等,由兵士朝夕轮流在楼上瞭望,察看全城火情。望火楼往往是全城最高的楼塔,成为该城市地标性的建筑。如宋遗民汪元量有诗云:"丞相催人急放舟,舟中儿女泪交流。淮南渐远波声小,犹见扬州望火楼。"② 望火楼下通常还有官屋数间,屯驻军兵百余人,并配备装运水、攀爬、拆房子、牵拉、捆绑等救火工具。望火楼成为全城灭火的中心。如当时临安城内"如有烟燄处,以其帜指其方向为号,夜则易以灯。若朝天门内,以旗者三;朝天门外,以旗者二;城外以旗者一;则夜间以灯如旗分三等也"③。每当火灾发生,"帅臣出于地分,带行府治内六队救扑,将佐军兵及帐前四队、亲兵队、搭材队,一并听号令救扑,并力扑灭,支给犒赏"④。

宋代大城市除了以望火楼为中心的网状专门防火机构布局外,政府还在一些重要或火险等级高的地方另设巡铺,加强防患于未然。如宋哲宗时,"宣仁既修北宅以奉亲,其母两国太夫人李氏入谢,因请置潜火一铺"⑤,并引宋仁宗曹后修南宅时创潜火铺为先例。其事后来虽不果,但说明宋廷曾有为皇亲国戚住宅设置专门防火机构的制度。神宗熙宁八年(1075年)御批:"斩马刀局役人匠不少,所造皆兵刃。旧东西作坊未迁日,有上禁军数百人设铺守宿。可差百人为两铺,以潜火为名,分地守宿。"⑥ 斩马刀局锻造兵刃,火险等级甚高,故专门派遣100名灭火兵士分两铺防卫。

宋代负有防火灭火职责的军队有两类。一类就是上述巡铺屋、防隅官屋、望火楼下官屋中屯驻的军兵,一般称为潜火队。他们属于专职消防兵,"每旬各执其物(即梯、桶、钩、搭、绳索、锯斧)以陈",随时待命救火。这种专职消防兵在宋代城市中数量已不少。如嘉定以后,临安府增置潜火军兵,总计12隅、7队。12隅潜火兵士每隅102人,共计1224人,7队潜火兵士分别为水军队206人,搭材队118人,亲兵队202人,帐前四队350人,共计876

---

① 《永乐大典》卷14576引《延平志》。
② 汪元量:《水云集》卷1《湖州歌九十八首》,文渊阁四库全书本。
③⑤ 《长编》卷354。
④ 《梦粱录》卷3《防隅巡警》。
⑥ 《长编》卷262。

人。另外城南北厢尚有潜火隅兵 1800 人,城外四隅潜火隅兵有 1200 人。据此可知,临安府 23 隅潜火军兵共计 5100 人[①]。其专职消防兵数量实为惊人,超过现代一座大城市的消防兵总数量。由此可以窥见宋政府对城市消防兵配备的重视以及城市的消防实力。

另一类是当地驻军,往往在火灾发生时听从统一调度指挥,赶赴火灾现场灭火。如北宋后期,开封府"每遇有遗火去处,则有马军奔报军厢主,马步军、殿前三衙、开封府各领军级扑灭,不劳百姓"[②]。北宋时参加京城救火的主要是三衙禁军及京城巡检司,南宋时主要是马步军司及府兵。如宋真宗大中祥符二年(1009年),诏"令开封府今后如有遗火,仰探火军人走报巡检,画时赴救。都巡检未到,即本厢巡检先救。如去巡检地分遥远,左右军巡使或本地分厢界巡检员僚指挥使先到,即指挥兵士、水行人等与本主同共救泼"[③]。而且三衙禁军对防火有区域分工:"捧日四厢都指挥使管旧城里左厢烟火……天武四厢都指挥使管旧城里右厢烟火……龙卫四厢都指挥使管新城里左厢烟火……神卫四厢都指挥使管新城里右厢烟火。"[④] 南宋绍兴年间,高宗"诏自今临安府遗火,止令马步军司及府兵救扑,仍预给色号,他军非奉御前处分者,毋得擅出营"[⑤]。但是区域分工太严明,则会出现一厢火灾突发后,另一厢袖手旁观,延误了扑救。为了弥补这种缺陷,宋真宗时期规定:"在京人户遗火,须候都巡检到方始救泼,致枉烧屋,先令开封府今后如有遗火,仰探火军人走报……巡检地分遥远,左右军巡使或本地分厢界巡检员僚指挥使先到,即指挥兵士、行人等与本主共同救泼,不得枉拆远火屋舍。"[⑥] 南宋淳熙四年(1177年),"诏临安府居民或遇遗火,盖拨马军司潜火官兵,缘地步遥远去处,人力奔趋迟误。自今如众安桥以北,就便令殿前司策选锋军、后军,各差二百五十人,逐急先次前去救扑,仍委统制官部押"[⑦]。

从宋代负有防火救火的两类军队可以看出,潜火队等专职消防兵负责平时的警戒、报警及小规模火灾的扑灭等,如遇到较大的火灾,那就调度指挥三衙禁军、京城巡检司、马步军司及府兵救扑。后者均是护卫京都的精锐部队,由此可知最高统治者对城市救火工作的高度重视。宋代主要依靠军队灭火,这种决策是正确的。因为军队训练有素,组织纪律性强,服从命令听指挥,调遣迅

---

① 施谔:《淳祐临安志》卷6《军营》,宛委别藏本。
② 《东京梦华录》卷3《防火》。
③⑥ 《宋会要·兵》3之1。
④ 《山堂群书考索》后集卷47《兵门·三衙》。
⑤ 《建炎以来系年要录》卷56。
⑦ 《宋会要·瑞异》2之37。

速。这些都有利于尽快扑灭火灾，尽可能减少损失，而且如前所引，又可达到"不劳百姓"的效果。军队救火划分各军先后顺序、各自所负责的区域，有利于明确各自的责任，防止遇事互相推诿。

（三）宋政府设火保、创火巷、拆茅屋建瓦屋、备救火用水

宋代设保甲之法，其中就有防火的内容。如《庆元条法事类》卷8《失火》载："诸州县镇寨城内，每十家为一甲，选一家为甲头，置牌具录户名，印押付甲头掌之；遇火发，甲头每家集一名。救扑讫，当官以牌点数。"如前所述，宋代城市救火以军队为主，但民间火保组织的救火队有时能发挥军队难以替代的作用。如社会上一些不法之徒以救火之名行趁火打劫的勾当，火保组织的救火队熟悉当地的情况，可以有效地制止这种犯罪行为。如宋神宗时石牧之知温州，"始莅永嘉，病火政素怠，飓风至则燄焰绵亘，奸人利救焚攘夺，吏恬不怪，浸以成弊。因举行火保之令，预为约束，使知有犯联坐。一日火作，亲率部伍，视畚挶缡缶之不悉力者收之，余悉竞前，倾顷而扑灭。自是其弊遂革"①。石牧之利用结火保救火，从中抓捕趁火打劫者，使其余救火者个个奋勇当先，很快就把火灾扑灭。

宋代由于城市人口密集拥挤，加上多数为木结构房屋，鳞次栉比，故很容易一旦失火，就酿成大火灾。为了防止火灾的蔓延，宋代创防火墙或空留隔离带作防火巷。宋神宗熙宁九年（1076年），提举在京寺务司鉴于大相国寺泗州院失火，奏请："绕寺庭高筑遮火墙。"② 宋哲宗元祐七年（1092年），开封府发生火情，礼部侍郎范祖禹建议："当申严火禁，或筑墙以为隔限，亦可以备患矣。"③ 绍兴三年（1133年），宋高宗对辅臣说："被火处每自方五十间，不被火处每自方一百间，各开火巷一道，约阔三丈，委知、通躬亲相视，画图取旨。"④ 宋孝宗淳熙年间，宗室赵善俊任知鄂州，"未至，南市大火，焚万室，客舟皆烬，溺死千计。君驰往视事，辟官舍出仓粟以待无所于归之人，弛竹木税，开古沟，创火巷，以绝后患"⑤。由上可见，筑火墙开火巷是防火灾的有效措施，当时已被普遍使用。

除筑火墙开火巷外，宋人把易于失火的茅竹木屋翻盖成瓦屋，也是有效的防火措施。如宋初大将曹克明在率兵平定广南后，发现"岭外民居结茆而已，

---

① 苏颂：《苏魏公文集》卷55《朝议大夫致仕石君墓碣铭》，文渊阁四库全书本。
② 《宋会要·职官》25之10。
③ 《长编》卷469。
④ 《宋会要·瑞异》2之36。
⑤ 周必大：《文忠集》卷63《中大夫秘阁修撰赐紫金鱼袋赵君善俊神道碑》，文渊阁四库全书本。

虽严火禁不能弭患。克明……命北军教以陶埴,民始为瓦舍,自是其患遂平"①。总之,通过陶瓦代替茅草屋顶,大大减少了火灾事故。

在宋代当时的科技条件下,灭火的主要手段就是用水洒熄。因此,宋人很注意备水防火灭火。如北宋初,王祚在宿州"课民凿井修火备"②。宋太宗时,秘书丞王懿任知袁州,"时州多火灾,疏唐李渠以备之。民歌曰:李渠塞,王君开,四民惠利绝火灾"③。南宋时,州县"治舍及狱须于天井之四隅,各置一大器贮水。又于其侧,备不测取火之器。市民团五家为甲,每家贮水之器各寘于门,救火之器分置,必预备立四隅,各隅择立隅长以辖焉"④。可见,宋代备水防火灭火的办法较多,可通过凿井,疏通水渠,用器皿水桶贮水等。

更为难能可贵的是,宋人在城市建设规划中,把贮水以备火灾也考虑在内。如苏轼知杭州时,在治理堙塞其半的西湖时,"于涌金门内小河中,置一小堰,使暗门、涌金门二道所引湖水,皆入法慧寺东沟中,南行九十一丈,则凿为新沟二十六丈,以东达于承天寺东之沟,又南行九十丈,复凿为新沟一百有七丈,以东入于猫儿桥河口,自猫儿桥河口入新水门,以入于盐桥河,则咫尺之近矣。此河下流,则江潮清水之所入,上流,则西湖活水之所注,永无乏绝之忧矣。而湖水所过,皆阛阓曲折之间,颇作石柜贮水,使民得汲用浇灌,且以备火灾,其利甚博"⑤。

(四)宋政府对火灾的赈恤与奖惩

宋代城市失火后,朝廷往往采取一些救助性措施,帮助灾民渡过难关。其主要措施有以下三个方面:一是为灾民提供临时住房,帮助他们尽快修建房屋。火灾最直接严重的后果是让被灾之家无处可居,因此政府救助的当务之急就是安置灾民,并帮助他们重建家园。宋高宗绍兴二年(1132年)八月,诏:"临安府被火百姓,许于法慧寺及三天竺寺等处权安泊,应客店亦许安下,免出房钱。"⑥ 宁宗嘉定十七年(1224年)三月,黄州火灾,宋廷也"行下诸处蠲免竹木抽分,招邀客贩,务在疾速起盖,早安居"⑦。二是为灾民发放粮食钱款。火灾往往不仅烧掉的是灾民房屋,甚至连家里的粮食、财产等也付之一炬,所以发放救灾粮食、钱款也是重要的赈济措施。如宁宗嘉定十三年(1220

---

① 曾巩:《隆平集》卷18《武臣·曹克明》,文渊阁四库全书本。
② 《宋史》卷249《王祚传》。
③ 《江西通志》卷60《名宦》,文渊阁四库全书本。
④ 《州县提纲》卷2《备举火政》。
⑤ 《苏轼文集》卷30《申三省起请开湖六条状》。
⑥ 《宋会要·食货》59之23。
⑦ 《宋会要·职官》4之52。

年）十二月七日，"诏令封桩库支拨会子二万八千一百一十六贯，仍令提领丰储仓所取拨米三千四百三十九石八斗，并付临安府，照应供到数目，逐一等第给散被火全烧、全拆并半烧、半拆及践踏人户"①。理宗嘉熙元年（1237年），临安府失火，朝廷"出内库缗钱二十万给被灾之家"②。三是减免被火之灾的赋税和差科，蠲免救灾物资的商税。高宗绍兴二年（1132年）八月，诏："临安府被火百姓……其四向买贩木植、芦箔、竹筏，并不得抽分收税。官私房钱不以贯百，并放五日。"③宁宗嘉定十三年（1220年）九月，诏"庆元府将被火官民户及寺观未纳嘉定十三年分秋料、役钱，特与蠲放，其已纳在官，理充嘉定十四年分合纳之数"④。

宋政府为激励将士奋勇扑灭火灾，对救灾有功人员予以升官或赐钱的奖赏。如宋英宗治平二年（1065年），开封府新城巡检杨遂率兵扑灭濮王宫火，被擢升邓州防御使、步军都虞候⑤。高宗绍兴二年（1132年），临安府火灾被扑灭后，"赐神武中右军忠锐第五将马步军、修内司救火卒三千人钱各一千"⑥。与此相反，对于失火事故责任者以及坐视不救或救火不得力的官员等予以惩罚，以示儆戒。如高宗绍兴三年（1133年），保义郎李琪"置火楼上，不用心看顾，致延烧民居四百六十余间"，诏降一官放罢⑦。理宗淳祐十二年（1252年），临安火灾，诏："行失火家罚，成忠郎刘世显除名编管。"⑧宋人在处罚失火事故责任人时已充分注意到失火造成的损失大小以及故意放火或无意失火的区别。如高宗绍兴四年（1134年），"诏临安府失火，延烧官私仓宅及三百间以上，正犯人作情重法轻奏裁，芦草竹板屋三间比一间，五百间以上取旨"⑨。后又以火灾损失轻重比附定罪，烧毁财产价值万缗，与烧毁瓦屋300间同罪，财产价值5000缗，与烧毁茅屋500间同罪。宋代法律对故意放火与无意失火的处罚轻重大不相同。对故意放火犯罪者量刑较重："诸故烧人舍屋及积聚之物而盗者，计所烧减价，并赃以强盗论。"⑩按照这条法律规定，烧毁和盗窃总计绢值十匹者，处以绞刑。而只烧不盗的，故烧人屋舍、蚕蔟及五

---

① 《宋会要·食货》58之32-33。
② 《宋史全文》卷33，文渊阁四库全书本。
③ 《宋会要·食货》59之23。
④ 《宋会要·职官》4之51。
⑤ 《宋史》卷349《杨遂传》。
⑥ 《建炎以来系年要录》卷61。
⑦ 《宋会要·职官》73之14。
⑧ 《宋史全文》卷34。
⑨ 《建炎以来系年要录》卷74。
⑩ 《宋刑统》卷19《贼盗律》。

谷财物积聚者，首处死，随从者决脊杖20①。对无意失火的责任人处罚相对较轻："诸失火及非时烧田野者，笞五十"②；"诸官府廨院应住家处失火者，论如非时烧田野律"③。

宋代对失火部门或地区玩忽职守的官吏追究责任。宋真宗时，监在京百万仓、职方员外郎李枢"坐不谨火禁，谪监真定府酒税"④。宋仁宗宝元元年（1038年），"三司言：'山场、榷务自今火焚官物，其直万缗以上者，监官并勒停，主吏配别州牢城。'从之"⑤。对于坐视不救和救火措施不得力的官员，治以渎职之罪。宋仁宗庆历八年（1048年），江宁府失火，知府李宥以为骄兵叛乱，闭门不敢救火，延烧殆尽。朝廷"寻责宥为秘书监，直令致仕"⑥。宋孝宗乾道三年（1167年），"诏武德大夫、侍卫步军司武锋军统制官钱卓特降三官，坐真州、六合遗火，不措置救扑故也"⑦。宋代对各种失火事故责任的追究处治，在一定程度上起到了惩戒劝勉作用⑧。

四、城市市政管理与建设思想

（一）城市交通管理与建设思想

宋代商业的发展大大超过前代。大城市十分繁华，贸易活动突破了坊与市、白昼与黑夜的界限。从孟元老的《东京梦华录》记载可以看出，街衢上到处可以开设店铺，而且由于店铺越来越多，有的店铺为了扩大营业面积，连通衢大道也要侵占。为了保证街道的交通畅通，宋政府屡下诏书，对侵街进行治理。如开宝九年（976年），宋太祖"宴从臣于会节园，还经通利坊，以道狭，撤侵街民舍益之"⑨。天圣二年（1024年），宋仁宗规定："京师民居侵占街衢者，令开封府榜示，限一岁依元立表木毁拆。"⑩ 但是，侵街的现象似乎很难杜绝，经常是拆了又盖，死灰复燃。一直到南宋时期，官府仍不时采取强硬的措施，一律拆除侵街的民舍。如淳熙三年（1176年），宋孝宗下诏："临安府都亭驿至嘉会门里一带居民，旧来侵占官路，接造浮屋。近缘郊祀大礼拆去，

---

①② 《宋刑统》卷27《杂律》。
③ 《庆元条法事类》卷80《失火》。
④ 《忠肃集》卷13《职方员外郎李君墓志铭》。
⑤ 《长编》卷121。
⑥ 《长编》卷162。
⑦ 《宋会要·职官》71之17。
⑧ 本目主要参考汪圣铎：《宋代火政研究》，载《宋代社会生活研究》，人民出版社2007年版。笔者在此基础上，提出一些自己的见解。
⑨ 《长编》卷17。
⑩ 《长编》卷102。

旋复搭盖。如应日前界至，且听依旧。其今次侵展及官路大段窄狭去处，日下拆截。其余似此侵占去处，令本府相度开具以闻。"① 宋代不仅京师居民侵街，甚至连地方州县城里，也有此类现象。如柴成务知河中府日，"尝患府衢狭隘，市民岁侵，簷间节密，几辀之不容……遂奏乞撤民居以广街衢，可之"②。

宋代居民侵街不仅影响城市交通，而且还是消防的隐患，因此，一些地方官颇重视对侵街现象的治理。如嘉祐四年（1059年），"右谏议大夫周湛知襄州。襄人不善陶瓦，率为竹屋。岁久，侵据官道，檐庑相逼，故火数为害。湛至，度其所侵，悉毁撤之，自是无火患"③。

宋廷除了对侵街采取强硬的撤除措施外，有时对一些侵街现象也采取经济手段加以控制。如元丰二年（1079年），朝廷开始征收"侵街钱"④。到了宋徽宗时期，则征收"侵街房廊钱"⑤。

在拆除沿路侵街民房的同时，宋廷为了给行人遮风挡雨雪，在城市某些街道两旁建"廊"。如汴京"坊巷御街，自宣德楼一直南去，约阔二百余步。两边乃御廊，旧许市人买卖于其间，自政和间官司禁止。各安立黑漆杈子，路心又安朱漆杈子两行。中心御道，不得人马行往，行人皆在廊下朱杈子之外"⑥。南宋临安府也有"廊"的建筑。如绍兴三年（1133年），臣僚奏称："勘会行宫南门里并无过廊，百官趋朝冒雨泥行。"高宗便令"梁汝嘉同修内司官就东廊旧基营盖"⑦。

宋代，政府已有较强的交通安全意识，在街路及河流岸边设置安全标记或设施，以防交通事故，保证过往行人和车马安全。如在汴京，"汴水湍急，失足者随流而下，不可复活。旧有短垣以限往来，久而倾圮，民佃以为浮屋"⑧。元祐年间，方达源为御史，建议朝廷应重修短垣，得到批准。当时杭州"城中旧无门栏，沿河惟居民门首各为栏障，不相联属。河之转曲，两岸灯火相值。醉者夜行经过，如履平地，往多溺死，岁以数十百人计。自王宣子尹京，始于抽解场材置大木栏。城内沿河皆周匝，每船步留一门，民始便之"⑨。这些安全措施对于保障人民生命与财产安全，减少交通事故，保证人流、物流畅通，

---

① 《宋会要·方域》10之8。
② 《玉壶清话》卷3。
③ 《长编》卷190。
④ 《长编》卷297。
⑤ 《文献通考》卷19《征榷六》。
⑥ 《东京梦华录》卷2《御街》。
⑦ 《宋会要·方域》2之11。
⑧ 王明清：《挥麈后录》卷7，丛书集成本。
⑨ 《说郛》卷30上《行都纪事》。

第七章 宋代公共事业思想

发挥了应有的作用。

宋代，许多城市都处在水陆交通要道，因此桥梁和河流水道成为城市的重要交通设施。据《东京梦华录》所载，汴京城有蔡河、汴河、五丈河和金水河穿过，其中横跨于汴河之上的桥有 13 座，蔡河之上有 11 座、五丈河之上有 5 座、金水河之上有 3 座。这些桥梁附近往往是商业交易集市，车马、舟船、行人往来频繁，容易造成交通拥挤堵塞。这就要求在修建桥梁时，必须考虑载重、通航与泄洪等因素。如景德二年（1005 年），"改修京新城诸门外桥，并增高之，欲通外濠舟楫使人故也"①。大中祥符元年（1008 年），"诏在新旧城里汴河桥八座，令开封府除七座放过重车外，并平桥只得座车子往来"②。显然，汴京建桥要考虑桥拱的高度，使舟船能顺畅通过，并计算桥梁的承载能力，使"重车"能够安全往来。

除此之外，宋廷还对桥梁实施交通管理。如大中祥符二年（1009 年），"诏京城汴河诸桥差人防护，如闻邀留商旅舟船，官司不为禁止，自今犯者坐之"③。对于一些妨碍交通、违规修建的桥梁，一般予以拆除。如大中祥符五年（1012 年），"帝曰京城通津门外新置汴河浮桥，未及半年，累损公私船，经过之际，人皆忧惧。寻令阁承翰规度利害，且言废之为便，可依奏废拆"④。宋政府还规定，桥面不得搭盖铺屋，从事商业活动，以造成交通拥挤堵塞。如天圣三年（1025 年），田承税进言："河桥上多是开铺贩鬻，妨碍会篲及人马车乘往来，兼损坏桥道，望令禁止。违者，重置其罪。"⑤

北宋时期，朝廷采取守内虚外、强干弱枝的国策，汴京周围屯驻重兵。这些军队的供给，主要依靠河流漕运。故张方平说："国依兵而立，兵以食为命，食以漕运为本，漕运以河渠为主"，而且"汴河之于京师，乃是建国之本，非可与区区沟洫水利同言"⑥。因此，保持漕运畅通是国家大事。宋初，"汴都仰给漕运，故河渠最为急务。先是调丁夫开浚淤浅，糇粮皆民自备"⑦。

北宋杭州城内有茅山河、盐桥运河、市河、清湖河等穿过。尤其是盐桥运河，横贯全城达十四五里，因"日纳湖水，泥沙浑浊，一汛一淤，比屋之民，

---

① 《宋会要·方域》13 之 19。
② 《宋会要·方域》13 之 19。"重车"究竟承载多重，目前还不清楚。但据《东京梦华录》卷 3《般载杂卖》所载，宋代"东京般载车，大者曰'太平'……前列骡或驴二十余，前后作两行，或牛五七头拽之……可载数十石"。
③ 《宋会要·方域》13 之 19-20。
④ 《宋会要·方域》13 之 20。
⑤ 《宋会要·方域》13 之 21。
⑥ 《长编》卷 269。
⑦ 《长编》卷 1。

委弃草壤,因循填塞"①。每次开凿之后,因泥沙堆放不当,致使"房廊、邸舍,作践狼藉,园圃隙地,例成丘阜。积雨荡濯,复入河中,居民患厌,未易悉数"②。元祐年间,苏轼知杭州,亲率士民开浚茅山、盐桥二河。而后,他又奏请朝廷"于钤辖司前置一牐,每遇潮上,则暂闭此牐。候潮平水清复开,则河过闾阎中者,永无潮水淤塞、开沟骚扰之患"③。

南宋时期,官府也组织过几次大规模的清理河道工程。如绍兴八年(1138年),"命守臣张澄发厢军、壮城兵千人,开浚运河湮塞,以通往来舟楫"④。乾道四年(1168年),"守臣周淙出公帑钱招集游民,开浚城内外河,疏通淤塞"⑤。

(二)城市供水、排水与卫生管理思想

从古至今,在城市市政建设中,供水、排水均是十分重要并不易解决的问题。宋政府重视这些问题,采取了一些措施,动员了大量的人力、物力、财力,把供水、排水设施纳入城建规划之中。

北宋时期,汴京城内人口众多,凿井汲水是百姓生活用水的重要来源。如大中祥符二年(1009年),官府在汴京城内开挖方井,"官寺、民舍皆得汲用"⑥。庆历六年(1046年),宋仁宗"诏开封府久旱,民多渴死,其令京城去官井远处益开井。于是八厢凡开井三百九十"⑦。此外,朝廷还派人负责管理。如大观四年(1110年),慕宗亮向徽宗进言:"天下当过街路与旅店中,有井无栏木。其上件坑井若是阴黑,无眼人或有酒人遗身在内,必害性命。臣今欲乞天下当过往街路有井无栏木,令地主修置……如井栏损动,即令修补,常要牢固。"⑧朝廷采纳了他的奏言,规定:各州城的井栏维修由地方负责,汴京城内的井栏由工部、将作监、都水监共同管理,负责维修。

杭州城因濒江临海,水呈咸味,城内淡水供应常常不足,历代知州都很重视水井设施。北宋时期,城内著名的水井有六眼。井水之源取汲于西湖,用瓦筒装在石槽之内,引西湖之水输往各井。南宋时期,"杭城内外,民物阜蕃。列朝帅臣,常命工开撩井泉,以济邦民之汲,庶无枯涸之忧"⑨。

但是,由于井水毕竟水量有限,很难满足日益增多的城市人口生活用水,因此,宋廷组织建设规模宏大的调水工程。建隆二年(961年)春,宋太祖命陈承昭率水工凿渠,"引水过中牟,名曰金水河,凡百余里,抵都城西,架其水横

---

①②③④⑤ 《宋史》卷97《河渠七》。
⑥ 《宋史》卷94《河渠四》。
⑦ 《长编》卷158。
⑧ 《宋会要·方域》10之6。
⑨ 《梦粱录》卷11《井泉》。

绝于汴,设斗门,入浚沟,通城濠,东汇于五丈河,公私利焉"①。大中祥符二年(1009年),宋真宗又命供备库使谢德权决金水,"自天波门并皇城至乾元门,历天街东转,绕太庙入后庙,皆甃以礲甓,植以芳木,车马所经,又累石为间梁"②。

除京城之外,一些州县城也有规模较大的调水工程。如连州城,因群山环抱,土质干涸,故而水源不足。当地政府便征调民夫,引湟水入城,"仓廪、府库,官之廨宇皆得以周济,岁旱则引其流环之城中。盖民屋、吏家、僧居道室、军士之垒,与夫沟池之浸润,园圃之灌溉,鲜不赖其施者"③。

城市排水,主要指排放城市的生活污水与雨水,是城市公共设施不可缺少的部分。宋政府为了保证水道畅通,注重改造和疏浚旧河道。从史书记载可知,汴京城内大街小巷均有明沟暗渠等排水设施。城中有4条主要干线称为御路,其中心为街道,两边均有砖砌的水沟。这些街巷的沟渠与穿城河道、三重城濠组成一个完善的排水系统。江西赣州城内至今仍有宋代地下排水系统遗址。

宋代严禁房舍侵压水口,也是完善城市排水设施的一项重要内容。如建康城内有一条河流称作"青溪",与长江相通。后来,豪富之家多缘河筑屋,并截断水口,营建花圃,结果是"每水流暴至,则泛溢浸荡,城内居民,尤被其害"④。到了宋孝宗乾道年间,才得以开浚。又如杭州,房屋侵压河道的现象也很严重。元祐五年(1090年),苏轼指出:"盐桥运河岸上,有治平四年提刑元积中所立石刻,为人户屋舍侵占牵路已除拆外,具载阔狭丈尺。今方二十余年,而两岸人户复侵占牵路,盖屋数千间,却于屋外别作牵路,以致河道日就浅窄。准法据理,并合拆除。本州方行相度,而人户相率经州,乞遽逐人家后丈尺,各作木岸,以护河堤。仍据所侵占地量出赁钱,官为桩管准备修补木岸。"⑤ 这些措施,对于维护河道畅通发挥了应有的作用。

宋代,由于城市人口的大量增加和工商业的兴盛以及战乱等,使城市的生活垃圾与污物日益增多,由此造成城市卫生和环境的恶化。这不仅影响市容市貌,而且极易引起疫疾的流行,危及居民的健康乃至生命。如庆元府城江东米行河,"两岸居民节次跨河造棚,污秽窒塞,如沟渠然,水无所泄,气息熏蒸,过者掩鼻"⑥。该府慈溪县城的市河,"雨集则溢溢沉垫,已则污秽停蓄,气雍

---

① ② 《宋史》卷94《河渠四》。
③ 《西塘集》卷3《连州重修车陂记》。
④ 《宋史》卷97《河渠七》。
⑤ 《苏轼文集》卷30《申三省起请开湖六条状》。
⑥ 《宝庆四明志》卷12《鄞县志一·叙水》。

不宣，多起疠疫"①。常州城的后河，自南宋初"复罹兵祸，夹河民居荡为瓦砾，悉推纳其中，又继居者多冶铁家子，顽矿余滓，日月增益，故其地转坚悍"②。不仅是一般城市，甚至连都城的卫生环境也差强人意。淳熙"七年，守臣吴渊言：'万松岭两旁古渠，多被权势及百司公吏之家造屋侵占，及内砦前石桥、都亭驿桥南北河道，居民多抛粪土瓦砾，以致填塞，流水不通'"③。面对严重的环境卫生问题，宋政府采取了一些治理措施。

1. 注意垃圾、污秽的日常清理

在南宋临安府城政府雇人专门从事街市、沟渠垃圾、污物的清理，"有每日扫街盘垃圾者，每日支钱犒之"；"街道巷陌，官府差顾淘渠人沿门通渠；道路污泥，差顾船只搬载乡落空闲处"④。洪迈的《夷坚志》提到卜者戴确，"居临安三桥，为卜肆。有乞丐者，结束为道人，蓝缕憔悴，以淘渠取给"，"日日从役污渠中"⑤。除了政府直接雇人进行日常清理外，民间也有从事收集垃圾、粪便、馊水的人员。他们或从垃圾中挑拣破旧物品，或用馊水来喂养家畜，或将粪便运至农村作肥料。临安城内，"人家有泔浆，自有日掠者来讨去。杭城户口繁夥，街巷小民之家，多无坑厕，只用马桶，每日自有出粪人溅去，谓之倾头脚，各有主顾，不敢侵夺。或有倾夺，粪主必与之争，甚者经府大讼，胜而后已"⑥。

2. 禁止居民乱倒垃圾

宋人已认识到要维护城市的环境卫生，禁止居民随意倾倒垃圾、废物是关键。对此，不少城市官府均颁布了有关禁令。如绍兴四年（1134年），刑部上言："临安府运河开撩，渐见深浚，今来沿河两岸居民等，尚将粪土瓦砾抛掷已开河内，乞严行约束。"由是朝廷下大理寺立法，禁止这种行为的发生，如"辄将粪土瓦砾等抛入新开运河者，杖八十"⑦。宝庆三年（1227年），袁州官府疏浚李渠后，明令"弃粪除、破缶及架厨溜溷溷于渠上者，皆有禁"。同时，又组织民众进行日常维护和检查，将沿渠200户居民编为甲户，"令五家结为一甲，互相纠察"，每三甲推举一人为甲首，"常切点检，遇有此等及渠岸颓圮之类，甲首即报知渠长"⑧。

---

① 楼钥：《攻媿集》卷59《慈溪县兴修水利记》，文渊阁四库全书本。
② 张国维：《吴中水利全书》卷24，载邹补之《武进县重开后河记》，文渊阁四库全书本。
③ 《宋史》卷97《河渠七》。
④⑥ 《梦粱录》卷13《诸色杂货》。
⑤ 《夷坚志》乙志卷20《神霄宫商人》。
⑦ 《宋会要·方域》17之21。
⑧ 《江西通志》卷15《水利二》，文渊阁四库全书本。

3. 重视对城市中沟渠、湖泊等水系的大规模清理、疏通和保护

城市由于人口的密集，加上卫生习惯不文明，许多垃圾、污物被随意抛置，或倾倒入沟渠里。这些垃圾、污物量大，清理困难，单靠由官府雇人或民间对垃圾的日常清理往往难以清除干净。时间一长，垃圾成堆，沟渠淤积。因此，每隔一段时间，官府往往还要对城区沟渠进行全面彻底的清理，才能确保城市的环境卫生。如南宋温州"生养之盛，市里充满，至于桥水堤岸而为屋，其故河亦狭矣，而河政又以不修。长吏岁发闾伍之民以浚之，或慢不能应，反取河滨之积实之渊中。故大川浅不胜舟，而小者纳污藏秽，流泉不来，感为疠疫，民之病此，积四五十年矣"①。淳熙四年（1177年），新任知州"用州之钱米有籍无名者合四十余万，益以私钱五十万，命幕僚与州之社里长募闲民，为工一万三千有奇，举环城之河以丈率者二万三百有奇，取泥出甓，两岸成丘。村农闻之，争喜负去，一日几尽。毕事，则天雨两旬，于是洒濯流荡，而水之集者，深漫清泚，通利流演，虽远坊曲巷，皆有轻舟至其下，民既得以舒郁滞，导和乐"②。

江南城市或郊区大多分布一定数量的湖泊，是居民生活用水的主要来源，也是人们休闲的好地方。宋代不少地方官员重视对这些湖泊的治理与保护。如北宋的杭州（南宋改称临安）西郊的西湖是全城居民最基本的供水源，也是著名的风景区，北宋哲宗时期已埋塞其半。元祐年间，苏轼知杭州时，对其进行了较为彻底的治理③。而后又采取以湖养湖的办法，以西湖每年"所有新旧菱荡课利钱，尽送钱塘县尉司收管，谓之开湖司公使库，更不得支用，以备逐年雇人开葑撩浅"④。进入南宋以后，临安成为都城，朝廷更重视对西湖的治理与保护。政府设置撩湖军兵，专一负责日常的开撩事务，防止其埋塞。如绍兴十九年（1149年），知府汤鹏举向朝廷条具两项开撩西湖事宜：其一，"检准绍兴九年八月指挥，许本府招置厢军兵士二百人，现管止有四十余人。今已措置拨填，凑及原额。盖造寨屋、舟船，专一撩湖，不许他役"；其二，"契勘绍兴九年八月指挥，差钱塘县尉兼管开湖职事，臣今欲专差武臣一员，知、通逐时检察，庶几积日累月开撩，不致依旧埋塞"⑤。

---

①② 《叶适集·水心文集》卷10《东嘉开河记》。
③ 参见本章第二节"生态环境保护思想"。
④ 《苏轼文集》卷30《申三省起请开湖六条状》。
⑤ 《咸淳临安志》卷32《山川志·湖》。

第八章 宋代政府救助思想

第一节
宋代的灾害及影响

一、宋代灾害的发生

宋代的灾害,根据王德毅的研究,有 10 余种,即水灾、旱灾、火灾、蝗灾、鼠灾、疫疠、风灾、地震、山崩与兵灾等,其中除兵灾和部分火灾是人为的外①,其余均是自然灾害。据不完全统计,两宋时期,水灾、旱灾、蝗灾、地震、疾疫以及风、雹、霜灾 6 类主要自然灾害共发生 1219 次。其中,水灾 465 次,占 38%;旱灾 382 次,占 31%;蝗灾 108 次,占 9%;地震 82 次,占 7%;疾疫 40 次,占 3%;风、雹、霜灾 142 次,占 12%②。以上各种灾害中,以水旱之灾最为频繁,是最具危害性的两种灾害。

除以上不完全统计的 6 类主要自然灾害共计 1219 次外,其余 6 类自然灾害中未统计在内的还有不少,如张文在《季节性的济贫恤穷行政:宋朝政府救助的一般特征》③一文中就补充了未统计的疾疫流行 27 次。还有如再加上 6 类之外的火灾、鼠灾、山崩、兵灾等,其次数将会更多。由此可见,在两宋 300 多年间,共有灾害大约 2000 余次左右,平均每年六七次,因此,可以说几乎是无年不灾,甚至一年数灾或十几灾,而且有的一灾持续很长时间。

在当时的历史条件下,灾害的发生具有很强的伴生性和复杂性,各类灾害往往引起连锁反应,如旱灾引起蝗灾,水旱之灾、兵灾引起疾疫流行,可谓一灾未平,又生一灾。如熙宁六年(1073 年)旱灾之后,熙宁七年(1074 年)

---

① 王德毅:《宋代灾荒的救济政策》,台北:"中国学术著作奖助委员会",1970 年版,第 11 页。
② 康弘:《宋代灾害与荒政述论》,《中州学刊》1994 年第 5 期。
③ 张文:《季节性的济贫恤穷行政:宋朝政府救助的一般特征》,《中国史研究》2002 年第 2 期。

四月甲戌，郑侠即言："去年大蝗，秋冬亢旱，以至今春不雨，麦苗干枯，黍、粟、麻、豆皆不及种，五谷踊贵，民情忧惶，十九惧死，逃移南北，困苦道路。"① 这是旱灾与蝗灾并发，对农业生产造成很大破坏，农民纷纷逃离。有关研究表明，历史上蝗灾滋生区旱蝗二灾的相关系数为 0.915，扩散区相关系数亦达到 0.826，相关程度是非常高的②。因此，旱灾的普遍性决定了蝗灾的频繁发生，并且经常是两灾并发。宋代，水旱之灾过后，伴生爆发人畜疾疫流行的情况比较多见。如庆历八年（1048年），河北水灾，次年春，即出现疫情。因此，二月戊辰，"以河北疫，遣使颁药"③。仁宗年间，江淮以南春季大旱，"至有井泉枯竭，牛畜瘴死，鸡犬不存之处"④。兵灾过后，爆发疾疫的也有所见。如孝宗隆兴二年（1164年）冬，"淮甸流民二三万避乱江南……疫死者半，仅有还者亦死"⑤。大灾之后常有疾疫的原因是复杂的，如水灾过后，水源遭到污染，往往容易引起疾疫流行。旱灾、兵灾之时，人们往往长途跋涉，逃到异地他乡。由于路途疲惫，又缺衣少食，沿途生活条件恶劣，又成群结队而行，故容易染上疾疫，并迅速在流民中传播。正如监察御史程叔达所言："凡人平居无事，饥饱一失其节，且犹疾病随至，况于久饥之民，相比而集于城郭，春深候暖，其不生疾疫者几希。故自古饥荒之余，必继之以疫疠。"⑥

二、宋代灾害造成的后果

宋代灾害所造成的后果是严重的。一般说来，大多数灾害都会引起粮食歉收，造成饥荒。如熙宁六年（1073年）七月至次年三月，连晴无雨，干旱长达 8 个月，受灾地区遍及北方诸路及淮南地区。司马光曾对这次干旱造成的饥荒做了这样的描述："北尽塞表，东被海涯，南逾江淮，西及邛蜀，自去岁秋冬，绝少雨雪，井泉溪涧，往往涸竭。二麦无收，民已绝望。孟夏过半，秋种未入。中户以下，大抵乏食，采木实草根以延朝夕。"⑦ 与干旱往往伴生的蝗灾，其造成的饥荒程度有时甚至超过旱灾，是对农业生产极具威胁的灾种。如大中祥符九年（1016年）六月，"京畿、京东西、河北路蝗蝻继生，弥覆郊野，食民田殆尽，入公私庐舍；七月辛亥，过京师，群飞翳空，延至江、淮

---

① ⑦ 《长编》卷 252。
② 郑云飞：《中国历史上的蝗灾分析》，《中国农史》1990 年第 4 期。
③ 《宋史》卷 11《仁宗三》。
④ 《欧阳修全集》卷 104《论救赈江淮饥民札子》。
⑤ 《宋史》卷 62《五行一下》。
⑥ 《宋会要·食货》68 之 149。

南,趣河东,及霜寒始毙"①。又如嘉定八年(1215年)四月,"飞蝗越淮而南,江淮郡(县)蝗食禾苗山林草木皆尽……自夏徂秋,诸道捕蝗者以千百石计"②。

在饥荒的原因中不仅只是天灾,有时人祸的冲击也会造成饥荒。如宋辽、宋夏的战争,对中原地区,尤其是与辽、西夏交界的河北、河东、陕西、秦凤诸路的社会经济造成极大的破坏,使广大人民缺衣少食。当时,为了支援宋军北伐,"百万家之生聚,飞挽是供;数十州之土田,耕桑半失"③。长期的征战造成"关辅之地,流亡素多,近甸之氓,农桑失望"④。南宋初期,江淮地区成了宋金对峙、征战厮杀的主战场,社会经济遭到极大的破坏。这一地区一直是"田莱之荆榛未尽辟,闾里之创残未尽苏"⑤。荆湖南北路不少地方也"极目蒿莱,开垦不及十之二三"⑥。

灾害不仅给民众带来饥荒,有的还大量毁坏民舍,使百姓居无住所,失去庇身之地。如仁宗嘉祐元年(1056年),京师自五月起一直到六月,大雨连绵不断,结果水冒安上门,"坏官私庐舍数万区"⑦。地震次数虽不及水灾,但对房屋的破坏是最具杀伤力的。如徽宗宣和七年(1125年)七月,甘肃熙和路发生强地震,土地"有裂数十丈者,兰州尤甚,陷数百家,仓库俱没"⑧。火灾,尤其是特大火灾,对民居的吞噬也是相当残酷的。如绍兴十年(1140年)七月,"临安大火,延烧城内外室屋数万区"⑨。淳熙十二年(1185年)十月初十日夜,鄂州"居民遗火延烧万家,焚溺者千余人"⑩。

饥荒和失去庇身之所的最直接连锁反应是出现大量流民,或更有甚者就是导致死亡。如宋仁宗时期,刘敞在《论水旱之本疏》中云:"见城中近日流民甚多,皆扶老携幼,无复生意。问其所从来,或云欠旱,耕种失业,或云河溢,田庐荡尽。"⑪灾民在灾害的摧残下,迫于生存的压力,只好离乡背井,寻找活路。兵灾也是民众逃离的一个重要原因。如宋金之战时,淮南路"市井

---

① 《宋史》卷62《五行一下》。
② 《宋会要·瑞异》3之47。
③ 《长编》卷27。
④ 《长编》卷71。
⑤ 虞俦:《尊白堂集》卷8《使北回上殿札子》,文渊阁四库全书本。
⑥ 胡宏:《五峰集》卷2《与刘信叔书(一)》,文渊阁四库全书本。
⑦ 《宋史》卷61《五行一》。
⑧ 《宋史》卷67《五行五》。
⑨ 洪迈:《夷坚志再补·裴老智数》,中华书局点校本,1981年版。
⑩ 《宋会要·食货》58之18。
⑪ 刘敞:《公是集》卷32《论水旱之本疏》,丛书集成本。

号为繁富者才一二郡,大概如江浙一中下县耳。县邑至为萧条者,仅有四五十家,大概如江浙一聚落耳"①。可见,在战争中,多数民众选择了逃亡以躲避战火。

灾害造成人员的伤亡有两种情况:一是灾害发生时直接就导致大量人员伤亡,如景祐四年(1037年)十二月,忻、代、并三州"地震坏庐舍,覆压吏民。忻州死者万九千七百四十二人,伤者五千六百五十五人,畜牧死者五万余。代州死者七百五十九人,并州千八百九十人"②。又如元祐六年(1091年),苏轼在杭州报告说:"浙西二年诸郡灾伤,今岁大水,苏、湖、常三州水通为一,杭州死者五十余万,苏州三十万,未数他郡。"③ 二是灾害发生后引起饥荒或疾疫,最后导致灾民饿死或病死。如干旱、洪涝、病虫害等造成的大量人口死亡,多是在灾害后的饥荒中死去的。如明道二年(1033年),"南方大旱,种饷皆绝,人多流亡,因饥成疫,死者十二三"④。又如元祐五年(1090年)七月十五日,苏轼在《奏浙西灾伤第一状》中说:熙宁浙西灾伤,"天旱米贵……饥馑既成,继之以疾疫,本路死者五十余万人,城郭萧条,田野丘墟,两税课利,皆失其旧"⑤。

无论是灾害带来的饥荒、毁坏民舍,还是因此而逃移、病死或饿死,都会给社会造成很大的冲击,从而引起动荡不安,甚至爆发激烈的暴力对抗。如当灾害带来严重的饥荒时,民众为了使最低的生存条件得到维持,便会采取一切可能的手段来获取食物,甚至不惜冒着酷刑砍头的风险。由此,必然导致社会的失序和失衡状态。此时,政府必然尽一切能力进行政府救助,否则,受灾者就会铤而走险,采取暴力手段实行自我救济。如李顺起义,之所以能够在旬日之内聚集起数万人,主要就是因为当时蜀中发生饥荒,政府救济工作又没及时跟上,所以酿成农民起义。史载:"顺初起,悉召乡里富人大姓令具其家所有财粟,据其生齿足用之外,一切调发,大赈贫乏……时两蜀大饥,旬日之间,归之者数万人。所向州县,开门延纳。"⑥ 又如仁宗庆历三年(1043年),京西关中大饥,商虢一带出现以张海、郭邈山为首的农民军队伍。渭州沙弥镇、许州椹涧镇等先后为之攻陷,使官军穷于应付⑦。哲宗元祐六年(1091年),两

---

① 《尊白堂集》卷8《使北回上殿札子》。
② 《长编》卷120。
③ 《文献通考》卷26《国用四·振恤》。
④ 《文献通考》卷304《物异十·恒阳》。
⑤ 《苏轼文集》卷31《奏浙西灾伤第一状》。
⑥ 《挥麈后录》卷5。
⑦ 《欧阳修全集》卷101《论御贼四事札子》。

淮灾荒，庐、濠、寿等州农民食榆皮及用糠麸杂马齿苋煮食，一二十人的暴动队伍逐渐昌炽，打劫富民①。

灾害即使没有引发强烈的暴力冲突，但是只要数量巨大的流民群进入一定的地区，必然急剧地改变这个地区的衣、食、住、行、人口构成以及社会秩序等状态。原来的平衡一下子被打破，社会于是处于动荡之中。总之，无论是激烈的暴力冲突，还是一般的社会秩序失衡等，对统治者的政权来说都是十分不利的，他们不愿意看到这种局面的出现。

三、宋代政府救助概况

宋太祖赵匡胤通过陈桥兵变取得政权，立国之后惟恐"黄袍加身"的历史再演，制定"守内虚外"的国策，即对外采取守势，把注意力集中于内部问题。在这一基本国策的思想指导下，宋代统治者把具有稳定社会、加强社会控制作用的政府救助作为长治久安的一项施政重点。因此，宋代统治者重视政府救助工作，正如《宋史》卷178《食货上六》所载：

> 水旱、蝗螟、饥疫之灾，治世所不能免，然必有以待之，《周官》"以荒政十有二聚万民"是也。宋之为治，一本于仁厚，凡振贫恤患之意，视前代尤为切至。诸州岁歉，必发常平、惠民诸仓粟，或平价以粜，或贷以种食，或直以振给之，无分于主客户。不足，则遣使驰传发省仓，或转漕粟于他路；或募富民出钱粟，酬以官爵，劝谕官吏，许书历为课；若举放以济贫乏者，秋成，官为理偿。又不足，则出内藏或奉宸库金帛，鬻祠部度僧牒；东南则留发运司岁漕米，或数十万石，或百万石济之。赋租之未入、入未备者，或纵不取，或寡取之，或倚阁以须丰年。宽逋负，休力役，赋入之有支移、折变者省之，应给蚕盐若斛及科率追呼不急、妨农者罢之。薄关市之征，鬻牛者免算，运米舟车除沿路力胜钱。利有可与民共者不禁，水乡则蠲蒲、鱼、果、菇之税。选官分路巡抚，缓囚系，省刑罚。饥民劫囷窖者，薄其罪；民之流亡者，关津毋责渡钱；道京师者，诸城门振以米，所至舍以官第或寺观，为淖糜食之，或人日给粮。可归业者，计日并给遣归；无可归者，或赋以闲田，或听隶军籍，或募少壮兴修工役。老疾幼弱不能存者，听官司收养。水灾州县具船筏拯民，置之水不到之地，运薪粮给之。因饥疫若厌溺死者，官为埋祭，厌溺死者加赐其家钱粟。京师苦寒，或物价翔踊，置场出米及薪炭，裁其价予

---

① 《苏轼文集》卷33《乞赐度牒籴斛斗准备赈济淮浙流民状》。

民。前后率以为常。蝗为害，又募民扑捕，易以钱粟，蝗子一升至易菽粟三升或五升。诏州郡长吏优恤其民，间遣内侍存问，戒监司俾察官吏之老疾、罢软不任职者。

简而言之，宋朝在灾荒发生时通过各种途径筹集粮食救济灾民，减免或暂缓赋税的交纳和徭役的征派，减轻刑罚，安顿流民，给予起码的吃住，灾后遣归回乡，或就地给田安置，或招募从军和兴修工程，因饥疫死亡者政府予以收埋，募民捕捉蝗虫予以奖励。这里虽然未涉及宋代的所有政府救助工作，但其主要工作已基本提到。在各式各样的政府救助工作中，宋人提出了不少十分可贵的政府救助管理思想，下面分灾前政府救助思想、受灾时期政府救助思想和灾后与平时政府救助思想三部分简要予以介绍。

第二节

灾前政府救助思想

层出不穷的灾害往往造成严重的社会问题，引起社会的无序和混乱，更有甚者发展成为声势浩大的农民起义，带来严重的社会动荡，对国家政权造成强有力的冲击。为了安定社会，维护统治，宋代统治者企图从源头遏制灾害的发生。正如司马光所指出的："是以稍遇水旱螽螟，则糇粮已绝，公私索然，无以相救。仰食县官，既不能周，假贷富室，又无所得。此乃失在于无事之时，不在于凶荒之年也。"[①] 基于这种认识，朝廷采取了一系列防患于未然的措施，主要有兴修水利、灭蝗和完善仓储制度三个方面。

一、重视兴修水利思想

如前所述，宋代最频繁的灾害就是水旱之灾，占六种常见自然灾害总数的69%。因此，兴修水利防范水旱之灾是所有抗灾措施中的重中之重。也就是说如水旱之灾能得到有效的防范，那么就有一半以上的灾害得到了有效的防范。

宋代统治者十分重视兴修水利，认为"陂塘水利，农事之本"[②]，"修利堤防，国家之岁事"[③]，水利是国家的大事。一般的官员也重视水利问题，如苏

---

① 《温国文正公文集》卷36《赈赡流民札子》。
② 《晦庵先生朱文公文集》卷100《漳州劝农文》。
③ 《宋大诏令集》卷182《沿河州县课民种榆柳及所宜之木诏》。

轼把水利事业视作"事关兴运"①的大事。北宋初年三司度支判官陈尧叟提出发展农业在于"修田地之利,建用水之法",因为"陆田命悬于天,人力虽修,苟水旱之时,则一年之功弃矣;水田之制由人力,人力苟修,则地利可尽也"②。可见,他要求发展灌溉事业以求旱涝保收,发挥"人力"的作用,改变"命悬于天"的局面。王安石认为:"养民在六府,六府以水土为终始,治水土诚不可缓也。"③ 在《策问十一道》中,他提出:"伯夷降典,折民唯刑。禹平水土,主名山川。稷降播种,农殖嘉谷。以功次之,禹也、稷也、伯夷也,其可也。以事次之,民之灾也、富之也、教之也,其可也。"在王安石的观念中,治水是重于一切的头等大事,不能治水防灾就谈不上"富之、教之"于民;不能治理水土,就无法播种收获,更谈不上维护统治秩序了。在他的水利思想中,除了强调水利重要性之外,还进一步分析了加重灾害的原因有人为的作用。他说:"故今之邑民最独畏旱,而旱辄连年。是皆人力不至,而非岁之咎也。"他以郑县为例予以说明,郑县那个地方原来设置"营田吏卒","岁浚治之,人无旱忧,恃以丰足",后来营田废置,"吏者因循,而民力不能自并",所以旱情严重,"方夏历旬不雨,则众川之涸,可立而须"。这些人为的原因加重了旱情,因此,他建议乘丰收闲暇之时,"大浚治川渠,使有所潴,可以无不足水之患"④。在王安石的水利思想中,他不仅把水旱看作百姓在生产生活中最大的忧患,而且指出旱灾会连年发生,因此兴修水利是当务之急,防范水旱之灾最积极的办法是防患于未然,才能有备无患。他还认为不能有效地兴修水利以防灾伤,"皆人力不至,而非岁之咎也",因此主张选用得力的官吏,趁丰收之时和农闲之际,积极修筑水利设施,以防灾为主。

二、重视灭蝗思想

除水旱之灾外,蝗灾也是对农业生产危害极大的灾害,宋朝也采取积极的预先防治的措施,以防止蝗灾的频繁爆发。宋仁宗时期,为了防止蝗过之后,来年再生,朝廷不断下诏,令民挖掘蝗子,并以粟相易进行鼓励。如景祐元年(1034年),仁宗皇帝下诏:"去岁飞蝗所至遗种,恐春夏滋长。其令民掘蝗子,每一升给菽米五斗。"⑤康定元年(1040年)再次诏令天下诸县,"凡掘飞

---

① 《苏轼文集》卷30《杭州乞度牒开西湖状》。
② 《文献通考》卷7《田赋七》。
③ 《长编》卷214。
④ 《临川先生文集》卷75《上杜学士言开河书》。
⑤ 《长编》卷114。

蝗遗子一升者，官给以米豆三升"①。熙宁八年（1075年），宋神宗下诏除蝗："有蝗处委县令亲部夫打扑。如地里广阔，分差通判、职官、监司提举。仍募人得蝻五升或蝗一斗，给细色谷一升；蝗种一升，给粗色谷二升。给价钱者，以中等实值。仍委官视烧瘗，临司差官复按以闻。即因穿掘打扑损苗种者，除其税，仍计价，官给地主钱谷，毋过一顷。"②崇宁二年（1103年），徽宗下诏："府界诸路监司前去亲诣蝗虫生发去处监督当职官，多差人夫部押并手打扑。本司及当职官并仰专任地分，候打扑尽净方得归任。人户多方收打蝗虫赴官，即时依条支给米谷。"③南宋淳熙八年（1181年）九月，孝宗又颁布严饬捕蝗诏令："诸虫蝗初生若飞落，地主邻人隐蔽不言，耆保不即时申举扑除者，各杖一百。许人告，当职官承报不受理及受理而不即亲临扑除，或扑除未尽而妄申尽净者，各加二等。"④

从这些诏书的颁布可以看出，宋代历朝皇帝对通过捕蝗防止蝗灾的发生越来越重视。宋仁宗时只是单纯地规定了奖励的条例，并没有相应的措施。宋神宗和宋徽宗时则明确规定了路监司、府州通判和县令必须亲自组织人员进行捕杀，不仅对捕捉到蝗虫的人员及时进行奖励，而且对因捕捉蝗虫而遭到苗种损失的主人给予赔偿。到了南宋孝宗时，捕蝗诏令则变得相当严厉，蝗虫刚出现时，如发现者没有及时报告，或发现者已报告，有关官员不予受理或已受理没有亲自组织人员捕杀以及捕杀未尽的，均要受到杖刑的处罚。

三、完善仓储制度思想

宋代灾害所造成的后果是多方面的，其中最常见、涉及面最广的严重影响是引起粮食歉收，发生饥荒。因此，宋代救荒的首要工作是平时广设各种仓储，囤积粮食，以备饥荒之需。正如宋仁宗时期余靖所言："臣以古者'三年耕必有一年之蓄，九年耕必有三年之蓄。无三年之蓄，曰国非其国。'故虽尧水汤旱，民无菜色者，有备灾之术也。方今官多冗费，民无私蓄，一岁不登，逃亡满道，盖上下皆无储积故也。"⑤宋朝的仓种名目繁多，其中大多是为了防灾备荒而设。诸如常见的常平仓、义仓、惠民仓、广惠仓、社仓、丰储仓、平籴仓、平粜仓等，不常见的平济仓、永利仓、州济仓、平止仓、通惠仓、广济仓、籴纳仓等。从这些仓的设置情况看，有由宋廷直接下诏建立，行政关系

---

① 《长编》卷129。
② 《长编》卷267。
③ 《宋会要·食货》68之115。
④ 《救荒活民书》拾遗《除蝗条令·淳熙敕》。
⑤ 《宋朝诸臣奏议》卷106《上仁宗乞宽租赋防盗贼》。

上直接隶属中央的仓种，有由各地自行设置，经费及管理都由地方负责的仓种。尽管宋代仓种繁多，但其目的绝大部分是为了"以备凶灾"、"以平谷价"①。在宋代诸多仓种中，设置最为普遍、作用最大的当是常平仓，"恤民备灾，储蓄之政，莫如常平、义仓"②。正如董煟在《救荒活民书》卷2所言："救荒之法不一，而大致有五：常平以賑粜，义仓以赈济，不足则劝分于有力之家，又遏籴有禁，抑价有禁，能行五者，则不庶乎其可矣。"因此，宋代在完善仓储制度以防治灾害的议论中，涉及最多的是有关常平仓的管理问题。

有关常平仓的功能，议论最多的主要集中于两个方面：一是平抑谷价。司马光云："勘会旧常平仓法，以丰岁谷贱伤农，故官中比在市添价收籴，使蓄积之家无由抑塞农夫，须令贱粜。凶岁谷贵伤民，故官中比在市减价出粜，使蓄积之家无由邀勒贫民，须令贵籴。物价常平，公私两利，此乃三代之良法也。"③ 二是以备饥荒。余靖言：常平仓"每遇灾伤赈贷，使国有储蓄，民无流散者，用此术也"④。其实，常平仓的这两个基本职能是相辅相成的，正如哲宗时期赵君锡所言："诸常平钱斛，州县遇价贱，量添钱籴，价贵，量减钱粜……丰年不至伤农，凶年不忧艰食，公可以实仓廪，私可以抑兼并，安国裕民，无以过此。"⑤ 宋神宗时，陈均则认为：常平仓"所蓄既丰，名亦不一。有曰贷粮种子者；有曰借助赈贷者，以息赈济者也；有曰赈粜者，减价粜谷以赈之也；有曰赈济者，直与以赈之也"⑥。依陈均的看法，常平仓具有赈粜、赈贷、赈济三项功能，其实赈粜就是平抑谷价，而赈贷、赈济则是以备饥荒。因为赈贷、赈济只是救灾程度的不同，前者是借贷，以后是要偿还的，而后者是免费给予，以后不必偿还。

常平仓的平抑谷价从历史渊源上说，是其最原始的功能，到了宋代，人们逐渐在此基础上对其进行延伸，将其作为赈灾救荒之备，甚至也赋予它平时济贫的功能。如四明之常平仓，不但"老疾贫丐者、囹圄者、流徙者，率以是济之"，而且还以常平钱作为买地置漏泽园之经费⑦。平抑谷价作为常平仓的最原始功能历来受到主流观点的肯定。其理由是"民间每遇丰稔，不免为豪宗大

---

① 《宋史》卷176《食货上四》。
② 《建炎以来系年要录》卷130。
③ 《温国文正公文集》卷54《乞趁时收籴常平斛斗白札子》。
④ 余靖：《余襄公奏议》卷上《论常平仓奏》，广东丛书本。
⑤ 《长编》卷462。
⑥ 《九朝编年备要》卷19。
⑦ 《宝庆四明志》卷6《常平仓》。

第八章 宋代政府救助思想

姓乘时射利，贱价收蓄，一有水旱，则物价腾踊，流亡饿殍，不可胜计"①。平抑谷价可以改变这种状况，做到丰年不至于谷价太贱伤农，凶年不至于谷价太贵使贫民买不起粮食挨饿。但是宋代由于商品经济的发展，人们对物价的敏感度增强，对常平仓平抑谷价的功能提出了质疑。王觌在《乞稍贵京师常平仓米疏》中指出：

> 在京诸仓粜常平米，每斗六十文至六十五文省，有以见朝廷不惜亏损官本，而惟以利民为务也。然臣窃虑贱粜如此，于小民足为一时之利，于国计乃非长久之策。何以言之？夫京师者众大之居也，生齿之繁，何可胜计？民所食者军粮之外，外皆商贾所运，自外而至也。今官粜甚贱，非所以致商贾也，彼商贾所贩虽新米，其价乃与陈米相视而低昂者也。京师之民旧多食麦，而今多食米，以米贱故也。使旁郡之米麦入京师者浸少，岂长久之策哉？常平之米固有限，不常粜也，虽有时而不粜，商贾亦必以为疑而不肯多致，恐一旦常平害之也。夫物价不独甚贵之为害，而甚贱之亦所以为害，故所谓常平者不欲其甚贵甚贱而已。今贱常平米，为小民一时之利，以疑商贾，使民间无高廪陈粟以为长久之备，孰为得计哉？臣愚以谓不若稍贵常平之米，使无定价，著以为令，而示信于商贾也。假如著令曰：京师常平米一斗，其价以百钱为定，毋辄增损，籴者若干斗以下勿拒。行之既久，商贾信之，则稔岁必厚畜以待价，使旁郡之米麦入于京师者浸多，而京师可实也。②

常平仓贵籴贱粜以平抑谷价，限制商贾的囤积居奇而牟取暴利，其积极意义是被大量历史事实所证明的。但是王觌却看到了另外一面，即常平仓如所粜谷价太贱，那商贾贩米到京师无利可图甚至亏本，其结果是商贾不再贩米到京师。但是由于常平仓储米数量有限，只能起临时性的平抑谷价作用，而京师人口众多，主要靠商贾所贩米为生，如商贾因谷价太低而不贩米到京师，那京师居民将无米可食。因此，王觌认为常平仓米价太低会带来京师缺米的严重后果，应稍微提高常平仓谷价，并保持稳定，通过价格杠杆使商贾有利可图（但又不能牟取暴利），源源不断贩米到京师。的确，在京师居民口粮基本上商品化的条件下，常平仓通过贵籴贱粜平抑谷价的措施也必须尊重价格规律，只能在当时价格的基础上适时适度地进行调控，否则，很可能适得其反，干扰了正常的价格规律，影响了京师商品粮的供给。

---

① 《长编》卷462。
② 《宋朝诸臣奏议》卷245。

宋代国家管理思想

常平仓的平抑谷价其实从某种意义上说是与商贾在价格上的一种博弈。元祐五年（1090年），苏轼知杭州时就看到"浙西诸郡，米价虽贵，然亦不过七十足"①。他预测到"来年青黄不交之际，米价必无一百以下，至时，若依元价出粜，犹可以平压翔踊之患，终胜于官无斛斗，坐视流殍"。因此，苏轼"指麾杭州不得减价，依旧作七十收籴"。因为他已"访闻诸郡富民，皆知来年必是米贵，各欲广行收籴，以规厚利。若官估稍优，则农民米货尽归于官。此等无由乘时射利，吞并贫弱"。这里，苏轼运用价格杠杆提高常平仓收籴农民米价格，使农民米尽归常平仓，诸郡富民"广行收籴，以规厚利"的计划落空。

总之，从王觌和苏轼的思想可以看出宋人已充分认识到在常平仓平抑谷价的实际运作中，必须尊重价格规律，应该适时适度地运用价格杠杆来调节市场的供求关系，从而才能真正达到常平仓平抑谷价的功能，否则一味单纯机械地只知道贵籴贱粜，而不知根据实际情况具体问题具体分析，灵活应用价格规律，结果可能是适得其反，反而会扰乱正常的粮食市场，导致更大的粮食供求矛盾。

宋代常平仓在赈灾备荒中采取战国时期李悝的平籴法进行宏观调控，这就是"常平法本无岁不籴，无岁不粜。上熟籴三而舍一，中熟籴二，下熟籴一，此无岁不籴也。小饥则发小熟之敛，中饥则发中熟之敛，大饥则发大熟之敛，此无岁不粜也"②。此种调控原则是在长期实践中所做的一种合理假设：上熟籴三补大饥歉收三，中熟籴二补中饥歉收二，小熟籴一补小饥歉收一。这种通过把丰年与灾年各自划分为三个等级进行互补的方法，从总体趋势看，可以大致达到平衡丰年与灾年的粮食产出与消费，从而使丰年储备粮食以应灾年之需，做到未雨绸缪，防患于未然。这种朴素的、行之有效的平衡互补调控方法一直被古代奉为灾前防治的圭臬，至今仍有借鉴意义。

为了确保灾前赈灾钱粮的到位，防止有关部门挪用，宋人提出常平仓钱粮必须由专门机构管理，专款专用，三司及转运司等中央与地方最高理财机关也无权过问与使用。"景德三年，言事者请于京东西、河北、河东、陕西、江南、淮南、两浙皆立常平仓，计户口多寡，量留上供钱自二三千贯至一二万贯，令转运使每州择清干官主之，领于司农寺，三司无辄移用。岁夏秋视市价量增以籴，粜减价亦如之，所减不得过本钱。"③庆历二年（1042年），余靖上奏仁宗

---

① 《苏轼文集》卷31《相度准备赈济第三状》。此自然段引文未注出处者，均见于此。
② 《救荒活民书》卷2《常平》。
③ 《宋史》卷176《食货上四》。

皇帝亦云："伏睹真宗皇帝景德中，诏天下以逐州户口多少量留上供钱，起置常平仓，付司农寺系账，三司不问出入。每年夏秋两熟，准市价加钱收籴，其出息本利钱，只委司农寺专掌，三司、转运司不得支拨。自后每遇灾伤赈贷，使国有储蓄，民无流散者，用此术也。"① 常平仓钱物由司农寺管理，三司、转运司不得移作他用，专门用于赈灾的制度设置，直到南宋一直得到坚持。正如董煟在《救荒活民书》卷2所云："常平钱物，不许移用，不知他费不许移用，至于救荒，正所当用，若必待报，则事无及矣。今遇旱伤去处，州县仰一面计度，用常平钱，于丰熟处，循环收籴，以济饥民，俟结局日以籴本拨还常平可也。"

在常平仓的实施过程中，也出现了一些问题，宋人对此也进行了思考和探索，并提出了改进的意见。如司马光虽然力主实行常平仓制度，反对青苗法，但并不因此认为常平仓是十全十美的制度，他在《乞趁时收籴常平斛斗白札子》②中分析了常平仓在实施中的不足之处，并提出相应的对策。司马光认为常平仓存在四个方面的问题：一是"有因州县阙常平籴本钱，虽遇丰岁，无钱收籴"。二是"官吏怠慢，厌籴粜之烦，虽遇丰岁，不肯收籴"。三是"官吏不能察知在市斛斗实价，只信凭行人，与蓄积之家通同作弊。当收成之初，农夫要钱急粜之时，故意小估价例，令官中收籴不得，尽入蓄积之家；直至过时，蓄积之家仓廪盈满，方始顿添价例，中粜入官。是以农夫粜谷止得贱价，官中籴谷常用贵价，厚利皆归蓄积之家"。四是"官吏虽欲趁时收籴，而县申州，州申提点刑狱，提点刑狱申司农寺，取候指挥，比至回报，动涉累月，已是失时，谷价倍贵。是致州县常平仓斛斗，有经隔多年，在市价例终不及元籴之价，出粜不行，堆积腐烂者"。针对这四个方面，司马光主张：一是"令将累年积蓄钱谷财物，尽桩作常平仓钱物，委提点刑狱交割主管，依旧常平仓法施行。今岁诸路除有水灾州军外，其余丰熟处多。今欲时降指挥下诸路提点刑狱司，乘有此籴本之时，委丰熟州县官员，各体察在市斛斗实价，多添钱数，以广行收籴"。这里，主要针对"无钱收籴"和"不肯收籴"的问题，通过动用"累年积蓄钱谷财物，尽桩作常平仓钱物"来解决籴本，以"降指挥下诸路提点刑狱司"，督促丰熟州县官员广行收籴。二是"令州县各勒行人，将十年以来在市斛斗价例比较，立定贵贱，酌中价例，然后将逐色价分为三等；自几钱至几钱为中等价，几钱以上为上等价，几钱以下为下等价。令逐处临时斟酌加减，务在合宜。既约定三等价，仰自今后州县每遇丰岁，斛斗价贱至下等之

---

① 《余襄公奏议》卷上《论常平仓奏》。
② 《温国文正公文集》卷54。此自然段引文未注出处者，均见于此。

时,即比市价相度添钱,开场收籴。凶年斛斗价贵至上等之时,即比市价相度减钱,开场出粜。若在市见价只在中等之内,即不籴不粜,更不申本州及上司指挥,免有稽滞失时之患","变转不以时,致有损坏,并监官不逐日入场,致壅滞粜籴人户,并取勘施行"。对于第三点粮食价例估计不准,以及第四点籴粜稽滞失时问题,司马光提出预先确定若干年的粮食平均价格,然后再将其分为上、中、下三等,当丰年粮价低于下等价时,官府就增价收籴;当凶年粮价高于上等价时,官府就减价出粜;如是粮价在中等价时,官府就不籴不粜。司马光企图通过这种制度安排,既防止负责常平仓籴粜的官吏在确定粮价时的随意性和营私舞弊行为,又使他们在常平仓籴粜时按规定的上、中、下等米价情况进行操作,不必事事请示而出现籴粜不及时。司马光最后还建议通过奖惩来督促负责常平仓籴粜的官吏尽职尽责,发挥常平仓的作用。他说:"若州县长吏监官能用心及时籴粜,至得替时将酌中价钱与斛斗通行比折,与初到任时增剩及十分中一分以上,许批书上历子,候到吏部日与升半年名次。及二分以上,许指射家便差遣一次。所贵官吏各各用心,州县皆有储蓄,虽遇荐饥,民无菜色。又得官中所积之钱稍稍散在民间,可使物货流通。"

董煟在《救荒活民书》卷2中认为"常平赈粜其弊在于不能遍及乡村。今委隅官里正监视,类多文具,无实惠及民"。对此他建议:"宜仿富弼青州监散米豆之法,变通而行之。但水脚之费,搬运之折,无所从出,故县不敢请于州,村不敢请于县。不知饥荒之年,人患无米,不患无钱,每升增于官中所定之价一文,以充上件廪费,则自无折阅之虑矣。何患赈粜之米,不能遍及村落哉?"董煟通过增加一些运费和消耗费,把常平赈粜普遍实施于乡村,其思想是简易可行的。

第三节

受灾时期政府救助思想

一、赈灾制度建设和"尽早""就地"赈济思想

赈灾必须有一套完善的行之有效的制度建设作为保障,这是十分必要的。苏轼认为在赈灾中,"以物与人,物尽而止,以法活人,法行无穷"[①]。他的这一精辟思想,是在对朝廷征收五谷力胜税钱影响赈灾工作而提出的。他认为,

---

① 《苏轼文集》卷35《乞免五谷力胜税钱札子》。此自然段引文未注出处者,均见于此。

第八章 宋代政府救助思想

原来"法不税五谷,使丰熟之乡,商贾争籴,以起太贱之价;灾伤之地,舟车辐辏,以压太贵之直。自先王以来,未之有改也。而近岁法令,始有五谷力胜税钱,使商贾不行,农末皆病"。他"在黄州,亲见累岁谷熟,农夫连车载米入市,不了盐茶之费;而蓄积之家,日夜祷祠,愿逢饥荒。又在浙西,亲见累岁水灾,中民之家有钱无谷,被服珠金,饿死于市"。其原因就是"此皆官收五谷力胜税钱,致商贾不行之咎也"。因为繁重的五谷力胜税钱的征收使商贾从丰熟之地运五谷到饥荒之地无利可图,甚至亏本,所以就出现了苏轼所谈到的怪现象,即丰收之地米太多卖不出去,饥荒之地有钱买不到米,发生"被服珠金饿死于市"的惨状。有鉴于此,苏轼提出了与其花费大量的财力、物力和人力救灾,不如废除不合理的五谷力胜税钱对赈灾更有帮助。他说:"今陛下每遇灾伤,捐金帛,散仓廪,自元祐以来,盖所费数千万贯石,而饿殍流亡,不为少衰。只如去年浙西水灾,陛下使江西、湖北雇船运米以救苏、湖之民,盖百余万石。又计籴本水脚官钱不赀,而客船被差雇者,皆失业破产,无所告诉。与其官私费耗,为害如此,何以削去近日所立五谷力胜税钱一条,只行《天圣附令》免税指挥?则丰凶相济,农末皆利,纵有水旱,无大饥荒。虽目下稍失课利,而灾伤之地,不必尽烦陛下出捐钱谷,如近岁之多也。"总之,在救灾中一项好制度的设置或一项不合理制度的废除比单纯钱粮物资救助更为重要。因为政府钱粮物资有限,不可能源源不断一直供给,只要救灾物资一用完,政府救灾工作也就停止了,但是如有好的科学合理的制度安排,就能动员各方面的力量,源源不断向灾区输送钱粮物资,帮助灾区战胜灾害。

对于已发生的灾荒,宋人主张应尽早赈济,否则灾荒如越来越严重,蔓延范围越来越大,引起灾民流移,甚至发生武装对抗等,局面就将难以控制,或者要付出更大的代价才能使灾民得到安置,社会恢复稳定。有关这方面的思想于宋代史籍中屡见不鲜,兹举有代表性的数例。司马光主张救济灾民"若于未流移之前早行赈济,使粮食相接,不至失业,则比屋安堵,官中所费少而民间实受赐"。否则,"若于既流移之后方散米煮粥,以有限之储蓄待无穷之流民,徒更聚而饿死,官中所费多而民实无所济"[1]。苏轼在《奏浙西灾伤第一状》也表达了相同的思想。他说:"臣闻事豫则立,不豫则废,此古今不刊之语也。至于救灾恤患,尤当在早。若灾伤之民,救之于未饥,则用物约而所及广,不过宽减上供,粜卖常平,官无大失,则人人受赐,今岁之事是也。若救之于已饥,则用物博而所及微,至于耗散省仓,亏损课利,官为一困,而已饥之民,终于死亡,熙宁之事是也。"司马光和苏轼共同认为及早赈灾,官府花费少而

---

[1] 《温国文正公文集》卷52《赈济札子》。

效果好；如拖延时日，官府花费大而效果差。苏轼还具体列举了熙宁与元祐两次赈济进行对比说明："熙宁之灾伤，本缘天旱米贵，而沈起、张靓之流，不先事奏闻，但务立赏闭籴，富民皆争藏谷，小民无所得食。流殍既作，然后朝廷知之，始敕运江西及截本路上供米一百二十三万石济之。巡门俵米，拦街散粥，终不能救。饥馑既成，继之以疾疫，本路死者五十余万人，城郭萧条，田野丘墟，两税课利，皆失其旧。勘会熙宁八年，本路放税米一百三十万石，酒课亏减六十七万余贯，略计所失共计三百二十余万贯石。其余耗散不可悉数。至今转运司贫乏不能举手。此无它，不先事处置之祸也。去年浙西数郡，先水后旱，灾伤不减熙宁。然二圣仁智聪明，于去年十一月中，首发德音，截拨本路上供斛斗二十万石赈济，又于十二月中，宽减转运司元祐四年上供额斛三分之一，为米五十余万斛，尽用其钱，买银绢上供，了无一毫亏损县官。而命下之日，所在欢呼，官既住籴，米价自落。又自正月开仓粜常平米，仍免数路税务所收五谷力胜钱，且赐度牒三百道，以助赈济。本路帖然，遂无一人饿殍者，此无它，先事处置之力也。由此观之，事豫则立，不豫则废，其祸福相绝如此。"①

与司马光、苏轼不同的是，范祖禹从加强平时的政府救助，尽可能及时收容处于死亡边缘的老幼废疾之人，使他们不至于一有灾害来临就大量冻馁而死。范祖禹说："京师之众，孤穷者不止千二百人。又朝廷每遇大冬盛寒，则临时降旨救恤，虽仁恩溥博，然民已冻馁，死损者众。夫救饥于未饥之时，先为之法，则人不至于饥死；救寒于未寒之时，预为之备，则人不至于冻死。今每岁收养与临时救济，二者等为费用，不若多养之为善也。"②

宋朝在进行大规模赈灾活动时，主张就地赈灾为宜。如治平四年（1067年），河北发生旱灾，流民大量南下逐食，宋廷乃于京师各门散发米粟给流民。司马光指出："或闻河北有人讹传京师散米者，民遂襁负南来。今若实差官散米，恐河北饥民闻之，未（流）移者因兹诱引，皆来入京。京师之米有限，而河北流民无穷，既而无米可给，则不免聚而饿死，如前年许、颍二州是也。"③这里，司马光认为流民的集中逐食，会使得某一地区灾民越聚越多，最后造成粮食供应不上，最终一起饿死。董煟《救荒活民书》卷下《曾巩救灾议》中比较详细地记载了曾巩的就地赈灾思想，反映了宋人在多年的救灾实践中，已摸索出不少切实可行合乎救灾规律的措施。宋仁宗年间，河北发生地震、水灾，

---

① 《苏轼文集》卷31《奏浙西灾伤第一状》。
② 范祖禹：《范太史集》卷14《乞不限人数收养贫民札子》，四库珍本初集本。
③ 《温国文正公文集》卷36《赈赡流民札子》。

有司仍依旧制请发廪集中赈济灾民，壮者人日 2 升，幼者人日 1 升。曾巩指出：此举将使百姓"相率日待二升之廪于上，则其势必不暇乎他为。是农不复得修其畎亩，商不复得治其货贿，工不复得利其器用，闲民不复得转移执事，一切弃百事，而专意于待升合之食以偷为性命之计，是直以饿殍养之而已，非深思远虑为百姓长计也"。据曾巩推算，受灾户以中户计之，每户以 10 人为率。其中，壮者 6 人，每月将受粟 3 石 6 斗；幼者 4 人，每月将受粟 1 石 2 斗。总计每户每月将受粟 5 石。自今至麦熟，长达 10 个月时间，一户当受粟 50 石。今受灾 10 余州，以 20 万户计，中户以上不与赈济外，需要赈济者 10 万户。若按该标准赈济，则 10 个月需发放粟米 500 万石。如此庞大的数目，是难以筹集的。而且，这么多人聚居受粟，将不可避免地发生疾疫，修筑安置饥民屋舍的费用又将从何开支？如果不就地赈灾的话，饥民聚居州县受粟，必弃其故庐，其中"有颓墙坏屋之尚可全者，故材旧瓦之尚可因者，什器众物之尚可赖者，必弃之而不暇顾。甚则杀牛马而去之者有之，伐桑枣而去之者有之，其害又可谓甚也"。今后边地空虚，一旦有警，该如何应付？因此，曾巩建议将集中赈给改为每户借贷钱 5 贯、米 10 石，总费不过钱 50 万贯、米 100 万石。对于灾民来说他们不出故乡，既有了生活来源，又有了修理房屋、开展生产之资，可谓一举数得。对于官府来说，钱 50 万贯、米 100 万石只是借贷于民，今后是要归还的，并未带来多少财政损失。总之，曾巩从灾民粮食的供给、住处的安置、规避疾疫的发生、灾后生产的恢复以及政府财政的支出等各方面阐述了就地赈灾的长处，在一般情况下，就地赈灾的确比聚集赈济在灾民的安置、防止传染病的流行，灾后恢复生产以及保障社会稳定方面比较主动和容易做到，聚集赈济只能在就地赈灾无法解决时的一种被动的灾民寻求政府救济的方式。如大量的灾民聚集在某一地方，在安置、防病以及在维护社会稳定方面都带来诸多难以克服的问题，并对灾民聚集地的非受灾民众的生活和生产也是一种巨大的冲击。

二、以工代赈思想

宋代一些官员在赈灾中主张以工代赈。如范仲淹知苏州时提出："荒歉之岁，日以五升（米），召民为役，因而赈济，一月而罢，用米万五千石耳。"[①]这里说的"召民为役"是召集饥民从事"开畎之役"，即兴修水利设施。又如"熙宁七年正月，河阳灾伤，常平仓赈济，斛斗不足，乞更发省仓。诏赐常平谷万石，兴修水利，以赈饥民"。对此，董煟评论曰："以常平谷万石，兴修水

---

① 《范文正集》卷 9《上吕相公并呈中丞咨目》。

利,以济饥民,此以工役救荒者也。"① 总之,这种以工代赈既解决了灾民的生活困难,稳定了社会秩序,又借此兴修了水利设施,为灾后恢复生产及以后的防灾奠定了基础,还为国家节约了救灾的财政开支。《管子·乘马数》云:"岁凶旱水泆,民失本,则修宫室台榭,以前无狗后无彘者为庸。"显然,早在距宋1000多年前就有在荒年以工代赈的思想,但却是以灾民修宫室台榭,满足贵族骄奢淫侈的生活。而宋代则把"修宫室台榭"改为兴修水利,为日常恢复农业生产和防灾奠定基础,意义和作用迥然不同。

在古代封建社会,传统的主流赈灾思维是限制消费,提倡节俭,紧缩开支,把节省的钱粮物资用于赈灾。范仲淹在杭州赈灾时,却大胆突破旧的赈灾思想樊篱,采取鼓励消费,推动生产,增加就业机会等来对付灾荒。沈括《梦溪笔谈》卷11《官政一》载:

> 皇祐二年,吴中大饥,殍殣枕路。是时,范文正领浙西,发粟及募民存饷,为术甚备。吴人喜竞渡,好为佛事,希文乃纵民竞渡,太守日出宴于湖上。自春至夏,居民空巷出游。又召诸佛寺主首谕之曰:"饥岁工价至贱,可以大兴土木之役。"于是诸寺工作鼎兴。又新敖仓吏舍,日役千夫。监司奏劾杭州不恤荒政,嬉游不节,及公私兴造,伤耗民力。文正乃自条叙所以宴游及兴造,皆欲以发有余之财,以惠贫者,贸易、饮食、工技、服力之人仰食于公私者,日无虑数万人,荒政之施,莫此为大。是岁两浙唯杭州晏然,民不流徙,皆文正之惠也。

范仲淹的鼓励宴游与兴造其真正用意是促进消费,使社会财富存量得到释放,"以发有余之财",并为灾民提供了数万人的就业机会,灾民通过从事贸易、饮食以及建筑业等找到了生活出路。因此,当时整个吴中闹饥荒,社会动荡,人民流亡,但只有杭州居民生活安定,没有人口外流。可见,范仲淹这一赈灾思想在实践中获得了成功,取得了较好的效果。

三、利用价格和税收杠杆赈灾思想

灾荒的发生往往会造成农业大幅度的歉收或无收,形成区域性或季节性的粮食价格落差。这对商人来说,无疑是一个牟取暴利的绝好机会。因此,一旦发生灾荒,商人便囤积居奇,哄抬粮价,以获厚利。对此,当饥荒发生粮价腾贵时,宋代通常的做法是政府通过两种方式平抑粮价:一是利用行政手段强制规定粮价的最高限额,超过限额者将受到处罚;二是通过常平仓的平时增价籴

---

① 《救荒活民书》卷1。

第八章 宋代政府救助思想

买，饥荒时平价出粜来调节粮价。但是，与传统的思想相反，宋人提出了两种不同的利用价格杠杆赈灾的措施。

宋代商品经济的繁荣，使人们对价格与供求关系有了进一步的认识，人们开始通过价格杠杆因势利导，变害为利，利用商人求利的本质，动员他们进行赈灾。如熙宁中，赵抃以大资政知越州，"两浙旱蝗，米价踊贵，饥死者十五六。州徼衢路，立赏禁人增米价。阅道独榜衢路，令有米者任增价粜之，于是诸州米商辐凑诣越，米价更贱，民无饿死者"①。"范文正治杭州，二浙阻饥，谷价方涌，斗钱百二十。公遂增至斗百八十，众不知所为。公仍命多出榜沿江，具述杭饥及米价所增之数，于是商贾闻之，晨夜争进，唯恐后，且虞后者继来。米既辐凑，遂减价还至百二十。包孝肃公守庐州，岁饥，亦不限米价，而商贾载至者遂多，不日米贱。"②

如前所述，常平仓在宋代是救荒的一项重要举措，但是宋人对常平仓的过分干预市场价格提出了质疑。宋哲宗时，右司谏王觌看到京师常平仓以低价出售粮食，提出常平仓贱粜损害了商贾的利益，商人无利可求，便不再贩运粮食到京师，这样一来，京师的粮食供给不足，从长远看，常平仓贱粜同样损害了百姓的利益。所以，王觌反对常平仓贱价出售粮食，主张"不若稍贵常平之米，使无定价，若以为令，而示信于商贾也。假如著令曰：京师常平米一斗，其价以百钱为定，毋辄增损，粜者若干斗，以下勿拒也。行之既久，商贾信之，则稔岁必厚畜以待价，使旁郡之米麦入于京师者浸多，而京师可实也"③。

每当灾荒发生时，粮价必然上涨，如此时政府再实行官籴，无异于火上加油，粮价更是腾贵。因此，有识之士提出饥荒年份停止官籴，不失为平抑粮价的好办法。如苏辙于元祐中负责上供米之官籴，"六年，两浙大旱，米价涌贵，上供米百万斛无所从得。官不罢籴，则米价益贵；籴钱不出，则民间钱荒，其病尤甚。忧之无以为计。予偶止殿庐中，谓知枢密院韩师朴曰：'浙中米贵，欲于密院出军阙额米中借百万斛，如何？'师朴曰：'安敢借？'曰：'米陈不免贱卖，今欲逐时先借，而令浙中以上供米价买银折还，岂不两便？'师朴曰：'如是，无不可。'遂奏行之。是岁，浙中依常岁得钱，而米不出，故米虽贵，不至甚"④。

总之，宋代有识之士抓住商人逐利的本性，尊重市场客观规律，利用价格杠杆，因势利导，化害为利，引导商人往受灾地区运送粮食，解决因受灾而粮

---

① 《事实类苑》卷23《官政治绩·赵阅道》。
② 吴曾：《能改斋漫录》卷2《增谷价》，丛书集成本。
③ 《宋朝诸臣奏议》卷245《乞稍贵京师常平仓米疏》。
④ 《龙川略志》卷8《两浙米贵欲以密院出军阙额米先借》。

食匮乏粮价暴涨的问题，达到保证灾区的基本粮食供给、平抑物价、稳定社会秩序的目的。正如董煟在《救荒活民书》卷2《不抑价》中所云："常平令文，诸粜籴不得抑勒。谓之不得抑勒，则米价随时低昂，官司不得禁抑可知也。比年为政者不明立法之意，谓民间无钱，须当藉定其价，不知官抑其价，则客米不来，若他处腾涌，而此间之价独低，则谁肯兴贩？兴贩不至，则境内乏食，上户之民，有蓄积者，愈不敢出矣。饥民手持其钱，终日皇皇，无告籴之所，其不肯甘心就死者，必起而为乱，人情易于扇摇，此莫大之患。何者，饥荒之年，人虽卖妻鬻产，以延旦夕之命，亦所不顾，若贩客不来，上户闭籴，有饥死而已耳，有劫掠而已耳，可不思所以救之哉？惟不抑价，非惟舟车辐凑，而上户亦恐后时，争先发廪，而米价亦自低矣。"

宋代，除了以价格杠杆外，还以税收杠杆引导商人往受灾地区运送粮食。宋廷规定：对贩往灾荒地区的物品，尤其是粮食，给予减免商税的优惠，以此鼓励商人积极向灾荒地区贩运粮食物品。如元符三年（1100年）三月二十六日，"户部言：'河北被灾诸郡……其行商兴贩斛斗往灾伤去处粜卖，乞依已得朝旨与免商税至五月终。'从之"[①]。南宋时，对商人兴贩灾区粮食物品减免商税的规定更加具体详细，并严禁官吏违反规定多向商人征税，官吏如违反规定，商人可予以申诉。绍熙五年（1194年）十一月诏文规定："客贩米斛前来两浙路荒歉去处出粜，经过税场依条免纳力胜钱，仍不得巧作名色妄有邀阻……客人附带物货许所经过场务量与优润，从逐处则例以十分为率，与减饶二分，日下通放即不得虚喝税数。其招诱到客船仰所委官出给行程文历一道，批写所载米斛若干，舟船几只，客人稍（梢）工乡贯姓名，指定前往出粜州军。经过场务照验放行，仍批写到发日时，至往粜处缴纳。如奉行灭裂，许客人越诉，仍仰所委官多出文榜晓谕。"[②] 减免商税与不抑粮价的方式不同，但目的和效果是一样的，即减免商税是使商人降低成本，不抑粮价是使商人提高价格，其目的都是通过让商人贩运粮食到灾区有利可图，从而解决灾区的粮食供给，稳定社会秩序，达到赈灾的效果。

四、禁遏籴思想

禁遏籴是招商救荒的配套措施，以行政手段保护粮食以商品流通的形式自然聚汇到受灾地区。遏籴是一种狭隘的地方保护主义，在遇到灾荒时，某一地区由于担心粮食过多流向受灾地区致使本地区粮食供给紧张而采取的禁止粮食

---

① 《宋会要·食货》57之13。
② 《宋会要·食货》58之20-21。

第八章 宋代政府救助思想

出境的措施。宋代由于水旱无常,各地为了备灾,甚至丰年稔岁,也往往不允许本地粮食出境。对此,宋代不少有识之士屡倡"禁遏籴"之议,其比较早的是北宋中期的李觏。他在谈到这一现象时说:

> 大抵东南土田美好,虽其饥馑之岁,亦有丰熟之地。比来诸郡,各自为谋,纵有余粮,不令出境。昨见十程之内,或一斗米粜五六十价,或八九十,或一百二三十,或二百二三十价。鸡犬之声相闻,而舟楫不许上下,是使贱处农不得钱,贵处人不得食,此非计也。况于境内,又有禁焉,止民籴以待官籴是也。且贾人在市,农人在野,籴之则米聚州县,不籴则谷留乡村,徒为日日修城池而不算其中蓄积,亦可笑矣。若曰官籴数足然后放民籴,俟河之清耳。官籴价一定,民籴价渐高,难易如何哉?愚谓当弛一切之禁,听民自便,仍谓著令,以告后来。①

李觏看到了遏籴的不良后果是人为地造成小范围内米价相差至三四倍,更为严重的是丰熟之处农民卖不出米,得不到需要的钱,灾荒地区人们却有钱买不到米。因此,他主张应以法令的形式废除一切遏籴的规定,使粮食能自由流通。

北南宋之交的董煟也反对遏籴。他认为遏籴论者担心"他处之人,恣行般运,不加禁止,本州本县自至艰籴"的观点是"见识狭陋之论"②。因为"天下一家,饥荒亦有路分。今邻郡以吾境内丰稔,而来告籴,义所当恤。此宜物色上流丰熟去处,劝诱大姓,或本州发钱,差人转籴,循环贩籴,非惟可活吾境内之民,又且可活邻郡邻路之饥民,尚何艰籴之有?脱使此间之米,不许出吾界,他处之米,亦不许入吾界,一有饥馑,环视壁立,无告籴之所,则饥民必起而作乱,以延旦夕之命,此祸乱之大速者也"。董煟以"天下一家"全局的眼光反对狭陋的遏籴,因为每郡每路都有可能丰稔或饥荒,无论从道义上还是从利害关系上都不能遏籴,而应互通有无。否则,某一地区如出现饥荒就处于孤立无援的境地,很容易招致祸乱。

南宋理宗宝庆三年(1227年),"监察御史汪刚中言:'丰穰之地,谷贱伤农;凶歉之地,济粜无策。惟以其所有余济其所不足,则饥者不至于贵籴,而农民亦可以得利。乞申严遏籴之禁,凡两浙、江东西、湖南北州县有米处,并听贩鬻流通;违,许被害者越诉,官按劾,吏决配,庶几令出惟行,不致文具。'从之"③。汪刚中认为禁遏籴对于丰穰之地和凶歉之地是互惠互利、双赢

---

① 《李觏集》卷28《寄上孙安抚书》。
② 《救荒活民书》卷2《禁遏籴》。此自然段引文未注出处者,均见于此。
③ 《宋史》卷178《食货上六》。

的好事，因为以丰穰之地有余之谷救济凶歉之地饥民，不仅使受灾者可买得起粮食，而且丰穰之地农民亦可通过出卖谷物而获利。因此，他主张要严厉落实禁遏籴，允许民众举报，违反禁遏籴之令的官吏要受到处罚。

五、多方筹集赈灾经费和赈粜、赈贷、赈济思想

宋代在赈灾中，从经费的来源来划分，主要有三种形式，即现钱籴粜、买田置庄收租助粜、放贷生息助粜。高斯得在《耻堂存稿》卷4《永州续惠仓记》中对其进行评析。他认为现钱籴粜，方法简便，但苦于贵籴贱粜，不赢利而日见亏损，赈灾经费得不到补充而逐渐耗尽。这就是"不裁其直，则无益于民；裁之则日损一日，岁亡一岁，必至于尽耗而后已"。买田收租助粜，经营得好，可保长久。"然缗钱有限，岁入必微，不足于粜，非磨以岁月不溃于成。况官市民田为弊至多，水旱不时，复且难保，其法亦未得为尽善"。可见，高氏认为买田收租助粜有两方面缺陷：一是经费有限；二是其用于收租助粜之田本身也会遭到水旱之灾，故其作用难以保证。在三种形式中，高氏觉得放贷收息助粜比较好，如季晞颜在永州设置的续惠仓，其经济后盾是所开设的一个平价抵当库。每岁之息入，尽拨付为续惠仓之赈粜补贴。从高斯得的评判思想可以看出，宋人已注意到多渠道筹集赈灾经费，而且其经费来源已经从纯财政消耗性的方式向自我循环甚至自我增值方式转变，并且已意识到自我循环或自我增值优于纯财政消耗性的方式。

宋代在赈灾中最主要的活动是为灾民提供食粮，时人按形式不同把其分为三类，即所谓"朝廷荒政有三，一曰赈粜，二曰赈贷，三曰赈济，虽均为救荒，而其法各不同"[①]。

（一）赈粜

宋人认为："市井宜赈粜。""歉岁谷价翔踊，多缘市井牙侩与停积之家观望遏籴，增价以困吾民。而赈粜亦不官米，若能劝谕拘集牙侩铺户米，官为置场差人营干，随市价出粜，或有客贩及乡村步担米，则官出钱，在场循环收籴，一从民便粜米，更不给历。遇市上大段阙少，然后出官米，亦以市价量减三二文粜之，使市上常有米，米价自平。官米既从市价，所减不多，奸民无所牟利，而诡名给历之弊自无，此赈粜之法也。"由此可见，赈粜主要指在歉收之年，谷价一直上涨之时，政府出面组织米源，动员商人、富户人家出粜，设置专门场所，按市价出售。如遇到米源大量缺口，再出官米，以低于市场价二三文的价格出售。这样，既能维护市上有米可售，米价平稳，又不使官米售价

---

① 《宋会要·食货》68之98—100。以下3个自然段引文未注出处者，均见于此。

过低，不法官吏和奸商从中舞弊投机，牟取暴利。但是，赈粜在实施中也会遇到一些问题，如常见的是"民间阙食，郡县虽已赈粜，止是行之坊郭，其乡村远地不能周遍"①。对此，时人提出了一些切实可行的措施，予以解决，收到了一定的效果。如南宋孝宗时，知湖州向均建议：

> 赈粜之法，当先计其一县几乡、一乡几村、一村几里，于各乡村酌道里远近之中，而因其地之有僧寺，有道观，有店铺而为赈粜之所，大率不出数里而为一所，限其界至，择各处僧道与富民之忠实可倚仗者，每处三二人而主其事。凡数里之内，所谓贫不能自食之人，使主事者括其数，而州为计数支给，米立价值，就委之赈粜。人日食米二升，小儿一升，各给印历一道，就令支请状批凿，每次总计米若干，度可为旬日之用，逐旋将以粜钱还官，复给米若干，周流不已。往来舟军（'军'当为'车'）与收支钱米，并不入胥吏保正之手，使各任其责，而多予其身车雇人工食之费。官为各书其本处贫不能自食者姓名若干人，榜于其所，而使其人于此而取食焉。又分委本处乡官与见在官者，往来机察，严其赏罚。所谓寺观与夫富民店铺，既任其责，而视其不能自食者，皆其邻里与平日之所素习者也，故抄括之际，有所隐而不患乎不尽，授给之际，不敢有所利而不患乎不及。傥抄括有不尽、授给有不及，其必与主事终身为仇，故利害相关，不敢不尽心，而人得以受赐，其与付之胥吏保正之手，乍出乍入，骚扰乾没者，万万不侔。深山穷谷之民，自然无有不被实惠者。②

这里，向氏建议的关键是注重乡村赈粜的公开性，即让主持赈粜的僧道与富民、接受赈粜的对象、赈粜的数量等全部公之于众，接受官吏与广大民众的监督，使赈粜能够真正落实到"贫不能自食者"。

（二）赈贷

宋人认为："乡村宜赈贷。""赈贷，自来官司常患民间不能偿而失陷，每都各请忠信有物力材干上户二名，先令机察都内阙食主户，劝谕邻里有蓄积之家接济，秋熟依乡例出息倍还。若不能遍，即令结甲具状赴官借贷，仍令所请管干上户保明，县照簿税，量其产业多寡与之。若客户，则令主户与借，自行给散，至秋熟则令甲头催纳。所借既是有产业人，又有上户保明，甲头催理，安得失陷。纵有贫者不能尽纳，计亦不多，此赈贷之法也。"由此可见，赈贷最让官府担心的是民间借贷后不能偿还。对此，臣僚提出了规避这一风险的四

---

① 《宋会要·食货》68 之 65。
② 《宋会要·食货》68 之 87-88。

点措施：一是由民间有物力才干上户操办或作保；二是按主户产业多寡决定借贷数量；三是先动员民间有蓄积粮食的富户借贷，如数量不够，再由官府借贷；四是官府不直接借贷给无产业的客户，应由有产业的主户出面与借，再转借给客户。不言而喻，这种赈贷虽然规避了不少风险，但却不能救济到那些最需要接济的最饥寒交迫的客户，而且从"依乡例出息倍还"来看，其利息是相当高的，达100％。

（三）赈济

宋人认为："贫乏不能自存者宜赈济。""赈济则户口颇众，不惟不能遍及寻常，官吏多与上户为奸弊，虚作支破入己，而贫民下户初不及，纵欲稽察，而人户已流移，亦无可询究。今乡村既行赈贷，上户有米无缘更来官司借贷，村落下户既有借贷，自不须赈济。所合赈济者，鳏寡孤独不能自存之人，抄札既有定数，则纽计合用米分作料次发下所请管干上户处，令积聚寺观给历，五日一给散，分明批历都分，虽多所给，必同日，以防两处打请。如此，则赈济用米不多，官吏亦无缘作弊，而虚破官米，此赈济之法也。"如按上述所言，宋代市井有赈粜，乡村有赈贷，所剩鳏寡孤独不能自存之人予以赈济，那么其受救济的面不是很广。而且，赈济是无偿地给予，故尤其容易被不法官吏、上户等贪污盗窃。揆之史籍，其实宋代赈济者不只是鳏寡孤独不能自存之人。赈济与赈粜、赈贷的区别在于受灾程度的不同，换言之，受灾程度严重，即予以赈济，受灾程度不严重，即予以赈粜或赈贷。如嘉定二年（1209年）十二月，"臣僚言：都城内外一向米价腾踊，钱币不通，闾阎细民饘粥不给，为日已久。今又值大雪，无从得食，羸露形体，行乞于市，冻饥号叫，仅存喘息，累累不绝，闭门绝食，枕籍而死，不可胜数。甚者路旁亦多倒毙，弃子于道，莫有顾者。乞将府城内外已抄札见赈粜人户，特与改作赈济半月，其街市乞丐，令临安府支给钱米，责付暖堂日收房宿钱之类，官为量行出备，毋复更于乞丐名下迫取……如此则目前冻饿之民，均被陛下仁心，感召和气，而丰稔之祥可以必致矣。从之"①。

宋人还有一种观点认为，赈贷、赈粜、赈济的区别在于："有产业无经营人，赈贷；无产业有经营人，赈粜；无产业无经营及鳏寡孤独之人，赈济。"②这里，赈济的对象与上述基本相同，不同在赈贷与赈粜，前者区别在市井与乡村，后者区分在有无产业与经营。用有无产业与经营来区分，可能更能规避赈贷的还贷风险。赈贷于有产业无经营人，因为有产业抵押，借贷风险当然较小；而对于无产业有经营人，由于无产业抵押，借贷风险当然较大，那就选择赈粜。

---

① 《宋会要·食货》68之106。
② 《宋会要·食货》68之102。

宋代还有人认为赈贷、赈粜、赈济三者所筹集粮米的渠道不同："赈贷之米，则取诸常平司；赈粜之米，则劝谕上户；惟是赈济，非劝谕之所及，常平米数又少，乞于本州今岁合发淮西总领所米纲内截拨一万石应副赈济，庶几贫下细民不为饿殍，亦免流徙。"① 其实，这种划分并不是很有普遍性。事实上如前所引，常平仓米亦可用于赈粜，而上户之米则可用于赈贷。综合史籍记载，宋代用于赈灾粮米的来源主要有三种渠道：一是通过征收赋税而储存的粮米。如景德二年（1005 年）正月十七，"令淮南诸州以上供军储赈饥民"②。上供军储的来源一般就是地方官府征收的租赋。又如淳熙二年（1175 年）十月二十五日，"淮南漕臣言：今岁和州旱伤尤甚，乞将屯田庄所管稻谷比市价减粜，及濠州桩积米四千五千（'千'当为'十'）余石取拨赈粜。从之"③。显然，这里"屯田庄所管稻谷"与"桩积米"均为政府征收的官米，但不用于赈济，而是用于赈粜。二是通过政府购买而储存的粮米。神宗元丰二年（1079 年）二月十二日，"诏闻齐、兖、郓州谷价贵甚，斗直几二百，艰食流转之民颇多，司农寺其谕州县，以所积常平仓谷通比元入斗价，不及十钱，即分场广粜"④。由此可见，常平仓谷子来自政府在丰年时低价购买，而且不像上述所言用于赈贷，而是用于赈粜。又如宣和五年（1123 年），"又准诏旨，成都府今后如遇米价踊贵，依席旦已得指挥，将义仓米减价出粜，收桩价钱，岁稔却行收籴……本府递年积到常平义仓米二万九百八十余石，差官抄札府城内外，贫民给牌历，置场减价粜卖，以济贫民"⑤。这里，常平义仓米也是源于丰年时政府购买，并且也用于赈粜，而不是赈贷。三是劝谕富户有蓄积粮食者输米救灾。天禧元年（1017 年）五月二十四日，"殿中侍御史张廓言：奉诏京东安抚民有储蓄粮斛者，欲劝诱举放，以济贫民，俟秋成依乡例偿之。如有欠负，官为理偿。从之"⑥。这里，"民有储蓄粮斛者"并不是如前所云用于赈粜，而显然是用于赈贷。又如绍熙四年（1193 年）八月十二日，"诏逐路安抚、转运、提举司，如实有旱伤，州县许劝谕官民户有米之家，赴官输米，以备赈济。委知、通交量认数桩管，相度荒歉轻重，申取朝廷指挥，方许支拨。其出米及格人，仰遂司保奏，依立定格目推赏施行。不得科抑，从都省检会也"⑦。

---

① 《宋会要·食货》68 之 102。
② 《宋会要·食货》68 之 31。
③ 《宋会要·食货》68 之 75。
④ 《宋会要·食货》68 之 40。
⑤ 《宋会要·食货》68 之 67。
⑥ 《宋会要·食货》68 之 36。
⑦ 《宋会要·食货》68 之 94。

由此可见，官府激劝的富户之类也不用于赈粜，而是用于赈济。

总之，所谓常平仓米用于赈贷、上户蓄积之米用于赈粜，官府掌握的国家库存之米用于赈济的说法并不一定具有普遍性。宋代在救济灾民食粮方面还是依据受灾程度的不同，灵活掌握赈灾的方式，即受灾严重采用赈济的方式，受灾较轻则采用赈粜、赈贷的方式；用于赈灾粮食的来源亦具体情况具体解决。总的原则是先动员民间的力量以及常平、义仓的储粮，用于赈粜或赈贷，如灾情严重，数量不够，再动用国库存储，视情况不同，分别采用赈粜、赈贷或赈济的方式。这充分说明宋代在粮食赈灾方面的思想已相当务实、灵活、成熟，能根据灾情的不同做出最佳的选择。

六、救济、抚恤外商海难思想

宋代，陆上丝绸之路阻隔，朝廷重视通过海上丝绸之路，从事海外贸易，为财政增加巨额的收入。海上贸易频繁，在当时的海船、天气预报等条件的限制下，海难于史籍记载中屡见不鲜。宋廷重视对海难的救济、抚恤，主要基于两方面的考虑。

（一）中国古代作为以儒家思想立国的国家，从救济、抚恤外商海难中显示自己为仁爱、礼仪之邦

如曾巩知明州时，"有高丽国界托罗国人崔举等，因风失船，飘流至泉州界，得捕鱼船援救"。后自泉州来到明州，受到曾巩热情周到的招待。曾巩认为：自己之所以如此，是"存恤举等，颇合朝廷之意……窃以海外蛮夷，遭罹祸乱，漂溺流转，远失乡土，得自托于中国。中国礼义所出，宜厚加抚存，令不失所……欲乞今后高丽等国人船，因风势不便，或有漂失到沿海诸州县，并令置酒食犒设，送系官屋舍安泊，逐日给与食物，仍数日一次别设酒食。缺衣服者，官为置造。道路随水陆给借鞍马舟船，具析奏闻。其欲归本国者，取禀朝旨，所贵远人得知朝廷仁恩待遇之意"①。

（二）实行招徕蕃商政策，以吸引更多的外国商船来宋朝贸易，以增加财政收入

如绍兴二年（1132年）六月二十一日，广南东路经略安抚提举市舶司官员指出："广州自祖宗以来，兴置市舶，收课入倍于他路。每年发舶，月分支破官钱管设津，遣其蕃汉纲首、作头、梢公等人，各令与坐，无不得其欢心，非特营办课利，盖欲招徕外夷，以致柔远之意。"不言而喻，"营办课利"是招徕蕃商重要的目的之一。

---

① 《曾巩集》卷32《存恤外国人请著为令札子》。

宋代在救济抚恤外商海难中实行了种种措施，主要者有以下四个方面：其一，给遇难者以食粮，并予以遣还。如淳化年间，明州"言高丽国民池达等八人，以海风坏船，漂至鄞县。诏付登州给赍粮，俟便遣归其国"①。大中祥符二年（1009年）三月一日，"登州言女真国人锡喇卜等遇风飘船至州"。朝廷下诏"给其资粮，候风便遣还"②。其二，借钱给遭遇海难的蕃商。如胡则任广西路转运使时，"有番舶遭风至琼州，且告食乏，不能去。则命贷钱三百万，吏白夷人狡诈，又风波不可期。则曰：'彼以急难投我，可拒而不与邪？'已而偿所贷如期"③。其三，参与海难的救援工作。如元符二年（1099年）五月十二日，"户部言：蕃舶为风飘着沿海州界，损败及舶主不在，官为拯救，录物货，许其亲属召人保任认还，及立防守盗纵诈冒断罪法。从之"④。其四，慰问遭遇海难的蕃商。如天禧三年（1019年）十一月，"明州、登州屡言高丽海船有风漂至境上者，诏令存问，给渡海粮遣还，仍为著例"⑤。

宋代救济遭遇海难外商的措施是朝廷招徕外商来华贸易政策的一个组成部分，它与犒设蕃商、保护外商财产、奖励外商、设来远驿、怀远驿接待外商、设蕃坊管理外商、设蕃学教育外商子弟等在招徕外商来华贸易中发挥了应有的作用，使宋代海外贸易空前繁荣，财政收入大为增加。

七、荒年募兵思想

荒年募兵是宋代间接性赈灾的一项基本国策，其思想来自于宋太祖"凶年饥岁，有叛民而无叛兵，不幸乐岁而变生，则有叛兵而无叛民"⑥的名言。宋真宗时，适"岁大饥，民有欲隶官军以就廪食，而兵有定数。吕公夷简为提点刑狱，公白之曰：'温民饥且死，势将聚而为盗，岂若署壮强以尺籍，且消患于未萌，而公私交利乎？'吕即移文于州县，点七千人"⑦。又如庆历八年（1048年）到皇祐元年（1049年），富弼为赈济河北水灾，即招募了不少流入京东饥民。并且说"既悯其滨死，又防其为盗"⑧。显然，宋代荒年募兵的指导思想十分明确，在饥荒时招募强壮者为兵，既防止他们饿死，更重要的是消

---

① 《长编》卷47。
② 《长编》卷71。
③ 《宋史》卷299《胡则传》。
④ 《长编》卷510。
⑤ 《宋史》卷487《高丽》。
⑥ 《嵩山文集》卷1《元符三年应诏封事》。
⑦ 《端明集》卷37《光禄少卿方公神道碑》。
⑧ 《文献通考》卷156《兵八》。

| 宋代国家管理思想 |

除他们因无生路而聚集在一起为盗，影响社会安定与宋政权的统治。

从政府救助和社会稳定的角度看，募饥民强壮者为兵也可算作一种权宜之计。如宋神宗皇帝虽忧心于财匮之实，但对于募饥民为兵这一政策却大加赞赏，称其为"太平之业"，"自古未有及者"①。但是对于这一思想与措施，宋代也有朝臣持有异议。如欧阳修说："吏招人多者有赏，而民为穷时争投之。故一经凶荒，则所留在南亩者惟老弱也。而吏方曰：'不收为兵，则恐为盗。'噫！苟知一时之不为盗，而不知终身骄惰而窃食也。"② 司马光也说："近闻朝廷于在京及诸路广招禁军，其灾伤之处，又招饥民以充厢军。臣愚以为，国家从来患在兵不精，不患不多……自景德以来，中国既以金帛绥怀戎狄，不事征讨，至今已六十余年。是宜官有余积，民有余财，而府库殚竭，仓廪空虚，水旱小愆，流殍满野，其故何哉？岂非边鄙虽安，而冗兵益多之所致乎？此乃天下所共知，非臣一人之私言也。"③ 这里，欧阳修反对荒年募兵的理由是饥荒时招募强壮者为兵，使农业生产只剩下老弱者，缺少青壮年劳动力，而强壮者为兵只能使其成为不劳而食的骄惰者。司马光则认为荒年募兵导致冗兵，而冗兵又使国家财政匮乏、仓廪空虚，因此一有水旱之灾，国家缺少钱粮财物赈济，致使大量饥民流亡或饿死。

综观史籍，荒年募兵虽然难免会减少农业生产中的青壮年劳动力，使"连营之士日增，南亩之民日减"④，并增加军队数量，加重财政负担，但这些负面作用也不能估计得过高。一是在军人社会地位急剧下降的北宋，荒年募兵下入伍的农民毕竟只是少数。荒年之下饥民的各种选择中，应募为兵为倒数第二位，仅次于为盗贼的选择："夫南亩之民，储一岁之备者，十鲜一二；其次权钱富室，出倍称之息；其次质产入租，充为人庸；下乃转徙他郡，壮者丐兵，弱者丐食，不幸为盗贼，穷矣。"⑤ 宋仁宗庆历八年（1048年），富弼因河北水灾而主持的募灾民充厢军是北宋规模较大的一次荒年募兵，但在"河北流民百万，转徙京东"、"流民入京东者不可胜数"的情况下，最终入伍当兵者才不过"万余人"⑥。可见，占饥民总数的比例是很低的。二是在为数有限的荒年应募为兵者中，并非都是整体素质较高的农业生产劳动力。李觏说："今之卒伍，例非劲健，必也少有材力，自己别营衣食，安肯涅墨而就拘哉？唯无聊之人，

---

① 《长编》卷327。
② 《文献通考》卷152《兵四》。
③ 《温国文正公文集》卷33《招军札子》。
④ 《乐全集》卷23《再上国计事奏》。
⑤ 尹洙：《河南先生文集》卷2《原刑》，四部丛刊本。
⑥ 《长编》卷166。

填壑是惧，不得已而为之耳。"① 可见那些荒年入伍的农民，尽管不能说其中没有壮劳力，但绝大多数当是行不得为商、居不得为农的"无聊之人"，因此，对农业生产的影响可能不是很大。三是北宋荒年所募之兵多数是以充当厢军为主，所谓"其灾伤之处又招饥民以充厢军"②，而厢军是以承担劳役为主的军种，宋代重要的夫役与职役日益由厢军承担。正如时人章如愚所说："古者，凡国之役皆调于民。宋有天下，悉役厢军，凡役作、营缮，民无与焉。"③ 马端临也认为："宋朝凡众役多以厢军给之，罕调丁男"④，"自五代无政，凡国之役皆调于民，民以劳弊。宋有天下，悉役厢军，凡役作、工徒、营缮，民无与焉，故天下民力全固"⑤。应当说，"悉役厢军"、"民无与焉"的评介难免有溢美和不实之处，像宋祁所说的"朝廷每有夫役，更藉农民以任其劳"⑥ 的情况也不是绝对没有，但从总体上看，宋朝廷直接掌握的数十万厢军对劳役的分担，对减轻和替代民众徭役的负担，从而保证了农民生产所必需的劳动时间，其作用是应充分肯定的。

综上所述，宋代荒年募兵的间接赈灾思想总的来说，应当是利大于弊，对于那些挣扎于死亡线边缘的农民来说，无疑仍是一条生路，有效地防止他们铤而走险走上武装对抗的道路，对稳定社会秩序产生了积极的作用。同时，他们大多数被招募为厢军，分担了民众的徭役，等于间接为农民生产提供所必需的劳动时间。

第四节

灾后和平时政府救助思想

一、安置流民，恢复生产思想

宋代灾后最突出的最亟待解决的矛盾是由于流民的大量出现，大片土地荒废使农业生产劳动力和土地这两大生产要素分离。有关这一灾后现象，宋人已经十分清楚地看到。如宋仁宗时，钱彦远指出："今国家户七百三十余万，而

---

① 《李觏集》卷 28《寄上富枢密书》。
② 《宋朝诸臣奏议》卷 121《上英宗乞罢招军》。
③ 《山堂群书考索》后集卷 41《兵制门·州兵》。
④ 《文献通考》卷 12《职役一》。
⑤ 《文献通考》卷 156《兵八》。
⑥ 《宋朝诸臣奏议》卷 101《上仁宗论三冗三费》。

垦田二百一十五万余顷,其间逃废之田,不下三十余万,是国畴不辟,而游手者多也。劝课其可不兴乎?"① 庆历七年(1047年),知邓州富弼也谈道:"今水灾之后,农民大半流徙,从来沃壤,尽为闲田。又河朔所占地土至多,无由耕稼。臣切计见入之赋,不过三分之一……民力不得不困,国用不得不窘……河朔逃田,尽成废弃;河朔军需,无以供亿。若不早为擘划,恐朝廷财用殚耗,遂至不支,甚非为国之计也……若河北逃田不废,则人自足食,京东之民亦得息肩。"② 由此可见,灾后一方面是流民无法返乡,散落异地他乡,另一方面家乡大片土地无由耕稼,尽成废弃。这种农业生产劳动力与耕地的分离不仅使灾后农民生产得不到恢复,而且进一步造成国家赋税收入锐减,军需无以供给,安置流民地区的百姓负担沉重。

在封建社会自给自足的自然经济历史条件下,灾后恢复农业生产的较佳途径就是尽快使劳动力与土地重新组合,从而实现灾民的自给,减少赈济支出,在恢复和发展农业生产的基础上增加国家的财政收入。宋朝廷基于这种思想,采取了一系列措施,招抚逃移人户尽快回原籍或就地安置,以恢复农业生产。

(一)为帮助流民顺利返乡,朝廷给予流民程粮、免除津渡之税等优惠,以解决他们在归途上的经济困难

如宋太祖在开宝六年(973年)正月曾下诏:"诸州流民所在计程给以粮,遣各还本贯。"③ 熙宁八年(1075年)正月,宋神宗就当时流民问题也下诏说:"方农作时,雨雪颇足,流民所在令州县晓谕,丁壮各愿归乡者,并听保结,经所属给粮。每程人给米豆一升,幼者半之,妇女准此,州县毋辄强逐。"④ 从这两次诏书均在正月以及"方农作时"可知,朝廷资助流民粮食返乡的用意是尽快让他们赶上春耕的季节,恢复农业生产。宋哲宗时期,为减轻流民沿途负担,还改发放米粮为发给路券,可以沿路领取食物。如绍圣元年(1094年)十月,哲宗诏:"河北东西路被灾……令流民在他路者,官吏以至意谕晓,使归业给券,使所过续食,不愿者所在廪给之。"⑤ 除政府给予流民返乡程粮外,有的地方官还劝谕豪富给予路粮资助。如大中祥符二年(1009年),知邓州右司谏直史馆张知白言:"陕西流民相续入境,有欲还本贯而无路粮者,臣谕劝豪民出粟数千斛,计口给半月之粮,凡就路者总二千三百家,万二百余口。"⑥

---

① 《宋会要·食货》6 之 42-43。
② 《宋朝诸臣奏议》卷 105《上仁宗乞拨河北逃田为屯田》。
③ 《长编》卷 14。
④ 《救荒活民书》卷 1。
⑤ 《宋会要·食货》57 之 12。
⑥ 《宋会要·食货》57 之 5。

为了方便流民尽快返乡耕种，朝廷还下令沿途免收渡钱等。如淳熙九年（1182年）正月六日，知建康府范成大言："近降指挥，流移之人如愿归业耕种，即量支钱米给据津遣，今欲移文两淮安抚司漕，行下所属，约束沿江渡口，遇有江浙流移归业之人，其人口、行李、牛畜等并与免收渡钱，无致邀阻。其江浙津渡亦乞一例免收。"①

（二）流民返乡初期，由于农业生产处于恢复期，粮食还未收成，往往缺乏食物，因此，政府给予复业流民一定的食物救济，使他们不再逃移，以便能安心生产

如天禧元年（1017年）九月十六日，"诏河东流民有复业者发仓粟赈之"②。庆元元年（1195年）正月，临安守臣徐谊在遣返流民的同时，"诏候到本贯州县，令日下支给常平米赈济，毋致失所"③。失去房屋的流民返乡后，寻找安身之处也是必不可少的。有些地方官员就通过"作室庐"的方式招徕流民。如宋仁宗时期，元绛除江南西路转运判官，请得知台州。"大水昏垫之余，公出库钱就民作室数千区，许人自占，与之期，三岁偿所费，于是流亡皆复业"④。有些地方，则是临时将流民安置在官屋中，并给予生活和医疗救济。如绍圣元年（1094年）三月二十二日，三省言："昨已降指挥应流民支与口食，遣还本土，所在官司辟官屋权令宿止，疾病者医治，仍不限户口米豆硕斗赈济。令户部指挥灾伤路分监司严加督责，州县推行，务要民受实惠。如更有合行赈恤事，令速施行。"⑤

（三）在流民返乡后饮食和住宿得到基本解决的前提下，政府再通过给田、还田等，使流民恢复原来的田产或能得到一块耕地

农民拥有耕地，是使农业劳动力与土地最终有效结合，恢复农业生产基本条件之一。对于那些失去土地的流民，政府如果能够提供土地，他们必然愿意返乡。如绍兴十八年（1148年），王镇知安丰军六安县，"江南猾民冒佃荒田，辄数千亩。君躬按户籍，丁给百亩，于是流逋四归，愿耕者众"⑥。而对于那些原来占有土地，而是因流亡在外，土地已被作为户绝田充公或被他人侵占，朝廷也制定了一些法规，尽可能对流民田产予以保护。一般来说，对于流民田

---

① 《宋会要·食货》69 之 66。
② 《宋会要·食货》57 之 6。
③ 《宋会要·食货》58 之 21。
④ 王安礼：《王魏公集》卷 8《资政殿学士太子少保致仕赠少师谥章简元公（绛）墓志铭》，文渊阁四库全书本。
⑤ 《宋会要·食货》57 之 11。
⑥ 《文忠集》卷 77《朝议大夫赐紫金鱼袋王君镇墓碣》。

产的保护年限，因不同逃移缘由而有所不同，但目的相同，即对流民的田产保护设置一定的年限，既可招诱督促他们在一定的期限内尽快返乡复业，又可为逾限之后政府对流民田产的利用提供法律依据。总之，在尽可能短的时间内使荒废的土地与流亡的劳动力重新结合，恢复农业生产，使流民自给，从而减少国家赈灾支出，恢复和增加赋税收入，稳定社会秩序。两宋时期，对于因灾荒逃移人户的逃田产权保护，年限一般是在百日、半年至一年之间。如太平兴国七年（982年）二月，"诏开封府：近者蝗旱相仍，民多流徙，宜设法招诱，并令复归，满百日不至，其桑土并许他人承佃，便为永业"①。淳化四年（993年）十一月，诏："应开封管内百姓等，霖霪作沴，水潦荐臻，多稼既被于天灾，尽室不安于地著，遂致转徙。其将畴依先是今年三月辛亥诏书：应流民限半年复业，限满不复即许乡里承佃充为永业。又念民之常性，安土重迁，离去旧国盖非获已，自今年十一月已前因水潦流移人户任其归业，如至明年夏不归业者即以辛亥诏书从事。"② 此两诏书前者限令为百日，后者限令为半年。南宋时，因各种缘由逃移的，逃田产权的保护年限也各不相同。如南宋绍兴二十三年（1153年）二月一日，户部言："勘会在法：因灾伤逃田限一年，不因灾伤者限半年，避赋役者百日许归业，不因灾伤再逃者不在归业之限，不经检阅税租及供输钱物而见有人承佃供输者限六十日许归业，限满者许人指射，无人指射者亦听归业。"③ 但是这些规定在具体实施中并不是十分严格，有时也会根据具体情况适当延期。如明道二年（1033年）五月，诏："诸路去年灾伤流民许半年复业者，更展百日限。"④ 还有一些特殊情况的，其限期更为灵活。如庆历七年（1047年）六月，知沧州郭劝言："所谓灾伤，其中甚有轻重，且若霜雹、风旱、虫蝗、暴雨之类，止于一时，过则仍旧，即不同黄河淹涝，动便三五岁以上，兼又不该说所请逃田耕种与未耕种、纳与未纳着税数。窃以许人请射之法，盖欲荒芜尽辟，征租有入，遂立程限，用以劝课。以此田土在积水之下，徒使兼并及外来人空占，又系版籍贫民产业颇见奸弊。欲乞应系黄河等灾伤逃户田土见在水下，虽有人请射，未曾耕种，未纳税数，如本主归业，委州县勘会，不以年岁远近并却给还。内有水退出地土耕种，已纳税数，兼该年限者，不在给还。"⑤ 黄河淹涝，与其他灾害不同，"动便三五岁以上"，难以估测。有奸诈之人，欲钻逃田限期的空子，占有逃户的田产。郭劝所说的这

---

① 《长编》卷23。
② 《宋会要·食货》69之37。
③ 《宋会要·食货》69之60-61。
④ 《长编》卷112。
⑤ 《宋会要·食货》61之60。

种情况，经有关部门讨论后采取了措施："自今后如有似此黄河积水流移人户田土，虽是限满未来归业，未许诸色人请射，直候将来水退，其地土堪任耕种日，与依敕限，许令本户归业。如限满不来，即许诸色人请射为主，供输税赋。"① 这种规定比较合理，其被淹土地待洪水退后能耕种时再开始计算限期，限期满后原田主未来归业，才可招标让人耕种。

宋代对因战乱逃移人户田产的保护时间，比因自然灾害所引起的逃移人户田产保护，其期限更加灵活，变化更大，甚至有时不受年限的限制。如真宗咸平五年（1002年）八月，诏："河北陷敌民田宅，前令十五年许人请佃，自今更展五年。"② 景德三年（1006年）二月己丑，诏："河北诸州民陷契丹而归者，旧住庄产，勿限编敕年岁，并给之。"③ 南宋时期，战乱频仍，逃移人户归业受到较大影响，其田产保护年限一延再延，从宽限二年、三年、十年、十五年直至二十年。如绍兴三年（1133年），户部言："人户抛弃田产，已诏三年外许人请射，十年内虽已请射及拨充职田者并听理认归业，官司占田不还，许越诉。"④ 孝宗隆兴元年（1163年），诏："凡百姓逃弃田宅，出二十年无人归认者，依户绝法。"⑤

宋代朝廷对流民田产保护年限的灵活政策，体现了统治者具体问题具体分析、实事求是的务实态度和思想。他们能根据不同逃移原因、不同逃移性质、不同逃移时间和不同逃移地区等采取不同的政策，如南宋时期有些地区受战乱的影响，"不患无田之可耕，常患耕民之不足"⑥。在这种地多人少的情况，延长逃移人户的产权保护年限，甚至取消年限，有利于招诱流民返乡复业。宋朝政府不断调整延长对流民的田产保护年限，反映了朝廷始终把招诱流民回乡复业作为发展农业生产、稳定社会秩序的一项基本国策，这是符合当时现实情况的治国思想和策略，并取得了一定的成效。

（四）宋朝对归业的流民实行减税免税或除积欠，适当减轻他们归业后的赋税负担，以调动他们重新投入生产的积极性

而且对流民的这种赋税优惠政策，根据逃移的原因不同而有所差别。如庆历五年（1045年）三月，仁宗下诏云："因灾伤逃移限一年令归业，与免三料

---

① 《宋会要·食货》61之60。
② 《长编》卷52。
③ 《长编》卷62。
④ 《文献通考》卷5《田赋考五》。
⑤ 《宋史》卷173《食货上一》。
⑥ 《宋会要·食货》3之11。

催科及支移折变,不因灾伤逃移限半年,与免一料支移折变。"① 皇祐五年(1053年)闰七月,仁宗又下诏:"广南经蛮寇所践而民逃未复者,限一年复业,仍免两料催科及蠲其差役三年。"② 这里因灾伤逃移可享有三料,即一年半赋税放免的优惠;不因灾伤逃移却只有半年的放免优惠;而因战乱逃移人户归业,优免的赋役最多,包括一年免税,三年免役。为了鼓励和督促逃移人户尽快返乡复业,宋政府还规定越早返乡归业者所享受的优惠越多:"应逃亡人户自降绍兴二年下半年以前复业者与免四料,绍兴三年上半年以前复业者免三料,下半年以前复业者免两料,绍兴四年以前复业各一料。"③

宋朝廷对流民归业者除积欠包括清除以前所欠各种租赋以及倚阁缓征两种方式。前者如宣和五年(1123年)十一月十九日,"诏京西路累年灾伤,民力匮乏,州县失于措置,颇多逃移……应逃移未归业人户仰转运常平司官督责守令,多方措置招诱归业,仍将归业人户未归以前见欠租税及系官诸般欠负并特与免除"④。后者如绍圣元年(1094年)十月二十一日,"诏河北东西路被灾经放税户虽不及五分,所欠借贷钱斛并抵当牛钱等倚阁,候丰熟日分计料输。其非被灾放税户所欠钱斛,视此仍除结保均陪之"⑤。

(五)对缺乏生产资料的归业流民,政府提供粮种、农具和耕牛等

如绍圣元年(1094年)三月二十二日,"上曰:'闻京东、河北之民乏食,流移未归本土,宜加意安恤。给粮种,差官就谕,使还农桑业。'范纯仁等对曰:'今已给常平米,又许旨所养牛质取官缗钱,免租税,贷与谷麦种矣。'"⑥ 隆兴二年(1164年)三月二十七日,诏高、藤、雷、容四州逃避"寇难"人户,"仰守令多方招诱归业,内阙食不能自存之人,依灾伤法赈恤;即虽归业,而无力耕种者,令提刑司以牛具种粮借贷之"⑦。

中国古代农民普遍安土重迁,怀念故土,大部分流民灾后还是希望返乡复业。因此,政府灾后的救济工作以尽快遣返流民还乡复业为主。围绕着灾后的这一工作,政府与一些官员纷纷建言献策,形成了一套灾后尽快顺利地遣返流民还乡复业的救济思想。首先,给予返乡复业流民以程粮,并免除沿途津渡钱等,使流民尽快顺利回到家乡。其次,应使回到家乡的流民有一个

---

① 《宋会要·食货》69之40。
② 《长编》卷175。
③ 《宋会要·食货》69之51。
④ 《宋会要·食货》69之43。
⑤ 《宋会要·食货》57之12。
⑥ 《宋会要·食货》57之11。
⑦ 《宋会要·食货》59之39。

最起码的生存条件，否则，就会出现再次逃移。其措施是给予流民基本的口粮，并使他们有庇身之所。最后，要使流民返乡后能尽快恢复农业生产，政府必须帮助流民具备起码的生产资料要素，即土地、种子、农具、耕牛等，这样才能使劳动力与土地尽快重新结合。宋代政府采取灵活的流民田产保护政策，并想方设法解决流民缺乏粮种、农具和耕牛等问题，还通过减免税收、除积欠等措施，鼓励并督促流民尽快恢复农业生产，实现灾后重建和发展社会经济。

宋代遣返流民一般采用自愿原则，如不愿返乡的，就采取就地安置（也称异地安置），无偿给予或租佃土地给流民，使其在家乡以外的地方安居下来。这是区别于遣返还乡的另一种安置方式。对安置流民颇有自己独到见解的富弼认为，流民一旦流徙出来，除了"情愿人归还本贯"之外，强制遣返并不可取，倒不如"或放令前去别州，或相度口数给与田土，或自令樵渔采捕，或计口支散官粟，诸般救济，庶几稍可存活"。本着这样的安置流民指导思想，富弼即向朝廷请求，将京西一路的"系官荒闲田土及见佃人剩占无税地土，差有心力徇公官员，四散分俵，各令住佃，更不得逼逐发遣却归河北"①。除富弼之外，许多官员也采取就地安置流民的方式。如南宋初赵善俊知庐州时，"岁旱，江浙饥民麇至。君既竭力周恤，仍括境内荒熟官田三万六千余亩，分三十六圩，请凡土著、流移视力均给，而贷以牛种。生者予屋，死者给棺……时土旷人稀，招耕户一率费缗钱数十。君因流民仰食，为裁其直，主客俱利，户口日增"②。

对于流民就地安置这一方式，其实对于政府来说更为节约安置成本，起码来说节省了给予流民返乡的程粮开支。但是这一安置方式却给安置地带来了挑战。如果新的安置地如前所述庐州为"土旷人稀"，那么流民的安置正弥补了这一地区的"土旷"，其结果是"主客俱利，户口日增"，显然对于这一地区的经济发展和社会安定均是有利的。但是这一地区如果是"地狭人稠"，那么流民的到来将对这一地区造成很大的冲击。面对这种局面，政府往往予以劝阻，多方进行引导。如神宗熙宁七年（1074年），河北西路镇、赵、邢、洺、磁、相等州，出现总数达4.6万多人的流民群，迤逦南下，涌入当时人口密度甚大的汴京。宋朝廷随即命令有关州县劝阻，"约回本贯"。其中有农村力及人户，只是由于客户率先逃移，他们"不敢安处田里"，也随之搬迁。宋朝廷在通知

---

① 《宋朝诸臣奏议》卷106《上神宗论河北流民到京西乞分给田土》。
② 《文忠集》卷63《中大夫秘阁修撰赐紫金鱼袋赵君善俊神道碑》。

各地劝阻时，对此等人户，"用心安辑。如在村野，难以独居处之人，多方开谕，暂迁就附近城郭安泊"①。

二、收养救济贫困人口思想

宋朝常设收养救济贫困人口的机构有多种，如福田院、居养院、安济坊、漏泽园、养济院、安乐坊、安养院、安济院等。从功能上看，这些机构大致可分为四类：一为收养贫困人口与病患者的综合性机构；二为收养贫困人口的机构；三为养济贫困病患者的机构；四为救济贫困死者的助葬机构。其代表为福田院、居养院、安济坊和漏泽园，这正是"鳏寡孤独，古之穷民，生者养之，病者药之，死者葬之，惠亦厚矣"②。"若丐者育之于居养院；其病也，疗之于安济坊；其死也，葬之于漏泽园，岁以为常。"③ 总之，宋代平时的政府救助工作就是围绕着收养贫困人口、医治贫困病患者和埋葬贫困死者的指导思想展开的。

宋朝社会贫富分化严重。在这种社会背景下，即使没有灾荒发生，也会引起较大的社会矛盾。如果没有一种社会财富再分配机制进行调节，正常的社会运行秩序必然会出现问题。从这个意义上说，政府救助就是对过于悬殊的贫富差距进行调节，即社会财富在经过不公正的初次分配后，又重新进行一次再分配。这种对社会财富进行再分配的行为在民间而言，属于社会成员之间的自发性财富调节行为；在政府而言，往往属于强制性的重新调节社会成员之间财富分配的行为。宋人王琪在乞立义仓时所表达的"损有余补不足"的思想，道出了宋代政府救助工作的实质。他说："自第一至第二等兼并之家占田常广，于义仓则所入常多，自第三至第四等中下之家占田常狭，于义仓则所入常少。及其遇水旱行赈给，则兼并之家未必待此而济，中下之室实先受其赐矣。损有余补不足，实天下之利也。"④

宋人对平时的政府救助工作一般多持肯定赞赏的态度，认为是行仁政的表现。如范祖禹认为："古者为政，必先恤困穷之民。国朝祖宗以来，惠恤孤寡，仁政非一……朝廷自嘉祐已前，诸路有广惠仓以救恤孤贫，京师有东、西福院以收养老幼废疾。至嘉祐八年十二月，又增置城南、北福田，共为四院，此乃古之遗法也……国家富有四海，每岁用系省钱一二万缗，于租赋之入，无异海

---

① 《长编》卷256。
② 《宋会要·食货》60之6。
③ 《宋史》卷178《食货上六》。
④ 《宋会要·食货》53之19-20。

水之一勺。而饥穷之人，日得十钱之费、升合之米，则不死矣。此乃为国者所当用，王政之所先也。况朝廷幸不惜费，唯更增修旧法，推广祖宗仁政，以副陛下惨怛爱民之意，夫何难哉！臣切惟陛下近日所行，万万于此，而臣之所陈，事乃至微，然古之圣人，莫不以此为先务。所以拯生民之性命，其法不可不备也。"①

虽然大多数宋人对平时政府救助持肯定意见，但也有一些人持反对意见，认为行仁政有过分之嫌。如周密认为都人所受施惠过多，"贫而无依者则有养济院，死而无殓者则有漏泽园。民生何其幸与！"因此，颇有养成"骄民"之嫌②。杨时也认为居养、安济之法乃是"养游手"之法③。陆游则更具体地指出："崇宁间……置居养院、安济坊、漏泽园，所费尤大。朝廷课以为殿最，往往竭州郡之力，仅能枝梧。谚曰：'不养健儿，却养乞儿。不管活人，只管死尸。'盖军粮乏，民力穷，皆不问，若安济等有不及，则被罪也。"④

根据现代高福利国家的社会情况看，过高的政府救助的确会养成"骄民"和游手好闲者。但是，宋朝政府救助是否过高了呢？对此张文做了分析。据他估计，北宋崇宁年间开封府人口总数当在百万以上，而济贫机构所收养的人数约有3000人左右，最多不会超过5000人。据此，开封府济贫机构所收养的人数与总人口的比例约为1∶330和1∶200。若以开封府百万人口中有一半属于生产性人口推算，则两者比例也在1∶165和1∶100之间。也就是说，以100～165名生产者负担1名收养者，这比例无论如何也不算高。还有，"健儿"们的兵食是否被"乞儿"夺去呢？答案是否定的。因为"乞儿"的人数与"健儿"的人数几乎是完全不可相比的。宋太祖时期，宋朝拥有30余万军队，而到了宋仁宗皇祐初年，军队人数上升到160万。南宋时期，每年的养兵费用，基本上占财赋总收入的50%，甚至80%以上。如此巨大的养兵费用，与少量的济贫费用相比，孰重孰轻，一目了然。因此，宋人对于济贫费用过高的批评，并不足取⑤（见图8—1）。

---

① 《范太史集》卷14《上哲宗乞不限人数收养贫民》。
② 四水潜夫（周密）：《武林旧事》卷6《骄民》，文渊阁四库全书本。
③ 《黄氏日抄》卷41《龟山先生文集·语录》。
④ 陆游：《老学庵笔记》卷2，中华书局点校本，1979年版。
⑤ 张文：《宋朝社会救济研究》，西南师范大学出版社，2002年版，第194-195页。

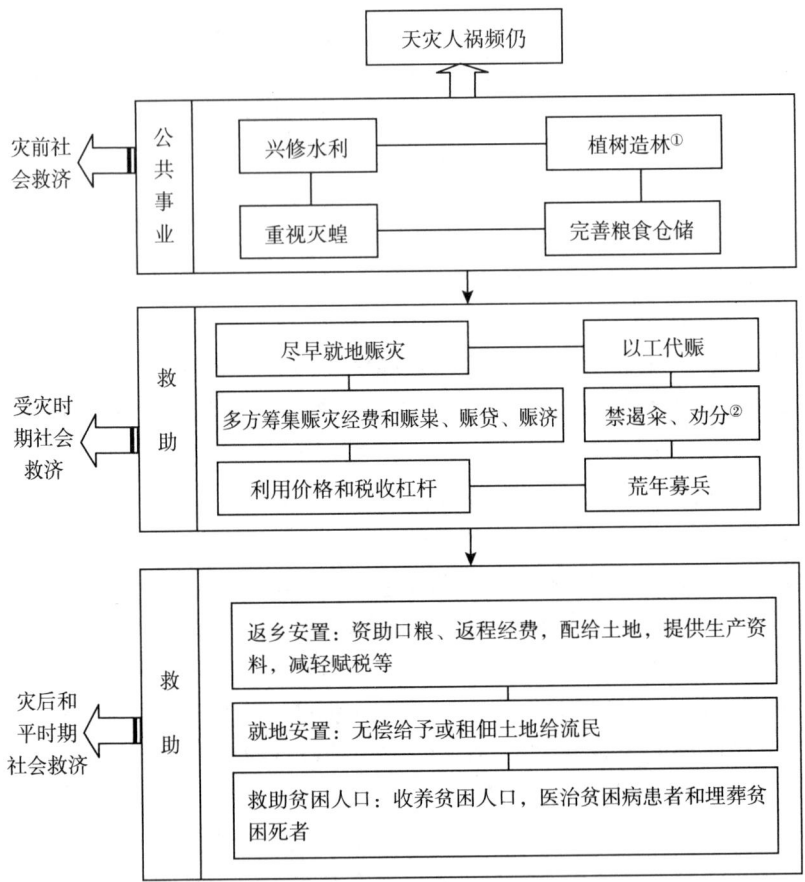

图 8—1 宋代政府救助思想框架

注：① 有关植树造林的论述，见本书第七章。
　　② 有关劝分的论述，见本书第四章。

第九章　宋代官吏选任、监察与考核思想

第一节

官吏选任思想

一、选官思想

选官任职历来是国家政权建设的关键，一个政府的任何政策工具必须通过各级官吏加以执行，所以历代统治者都非常重视官吏的选拔。宋代选官途径主要有五个方面：一是科举取士；二是恩荫补官；三是流外出职；四是从军补授；五是纳粟摄官。其中又以科举取士和恩荫补官入仕的为最多，正如杨万里所说："仕进之路之盛者，进士、任子而已。"[①] 以下主要介绍这两种选官途径所体现的一些思想。

（一）宋代封建中央集权进一步加强，这在科举取士上也有所反映

皇帝为了对科举进行控制，把唐代的殿试进一步制度化，规定每三年举行一次，并由皇帝亲自考选。宋代鉴于唐代座主、门生结成政治集团，互相攻讦、钩心斗角的朋党之争弊端，宋太祖时就下诏"禁谢恩于私室"[②]，以杜绝门第之弊。宋代规定考生只能作天子门生，而不许称主考官为"恩师"、"师门"，也不许自称"门生"。违者或由御史台弹劾，或按敕处分。这有利于加强皇帝对选官权的控制，使被选者感到皇恩浩荡，日后忠于皇帝，忠心耿耿为赵氏王朝效劳，而且也有利于防止主考官徇私舞弊，相对维护科举取士的公正性，尽可能选拔出优秀的治国安邦人才。

---

① 杨万里：《诚斋集》卷90《冗官上》，文渊阁四库全书本。
② 《曾巩集》卷49《贡举》。

(二) 宋初科举的内容仍以唐代的诗赋、经义为主

宋仁宗时，欧阳修、范仲淹等人提出先试策论。至神宗熙宁变法时，苏轼坚持科举试诗赋，王安石则对科举考试内容进行改革，罢诗赋，以经义论策试进士。哲宗元祐时虽复诗赋、经义之科，但考论策一直受到重视。宋代考试内容上的一个突出变化是"明法科"终宋相沿不废。宋太宗倡导"经生明法，法吏通经"①，这表明最高统治者选取官吏时把明法、通经看作为吏之车之两轮、鸟之双翼，缺一不可。雍熙三年（986年），宋太宗下诏："应朝臣、京官及幕职、州县官等，今后并须习读法……其知州、通判及幕职州县官等秩满至京，当令于法书内试问，如全不知者，量加殿罚。"② 宋神宗时期，明法科地位更加重要，朝廷规定试以律令刑统大义，断案中格即取。

宋代科举重经义、明法的思想对选拔官吏是有积极意义的。古代官吏尤其是地方官吏最主要的工作就是两件事。正如宋人所云："州县之事，不过两端，一曰治民，二曰理财。"③ 经义能提高地方各级官吏以儒家治国安邦为指导思想的水平和行政能力，明法能使地方官吏在处理判决各种各样诉讼案件中比较公正、准确地执法。

(三) 宋代统治者为保证科举中的公平竞争，更好地选拔人才，防止科场中徇私舞弊，把别头试、糊名法（封弥）制度化，并创立了誊录法

别头试是指科举考试中凡应回避的官员子弟、亲戚、门客，则另派考官设别试进行考试。唐代虽行此法，但未制度化。宋太宗雍熙二年（985年），始命礼部试考官亲戚移试别处。宋仁宗景祐四年（1037年），各路亦行别头试。至此，别头试成为宋代各级科举考试中广泛实行的一种制度。

糊名法又称封弥法，即在应试者纳卷后，或密封卷头，或截去卷头，编成字号，送誊录所抄成副本，由初考官考校试卷，分定等级后，再密封所定等第送复考官。糊名法唐代已经出现，至宋代才形成制度，成为贡举考试中普遍实行的一种方法。

誊录法即应试者纳卷后，密封卷头，编成字号，发送誊录院，在宦官监督下，由誊录官指挥数百名书手抄录成副本，再送考官考校定第。此法始自宋真宗大中祥符八年（1015年）礼部试，其后推广到殿试和各类解试，成为宋代科举考试中的一个法定方法，对防止考校官作弊，发挥了应有的作用。

宋代无论是实行别头试、糊名法，还是实行誊录法，其指导思想都是一样

---

① 王栐：《宋朝燕翼诒谋录》卷1，丛书集成本。
② 《宋会要·选举》13之11。
③ 《竹洲集》卷1《论治民理财》。

的，即通过另派与应试者无任何关系的考官设别试进行考试，或隐去应试者姓名、籍贯等个人信息，甚至派书手抄录试卷副本，连应试者的笔迹亦一概隐去，使考官完全处于"盲评"状态，以达到公平竞争，防止任何作弊行为，为国家选拔具有真才实学的人进入仕途，优化官僚队伍。

二、任官思想

宋代的任官思想，是在强化中央集权的主导下形成的。朝廷为了加强对任官权的控制，采取了官、职、差遣相分离的任官制度。其中所谓"官"，是指定禄秩、序位著，表现官阶等级的一种虚衔，仅作为铨叙与升迁的依据，没有实际职权，故称"寄禄官"。所谓"职"，是指加给有才学名望之士的一种荣誉，也没有什么实际职权。所谓"差遣"，才是宋代官员获得实际职务的主要途径。只有获得差遣的官员，才是"治内外之事"的有职有权的官职，故称"职事官"。

宋代这种官、职、差遣相分离的任官思想，具有很强的封建人治色彩。最高统治者可随时以差遣的名义，派遣自己需要的官员去从事某项事务。这对于加强皇帝对用人权的控制发挥了作用，从某种意义上说，也提高了行政机关的统治效能。但是这种用人的随意性也破坏了人事制度的法治化，而且由于"官与职殊"、"名与实分"，使十之八九的官员"虽有其官，不举其职"，从而造成了宋代官制的冗滥杂乱、散弱无能，成为宋代官制中一个突出问题。

宋代任官制从任职主体与客体进行划分，大致可分为三个层面：一是皇帝特旨擢用法，二是中书堂除法，三是吏部铨选法。哲宗元祐元年（1086年），殿中侍御史吕陶曾对选任文官制度进行了概括："朝廷差除之法，大别有三，自两府而下，至侍从官，悉禀圣旨，然后除授，此中书不敢专也。自卿监而下及已经进擢，或寄禄至中散大夫者，皆由堂除，此吏部不敢预也。自朝议大夫而下，受常调差遣者，皆归吏部，此中书不可侵也。"[①] 以下就任官制的三个层面及与此相关的一些任职思想做简要的论述。

（一）皇帝特旨擢用法

在宋代，凡"执政、侍从、台谏、给舍之选，与三衙、京尹之除，皆朝廷大纲所在，故其人必出人主之亲擢，则权不下移"[②]。其中，台谏官的除授，依祖宗法，"必由中旨"[③]，"必出自宸翰"，不许"用见任辅臣所荐之人"[④]，不

---

① 《长编》卷370。
② 《宋史》卷401《柴中行传》。
③ 《长编》卷113。
④ 《长编》卷151。

准"宰相自用台官"，以防止台谏以宰相为举主，包庇容隐宰相之过，有利于台谏官对宰相的弹劾和对行政部门的监察。

皇帝特旨擢用高级官员，不仅不拘资格，而且升迁速度快，确实能选拔一些年富力强的优秀人才充实到高层领导，并加强了封建中央集权制，防止用人大权旁落。但皇帝为了强化君权，也委任了不少易于控制的庸懦无能之辈或居心叵测之徒。

（二）中书堂除法

宋代，对于一些有特殊勋劳的官员，可由政事堂直接奏注差遣。文官由中书除注，堂除的范围除在京部分职事官阙，在外的监司、知州、通判，乃至其属官、库务监官及繁难知县等，皆可取为堂除；武官堂除包括诸路大帅兵官、军职、铨辖、总管、边要知州、边境知寨、巡检等，皆由枢密院堂除。

堂除原则上是宰执、枢密接受皇帝的委托，对一些清紧繁难职任，不拘资格擢用除授。这其实是一种权力的分配，使宰执、枢密对中级层次的官员享有一定的任免权，才能有效地行使行政或军事上的权力。堂除主要是针对有特殊勋劳的官员，因此比较重才干而不拘泥于资格，官员"一经堂除，便是资历"①，即不再归吏部除用，可以破格差遣，号为擢用。这使一些优秀人才任期短，升迁快，有利于他们脱颖而出。所以宋神宗之后，把堂除当作一种激励手段，官员也视其为荣进之途。但由于对堂除之权缺乏监督约束机制，为宰执任人唯亲、行施私恩开了方便之门，尤其是在元祐朋党和宰臣专权之际，"以天爵市私恩"②的情况更为严重，而且进一步滋长了官员为乞求堂除而奔走请托的腐败之风。

（三）吏部铨选法

宋代吏部注授官员的最大特点是严守资格之法，即一般官员升迁时必须依据年限、资历、出身、举主等。如选人初入仕者，要经二任或三任判司簿尉后，再通过荐举，才能升县令或录事参军；再历二三任后，经荐举方可改京朝官差知县；知县两任有劳绩者升通判，通判两任后，经举主保荐升知州；"知州军有绩效，或有举荐名实相符者，特擢升转运使副、判官或提点刑狱"③。这就是所谓的常调，"并以资历，不容超越，资历当得，不容不与"④。这种常调在任官中也是必须有的制度，因为高层官员的皇帝特旨擢用以及特殊勋劳的

---

① 俞文豹：《吹剑录外集》，知不足斋丛书。
② 洪迈：《容斋四笔》卷15《蔡京轻用官职》，文渊阁四库全书本。
③ 文彦博：《潞公文集》卷29《奏除改旧制》，文渊阁四库全书本。
④ 《宋朝燕翼诒谋录》卷3。

中书堂除毕竟只是少数，而大多数官员只要不违法乱纪、稍有劳绩者都只能利用年限、资历来作为晋升的依据，对于一般官员来说，机会均等、平稳升迁是他们仕进的主要途径。当然，这种按资历用人的最大弊端就是缺乏激励机制，不利于人才的选拔。由于循资历升迁使"才与不才一途并进"，"资格既及，虽庸流不得不与，资格未至，虽异才无自得之"①，致使"养资以苟岁月"的因循苟且之风盛行，官僚队伍中"能政者十无二三，谬政者十有七八"②。

（四）八路定差法

宋代四川、两广、福建、湖南等八路边远地区，内地人不愿远任，朝廷允许本路安抚制置司、转运司在差遣州县文武官员时，可按吏部资格法在当地差注、换易官员等。宋代的定差法，实际上是由当地安抚制置司、转运司代行吏部铨选职权，所以其定差权受到严格的限制。一是所差之官必须是吏部正式差派到本地有委任状的官员，不能定差无出身、无官告的人；二是定差官要接受吏部的审察，"请命于朝廷"，并受本路其他监司、帅司的监督；三是每年把定差官的详细档案"置籍申部"，以便吏部"得以稽考当否"。

定差法其实是吏部铨选的一种补充，将吏部铨选法地区化，其实质上仍受朝廷的严格控制与制约，以防止边远地区脱离中央政权控制。定差法对缓解边远地区的缺官矛盾有一定的积极作用。

（五）铨选考试法

宋代的铨选考试是由铨选机构主持的一种考试，其目的为提高官僚队伍的整体素质和统治能力，并克服冗官之弊。宋代铨选考试是选人升改官资和换易差遣的一种手段。宋仁宗庆历三年（1043年）规定："凡选人年二十五以上，遇郊，限半年赴铨试，命两制三员锁试于尚书省，糊名誊录。习辞业者，试论或诗赋，词理可采，不违程式为中格；习经业者，人专一经，兼试律，十道而通五为中格，听预选。以上经两试，九选以上经三试，至选满，有京朝官保任者三人，补远地判、司、簿、尉，无举者补司士参军；或不赴试，亦无举者，永不预选。京朝官二十五以上，岁首赴试于国子监，考法如选人，中格者调官。"③这条法令，使荫补入仕之人考试制度得到了进一步发展。宋神宗熙宁四年（1071年），王安石为"公天下而治永久"，重定铨试之法，使铨试法更加完备。熙宁重定铨试法规定：不仅恩荫入仕者必须经铨试合格后才任用，"进士、选人之守选者，亦皆试而后放"；即使进士及第者，除第一名之外，并

---

① 《历代名臣奏议》卷60《治道》。
② 《范文正奏议》卷上《奏乞择臣僚令举差知州通判》。
③ 《长编》卷145。

须试而后注①；而因过失被贬秩罢官重新叙用者，"亦许依得替人例收试"②。由此可见，熙宁重定铨试法使铨试范围扩大。熙宁变法时，为"求实用之才"，规定凡守选者首先"试断按二，或律令大义五，或议三道，后增试经义"③。即以测试具体断案、法律条文大义、时事议论等实际治民能力为主。"试之以刑统义，欲以观其知法律之意，试之以时议，欲以观其达古今之变"④。

宋代荫子入仕系祖宗所守之法，很难彻底废除。权宜之策是"令户部严铨试之法"，通过限制铨试不合格的荫补人缓解冗官之弊。这就是"近至于权贵，远至于寒畯，其子弟以门荫补官者，非中铨试不许出官"⑤。对不学无术的官僚子弟、宗室外戚及其他杂色补官之人的任用通过铨试予以限制，为更多有才之士的仕进提供了机会。而且铨试能督促官员平时注意不断学习，努力提高业务水平和自身素质。

（六）举官连坐法

宋初，就有被举荐之官违法乱纪，甚至不称职而连坐举主的规定。"太祖建隆三年二月，诏翰林学士、文班常参官、曾任幕职州县者，各举堪为幕职令录一人，如有近亲亦听内举。即于举状内具言除官之日，仍列举主姓名。或在官贪浊不公，畏懦不理，职务废阙，处断乖违，量轻重连坐。"⑥到宋太宗时，规定渐趋全面合理，即举主所举之人不当要受罚，但所举之人优异，则要受到奖赏。如"雍熙二年正月，诏翰林学士、两省、御史台、尚书省官保举京官、幕职州县官可升朝者各一人。所举人若强明清白，当旌举主；如犯赃贿及疲弱不理，亦当连坐"⑦。

举主连坐的具体处罚，历朝规定不一，一般较犯者为轻。如太平兴国七年（982年）规定："自今文武常参官所保举人有罪连坐者，犯私罪，无轻重减一等论，公罚即减二等论，仍著为令。"⑧宋代有时为确保被举荐之人清廉可靠，亦对举主实行重赏严罚。如大中祥符二年（1009年）四月，"诏自今诸路转运、发运使副使、提点刑狱官保举京朝幕职州县官使臣，如改官后一任或两任及五年无遗阙有劳绩干事者，其本官及举主并特酬奖；除私罪外虽有遗阙，系

---

① 《文献通考》卷38《选举十一》。
② 《宋会要·选举》10之5。
③ 《宋史》卷158《选举四》。
④ 《历代名臣奏议》卷169《选举》。
⑤ 《宋会要·选举》26之15。
⑥ 《宋会要·选举》27之1。
⑦ 《宋会要·选举》27之3-4。
⑧ 《宋会要·选举》27之3。

杖以下公罪者，亦别取进止。若历任内犯入己赃，并同其罪"①。但是，"并同其罪"未免连坐太严，正如绍兴十一年（1141年）六月臣僚所言："今使举主与犯赃者同罪，是罚太重也"；"夫罚太重，则法难于必行"②。

荐举连坐，北宋时在时间界限上一般只连坐被举者本任，所举之人一旦改任他官，即不连坐。如景德四年（1007年）七月，诏："群臣举官，例皆连坐，宜有区别。自今朝官、使臣、幕职、州县官，须显有边功，及自立规画，特著劳绩者，仍以名闻。如考复之际，与元奏不同，当行朝典。或改官后犯赃，举主更不连坐。如循常课绩历任奏举者，改官犯罪，并依条连坐。其止举差遣，本人在所举任中犯赃，即用连坐之制。其改官他任，纵犯赃罪，亦不须问。"③南宋绍兴年间，由于荐举经常类皆徇私，荐非其人，所以朝廷一再严荐举之法，特别是对地方监司、郡守的荐举，甚至要求荐举者保任终身。如绍兴三十年（1160年）正月，"诏诸州守臣间有阙官，可令六曹尚书侍郎、翰林学士、两省台谏官正言以上，各举曾任通判及通判资序，公勤廉慎、治状显著，可充郡守者二员闻奏，以备铨择。仍保任终身，犯赃及不职，与同罪"④。

宋代除了举官连坐法之外，如某官吏违法乱纪或不职，与其有牵连的干系人以及长官、同僚、监察官等，均要连坐。如《庆元条法事类》卷32《点磨隐陷》规定："诸隐落及失陷钱物，干系人知而不举，与犯人同罪，罪止徒二年，许人告。"《宋刑统》卷5规定："诸同职犯公坐者，长官为一等，通判官为一等，判官为一等，主典为一等，各以所由为首……若同职有私连坐之官，不知情者以失论。即余官及上官案省不觉者，各递减一等。下官不觉者，又递减一等，亦各以所由为首。检勾之官，同下从之罪。"宋代在官员之间连坐中，特别强调上级行政长官对下级行政长官、长官对僚属、监察官对一般官员的监督责任，失察者要受到连坐。如庆元二年（1196年）正月二十四日，"臣僚言：'比年以来州郡监司务相蒙蔽，或市私恩，或植私党，或牵自己之利害，或受他人之嘱托，见赃不劾，闻暴不刺。乞令诸州专察属县，监司专察诸州，台谏则总其举摘。如令丞簿尉有罪，而州不按察以闻，则犯者亦论如律，而监司亦量轻（'轻'原作'经'，误）重与之降黜。州之僚属则并责之守倅之按察，监司之僚属亦并责之监司之按察，而其坐罪亦如之。如此则上下交制，小大相维，奸赃暴虐，无所逃罪。朝廷特举其大纲，而天下无不治，斯民无不被

---

① 《宋会要·选举》27之10。
② 《宋会要·选举》29之29。
③ 《长编》卷66。
④ 《宋会要·选举》30之7-8。

赐矣.'从之"①。

宋代的连坐法在具体实行中并没有始终如一贯彻,有时也徒为文具。如周必大所云:"臣谓法令中明有连坐之文,而其奏牍亦云甘言同罪,然旷岁逾时,未闻有所惩治也。"② 又如《建炎以来朝野杂记》甲集卷8载:"保任京官犯赃连坐,旧制也,然近岁未有举者。"

总的说来,连坐法在当时条件下对防止官吏违法乱纪或不称职是起了一定的作用。朝廷之所以对官吏连坐如此之广,旨在对奸贪不法者形成一个严密的监督网络。这使得上司注意防范下属违法乱纪,监察官要勤于纠察,荐举者重视考察被荐者的操行,同僚们要互相监督。

(七) 任官回避法

宋代任官回避法比起前代更加严格完善,主要有乡贯回避法、亲嫌回避法和避亲移任法三种。

1. 乡贯回避法就是地方官不能在本籍贯地区任官

北宋前期,州县官主要回避本州,但知州、通判则要回避本路。宋神宗以后,又禁止官员在自己产业所在地任职。宋徽宗宣和二年(1120年)又规定:即使繁难县令缺,也"不得差在本贯及有产业并见寄居、旧曾寄居处"任官③。甚至临时性的差遣,也不得"往本乡里制勘勾当公事"④。南宋时,中原人多徙居南方,寄居官人数大增。对此,绍兴二十六年(1156年)规定:"命官田产所在州,或寄居七年,并不许注拟差遣。"⑤ 宋孝宗时限制更加严格。淳熙九年(1182年)规定:"寄居不必及七年,有田产不必及三等,凡有田产及寄居州县,并不可注授差遣。"⑥ 由此可见,宋代乡贯回避法所体现的管理官员思想渐趋严密完善主要体现在三个方面:一是依据官员级别的不同,合理确定本贯的区域范围,即一般州县官本贯局限本州,而知州、通判本贯则包括本路范围;二是将官员产业所在地等同于本贯,一并予以回避;三是南迁官员的寄居所在地,逐渐降低年限规定,亦视作本贯予以回避。

2. 亲嫌回避法指有亲属关系的官员不能同时在同一部门充任职事相当或互相统属的职务

宋仁宗康定二年(1041年)制定的《详定服纪亲疏在官回避条制》规定:

---

① 《宋会要·职官》79之11-12。
② 《文忠集》卷140《乞申严荐举连坐之法》。
③ 《宋会要·职官》48之32。
④ 《宋会要·刑法》3之53。
⑤ 《建炎以来系年要录》卷175。
⑥ 《宋会要·职官》8之42。

"本族缌麻以上亲及有服外亲、无服外亲,并令回避。"① 即本族缌麻以上亲及姻亲都要回避。古代丧服分为5等,即斩衰、齐衰、大功、小功、缌麻五服。缌麻是最轻的一种,主要是男子为族曾祖父、族曾祖母、族祖父、族祖母、族父、族母、族兄弟,为外孙(女之子)、外甥、婿、妻之父母、舅父等服丧。如按康定二年的规定,缌麻以上亲及有服外亲、无服外亲并令回避的话,那几乎有亲缘的亲戚不管亲疏都要回避了。具体而言,宋代亲嫌回避法主要应回避的有以下这些关系:如"父子兄弟及亲近之在两府者,与侍从执政之官,必相回避"②;宰执与台谏官之间"若有妨嫌",台谏官亲属"同在言路"者,枢密院与属官及三衙长官有亲嫌者,都必须回避;凡中央官员之间有职事相统关系,中央和地方官员间有直接职务联系者,亦行避亲之法;在地方凡有亲嫌关系者,避免在同一路任转运使副、提点刑狱、提举常平、提举市舶等官;诸路监司与本路各司属官、与本路各州县长官及同路州县长官之间、监司属官与各州属官职务相关者之间有亲嫌关系,亦皆行回避之法③。

3. 避亲移任法作为避亲法的补充,保证亲嫌回避法的有效执行

宋代京朝官的避亲移任原则是小官回避大官,由本人申请,经特旨换授即可。地方官的改移原则是:"京朝官有亲戚妨碍合回避者,如到任未及一年,即与对移。本县官相妨碍,于本州别县对移;本州官相碍,于邻州对移;本路职司相妨碍,于邻路对移。及一年已上者,除祖孙及期已上亲依此对移外,其他亲戚即候成资放罢。"④ 简言之,官员到任不满一年依法合回避之亲,皆与邻近路州县同等官对移,一年以上者,近亲移任,远亲待满二年即罢。宋哲宗元祐六年(1091年)还规定,凡地方官当避亲移任而不愿对移,或无阙可对移者,即"依省员法"由吏部重新参注⑤。

为保证任官回避法的实施,宋廷还对依法应回避而隐瞒不回避者予以惩罚。宋仁宗景祐五年(1038年)规定:"京朝官受使遣时,隐匿不言亲戚妨碍,到任乞就移者,并与移远路小处。"⑥ 南宋《庆元条法事类》卷8《亲嫌》更详细地规定:"诸在任避亲应移注或罢而不依限申陈,及官司行遣稽程者,各加官文书稽程二等,内不自陈,通元限满三十日,杖一百";应避亲而辄赴任者,亦"杖一百"。

---

① 《宋会要·职官》63之2。
② 《东轩笔录》卷5。
③ 《庆元条法事类》卷8《亲嫌》。
④ 《宋会要·职官》63之3。
⑤ 《长编》卷467。
⑥ 《宋会要·职官》11之3。

宋代任官回避法，对避免官员利用乡党关系、亲属关系拉帮结派、发展私人势力，对防止官员利用同乡、亲戚关系互相请托、营私舞弊，对澄清封建吏治、减少腐败等，发挥了应有的作用①。

第二节

官吏监察思想

一、御史机构设置思想

宋代的御史监察机构基本上承袭唐制，置御史台为监察机关，以御史中丞为长官，御史大夫为加官，不任命正员。御史台之下设三院：台院有侍御史，殿院有殿中侍御史，察院有监察御史。宋初常以御史为寄禄官，实任其责不多。咸平四年（1001年），以御史两人充左右巡使，分纠不如法者。元丰改制，始正官名，尽废诸使。

宋代自元丰二年（1079年）始置六案于御史台，"上自诸部、寺监，下至仓场、库务，皆分隶焉"②。六案具体分察的主要部门是"吏部及审官东、西院、三班院等隶吏察，户部、三司及司农寺等隶户察，刑部、大理寺、审刑院等隶刑察，兵部、武学等隶兵察，礼、祠部、大常寺等隶礼察，少府、将作等隶工察"③。不久，又采纳权御史中丞李定的建议，"以户按察转运、提举官，以刑按察提点刑狱"④。据《宋会要·职官》17之2记载，六察官的人员配备是"户察，书吏四人，贴司三人；刑察，书吏二人，贴司二人；吏、礼察，书吏各二人，贴司各一人；兵、工察，书吏、贴司各一人"。从此可知，由于钱谷之事最为繁杂，故户察人员配备最多。从总的看来，六察当是个相当精悍的组织，否则寥寥数人怎么能对庞大繁杂的中央诸部司进行有效的监督。正如元祐四年（1089年）七月殿中侍御史孙升所言："盖六曹寺监二百四十余案，胥吏一千七百余人，其他官司二百七十余处，内外之事填垒纷委。而旧以察官六员、书吏十有四人钩考按核，虽使人人心力强明、智术精微，安能周见其故？……朝廷近年察官既不补足，而比因浮费所建言，更不自本台立法，直行减罢书吏六人，止存八人分治六案。吏员既少，则所择尤须精审。且以八人按察二百余案、千有余人

---

① 本目部分内容参考郭东旭著《宋代法制研究》第二章第四节宋代的任官法。
② 《宋会要·职官》17之20。
③④ 《宋会要·职官》17之9。

胥吏、二百余处官司，而又更不精所择，若止欲名存实亡，则可矣。"①

六察设置不久以后，为了能监督六案御史失职，元丰六年（1083年），都司下设御史房，主行弹纠御史按察失职，并置六察殿最簿，以六察官纠劾之多寡当否为殿最，岁终取旨升黜。宋代的御史监察系统是严密的，"朝廷以天下事分六曹以治，都省以总之，六察以案之。六曹失职，则都省在所纠；都省失纠，则六察在所弹。上下相维，各有职守"②。

宋代御史台机构设置中最有特色的思想是六察的设置。宋代御史中丞、侍御史、殿中侍御史、监察御史均可对官员进行纠弹，但基本上是不定期的，即随时发现问题随时纠弹，而六察对京师六部诸司的监察则是采取定期巡视按察的方式，"上下半年分诣三省、枢密院点检诸房文字，轮诣尚书六曹按察；奉行稽迟，付受差失，咸得弹纠"③。六察主要按尚书省下吏户礼兵刑工六部对口监察，然后再将中央寺监，下至仓场、库务，以至地方监司分属各察，使御史监察的触角能覆盖所有部门及地方路级监司，其监察面是相当广泛全面的，并具有很强的条理性、系统性，分工明确，各负其责。都省下设御史房弹纠御史按察失职，并考核六察纠劾殿最。这是宋代御史监察思想进一步走向成熟的标志，因为御史监察工作本身理应也要受到监督。

二、御史监察内容思想

宋代御史"职在绳愆纠缪，自宰臣至百官，三省至百司，不循法守，有罪当劾，皆得纠正"④；"纠察官邪，肃正纲纪。大事则廷辨，小事则奏弹"⑤。归纳史籍记载，御史监察百官的内容大致有以下九个方面：

（一）弹劾官吏贪赃枉法、行贿受贿与请托行为

宋代，御史弹劾官吏在经济上的违法乱纪行为是其监察百官的重要内容。如宋初，殿中侍御史雷德骧就敢弹劾开国元勋、宰相赵普"聚敛财贿"⑥。宣和七年（1125年），宋徽宗"诏御史察赃吏"⑦。绍兴元年（1131年）五月，高宗也下诏："如人吏受赇及故违条限，仍许御史台检送大理寺，依法断遣，所有京朝官、大使臣亦依此。"⑧

宋代御史不仅弹劾官员贪赃受贿，而且连其请托行为也要进行弹劾。因为

---

① 《长编》卷430。
② 《长编》卷330。
③④⑤ 《宋史》卷164《职官四》。
⑥ 《宋史全文》卷2《宋太祖二》。
⑦ 《宋史》卷22《徽宗四》。
⑧ 《宋会要·职官》55之17。

许多行贿受贿犯罪是因为请托行为而引起的,古人云"赇"也,就是以钱财求人办事,故从贝从求。皇祐二年(1050年)九月,仁宗下诏:"自今内降指挥,百司执奏毋辄行。敢因缘干请者,谏官、御史察举之。"① 元祐六年(1091年)四月,宋廷规定:"私请大臣堂除差遣",由"御史台觉察弹奏"②。由此可见,弹劾请托行为是御史台的职能之一。

(二)弹劾官吏交结权近,朋比结党

宋朝鉴于唐后期朋党之祸,命御史弹劾官员交结权近、朋比结党行为。如大观四年(1110年)闰八月,徽宗下诏:"交结权近,饰巧驰辩,沽誉躁近,阴构异端,附下罔上,腾播是非,分朋植党","宜令台谏觉察弹劾以闻"③。绍兴三年(1133年),高宗也下诏云:"士大夫趋向尚多,趋附征利盖奔竞之不息,则朋比之势渐成,可令台谏伺察其微,即行纠劾。"④ 宋代御史往往迎合皇帝忌讳朋党的心理,以"朋党"的罪名弹劾百官。如熙宁八年(1075年)十二月,御史中丞邓绾弹劾李定、徐禧、沈季长等人"皆有连朋结党,兼相庇护,对制不实之罪"⑤。绍圣中,殿中侍御史陈次升"论章惇、蔡卞植党为奸"⑥。

(三)弹劾官吏不忠不孝等违背封建伦理纲常的行为

熙宁八年(1075年),御史中丞邓绾弹劾章惇"徇私作过,欺君罔上,不忠之罪";"父年八十,不肯归养,瞍伤教义,不孝之恶"⑦。元祐六年(1091年)八月,宋哲宗诏令御史台:"臣僚亲亡十年不葬,许依条弹奏。"⑧

(四)弹劾官吏违法购买田产

如仁宗时期,御史中丞包拯弹劾三司使张方平强买豪民产,罢张方平三司使⑨。神宗时,御史中丞邓绾弹劾参知政事吕惠卿"借富民钱买田产",吕惠卿出知陈州⑩。

(五)弹劾官吏偷税漏税

官吏偷税漏税是违法行为,直接影响国家财政收入,宋廷规定由御史台弹劾。如转运使姚铉"纳部内女口及鬻扣器抑取直值,又广市绫罗不输税,真宗

---

① 《宋史》卷12《仁宗四》。
② 《长编》卷457。
③ 《宋大诏令集》卷196《申饬百僚御笔手诏》。
④ 《皇宋中兴两朝圣政》卷14。
⑤ 《长编》卷271。
⑥ 《宋史》卷346《陈次升传》。
⑦ 《长编》卷269。
⑧ 《宋史》卷17《哲宗一》。
⑨ 《宋史》卷316《包拯传》。
⑩ 王称:《东都事略》卷98《邓绾传》,文渊阁四库全书本。

遣御史台推勘官储拱劾（姚）铉，得实，贬连州文学"①。

（六）弹劾官员失职，办事效率低下

宋代统治者还是比较注重办事效率的。如《宋刑统》规定官文书程限时，依唐律："小事五日程，中事十日程，大事二十日程。"② 宋廷规定：监察御史必须定时到三省、枢密院、六部等京师各部门点检文簿，如发现官吏失职，办事效率低下，文书积压者要及时弹奏。否则，御史要受到处罚。如元丰三年（1080年）五月，御史台点检三司自熙宁八年至元丰二年的文簿，发现"不结绝百九十事"，神宗诏令"大理寺劾官吏失销簿罪"③。次年，司农寺积压"未了文字二千四百余件，未了账七千余道，失催罚钱三百九十余千，未架阁文字七万余件"，前任监察御史王祖道、满中行两人因未及时弹奏，分别给予罚铜十斤和六斤的惩罚④。

（七）弹劾举官非其人者

如前所述，宋朝规定举官非其人者必须连坐举主，而且，举官不当令御史台弹劾。皇祐五年（1053年）七月，仁宗下诏："荐举非其人者，令御史台弹奏。"⑤ 元丰改制后，宋廷规定：荐举官员，必须把举状关报御史台，以供御史考核弹奏⑥。

（八）弹奏越职论事和议改政府法令者

宋廷规定官吏越职论事和议改政府法令者，令御史台弹劾。如崇宁三年（1104年）六月，宋徽宗诏令："内外官毋得越职论事，侥幸奔竞，违者，御史台弹奏。"⑦ 政和二年（1112年），徽宗又下诏："应今日已行法令，三省恪意遵守，无容妄自纷更，非甚窒碍，而辄议改易者，以违制论，仍令御史台觉察弹奏。"⑧

（九）纠察私入三司、开封府及御史台者

北宋元丰改制前，三司是全国最高财政中枢机构，开封府是京师的首脑机关，御史台则是全国最高监察司法机构。总之，三者都是很重要的国家机关。宋廷为防止官员私自进入，"别有寄嘱，妨废公务"，曾多次下令强调，不准官

---

① 《宋史》卷305《薛映传》。
② 《宋刑统》卷9《职制律》。
③ 《长编》卷304。
④ 《长编》卷313。
⑤ 《宋史》卷12《仁宗四》。
⑥ 《宋代诸臣奏议》卷71《上哲宗乞举官限三日关报御史台》。
⑦ 《宋史》卷19《徽宗一》。
⑧ 《宋大诏令集》卷197《诫约不许更改已行法令诏》。

员私自进入三司、开封府和御史台,违者,"许御史台纠奏"①。

从以上所举基本上可以看出宋代御史对百官监察弹劾的内容非常广泛,几乎涉及官吏工作、生活及个人品德等诸方面的问题。不仅如此,甚至连官吏的上朝礼仪、出席重大典礼宴会的沐浴、着装等个人细节问题,都要予以监督纠弹。如"筵宴等臣僚戴花过数"②,"文武官于致斋日,并须沐浴浣濯衣服"③等,均令御史台专行纠察。总之,宋代御史台对百官的监察与弹劾对肃清封建吏治、维护封建国家机器的正常运转,发挥了重要的作用。

三、御史选任思想

由于御史职任甚重,故宋廷十分重视对御史的选任,采取了种种措施,逐渐形成了一套比较严密完备的制度。以下就其制度中体现的一些比较有价值的思想做一简略介绍。

(一)皇帝亲擢

御史作为皇帝的耳目之官,宋代自仁宗朝以后,代代君主基本上均把选任御史"必由中旨"作为祖宗之法来奉行,这是因为"宰相自用台官,则宰相过失无敢言者"④。尤其对御史台长官御史中丞的选任,更强调"当出圣意"⑤。

(二)臣僚荐举,皇帝从中选拔任命

侍御史、殿中侍御史、监察御史、侍御史里行、殿中侍御史里行、监察御史里行等御史台属官,一般由臣僚荐举,皇帝从中选拔任命。

北宋时期,首先对御史选任法提出比较全面改革的是欧阳修。庆历三年(1043年),他上疏仁宗,提出:荐举御史"当先择举主",只令中丞或朝廷特选举主;荐举御史,"不限资考,惟择才堪者为之";用御史"里行之职,以待资浅之人";制定"连坐举主,重为约束"法,"以防伪滥"⑥。欧阳修改革御史选任虽然没得到最高统治者的应有重视,予以实施,但其所体现的思想有以下几个方面值得注意:一是宋代御史的首要职能是弹劾纠察违法乱纪的官员,"上自宰相,下至百僚,苟有非违,皆得纠劾"⑦,因此,御史举主的选择至关

---

① 《宋会要·刑法》2之21。本目御史监察百官的9个方面内容参考贾玉英著《宋代监察制度》第二章第二节宋代御史台的职能。
② 《宋会要·职官》55之20。
③ 《宋大诏令集》卷190《诫饬郊庙行事官虔肃诏》。
④ 《御批历代通鉴辑览》卷74,文渊阁四库全书本。
⑤ 《东轩笔录》卷3。
⑥ 《欧阳修全集》卷101《论台官不当限资考札子》。
⑦ 《长编》卷415。

重要,故欧阳修首先提出荐举御史"当先择举主"。只有选择有公心正直的举主,才能荐举出公正、敢于直言的御史;此外,举主的身份以不妨碍御史弹劾百官为宜。二是御史职在纠劾百官,以年轻敢于任事、不畏权贵者为合适人选,因此,欧阳修提出荐举御史"不限资考",尤其是级别较低的"御史里行之职",更以"资浅之人"为之。三是御史为天子耳目之官,责任重大,故更要实行"连坐举主"的规定,这样能更好地约束御史的行为,并能选拔出德才兼备的人担任御史一职。

王安石变法时期,对御史选任法进行了改革,主要措施有三项:一是"御史有阙,委中丞奏举";二是荐举御史,"不拘职高下";三是如果举主"所举非其人,令言事官觉察闻奏"①。其实王安石对御史选任法进行改革的三项措施与欧阳修的改革方案几乎是一样的:两者都主张由御史中丞举荐御史;荐举御史"不限资考"与"不拘职高下"是相同的;"连坐举主"与举主"所举非其人,令言事官觉察闻奏"都主张荐举御史实行连坐法。但是,王安石对御史选任法的改革却遭到反变法派的强烈反对。如侍御史刘琦上疏说:"近又睹中书札子,今后御史中丞独举台官,不拘官职高下。此亦安石之谋也,不过欲引用门下之人置在台中,为己之助耳。己之有过,彼则不言,此得为朝廷之福乎?"②吏部郎中刘述也攻击新的御史选任法云:荐举御史"专委中丞,则爱憎在于一己。若一一得人,犹不至生事;万一非其人,将受权臣嘱托,自为党援,不附己者得以中伤,谋孽诬陷,其弊不一"③。由上可见,反对派反对王安石御史选任法改革的主要理由是御史不能由御史中丞一人举荐,因为如御史中丞为权臣所控制,那御史台将成为权臣拉帮结派,攻击、诬陷异己的工具。反对派的这种担心是持之有理的。

宋代选任御史时,重视御史的地方基层行政经历。元祐时规定:殿中侍御史、监察御史以经两任知县、一年以上通判实历者担任④。南宋孝宗乾道二年(1166年)三月更明确规定:"县令非两任,毋除监察御史。"⑤宋代台谏合一,御史亦可谏言,选任御史要求实历知县和通判,有利于保证御史有丰富的地方行政经验,能更好地提出兴国利民的建议。正如时人袁说友所云:"盖州县之官皆谙历民事之久,其利与害又前日之所备闻者,彼一旦有能言之隙,而陛下更责以爱民之事,将有竭诚罄虑,尽思其所以在民者以为说。一说行则一利在

---

① 《宋会要·职官》17之8。
② 《历代名臣奏议》卷176《去邪》。
③ 《宋史》卷321《刘述传》。
④ 《长编》卷412,《苏辙集·栾城集》卷45《乞改举台官法札子》。
⑤ 《宋史》卷33《孝宗一》。

民，一利兴则天下受赐。"① 但是，选任御史如硬性规定要求实历知县和通判，有时又会影响对一些有杰出才能但资历不够的人的选拔。王安石变法时期，"以资深者入三院，资浅者为里行"② 的选任原则，既注意了御史的行政经验，又有利于突出御史人才的选拔，比较合理地兼顾到两者。此外，宋代皇帝亲擢御史不计资序，也可使杰出人才的脱颖而出不受资历的限制。

宋代选任御史还注意其个人品德，其中最强调的是必须廉洁。"御史之道，惟赃为最重"③，御史人选必须"自来别无赃"④。已所不正，而欲正人，自古至今未尝有也。朝廷规定，如果查出御史有赃滥罪者，举主要连坐。如宋太宗时，"膳部郎中侍御史知杂事滕中正责本曹员外郎"，其原因是他所荐举的监察御史张白"坐知蔡州日假贷官钱三百贯，籴粟麦居以射利，弃市，中正坐荐（张）白故也"⑤。

宋代选任御史，还注意其必须具有"刚明果敢"⑥、"公忠鲠切"⑦ 的品质。所谓"刚明果敢"，就是要刚正不阿，明察秋毫，果断敢言；"公忠鲠切"就是要出于公心，忠于朝廷，言事鲠切。如果其人品质性格"温和软懦，无刚鲠敢言之才"⑧，那么充任御史就不可能称职。

四、路监司、州通判建置思想

（一）路监司建置思想

宋代路级监司究竟指哪些机构和官员，史学界说法不一。笔者认为监司也是一个动态发展的过程，但一般说来，人们习惯把转运司、提点刑狱司（以下简称提刑司）、提举常平司（以下简称常平司）统称为监司。

宋代监司制度在中国古代颇具特色，其反映的思想有三个方面值得注意。

1. 监司通过分割地方路级事权达到加强中央集权

宋真宗景德四年（1007年）之前，转运司掌握一路的大权，但宋朝皇帝又疑其权太重，不愿把一路大权长期集中于转运使手中，陆续设置了提刑司、常平司等，以分割转运司的事权。大致说来，转运使为各路长官，经度一路全

---

① 《东塘集》卷8《论臣职当先民事》。
② 叶梦得：《石林燕语》卷9，中华书局点校本，1984年版。
③ 陈次升：《谠论集》卷3《奏弹钱遹第一状》，文渊阁四库全书本。
④ 胡宿：《文恭集》卷8《举台官状》，文渊阁四库全书本。
⑤ 《宋会要·职官》64之2。
⑥ 王安中：《初寮集》卷3《辞免御史中丞奏状》，文渊阁四库全书本。
⑦ 《蒙斋集》卷2《轮对札子》。
⑧ 《苏学士集》卷11《诣匦疏》。

第九章 宋代官吏选任、监察与考核思想

部或部分财赋，而察其登耗有无，以足上供及郡县之费；岁行所部，检查储积，稽考账籍；考察郡县，举刺官吏，并以官吏违法、民生疾苦情况上报朝廷。提刑司负责本路司法刑狱、巡察盗贼；督责一路无额上供、经总制钱物、封桩钱物等；监察举劾地方官吏。常平司掌各路役钱、青苗钱、义仓、常平仓、赈济、水利、茶盐等事，与转运司、提刑司分管各路财赋，并监察各州官吏。宋代强化封建中央集权制的一个重要理念是寓职权于集权与分权的对立统一之中，与军事上的强干弱枝、政治上的内外相维相互为用。一方面，宋代皇帝高度集权，大权独揽，无权不总；另一方面，臣下是事事分权，有权不专。其中一个重要的表现就是地方路级转运司、提刑司、常平司的职权有所分工，并各自隶属于中央不同的部门。南宋吕祖谦指出：景德年间置提刑司，"实分转运使之权"。提刑司"虽专以刑狱为事，封桩、钱谷、盗贼、保甲、军器、河渠事务浸繁，权势益重，而转运所总，惟财赋纲运之责而已"①。而且提刑司经常作为转运司的对立面，向中书（或尚书、尚书户部）、内库和枢密院负责。如《长编》卷292载："诸路上供金银钱帛应副内藏库者，委提刑司督之；若三司、发转运司擅折变、那移、截留致亏本库年额者，徒二年。"这里提刑司作为内库在路级的代理人，负责监督三司、发运转运司，以保证内库钱物的征调。又如常平司分夺转运司督察一路财赋大权中最重要的就是分领常平义仓，并向宰相的理财机构——司农寺负责。如元丰元年（1078年）十月，判司农寺蔡确言："诸路提举常平司旧兼领于转运司，极有擅移用司农钱物。自分局以来，河北东路提举司申转运司所移用钱二十余万缗，江东提举司申转运司所移用钱谷十二万余贯石，盖转运司兼领，则不能免侵费之弊。"② 这种分权有利于地方路级监司之间互相制衡牵制，防止大权旁落。

2. 监司通过互察、互申，共同参与某项事务达到互相监督

如宋代提刑司在监司互察中对转运司、常平司经手的钱粮账目进行驱磨点检。徽宗崇宁元年（1102年）九月二十八日，"仍令本司（转运司）各开析每岁钱谷出入名数，具册关提点刑狱司验实结罪保明，缴奏送尚书户部。若故为隐匿及虚立支费，论如上书诈不以实律"③。此外提刑司在监司考核互申中对转运司进行监督。崇宁元年（1102年），令"岁以钱谷出入名数报提刑司保验，以上户部；户部岁条诸路转运使财赋亏赢，以行赏罚"④。

---

① 《文献通考》卷61《职官考十五》。
② 《宋会要·职官》43之5。
③ 《宋会要·食货》49之24-25。
④ 《宋史》卷179《食货下一》。

由于常平司经常并入提刑司，或与提举茶盐司合为一司，因此，提刑司对常平司的监督在史籍中不多见。兹举一例以窥一斑。熙宁八年（1075年）八月，司农寺言："本司（常平司）点检诸路拘卖坊场、河渡、盐井、碾硙之类，簿书灭裂，欠失官钱。欲委提点刑狱司选官，取自拘卖以来至今年终文案并敕条驱磨，申寺点检，校其驱磨精粗，案为赏罚。"从之①。

同样在监司互察中常平司也可对转运司、提刑司进行监察，如常平司在分管诸路财赋中对提刑司所经手的钱物进行驱磨点检。政和三年（1113年）十月十七日，户部尚书刘炳等奏："近年以来，所收约八九十万贯，比旧大段数少亏损，省计缘无额上供，虽有棄名而各无定数。从前据凭场务收到数目申州驱磨报提刑司，本司备申省部拘催起发，若供申隐落，止有断罪约束，即无点检告赏之文。兼近承朝旨令诸路常平司驱磨到崇宁元年至大观三年侵使隐落上供无额钱，总计一百七十余万贯，金银物帛一十万余斤两等，如此显有陷失钱物，盖为未有劝赏致所属不肯尽公点检驱磨。"②

宋代监司还通过对某些事务共同参与处置，使之同时与地方几个部门联系起来，有利于它们之间的互相制约和监督，防止由一个部门包办，易于隐瞒、营私舞弊等。如在财政分配上采取分隶制度，即州军一些项目的赋入按比例直接分隶本路转运、提刑、常平司等，或各项专款专用，特设专门账籍，与本州军别项赋入分开管理。如绍兴五年（1135年）每出纳1贯征头子钱30文，"其十五文充经制棄名，七文充总制棄名，六文提、转两司，二文公使支用"③。又如宋徽宗时，"诏诸路凡奏户口，令提刑司及提举常平司参考保奏"④。以现代控制论的观点看，一些重要职权由数个部门共同负责，可以自动起到防弊纠错的作用。

3. 转运司、提刑司和常平司虽然职权各不相同，但都拥有监察地方官吏的职责，号称"外台"

宋代监司的主要职能是"临按一路，寄耳目之任，专刺举之权"⑤，皇帝不断下诏强调监司的职能以刺举为主。如北宋咸平六年（1003年）十一月，宋真宗下诏："监司之职，刺举为常。"⑥宋代对地方各级官府的纠察是逐级负

---

① 《长编》卷267。
② 《宋会要·食货》51之41。
③ 《建炎以来朝野杂记》甲集卷15《总制钱》。
④ 《宋史》卷174《食货上二》。
⑤ 《宋会要·职官》45之21。
⑥ 《长编》卷55。

责,一般有较严格的职权界限,"州县令监司按劾,监司令御史台觉察"①。由此可见,监司按劾的对象是州县官吏。具体而言,宋代监司刺举州县官吏的内容主要包括以下五个方面:

(1) 刺举贪赃者。刺举部内官吏贪污,是宋代监司的首要职能。宝元二年(1039年)八月,宋仁宗下诏:转运使副、提点刑狱至所部百日,如果部下有犯赃者,则"坐失按举之罪"②。南宋绍兴四年(1134年)五月,高宗"诏监司郡守常切机察赃吏犯法"③。景定二年(1261年)正月,理宗诏令:"监司率半岁具劾去赃吏之数来上,视多寡为殿最,行赏罚。"④ 由以上所引史料可知,按察赃吏是监司的主要职责,如监司失于按察举劾则要受到处罚,按劾赃吏是考核监司的重要内容。

宋代,监司按劾地方官贪赃的记载于史籍屡见不鲜,兹各举一例以窥一斑。如庆历四年(1044年),两浙路转运使邵饰和同提点两浙路刑狱公事柴贻宪,均因知秀州钱仙芝赃败不即按举而降黜,邵饰降知洪州,柴贻宪降宣州兵马都监⑤。庆历二年(1042年)十一月六日,"前知台州周晔特降一官,以浙东提刑李大性奏晔昨擅将常平等米以新易陈,亏少万数"⑥。南宋著名学者朱熹在为浙东提举常平官时,"按劾赃吏","一路肃然"⑦。

(2) 察举不尽职责者。熙宁四年(1071年)三月,神宗下诏:河北、京东路转运司和提刑司"察所部知州、通判、都监、监押、巡检、知县、县令不职者以闻"⑧。绍兴六年(1136年)四月,常平司奏劾筠州的高安、上高两县当职官"赈济乖方,至有盗贼窃发,殍亡暴露,田亩荒莱,饥民失所"。高宗下诏:"筠州高安、上高两县当职官各先次特降一官放罢。"⑨

(3) 察举昏庸无能、年老病弱和怠惰政务者。太平兴国六年(981年)三月,宋太宗下令诸路转运使察举部下官吏,"有罢软不胜任、怠惰不亲事"者,"条其事状以闻"⑩。皇祐年间,宋仁宗下诏:"少卿监以下,年七十不任厘务

---

① 《建炎以来系年要录》卷90。
② 《长编》卷124。
③ 《皇宋中兴两朝圣政》卷15。
④ 《宋史》卷45《理宗五》。
⑤ 《宋会要·职官》64之44、48。
⑥ 《宋会要·职官》73之66—67。
⑦ 谢维新:《古今合璧事类备要·后集》卷70《提举》,文渊阁四库全书本。
⑧ 《长编》卷221。
⑨ 《宋会要·食货》57之18。
⑩ 《长编》卷22。

者，外任令监司、在京委御史台及所属以状闻。"① 南宋绍兴十五年（1145年）七月，宋高宗命监司"审察县令治状显著及老懦不职者，上其名以为黜陟"②。乾道元年（1165年）七月，宋孝宗诏"诸路监司将见任老、病守臣，限一月公共铨量闻奏"，如果"监司、守臣互为容隐，御史台觉察以闻"③。

（4）举劾征收赋税中的不法行为。州县官征收赋税是一项政策性很强的事务，如征收不当，或会减少封建政府的财政收入，抑或会激化社会矛盾。因此，宋代历朝比较重视通过监司监督州县官的征收赋税，按劾其不法行为。宋代路这一级主要通过转运司考核监督地方官以及分管茶、盐、酒税、诸场务的官员，来督促管理地方财政收入。景德元年（1004年）规定："自今宜令转运司遍谕所部，批书历子，明具州县元管主、客户口，在任至替逐年流移归业，件析口数，招添赋税，明言实纳色额，不得衮同增加，并以在任走失户税次年归业者忘为劳绩。应监场务须具租额，及前界递年实收钱数增亏，比类批书，敢于庇覆隐漏，干系官吏悉论以违制，或官吏为形势所抑，徇情批书不实，亦许经新到任官陈首，令具奏闻，当行指挥。应会问之司宜专行点检，依理关报，不得辄有增减。"④ 宋代诸路常平司不仅要督责所属州县按时拘收常平钱谷，而且对不按时按量收籴者上奏朝廷。乾道四年（1168年）六月七日，孝宗"诏诸路提举常平官督责所部州县，候秋成日，将人户合纳之数，依条限拘催，尽实收桩，仍以见管钱，依时收籴，不得违戾，及依已降指挥，每岁春季躬历所部州县盘量见在米斛，具数闻奏"⑤。

宋廷一方面令监司督察州县按时按量征收赋税，另一方面又不允许州县违制加征、滥征，违者委监司按劾奏闻。高宗绍兴十年（1140年）九月，明堂赦文规定：州县百姓输纳租税，监官勒索百姓多收者，"仰监司严加检察，如尚或蹈袭违戾，并仰按劾奏闻"⑥。孝宗淳熙三年（1176年）四月，诏云："诸路州县受纳人户苗米，往往过数多收斗面，重困民力，令诸路监司觉察以闻。"⑦ 光宗绍熙二年（1191年）十一月南郊赦道："催科自有省限，州县往往不遵条法，先期预借，重叠催纳"，有的甚至"倍加斗面，非理退换"，"仰监

---

① 《宋史》卷170《职官十》。
② 《宋史》卷30《高宗七》。
③ 《宋会要·职官》45之26。
④ 《宋会要·职官》59之5-6。
⑤ 《宋会要·食货》62之43-44。
⑥ 《宋会要·食货》68之4。
⑦ 《宋会要·食货》68之12。

司严加觉察,如有违戾,按劾闻奏"①。

(5)按劾州县残害百姓者。宋代最高统治者意识到为了使赵氏王朝长治久安,必须缓和各种社会矛盾,其中一项重要措施就是令监司按劾州县残害百姓。如北宋至和年间,淮南地区发生蝗灾,山阳县尉李宗残害请求治蝗的百姓,强迫他们吞食蝗虫,致使吞食者"吐泻成疾"。提点刑狱孙锡奏劾李宗,仁宗罢免了其官职②。绍兴九年(1139年)四月,高宗诏令新复诸路监司、帅臣"按劾官吏之残民者"③。宁宗朝《庆元条法事类》卷7《监司巡历》则规定:"诸监司每岁点检州县禁囚淹留不决,或有冤滥者,具当职官职位、姓名,按劾以闻。"

(二)州通判建置思想

宋代官制的一个突出现象是机构废置分合无常,职掌变动频繁。但通判相对稳定,终两宋一直存在。通判在州郡的地位特殊,作用甚大,其中有以下两个方面的建置思想值得注意。

1. 通判既是州郡副长官,又是州郡监察官

宋初置通判,其本意原是为了监督那些刚归顺中央的伪官。史载:"太祖乾德四年十月,诏应荆湖、西蜀伪命官见为知州者,令遂处通判或判官、录事参军,凡本州公事并同签议,方得施行。时以伪官初录,虑未悉事,故有是命焉。"④由于通判地位的特殊,权力很大,其被朝廷信任的程度往往超过知州,所以宋初通常凌驾于知州之上,"多与长吏忿争,常曰:'我监州也,朝廷使我来监汝。'长吏举动必为所制"⑤。"太祖闻而患之,下诏书戒励,使与长吏协和,凡文书,非与长吏同签书者,所在不得承受施行。至此遂稍稍戢。"⑥

元丰改制后,通判正式被确定为地方州郡副长官:"知州掌郡国之政令,通判为之贰。"⑦据《哲宗正史职官志》记载,通判的职权是"掌倅贰郡政,凡兵民、钱谷、户口、赋役、狱讼听断之事,可否裁决,与守臣通签书施行。所部官有善否及职事修废,得刺举以闻"⑧。这时的通判虽作为副长官,但仍保持了与守臣通签书施行的制度,也就是说仍拥有监督知州之权,而且其监察

---

① 《宋会要·食货》68之15。
② 孙逢吉:《职官分纪》卷42《县尉》,文渊阁四库全书本。
③ 《宋史》卷29《高宗六》。
④ 《宋会要·职官》47之2。
⑤ 《长编》卷7。
⑥ 欧阳修:《归田录》卷2,中华书局点校本,1981年版。
⑦ 《宋会要·职官》47之11。
⑧ 《宋会要·职官》47之62。

对象从知州扩大到所部官吏。

南宋从高宗到宁宗时期,通判对知州拥有很大的监督权。绍兴二十六年(1156年)四月三日,"诏应自今知州通判互论不法事件,须拘留在任,选委监司之清正有风力者依公究治,取见诣实曲直情状具奏施行,从左正言凌哲言。比来守倅间有互相诋评者,臣僚论列,乃欲先次并罢故也"①。知州与通判可互论不法事件,互相诋评,而且旗鼓相当,使得朝廷不得不选清正有风力者依公究治。庆元元年(1195年),有臣僚提出省去边地文臣倅贰,宁宗曰:"郡有倅贰,正如诸军统制之有副也,互相纠察,岂容省去!"②

宋代通判的建置定位思想值得探究。宋初太祖为了让通判能监督那些刚归顺中央的伪官,赋予通判特殊的地位与很大的权力,但其结果是通判常凌驾于知州之上。元丰改制正式确定通判为州郡副长官,但仍有很大的权力,仍然监督知州及所部官吏。宋代朝廷之所以赋予通判这种特殊的地位和如此大的权力,其用意就是使其能有效地监察州郡长官。南宋初年,通判对知州的监察曾有所削弱,"通判既压于长官之势,恣其侵用,莫敢谁何"③。其主要原因是"通判出于帅守之门,则于州事无所执守,视过咎无敢刺举"④。对此,朝廷规定:"诸州通判见任守臣所辟者,并罢"⑤;"守臣毋得荐举通判"⑥,借此来加强通判对知州的监督。

2. 通判监察州郡的内容

宋代通判作为州郡监察官,拥有全面监察地方州郡的职责,其内容主要有以下五个方面。

(1) 对知州及属下官吏皆可按察。如大中祥符年间,边肃"知镇州,以公费钱质易规利,又遣吏部强市民羊及买女口,通判东方庆等列状于州"⑦。为督促监察官勤于纠察,朝廷规定失察者要受到处罚。"知、通若部内官一员犯赃至流而失于按察,以致朝廷采访、民吏诉论,或御史台弹劾者,别听旨施行"⑧。如张观"通判解州,会盐池吏以赃败,坐失举劾,降监河中府税"⑨。朝廷还对通判纠察赃吏进行考核。建炎三年(1129年)十月,"诏诸路按察官

---

① 《宋会要·职官》47 之 68-69。
② 《宋会要·职官》47 之 48。
③ 《宋会要·食货》35 之 27。
④⑤ 《皇宋中兴两朝圣政》卷 13。
⑥ 《皇宋中兴两朝圣政》卷 47。
⑦ 《宋会要·职官》64 之 22。
⑧ 《宋大诏令集》卷 192。
⑨ 《宋史》卷 292《张观传》。

自通判至监司，岁具发摘过赃吏姓名，置籍申尚书省，以为殿最。即有失察而因事闻者，重谴之"①。

（2）监视钱谷出纳，防止差错作弊等事。古代财经管理中最容易出漏洞的是财物的出纳。宋代规定："州郡仓库一出一纳，并须先经由太守判单押帖，次呈通判，呈金厅签押俱毕，然后仓官凭此为照，依数支出。"②徽宗时规定："天下勘给官吏军兵请受及勘支官物，并须先由粮料院批勘，封送勾院点检，勾勘讫，仓库方得依数照支。今天下州府粮料院批勘，而判勾即皆专委通判，盖通判是本州按察官，使之判勾，则其势可以点检粮料院违条妄支官物及诸般差错作弊等事。"③简言之，官吏军兵请受及勘支官物，必须先经通判勾勘，确认无误后方可支领。南宋时，诸总领所属下审计院或审计司一般由通判兼④，诸官兵帮勘请给等，必须经审计官事先审核无误后，方准予支给。宋代，不仅支领钱物事先要受通判审查，而且钱物支出后，有关簿历还要经通判复核，方能准予注销。如开宝四年（971年）十月，"诏应州有公使处，知州与通判同上历支破"⑤。

宋代转运使虽然掌经度一路财赋大权，但在处置地方财赋时受到许多制约，其中也受到通判的监督。高宗朝规定转运使可以取拨地移用钱，由诸州军资库收纳保管，而州"军资库系通判提举"⑥，因此，也就是由通判收纳保管。绍兴三年（1133年）四月十二日，朝廷采纳都转运使张公济的建议："今后应转运司系省钱，并依条赴军资库交纳收支，其寨名不同者各置文历拘管，应通判及主管司等处送纳钱物。"⑦总之，转运使与地方州郡在财经上的一种关系是"山泽之利，归于转运，转运不自私也，尽给逐郡以用之；经费之钱，总于转运，转运不自有也，皆听知、通以支之"⑧。

宋代仓管库吏往往利用仓库出纳之际，采用克扣、以次充好、重入轻出等办法从中渔利，对此，朝廷规定仓库出纳时通判须亲往监临。如"（天禧）四年五月，判司农寺张士逊言：'诸州常平仓斛斗自今每遇出粜，望委本州通判每日在仓提举，多方约束，以绝奸幸，使贫下缺食之人市籴，不至艰阻。'从

---

① 《建炎以来系年要录》卷28。
② 《名公书判清明集》卷1《仓官自擅侵移官米》。
③ 《宋会要·职官》57之50。
④ 《宋史》卷167《职官七》。
⑤ 《长编》卷12。
⑥ 《宋会要·食货》54之5。
⑦ 《宋会要·食货》49之40。
⑧ 林駉：《古今源流至论》续集卷7《郡守》，文渊阁四库全书本。

之"①。绍兴三十年（1160年），经总制钱专委通判指挥，"仍令就本厅置库，躬亲出纳，不得付之属官"②。

（3）巡历仓库，点检官物。通判设置之初，宋太祖下诏："诸州通判、粮料官至任，并须躬自检阅账籍所列官物，不得但凭主吏管认文状。"③ 太宗、真宗时期，具体规定了通判定期阅视所属仓库。大中祥符七年（1014年）夏四月庚辰，"诏诸路知州、通判，自今在城仓库则每季检视，在外县者止阅簿籍，不须巡行。初，淳化中，诏长吏每季行县，县有去州五七百里者，以烦扰故，罢之"④。

通判巡视仓库时主要是对照账簿点检见在官物。如徽宗时曾出现"账内官物与簿历不同，簿历内又与仓库见在不同，至有账尾见在钱物一二十万，而历与库内全无见在"⑤。针对这种情况，朝廷"令所属监司委诸州通判遍诣本州及管下仓场库务，将账检及逐处赤历、文簿取见在官物实数，于勾院置簿拘籍"⑥。通判诣仓库点检的制度一直保持到南宋，如《庆元条法事类》卷37《给纳》载："诸仓库见在钱物（诸司封桩者非），所属监司委通判岁首躬诣仓库点检前一年实在数，令审计院置簿抄上比照账状。"

（4）拘收检察无额上供钱物和经总制钱。无额上供和经总制钱是南宋重要的财政收入，《庆元条法事类》卷30《上供》和《经总制》规定：诸州县镇场务所收无额上供钱物或经总制钱物，每季具账限次季孟月五日以前供申通判厅，本厅限孟月终审覆申提点刑狱司，本司限十日点磨保明申尚书户部。南宋初期，经总制钱或专委守臣，或专委通判，或知、通同掌，始终没有很好协调知州与通判的关系，两者在权力的分配上时有矛盾。如知、通同掌，"通判既压于长官之势，恣其侵用，莫敢谁何"⑦；后虑守臣侵用，遂专委通判，又"切恐守臣妄生异同，不能协力"⑧。自孝宗乾道后，朝廷才做了较妥善的协调："诸经总制钱物，知、通专一拘收。仍令通判（无通判处委签判）就军资库别置库眼，选差曹职官一员躬亲出纳，通判常切点检，郡守每月一次驱磨。逐季于次季孟月二十五日以前尽数起发，提点刑狱司拘催检察，如州县违限亏欠，并行按劾。"⑨ 这样知、通既同掌，又有所分工，两者之间的关系得到了

---

① 《宋会要·食货》53之7。
②⑦ 《宋会要·食货》35之27。
③ 《长编》卷9。
④ 《长编》卷82。
⑤⑥ 《宋会要·食货》62之60。
⑧ 《宋会要·食货》64之102。
⑨ 《庆元条法事类》卷30《经总制》。

较好的协调。

（5）监督纲运。纲运在宋代是一个重要而又棘手的问题，官府物资在运输中经常被偷盗、抛失、损坏或留滞。对此，政府采取了许多措施加强监督管理，其中，通判也参与这项工作。如建炎二年（1128年），为防止州军移用纲运物资，朝廷规定："诸路州军纲运……逐州府选委清强官受纳，专委通判监视，提点刑狱官常切点检。"① 通判除监视纲运出纳外，还不时到装发卸纳纲运的仓库盘量看验，稽查"亏损纲运"②，或以"粗弱不堪"③ 之物充作上供等。水运是宋代纲运中的难点，朝廷置催纲行程历，逐时抄上纲运入界时日、押人姓名、船只所载官物。如"地分官司遇抛失空船，限即时具船只、纲分、姓名申本州军通判，本厅置籍抄上，候岁终开具地分抛失只数，合干官吏姓名，申发运司责罚"④。

五、路监司、州通判选任思想

（一）监司选任思想

宋代监司不仅是皇帝的耳目，而且还执掌地方一路的大权，州县吏治的好坏，官员是否任用得人，无不与监司有密切的关系。庆历三年（1043年）十月，宋仁宗根据范仲淹、富弼等人的建议，"严监司选"⑤。熙宁三年（1070年），刘述在给宋神宗的上疏中建议："愿陛下深诏政府，精选转运使、提点刑狱，唯人是求，不必限以资序，即得其人矣。"⑥ 南宋最高统治者则从监司作为地方最高行政区划长官和监察官的角度，提出应重视监司的人选。如绍兴五年（1135年）二月，宋高宗手诏："朕惟监司外台耳目"，"自今其慎选择，勿狃于故常，勿牵于私昵，重以累国"⑦。绍兴十年（1140年）四月，直秘阁江公亮请求朝廷选换县令，宋高宗对宰执说："县令至众，朝廷岂能人人推择，惟当选监司、郡守，使之易置，则得人矣。"⑧ 淳熙十二年（1185年）二月，宋孝宗也对宰执说："天下全赖好监司，若得一好监司，则守令皆好"，地方吏治，应"先择监司为要"⑨。总之，监司选好了，就能委托监司选出好的州县

---

① 《宋会要·食货》47之14。
② 《宋会要·食货》42之8。
③ 《宋会要·食货》42之10。
④ 《宋会要·食货》47之11。
⑤ 吕中：《宋大事记讲义》卷9《馆阁》，文渊阁四库全书本。
⑥ 《宋朝诸臣奏议》卷67《上神宗乞假监司之权令察守令》。
⑦ 《皇宋中兴两朝圣政》卷17。
⑧ 《建炎以来系年要录》卷135。
⑨ 《皇宋中兴两朝圣政》卷62。

官,并委托监司监督好州县官,国家就能得到很好治理。

宋代选任监司的方式复杂多变,大体而言,主要有以下三种:

1. 由皇帝亲自擢用

北宋初年,监司官主要是指转运使副等,构成简单,数量少,其选任均由皇帝亲擢。宋真宗以后,监司构成逐渐复杂,人数也增多,改为重要地区和秩品高的监司官仍由皇帝亲擢。南宋高宗、孝宗、光宗朝监司通常还是由皇帝亲擢。理宗以后,由皇帝亲擢的比例逐渐减少①。

2. 臣僚荐举,皇帝从中选任

宋代,皇帝不断下诏令臣僚荐举监司人选。北宋元祐元年(1086年)二月,哲宗"诏左右侍从各举堪任监司者二人,举非其人有罚"②。绍兴二十六年(1156年)二月十五日,高宗下诏:"诸路监司多阙官,可令侍从、台谏各举曾任知、通治状显者堪充监司者二员闻奏,仍保任终身,有犯赃及不职者与同罪。"③乾道五年(1169年)十月,孝宗"严监司、郡守选,令侍从、台谏、两省官各举京朝官以上三人,保任终身,限五日闻奏"④。

3. 宰执堂除

宰执堂除,又称朝廷除授。咸平元年(998年)六月,宋真宗对参知政事李至等人说:监司选任,"卿等可先择人而令举之"⑤。此后,监司中的部分官员由宰执堂除。元丰改制后,宰执堂除成为选任监司的重要方式之一。如北宋元祐四年(1089年)二月,侍御史盛陶就说:"窃详监司系朝廷擢用。"⑥南宋淳熙九年(1182年)五月,孝宗手诏宰相王淮等人:"监司、郡守民之休戚系焉,察其人而任之,宰相之职也。"⑦

宋代监司由于关系一路吏治之良窳,故在选任时的回避制度比一般官员更严密。一是监司与所辖区的知州、通判、知县、县令等之间是监察与被监察的关系,为了保证监司能行之有效地监察地方官员,宋廷规定监司人选与所辖区官员之间应避亲嫌。如宋太宗时,樊知古出任河北路转运使,而河北路的怀州推官陈彭年因与樊知古有亲嫌,被朝廷改任为泽州推官⑧。元丰二年(1079

---

① 贾玉英:《宋代监察制度》,河南大学出版社,1996年版,第321页。
② 《宋史》卷17《哲宗一》。
③ 《宋会要·选举》30之3。
④ 《皇宋中兴两朝圣政》卷47。
⑤ 《宋大事记讲义》卷7《监司》。
⑥ 《长编》卷422。
⑦ 《皇宋中兴两朝圣政》卷59。
⑧ 《宋史》卷287《陈彭年传》。

年）六月二十七日，宋神宗下诏改任权发遣淮南东路提点刑狱范百禄知唐州，"以百禄与知扬州鲜于侁避亲故也"①。二是宋代监司不仅皆有察举一路官员的职能，而且监司之间要互相监察。为了使监司之间不结党营私和行之有效的互察，宋代规定：同一路的转运使副、提点刑狱、提举常平等官之间要避亲嫌。回避的办法一般是与其他路监司对移差遣，或者改任他职。如北宋英宗治平四年（1067年）三月，权提点京西路刑狱公事陈安石与权提点河东路刑狱公事母沆对易差遣，"以（陈）安石避亲故也"②。南宋绍兴十一年（1141年）八月，提举江南东路茶盐公事郑侨年上疏说："转运副使王唤系亲姊之夫，有诸司互察之嫌。"③ 宋高宗下诏令郑侨年与提举两浙市舶王传两易其任。三是南宋时，同路监司与帅司不仅都有监察本路州县官的职能，而且监司与帅司之间还要互相监察。为了防止监司与帅司结党营私，保证能有效地互相监察，宋代规定监司与帅司之间避亲嫌。如乾道六年（1170年）二月，福建路提点刑狱公事吴龟年上疏云："新除本路帅臣薛良朋系龟年妻之叔父，虽与服属稍疏，缘职事相关，切虑合该回避。"孝宗下诏改吴龟年为江南西路计度转运副使④。四是监司避本贯法主要包括两个方面：其一官员不能在籍贯所在地充任监司官；其二官员不能在自己产业所在路充任监司官。如政和三年（1113年）闰四月一日，宋徽宗下诏："今后监司不许任本贯或产业所在路分。"⑤ 五是宋代监司属官与所辖区各州县属官之间有密切的职事关系，为了防范他们结党营私，宋廷规定：转运司账计官与诸州造账官，提点刑狱检法官与知州、通判、签判、幕职官、司理司法参军避亲嫌，如果"诸州推法司与提点刑狱司吏人有系亲戚而不自陈乞回避者，杖一百"⑥。六是宋代监司属官与同路诸官之间也有互相监察的关系，因此宋廷规定也要避亲嫌："诸经略、安抚、监司属官与本路诸司官系亲嫌者，并回避。"⑦

总之，宋廷在监司与其所辖地区州县官之间、同路监司官之间、同路监司官与帅司之间、监司属官与所辖地区州县属官之间、监司属官与同路诸司官之间以及监司在本籍贯和产业所在路如此严密地实施回避制度，旨在防止地方官员利用亲属、同乡等关系拉帮结派、结党营私，对封建中央集权和吏治形成负面影响。监司回避制度能加强地方官员之间的监察，有利于强化皇帝对地方的

---

① 《宋会要·职官》63之5。
② 《宋会要·职官》63之4。
③ 《宋会要·职官》63之14。
④ 《宋会要·职官》63之15。
⑤ 《宋会要·职官》45之9。
⑥⑦ 《庆元条法事类》卷8《亲嫌》。

控制，并对于廉洁吏治也有一定的作用。

（二）通判选任思想

如前所述，由于通判地位特殊，因此，宋廷也颇重视通判的选任。宋代通判的选任方式主要有皇帝亲擢、中书堂除、吏部差注、监司或府州辟差四种。

1. 皇帝亲擢

宋代，一些重要府州的通判由皇帝除授。如真、楚、泗等州是北宋漕运转输要地，绍圣三年（1096年）十二月，根据发运使吕温卿的建议，这些州的通判定为"自朝廷选授"①。南宋绍兴三年（1133年）正月十五日，高宗下诏："今后淮南通判并令朝廷选差。"② 可见，皇帝亲擢一些重要府州的通判是宋代选任通判的方式之一。

2. 中书堂除

宋代凡设两名通判的府州，其中一员要以中书堂除的方式选任。北宋政和四年（1114年），徽宗"诏诸州通判有两员处，以一员堂除"③。政和七年（1117年）六月三日，徽宗又对州军通判堂除的地区范围做了具体规定："淮阳军、广济军、信阳军、高邮军、荆门军、汉阳军、怀安军、邵武军、复州、荣州、雅州、普州通判堂除，余令吏部差人。"④ 绍兴五年（1135年）闰二月，高宗"诏吏部通判阙二十五处，取作堂除"⑤。绍兴七年（1137年）正月，高宗也规定："通判双员，依旧一员堂除。"⑥ 历宋一代，堂除在通判选任中为最主要的方式。

3. 吏部差注

北宋元丰改制前，通判的选任由审官院负责。如景祐二年（1035年）五月，仁宗诏："永兴军、河南府、延、杭、广、梓州通判，并令审官院选差人。"⑦ 元丰改制后，审官院被取消，部分通判由吏部差注。如元祐三年（1088年）九月十六日，宋哲宗"诏吏部拟注通判，依知州例，赴门下省引验"⑧。

4. 监司或府州辟差

宋代在某些时期或某些地区，把监司或府州辟差通判作为选任通判的一种

---

① ⑧ 《宋会要·职官》47之63。
② 《宋会要·职官》47之66。
③ 《宋会要·职官》47之64。
④ 《宋会要·职官》47之65。
⑤ 《建炎以来系年要录》卷86。
⑥ 《宋会要·选举》23之15。
⑦ 《长编》116。

补充形式。如景祐二年（1035年）五月，宋仁宗"诏尝任二府而为知州者，辟通判、幕职官一员，大两省以上知天雄成德军、益州泰州，并许辟通判一员"①。但至皇祐五年（1053年），宋仁宗又下诏："尝任二府出知州者，毋得奏辟通判。"②宋代之所以较少让府州辟差通判，其主要原因是"通判出于帅守之门，则于州事无所执守，视过咎无敢刺举"③。对此，朝廷一般规定："诸州通判见任守臣所辟者，并罢"④；"守臣毋得荐举通判"⑤，借此来加强通判对知州的监督。

宋代某些沿边地区的通判，允许转运司辟差。如元丰六年（1083年）四月，陕西转运司请求"就差通直郎通判解州吴安宪通判延州"，宋神宗诏令"依所奏速差"⑥。淳熙十四年（1187年）八月十六日，利州路提点刑狱张缜请求"将本路通判窠阙，除藩通判合自吏部差注阙外，四州通判自制置司奏辟外，所有金、洋、兴、利、文、龙等州通判窠阙，依八路法送本路转运司拟差"，宋孝宗批准了张缜的请求，诏令除已差下人外，"今后依元丰旧法，令本路转运司照应条格施行"⑦。

第三节

官吏考核思想

一、考核官吏机构建置思想

宋代，在对官吏的考核中，中央主持考核的机构经历了多次变化。宋初设有流内铨，掌文官自初仕至幕职州县官之铨选注拟和对换差遣、磨勘功过等事。还设立三班院，负责对武官三班使臣的考课、注拟、酬赏等。太宗太平兴国六年（981年），置京朝官差遣院，主管少卿监以下京朝官考课、注拟、差遣事宜。淳化三年（992年），设立磨勘京朝官院和磨勘幕职州县官院，总称磨勘院，主管对京官、升朝官和幕职、州县官的考核事宜，并命中书或两制臣僚校其能否，以施赏罚。淳化四年（993年），改磨勘京朝官院为审官院，并

---

① 《长编》卷116。
② 《长编》卷175。
③④ 《皇宋中兴两朝圣政》卷13。
⑤ 《皇宋中兴两朝圣政》卷47。
⑥ 《宋会要·职官》47之63。
⑦ 《宋会要·职官》47之71。

差遣院入审官院，掌考校京朝官殿最，叙其爵秩而诏于朝，分拟内外任使而奏之。同年，改磨勘幕职州县官院为考课院，其职掌仍磨勘幕职州县官功过，引对黜陟。不久，又以其事归吏部流内铨。熙宁三年（1070年），改审官院为审官东院，主管文臣京朝官以下考核功过、定其官爵品级、注拟差遣等事。同时，设置审官西院，主管武臣阁门祗候以上到诸司使等磨勘、注拟差遣等。元丰改制后，改审官东院为吏部尚书左选，流内铨为吏部侍郎左选，审官西院为吏部尚书右选，三班院为吏部侍郎右选。于是，"文武官吏选试、拟注、资任、迁叙、荫补、考课之政令，封爵、策勋、赏罚殿最之法"①，皆归吏部掌管。

宋代对官吏考核的对象是上至京朝官，下至幕职、州县官，其经济政绩考核的重点是各级地方官和监临物务官。京朝官在任内由上级长官考核其功过，再由审官院、吏部等专门机构复查其考绩优劣，而后决定升黜。地方官的考课是"守倅考县令，监司考知州，考功会其已成，较其优劣而赏罚之"②。

宋代在考核地方官和监临物务官的经济政绩时，必须先经过财计部门复核其账籍，检验收支数额，比较岁课增亏，然后送主考部门详定升降。太平兴国七年（982年）十月，"诏应监临物务京朝官及知州、军监、通判兼监物务者，替日令御史台晓谕，先赍御前印纸于三司，仍件析以闻任内所收课利，委三司磨勘增亏，条报差遣院，一依五月诏旨详定升降，堪何任使以闻"③。咸平二年（999年）冬十月，"令诸路转运使，自令管内增益户口，及不因灾伤逃移者，并书于历，委三司考较，报审官院，以为殿最"④。南宋时，国家的重要收入——经总制钱由户部岁终比较诸路增亏，分别殿最。如："（绍兴）十六年三月二十四日，权户部侍郎李朝正言：'诸路每岁所收经总钱依元降指挥，委本路提刑并检法干办官点磨勘催，岁终数足许比较推赏。本部欲将经总制钱数通充纽计，比较递年增亏，依立定分数殿最……'从之。"⑤

宋代对地方守令的考课，一般由诸路监司负责，为了保证考课的如实公允，御史对其有复审之权。"每岁将诸路监司所定守令考课等第，令御史台重行审察，如有不当，重加黜责，不以赦原"⑥。特别是"守令课绩在优上等，即关御史台严加考察，如有不实，重行黜责"⑦。而且，御史对诸路监司则直

---

① 《宋史》卷163《职官三》。
② 《宋史》卷160《选举六》。
③ 《宋会要·职官》59之3。
④ 《长编》卷45。
⑤ 《宋会要·食货》35之25。
⑥ 《宋会要·职官》59之14。
⑦ 《宋会要·职官》10之21。

接进行考核。宋神宗时规定："监司以上，则命御史中丞、侍御史考校。"① 崇宁元年，采纳臣僚建议，"委御史台考察天下转运使、副、判官，有不胜任者，择能吏代之"②。南宋后期，在对地方官的考课中，御史台的作用逐渐重要。"宁宗以郡国按刺，多徇私情，遂仿旧制，于御史台别立考课一司，岁终各以能否之实闻于上，以诏升黜"③。到度宗时期，御史台更成为负责地方官考课的最高机构，"守倅月一考州县属官，监司会所隶守倅，制司会戎司、军垒，遵照旧制互用文移，会其兵甲、狱讼、金谷之数，及各司属官书拟公事、拘榷钱物、招军备器之数，次月置册，各申御史台上之课籍"④（见图9-1）。

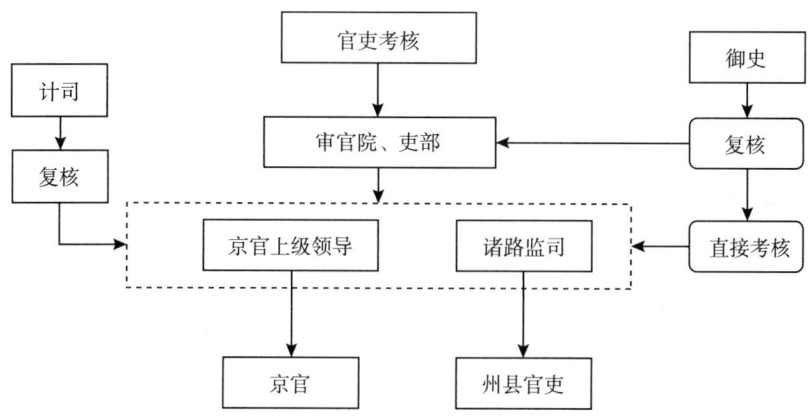

图9-1 宋代对官吏考核机构设置思想框架

宋代对官吏的考核是治吏的重要工具之一，事关对人才的选拔任用，作为对官吏赏罚任免升降的重要依据。众所周知，宋代职官制度复杂多变，这在中央主持官吏考核的机构上也有充分的表现。但是在多变的表象下，其指导思想原则没变，其基本机制则趋于逐渐完善，即这项工作涉及人事部门、财计部门和监察部门。这是因为在考核地方官和监临物务官的经济政绩时，其账籍必须先送计司审核比较户口、垦田、赋税、课利增亏，这使人事主考部门有较准确具体的考核依据。同时，计司参与考核说明了宋代对官吏经济政绩的重视，把它作为对官吏考核的主要内容。还有，在主持考课的官吏中，监察官的作用逐渐加强，这不仅保证了考核的如实公允，而且显示出考核具有督察官吏、肃清

---

① 《宋史》卷160《选举六》。
② 《宋会要·食货》49之24。
③④ 《宋史》卷160《选举六》。

吏治的职能。明清科道官为考核官吏的主要主持者，即源于宋代。

二、对官吏考核指标设计思想

宋代考核官吏的内容因职务而异，据《宋史·职官三》记载，以"七事"考核监司。七事为"一曰举官当否，二曰劝课农桑、增垦田畴，三曰户口增损，四曰兴利除害，五曰事失案察，六曰较正刑狱，七曰盗贼多寡"①。以"四善"、"三最"考核守令。四善为"德义有闻、清谨明著、公平可称、恪勤匪懈"②。三最为"狱讼无冤、催科不扰为治事之最；农桑垦殖、水利兴修为劝课之最；屏除奸盗、人获安处、振恤困穷、不致流移为抚养之最"③。至徽宗之后，对守令考核的"三最"发展成"四最"，即"一、生齿之最：民籍增益，进丁入老，批注收落不失其实；二、治事之最：狱讼无冤，催科不扰；三、劝课之最：农桑垦殖，水利兴修；四、养葬之最：屏除奸盗，人获安居，赈恤困穷，不致流移，虽有流移，而能招诱复业，城野遗骸无不掩葬"④。从以上所载我们可以看出宋代对地方官吏总的考核指标设计思想有三个方面值得注意：一是宋代"七事"、"四善四最"思想基本上与唐代"四善二十七最"相同。二是考核地方官的指标设计主要是两方面：其一有关经济方面的，如农桑、垦田、人口等；其二有关治民方面的，如狱讼、盗贼、赈恤等。三是考核监司与考核守令不同的指标主要有两个方面：其一监司负有举荐之责，故加考"举官当否"；其二监司负有监察州县之责，故加考"事失案察"。

综观宋代对官吏的考核指标设计，与前代最明显的不同是对官吏经济政绩的考核渐趋重要。众所周知，在中国封建社会里，朝廷要求地方繁衍户口、增垦田畴、劝课农桑的主要目的是为了增加国家的赋税收入，因此，地方官任内赋税的增减情况是作为考核其经济政绩的一个重要内容。宋初，循唐、五代旧制，以十分为率来计算地方户口、赋税增减情况，以为赏罚。"州县户口准见户十分增一，刺史、县令进考，若耗一分，降考一等。建隆三年，又以科赋有欠逾十之一，及公事旷违尝有制受罚者，皆如耗户口降考。吏部南曹又举周制，诸州县官益户增税，受代日并书于籍。"⑤ 南宋初年，州县遭兵火之灾，人口流散，田地抛荒，政府为劝诱人户归业耕垦，增加赋税收入，特制定守令岁考增亏格法，令"县令每岁终具措置招诱（人户）、垦辟田亩、增添税赋及

---

①② 《宋史》卷163《职官三》。
③ 《宋史》卷163《职官三》。据《宋会要·职官》10 之 20 载，此"三最"始于神宗熙宁元年（1068 年）所定《守令四善四最》考课法，其法虽称"四最"，但内容实则只有"三最"。
④ 《庆元条法事类》卷 5《考课》。
⑤ 《宋史》卷 160《选举六》。

第九章　宋代官吏选任、监察与考核思想

有无抛荒田土实数，交割付后官，从后官保明申州，州限半月复实申转运司，转运司一月保明申尚书省户部"①，然后进行赏罚。南宋时，经总制钱是国家重要的赋税收入，为了督促州县能按时按量征收，朝廷规定："诸路州军所收经总制钱物，州委通判、县委知令检察，及令提刑司岁终比较亏欠赏罚。"②

宋代随着社会经济的发展，茶盐酒税等场务课利在财政收入中比重日益增大，因此，比较场务课利增亏成为考核地方官和监临物务官必不可少的内容。大中祥符六年（1013年）秋七月辛亥，诏："茶盐酒税及诸物场务，自今总一岁之课合为一，以租额较之，有亏损，则计分数。其知州军、通判，减监临官一等区断，大臣及武臣知州军者，止罚通判以下。"③康定元年（1040年），朝廷采纳三司使公事郑戬建议，行转运使考课格，其中心内容就是比较场务课利增亏："应诸道转运使、副，今后得替到京，别差近上臣僚与审官院同共磨勘，将一任内本道诸处场务所收课利与租额递年都大比较，除岁有凶荒别敕权阁不比外，其余悉取大数为十分，每亏五厘以下罚两月俸，一分以下罚三月俸，一分以上降差遣；若增及一分以上，亦别与升陟。"④皇祐元年（1049年）二月，又依提点刑狱考课法，制订了诸路转运使、副考课细则："一、户口之登耗；二、田土之荒辟；三、茶酒盐税统比，不亏递年租额；四、上供、和籴、和买物不亏年额抛数；五、报应朝臣文字及账案齐足。户口增、田土辟、茶盐等不亏、文案无违慢，为上上考；户口等五条及三以上，为中上考；若虽不及三以上者，为应报文字账案违慢者，为中下考；五条中亏四者，下上考；全亏及文账报应不时者，为下下考。"⑤从这五条中可以看出，茶酒盐税等场务课利是考核转运使、副的重要内容。

从上引康定所定转运使考课格、皇祐对转运使、副的考课细则以及《庆元条法事类》所定的考较事件中可以看出，宋代对转运使的考课，在税租、场务课利等年度变化较大的项目上，是逐年比租额、递年增亏，积考为任，任满具状呈报朝廷，核定等第，而行赏罚。如：

一、酒税务

各具租额并递年及本年收诸色课利，逐色各若干

某官职姓名任内

酒务

---

① 《宋会要·食货》61之82，原文衍一"却"字。
② 《宋会要·食货》35之26。
③ 《长编》卷81。
④ 《长编》卷127。
⑤ 《宋会要·职官》59之7。

> 租额几处收钱若干
> 递年几处收钱若干
> 本年几处收钱若干
>   比租额增或亏若干分厘
>   比递年增或亏若干分厘①

此外，对田亩、户口等年度变化不大的项目，则不进行逐年比较，而径直在任满时进行一次性考核。如"某官职姓名任内增垦到田若干顷亩"，"某官职姓名任内招集到逃户归业共若干户口"②。

除了上述这几项重要的经济政绩考核内容外，宋代还根据各种地方官职责侧重点的不同，另外设有一些考核内容。如转运使又称"水陆计度转运使"、"漕臣"，特别是北宋时，漕运钱谷是其重要职掌之一，这也成为考核转运使的一项内容。景德二年（1005年）十二月，"诏江、淮、荆湖南北路转运司逐年所运上供粮储，自今如有出剩，即与批书转运使、副历子，叙为劳绩"③。又如提举常平司掌常平、义仓等，元丰六年（1083年）规定："诸路提举官散敛常平物可自行法，至今酌三年之中数，取一年立为额，岁终比较增亏。"④ 还有其他各式各样的场务，如酒税、坊场、河渡、房园、茶盐坑冶、铸钱监、市舶等，更是根据本行业的特点制定考核内容，本节许多条史料即可概见，兹不一一赘引。

宋代对官吏进行考核后，要撰写考词，对被考官吏的政绩做出评估。宋代流传到今天的考词，笔者见到的有40多份。这些考词都极为简略，并没有详细记载被考官吏政绩的全面内容，兹举较为详细一例，以窥一斑：

> **宣城令毋克温**
> 具衔毋克温在蜀乃公卿之后，圣朝受擢用之恩。渡江而南，莅宣首邑，性宽裕，政简易。在任满四载，今书第四考。夏征之赋及九分已上，灾伤水潦，户逃二千四百。按格令之常式，详考课之旧条，直笔无私，书为中上。⑤

宋代诸文集中所见考词虽然简略，但《庆元条法事类》卷五《考课》中以"考课格"的形式规定了监司考较事件十五个项目：① "奉行手诏有无违戾"；② "兴利除害"；③ "有无朝省行下本路过失已上簿及责罚不了过犯"；④ "受理词讼及指挥州县与夺公事，有无稽滞不当"；⑤ "有无因受理词讼，改正州

---

①② 《庆元条法事类》卷5《考课》。
③ 《长编》卷61。
④ 《长编》卷332。
⑤ 田锡：《咸平集》卷30《宣城令毋克温》，文渊阁四库全书本。

郡结断不当事"；⑥"应干职事有无废弛，措置施行有无不当"；⑦"奏请及报应朝省文字有无卤莽乖谬"；⑧"按察并失按察所部官犯赃流以上罪及按察不当"；⑨"荐举所部官有无不当"；⑩"劝农桑"；⑪"招流亡，增户口"；⑫"分定巡历，是何州县自甚月日起离至某处，至何月日还。本司有无分巡不遍去处。如有，开具缘由"；⑬"逐年合上供钱物有无出限违欠"；⑭"所部刑狱有无平反及驳正冤滥，并淹延稽滞"；⑮"机察贼盗已获未获各若干"。这里对监司的考核指标虽多达十五项，但归纳起来最基本的项目还是理财与治民，以及监司与州县官不同的荐举与按察官吏。在"考课格"之后，《庆元条法事类》卷5《考课》还以"考课式"的形式全面详细地规定考核监司时应申报的各类项目。原文较长，限于篇幅，兹不能照引，撮其要点，大致有以下十一个方面内容反映了对官吏经济政绩考核的思想：①劝课农桑栽植到桑、柘、枣各若干；②增垦到田若干顷亩；③创修堤防水利若干；④招流亡增户口若干；⑤逐年合上供钱物有无出限违欠；⑥税租管额并本年收逐色各若干；⑦酒税务、坊场、河渡、房园、茶盐矾、坑冶、铸钱监、市舶等场务租额并递年及本年收诸色课利，逐色各若干；⑧前一年并本年各收籴到谷若干；⑨前一年并本年本路都收钱物各若干，支外见在若干；⑩本年并前三年收支免役钱若干；⑪场务净利比旧额有无增亏，限外有若干拖欠。

在对官吏经济政绩的考核中，科学地设计一套考核指标体系是一个基础性的关键问题。首先，宋代继承了汉唐以人口为核心指标，辅以垦田、赋税的考核传统，这体现了抓住关键点和重点指标、以简驭繁、可操作性强的设计思路。这是因为古代封建经济结构决定了垦田、赋税等指标最终都会在人口指标上得到体现。如垦田数增加，在古代农业社会里意味着某个地区能养活更多的人口；另外，人口增加将进一步促进土地的开垦。总之，人口和垦田将呈现良性互动循环。而赋税的增加则意味着某个地区人口的繁衍，垦田面积的扩大，人头税和地租的增加，财源的拓展。由此可见，人口的多少很大程度上决定着某个地区垦田和赋税，正如南宋著名思想家叶适在《叶适集·民事中》所说："民多则田垦而税增"；"有民必使之辟地，辟地则增税，故其居则可以为役，出则可以为兵"；"财不理而自富，此当今之急务也"。除此之外，宋代随着封建社会商品经济的繁荣，茶盐酒税等成为国家财政收入的重要组成部分，这决定了朝廷特别注重督促地方官和监临物务官讲求场务课利增亏。中国封建社会对官吏经济政绩的考核中，宋代在这方面特别突出。

三、对官吏考核评估方法思想

宋代对地方官进行考核时，必须详细开具其任内农桑、田亩、户口、税租、场务课利等增减情况以及某处某公事如何平反、某处某公事如何驳正冤滥、缉察贼盗已获未获若干、按察某处某官职姓名任内某事犯赃流以上罪、失按察某处某官职姓名任内某事犯赃流以上罪、按察某处某官职姓名任内某事如何不当等，从而对官吏政绩进行较准确的量化评估，课其殿最。宋代在对官吏进行经济政绩考核时，尤其注意比较增亏，采取比较客观、具有可操作性的量化评估，其具体方法主要有三种：

（一）比祖额之增亏

如"咸平四年五月四日敕：诸州曲务自今后将一年都收到钱，仍取端拱至淳化元年三年内中等钱数，立为祖额，比较科罚"[①]。祖额又可称为租额，中华书局点校本《长编》卷127将康定年间三司使公事郑戬所建议的转运使考课格中的"租额递年都大比较"，据宋本、宋撮要本改为"祖额递年都大比较"，其实可不必改。此段文字又见于《宋会要·食货》49之13，亦称"租额递年都大比较"，《庆元条法事类》卷5《考课》也均称比租额递年增亏。又上引《长编》卷81载大中祥符六年秋七月辛亥诏"以租额较之"，《宋会要·食货》17之16同段文字则把"租额"称作"祖额"。像这样同一条史料，宋各史籍称祖额、租额不一的现象比比皆是，两者可以互换，租额就是祖额。从字义上推断，祖额可能也就是旧额、元额。如《庆元条法事类》卷5《考课》对提举常平司考核项目中有一项是"场务净利比旧额有无增亏，限外有若干拖欠"。又《宋会要·职官》11之44载隆兴二年三月臣僚言："户部点检所所立赏格以诸库卖到息钱为额，虽于元额二十万顷减一年磨勘，后添作二十三万贯。"

宋代确定祖额的最常见办法是取数年酌中之数，兹举三例说明：

（乾道）二年，诏："临安府安抚司酒库悉归赡军；并赡军诸库及临安府安抚司酒务，令户部取三年所收一年中数立额。"[②]

（绍圣）五年，令户部取天下税务五年所收之数，酌多寡为中制，颁诸路揭版示之，率十年一易；其增名额及多税者，并论以违制。[③]

景德四年，诏淮南、江浙、荆湖南北路以至道二年至景德二年终十年酌中之数定为年额，上供六百万石，米纲立额始于此。[④]

从上引可以看出，宋代定额取3年、5年直至10年酌中之数，其差别还较大。综合史籍大量记载，取3年5年酌中之数的最为常见。原因可能是定额

---

① 《文献通考》卷17《征榷四》。
② 《宋史》卷185《食货下七》。
③ 《宋史》卷186《食货下八》。
④ 《文献通考》卷23《国用一》。

年限太长，不适应于经济情况的变化；定额年限太短，缺乏稳定性，失去定额的意义，不利于调动积极性，并增加定额的工作量。还有取数年酌中之数，使立额相对比较客观，这样既避免立额偏高，"高者其额难及，不足则有罪"①，又避免立额偏低，低者其额易足，"一岁之内，率当五六迁，人皆指目谓之侥幸"②。除取酌中之数为额外，宋代也有径取数年中最高额者或某年为额的，如"银纲自大中祥符元年诏五路粮储已有定额，其余未有条贯，遂以大中祥符元年以前最为多者为额，则银纲立额始于此。钱纲自天禧四年四月三司奏请立定钱额，自后每年依此额数起发，则钱纲立额始于此"③。

宋代也有根据场务课利增亏的不同情况，灵活掌握确立新额的："诸课利场务比租额（闰月以租额所附月为准，无月额处比五年内本月分酌中者），并增亏各五年，并初置官监及五年者，本场务限次年正月上月（'上月'当为'上旬'）申州。增者取酌中，亏者取最高，初置者取次高，各以一年数立为新额，限二月内保奏，仍申转运司及尚书户部。"④

场务课利立额直接关系到国计民生，故要求颇为严格。宋规定："诸库利场务应立新额而申及奏违限者，各杖一百；增亏数不实致误立额者，徒一年。"⑤宋统治者对立额还采取慎重的态度，如"景德初，榷务连岁增羡，三司即取多收者为额，帝虑或致掊克，诏凡增额比奏"⑥。

（二）比递年（谓前一年）之增亏

如"景德元年五月，诏……应监场务须具租额及前界递年实收钱数增亏，比类批书，敢有庇覆隐漏，干系官吏悉论以违制，或官吏为形势所抑，徇情批书不实，亦许经新到任官陈首，令具奏闻"⑦。查阅《庆元条法事类》卷5《考课》，其中对场务课利的考核均要求开具租额、递年、本年几处收钱若干，然后再把本年与租额、递年相比较，即得出增或亏若干分厘的结论。

（三）确立多项增亏指标，达到某项者即给予相应的赏罚

南宋初年，政府为尽快医治战争创伤，恢复生产，曾根据知州知县任内增垦或抛荒田亩数目的大小，给予不同的赏罚。兹节录一段："知州增（谓到任之后，管属诸县开垦过见抛荒田土）一千顷，转一官；七百顷，减磨勘三年；五百顷，减磨勘二年。亏（谓到任之后，管属诸县见耕种田不因灾伤而致抛荒

---

① 袁燮：《絜斋集》卷14《秘阁修撰黄公行状》，文渊阁四库全书本。
② 《宋会要·职官》27之19。
③ 《文献通考》卷23《国用一》。
④⑤ 《庆元条法事类》卷36《场务》。
⑥ 《宋史》卷179《食货下一》。
⑦ 《宋会要·职官》59之5-6。

者）五百顷，展磨勘二年；三百顷，展磨勘一年。"① 还有南宋局促于半壁江山，供养着几乎与北宋数量相当的军队和超过北宋的官员，加上战争频繁，故其财政之拮据不堪，可想而知。为了支持浩大的开支，南宋鼓励督促官吏诛敛，对拘收经总制钱也采取立额赏罚的办法。《庆元条法事类》卷30《经总制》规定："知、通考内收经制钱及额无拖欠违限（谓如额数二十万贯，收及二十万贯已上者，方合推赏）；二十万贯以上，减磨勘二年；一十五万贯以上，减磨勘一年半；一十万贯以上，减磨勘一年；五万贯以上，减磨勘半年；一万贯以上，减磨勘一季；一万贯以下，升一年名次。""诸州通判，无季（'无季'当为'每季'）收支经总制钱、无额钱物隐落失陷（谓应分拨而不分拨，应收而不收之类），不满一分，展磨勘一年；一分以上，展磨勘二年；一分五厘以上，展磨勘三年；二分以上，展磨勘四年"。

宋代在定额比较中，从量上确定增亏数之大小，往往采取十分为率的办法。如康定元年（1040年）诏三司："天下州县课利场务，自今逐处总计，大数十分亏五厘以下，其知州、通判、幕职、知县各罚一月俸；一分以下，两月俸；二分以上，降差遣。其增二分以上，升陟之。"② 除以十分为率来计算增亏数外，宋代在考核官吏经济政绩中已注意到场务课利的经济效益问题，即不仅注意到增额的大小，而且还特别留意收入与官本的关系。如《长编》卷66载："（景德）元年用旧（茶）法得五百六十九万贯，二年用新法得四百一十万贯，三年得二百八十五万贯。（林）特等所言增益，官本少而有利，乃实课也，所亏虚钱耳。于是，特等皆迁秩，仍下诏三司行新法，毋得辄有改更。"

从上述所引许多史料中我们可以看出，对官吏经济政绩考核后的赏罚主要有两种类型：一是从经济上进行赏罚，这就是增俸、罚俸，或赏钱、罚钱；二是对官吏提前晋升或推迟晋升，即减磨勘或展磨勘若干年等，有的甚至直接予以升陟或降差遣。而且在赏罚中还根据官吏所担任的职务不同，所负的责任不同，其程度也不同。如"元丰七年六月二十四日敕：卖盐及税务监官年终课利增额，计所增数给一厘；卖盐务专副秤子税务专栏，年终课利增额，计所增数给半厘"③。

宋代对官吏的经济政绩考核经常采取十分为率的办法，比递年（去年）之增亏。这与当代增减某个百分点的计算十分相似，能比较准确地进行量化评估，并以此作为衡量赏罚等级的依据。如公式所示：

---

① 《宋会要·食货》61之82。
② 《长编》卷127。
③ 《苏轼文集》卷34《乞罢税务岁终赏格状》。

$$Y = \Delta X \div \frac{X}{10} = \frac{10 \cdot \Delta X}{X}$$

式中：X 表示去年某地方赋税收入总量；ΔX 表示当年某地方赋税收入增减量；Y 表示增减的比率，作为衡量赏罚等级的依据。

同时，在考核中，人们提出了比祖额之增亏的办法。为了使确定的祖额比较客观合理，不至于偏高偏低，宋代发明了取数年酌中之数的定额办法。其原理可用数学公式表示为：

$$C = \frac{S_1 + S_2 + \cdots + S_n}{N} = \frac{\sum_{i=1}^{n} S_i}{N}$$

式中：C 表示祖额；S_1、S_2 分别表示第一年、第二年课利总额；S_i 表示第 i 年课利总额；$N \leq 10$ 年。

宋代在考核官吏经济政绩中已注意到场务课利的经济效益问题，即不仅注意到增额的大小，而且还特别留意收入与官本的比率，这种思想与现代用生产率评估部门投资的经济效果十分相似：

$$获利率 = \frac{收入}{官本}$$

类似于现在常用的：

$$生产率 = \frac{产出量}{投入量}$$

总之，宋代在对官吏经济政绩的考核中采用十分为率的计算方法使增亏额与基数比较规范统一，可比性强；取数年酌中之数以平衡长短期效益，减少短期行为，并在数量上取加权平均数以减少偶然性；留意收入与官本的比率，使效益上不仅看产出，还要看投入与产出之比。所有这些使对官吏经济政绩的量化考核评估比较准确、客观公正和科学合理。

参考文献

一、古籍

[1] 李焘：《续资治通鉴长编》，书内简称《长编》，中华书局点校本，2004年版。

[2] 徐松等辑：《宋会要辑稿》，书内简称《宋会要》，中华书局影印本。

[3] 脱脱等：《宋史》，中华书局点校本，1985年版。

[4] 李心传：《建炎以来系年要录》，商务印书馆国学丛书本。

[5] 陈均：《九朝编年备要》，台湾商务印书馆影印文渊阁四库全书本。

[6] 留正等：《皇宋中兴两朝圣政》，宛委别藏本。

[7] 李埴：《皇宋十朝纲要》，台湾文海"宋史资料萃编"影印本。

[8] 佚名：《续编两朝纲目备要》，中华书局点校本，1995年版。

[9] 佚名：《宋大诏令集》，中华书局点校本，1962年版。

[10] 李攸：《宋朝事实》，丛书集成本。

[11] 马端临：《文献通考》，商务印书馆万有文库十通本。

[12] 章如愚：《山堂群书考索》，台湾商务印书馆影印文渊阁四库全书本。

[13] 吕祖谦：《历代制度详说》，台湾商务印书馆影印文渊阁四库全书本。

[14] 林駉：《古今源流至论》，台湾商务印书馆影印文渊阁四库全书本。

[15] 谢维新：《古今合璧事类备要》，台湾商务印书馆影印文渊阁四库全书本。

[16] 王应麟：《玉海》，台湾商务印书馆影印文渊阁四库全书本。

[17] 孙逢吉：《职官分纪》，台湾商务印书馆影印文渊阁四库全书本。

[18] 佚名：《群书会元截江网》，台湾商务印书馆影印文渊阁四库全书本。

[19] 李心传：《建炎以来朝野杂记》，中华书局点校本，2000年版。

[20] 赵如愚：《宋朝诸臣奏议》，上海古籍出版社点校本，1999年版。

[21] 杨士奇等：《历代名臣奏议》，台湾商务印书馆影印文渊阁四库全书本。

[22] 窦仪等：《宋刑统》，中华书局点校本，1984年版。

[23] 谢深甫等：《庆元条法事类》，中国书店"海王村古籍丛刊"影印本。

[24] 佚名：《名公书判清明集》，中华书局点校本，1987年版。
[25] 董煟：《救荒活民书》，丛书集成本。
[26] 陈旉：《农书》，丛书集成本。
[27] 陈襄：《州县提纲》，丛书集成本。
[28] 李元弼：《作邑自箴》，四部丛刊本。
[29] 余靖：《武溪集》，台湾商务印书馆影印文渊阁四库全书本。
[30] 胡宿：《文恭集》，丛书集成本。
[31] 宋祁：《景文集》，丛书集成本。
[32] 范仲淹：《范文正集》，台湾商务印书馆影印文渊阁四库全书本。
[33] 韩琦：《韩魏公集》，丛书集成本。
[34] 欧阳修：《欧阳修全集》，中华书局点校本，2001年版。
[35] 张方平：《乐全集》，台湾商务印书馆影印文渊阁四库全书本。
[36] 蔡襄：《端明集》，台湾商务印书馆影印文渊阁四库全书本。
[37] 包拯：《包拯集》（《孝肃包公奏议》），中华书局点校本，1963年版。
[38] 陈襄：《古灵先生集》，台湾商务印书馆影印文渊阁四库全书本。
[39] 李觏：《李觏集》，中华书局点校本，1981年版。
[40] 苏洵：《嘉祐集》，台湾商务印书馆影印文渊阁四库全书本。
[41] 王安石：《临川先生文集》，四部丛刊本。
[42] 司马光：《温国文正公文集》，四部丛刊本。
[43] 陈舜俞：《都官集》，台湾商务印书馆影印文渊阁四库全书本。
[44] 王珪：《华阳集》，丛书集成本。
[45] 曾巩：《隆平集》，台湾商务印书馆影印文渊阁四库全书本。
[46] 曾巩：《曾巩集》，中华书局点校本，1984年版。
[47] 刘攽：《彭城集》，丛书集成本。
[48] 苏轼：《苏轼文集》，中华书局点校本，1986年版。
[49] 苏辙：《苏辙集》，中华书局点校本，1990年版。
[50] 吕陶：《净德集》，丛书集成本。
[51] 刘挚：《忠肃集》，丛书集成本。
[52] 刘安世：《尽言集》，丛书集成本。
[53] 范祖禹：《范太史集》，四库珍本初集本。
[54] 周行己：《浮沚集》，丛书集成本。
[55] 杨时：《杨龟山先生集》，台湾商务印书馆影印文渊阁四库全书本。
[56] 李纲：《梁谿集》，台湾商务印书馆影印文渊阁四库全书本。
[57] 李石：《方舟集》，四库珍本初集本。

[58] 朱熹：《晦庵先生朱文公文集》，四部丛刊本。

[59] 吕祖谦：《东莱集》，台湾商务印书馆影印文渊阁四库全书本。

[60] 王之望：《汉滨集》，台湾商务印书馆影印文渊阁四库全书本。

[61] 周必大：《文忠集》，台湾商务印书馆影印文渊阁四库全书本。

[62] 汪应辰：《文定集》，丛书集成本。

[63] 陈傅良：《止斋集》，四部丛刊本。

[64] 陆游：《渭南文集》，四部丛刊本。

[65] 杨万里：《诚斋集》，四部丛刊本。

[66] 程珌：《洺水集》，台湾商务印书馆影印文渊阁四库全书本。

[67] 杨冠卿：《客亭类稿》，台湾商务印书馆影印文渊阁四库全书本。

[68] 罗从彦：《豫章集》，台湾商务印书馆影印文渊阁四库全书本。

[69] 胡寅：《斐然集》，四库珍本初集本。

[70] 叶适：《叶适集》，中华书局点校本，1961年版。

[71] 叶适：《习学纪言序目》，中华书局点校本，1977年版。

[72] 陈耆卿：《筼窗集》，四库珍本初集本。

[73] 洪咨夔：《平斋文集》，四部丛刊本。

[74] 刘过：《龙洲集》，台湾商务印书馆影印文渊阁四库全书本。

[75] 员兴宗：《九华集》，台湾商务印书馆影印文渊阁四库全书本。

[76] 黄干：《勉斋集》，台湾商务印书馆影印文渊阁四库全书本。

[77] 袁说友：《东塘集》，台湾商务印书馆影印文渊阁四库全书本。

[78] 真德秀：《西山先生真文忠公文集》，四部丛刊本。

[79] 魏了翁：《鹤山先生大全文集》，四部丛刊本。

[80] 袁甫：《蒙斋集》，台湾商务印书馆影印文渊阁四库全书本。

[81] 吴泳：《鹤林集》，四库珍本初集本。

[82] 袁燮：《絜斋集》，丛书集成本。

[83] 陈亮：《龙川文集》，台湾商务印书馆影印文渊阁四库全书本。

[84] 陈淳：《北溪先生大全文集》，台湾商务印书馆影印文渊阁四库全书本。

[85] 王迈：《臞轩集》，台湾商务印书馆影印文渊阁四库全书本。

[86] 吴潜：《许国公奏议》，丛书集成本。

[87] 高斯得：《耻堂类稿》，丛书集成本。

[88] 黄震：《黄氏日抄》，台湾商务印书馆影印文渊阁四库全书本。

[89] 范镇：《东斋记事》，中华书局点校本，1980年版。

[90] 欧阳修：《归田录》，中华书局点校本，1981年版。

[91] 司马光：《涑水记闻》，中华书局点校本，1989年版。

[92] 沈括：《梦溪笔谈》，上海古籍出版社点校本，1987年版。
[93] 苏辙：《龙川略志》，中华书局点校本，1982年版。
[94] 魏泰：《东轩笔录》，中华书局点校本，1983年版。
[95] 蔡绦：《铁围山丛谈》，中华书局点校本，1983年版。
[96] 方勺：《泊宅编》，中华书局点校本，1983年版。
[97] 叶梦得：《石林燕语》，中华书局点校本，1984年版。
[98] 庄绰：《鸡肋编》，中华书局点校本，1983年版。
[99] 周辉：《清波杂志》，中华书局点校本，1994年版。
[100] 程大昌：《演繁露》，丛书集成本。
[101] 王明清：《挥麈录》、《后录》、《余话》，丛书集成本。
[102] 吴曾：《能改斋漫录》，丛书集成本。
[103] 王辟之：《渑水燕谈录》，中华书局点校本，1981年版。
[104] 陆游：《老学庵笔记》，中华书局点校本，1979年版。
[105] 陆游：《家世旧闻》，中华书局点校本，1984年版。
[106] 洪迈：《夷坚志》（含甲、乙、丙、丁、支甲、支乙、支景、支丁、支戊、支庚、支癸、三志、志补、再补、三补等），中华书局点校本，1981年版。
[107] 李元纲：《厚德录》，百川学海本。
[108] 汪少虞：《事实类苑》，台湾商务印书馆影印文渊阁四库全书本。
[109] 叶绍翁：《四朝闻见录》，中华书局点校本，1989年版。
[110] 罗大经：《鹤林玉露》，中华书局点校本，1983年版。
[111] 孟元老：《东京梦华录》，丛书集成本。
[112] 吴自牧：《梦粱录》，丛书集成本。
[113] 潜说友：《咸淳临安志》，台湾商务印书馆影印文渊阁四库全书本。
[114] 罗浚：《宝庆四明志》，台湾商务印书馆影印文渊阁四库全书本。
[115] 黎靖德：《朱子语录》，中华书局点校本，1986年版。
[116] 陶宗仪：《说郛》，台湾商务印书馆影印文渊阁四库全书本。

二、今人著作

[1] 胡寄窗：《中国经济思想史》上、中册，上海人民出版社，1978年版，下册1981年版。
[2] 赵靖：《中国经济思想通史》，北京大学出版社，1997年版。
[3] 叶世昌：《中国古代经济管理思想》，复旦大学出版社，1990年版。
[4] 何炼成：《中国经济管理思想史》，西北大学出版社，1988年版。

[5] 苏东水：《东方管理》，山西经济出版社，2003 年版。

[6] 滕显间：《中国历代经济管理反思》，海洋出版社，1988 年版。

[7] 刘含若：《中国经济管理思想史》，黑龙江人民出版社，1988 年版。

[8] 叶坦：《富国富民论——立足于宋代的考察》，北京出版社，1991 年版。

[9] 方宝璋：《宋代经济管理思想与当代经济管理》，中国言实出版社，2008 年版。

[10] 侯家驹：《中国经济思想史》，台湾中央文物供应社，1982 年版。

[11] 巫宝三等：《经济思想史论文集》，北京大学出版社，1982 年版。

[12] 中国社会科学院经济所编：《中国经济思想史论》，人民出版社，1985 年版。

[13] 漆侠：《中国经济通史·宋代经济卷》，经济日报出版社，1999 年版。

[14] 汪圣铎：《两宋财政史》，中华书局，1995 年版。

[15] 汪圣铎：《两宋货币史》，社会科学文献出版社，2003 年版。

[16] 汪圣铎：《宋代火政研究》，《宋代社会生活研究》，人民出版社，2007 年版。

[17] 包伟民：《宋代地方财政史研究》，上海古籍出版社，2001 年版。

[18] 李晓：《宋代工商业经济与政府干预研究》，中国青年出版社，2000 年版。

[19] 张文：《宋代社会救济研究》，西南师范大学出版社，2001 年版。

[20] 郭正忠：《两宋盐业经济史》，人民出版社，1990 年版。

[21] 郭正忠：《两宋城乡商品货币经济考略》，经济管理出版社，1997 年版。

[22] 姜锡东：《宋代商业信用研究》，河北教育出版社，1993 年版。

[23] 李华瑞：《宋代酒的生产与征榷》，河北大学出版社，1995 年版。

[24] 方宝璋：《宋代财经监督研究》，中国审计出版社，2001 年版。

[25] 郭东旭：《宋代法制研究》，河北大学出版社，2000 年版。

[26] 贾玉英：《宋代监察制度》，河南大学出版社，1996 年版。

[27] 姚瀛艇：《宋代文化史》，河南大学出版社，1992 年版。

[28] 邓广铭：《王安石》（修订本），人民出版社，1979 年版。

[29] 漆侠：《王安石变法》，上海人民出版社，1979 年版。

[30] 朱瑞熙：《宋代社会研究》，中州书画社，1983 年版。

[31] 《宋史论集》，中州书画社，1983 年版。

[32] 邓广铭等：《宋史研究论集》，河南人民出版社，1984 年版。

[33] 《中华文史论丛》增刊《宋史研究论文集》，上海古籍出版社，1982

年版。

[34] 邓广铭等：《宋史研究论文集》1984 年年会编刊，浙江人民出版社，1987 年版。

[35] 姜国柱：《李觏思想研究》，中国社会科学出版社，1984 年版。

[36] 戴裔煊：《宋代钞盐制度研究》，中华书局，1981 年版。

[37] 吴慧：《中国古代商业史》（第 1、2 册），中国商业出版社，1983 年版。

[38] 周伯棣：《中国财政思想史稿》，福建人民出版社，1984 年版。

[39] 彭信威：《中国货币史》，上海人民出版社，1958 年版。

[40] 萧清：《中国古代货币思想史》，人民出版社，1987 年版。

[41] 叶世昌：《中国货币理论史》，中国金融出版社，1986 年版。

[42] 郭道扬：《中国会计史稿》上，中国财政经济出版社，1982 年版。

[43] 方宝璋：《中国审计史稿》，福建人民出版社，2006 年版。

[44] 张晋藩：《中国法制通史》，法律出版社，1999 年版。

[45] 葛剑雄：《中国移民史》，福建人民出版社，1997 年版。

[46] 梁方仲：《中国历代户口、田地、田赋统计》，上海人民出版社，1980 年版。

[47] ［日］出井盛之：《经济思想史》，刘家黎译，上海联合书店，1929 年版。

[48] ［日］田崎仁义：《中国古代经济思想及制度》，王学文译，商务印书馆，1926 年版。

[49] ［美］Lewis H. Haney：《经济思想史》上册，周宪文译，台湾银行经济研究室，1982 年版。

[50] ［日］上野直明：《中国经济思想史》，恒星社厚生阁，1971 年版。

[51] ［日］河原由郎：《宋代社会经济史研究》，东京劲草书房，1980 年版。

[52] ［日］周藤吉之：《唐宋社会经济史研究》，东京大学出版社，1978 年版。

[53] ［日］斯波义信：《宋代商业史研究》，东京风间书房，1979 年版。

[54] ［英］Eric Roll：《经济思想史》，陆元诚译，商务印书馆，1981 年版。

[55] ［日］加藤繁：《中国经济史考证》第二册，吴杰译，商务印书馆，1978 年版。

[56] ［日］西岛定生：《中国经济史研究》，冯佑哲等译，农业出版社，1984 年版。

[57] 张维迎：《博弈论与信息经济学》，上海三联书店，1996 年版。

[58] 芮明杰：《管理学：现代的观点》，上海人民出版社，1999 年版。

[59] 周三多等：《管理学》，复旦大学出版社，1999 年版。

[60] ［美］Harold Koontz：《管理学》，郝国华等译，经济科学出版社，

1998年版。

[61] 胡祖光等：《东方管理学导论》，上海三联书店，1998年版。

[62] 阎世富：《东方管理学》，中国国际广播出版社，1999年版。

[63] 北京大学博士后办公室：《跨世界的中国经济与管理》，经济科学出版社，1998年版。

[64] [日]青木昌彦：《比较制度分析》，周黎安译，上海远东出版社，2001年版。

[65] [日]青木昌彦：《转轨经济中的公司治理结构》，钱颖一译，中国经济出版社，1995年版。

[66] 罗承熙：《货币理论探索》，中国社会科学出版社，1987年版。

[67] 张纯元：《人口经济学》，北京大学出版社，1983年版。

[68] 胡焕庸等：《中国人口地理》上册，华东师大出版社，1984年版。

[69] 吴申元：《中国人口思想史稿》，中国社会科学出版社，1986年版。

[70] 彭松建：《西方人口经济学概论》，北京大学出版社，1987年版。

[71] Chandler, Alfred D., Jr. *The Visible Hand: The Managerial Revolution in American Business*, Belknap Press of Harvard University Press, 1993.

[72] Drucker, Peter. *Management: Tasks, Responsibilities and Practices*, Harper & Row Publishers, Ins, 1974.

[73] Kast, Fremont Ellowrth. *Organization and Management: A Systems and Contingency Approach*, Mcgraw-Hill Press, 1979.

[74] Simon, Herbert Arthur. *The New Science of Management Decision*, Prentice-Hall Inc, 1977.

[75] Alcock, P. "Towards Welfare Rights", in Becker, S. (ed.), *Windows of Opportunity: Public Policy and the Poor*, CPAG, 1991.

[76] Barr, N. *The Economics of the Welfare States*, London: Weidenfeld & Nicolson, 1987.

三、今人论文

[1] 赵靖：《中国经济思想史的对象和方法》，《经济学集刊》，中国社会科学出版社，1982年第2期。

[2] 叶世昌：《论王安石的经济思想》，《经济问题探索》1982年第5期。

[3] 王曾瑜：《王安石变法简论》，《中国社会科学》1980年第3期。

[4] 顾全芳：《评王安石变法》，《晋阳学刊》1985年第1期。

[5] 刘含若：《关于中国经济思想史研究方法的一些问题》，《求是学刊》1980年第4期。

[6] 马伯煌：《研究中国经济思想史的几个问题》，《社会科学》1983年第12期。

[7] 何炼成：《宋代思想家的价格理论评介》，《河南师大学报》1982年第4期。

[8] 姚家华：《论李觏经济思想》，《财经研究》1980年第2期。

[9] 穆朝庆：《李觏经济思想刍议》，《史学月刊》1983年第3期。

[10] 赵继颜：《范仲淹的经济思想》，《齐鲁学刊》1981年第2期。

[11] 虞祖尧：《简论司马光的经济思想》，《河南师大学报》1987年第2期。

[12] 孔祥振：《试论范仲淹的财政思想》，《经济问题探索》1987年第1期。

[13] 陶希圣：《北宋几个大思想家的井田思想》，台北《宋史研究集》第一辑。

[14] 葛金芳：《熙宁新法的富民与富国之争》，《晋阳学刊》1988年第1期。

[15] 程民生：《论北宋财政的特点和积贫的假象》，《中国史研究》1984年第3期。

[16] 叶世昌：《论中国封建社会的纸币》，《学术月刊》1984年第4期。

[17] 叶世昌：《中国古代的纸币管理思想》，《中国经济史研究》1988年第2期。

[18] 萧清：《我国古代的货币虚实论和纸币称提理论》，《金融研究》1985年第11期。

[19] 俞兆鹏：《李觏货币思想研究》，《江西社会科学》1987年第3期。

[20] 俞兆鹏：《叶适货币思想研究》，《中国钱币》1987年第2期。

[21] 乔幼梅：《从中唐到北宋钱荒问题的考察》，《历史研究》1990年第2期。

[22] 刘森：《论北宋的钱荒》，《中州学刊》1987年第3期。

[23] 过文俊：《论张方平的货币流通思想》，《湖北财院学报》1985年第5期。

[24] 漆侠：《再论王安石变法》，《河北大学学报》1986年第3期。

[25] 姚兆余：《论北宋时期的货币政策》，《河北学刊》1994年第2期。

[26] 高聪明：《宋代货币流通的特点》，《中国经济史研究》1995年第3期。

[27] 贾大泉：《宋代的纸币发行和纸币理论》，《社会科学研究》1996年第1期。

[28] 张全明：《论北宋开封的物价管理》，《华中师范大学学报》1990年第4期。

[29] 徐东升：《宋代官营手工业定额管理制度述论》，《厦门大学学报》2002年第2期。

[30] 龚汝富：《南宋理财家李椿年与经界法推行》，《烟台师范学院学报》1998年第3期。

[31] 陈正炎：《"重本抑末"新论》，《江西社会科学》1983年第4期。

[32] 钟科财：《试论中国古代的反抑商思想》，《人文杂志》1985年第2期。

[33] 周梦江：《叶适的经济思想》，《温州师院学报》1988年第1期。

[34] 叶世昌：《中国传统经济思想的特点》，《财经研究》1985年第4期。

[35] 葛金芳：《试论"不抑兼并"》，《武汉师院学报》1984年第2期。

[36] 唐兆梅：《析北宋的"不抑兼并"》，《中国史研究》1988年第1期。

[37] 乔幼梅：《宋元时期高利贷资本的发展》，《中国社会科学》1988年第3期。

[38] 阎守诚：《重农抑商试析》，《历史研究》1988年第4期。

[39] 朱家桢：《中国富民思想的历史考察》，《平准》1986年第3期。

[40] 朱家桢：《义利思想辩正》，《中国经济史研究》1987年第2期。

[41] 叶世昌：《中国古代的富民、富国和理财思想》，《财经研究》1987年第6期。

[42] 宁裕先：《李觏经济思想三题》，《河南师大学报》1984年第1期。

[43] 吴申元：《中国经济思想史研究评述》，《中国史研究动态》1985年第1期。

[44] 裴俩：《中国古代人口思想及其规律》，《四川大学学报》1981年第4期。

[45] 黄纯艳：《论南宋东南茶法》，《厦门大学学报》2001年第3期。

[46] 黄纯艳：《论北宋嘉祐茶法》，《中国社会经济史研究》2001年第3期。

[47] 黄纯艳：《论蔡京茶法改革》，《中国经济史研究》2003年第1期。

[48] 方宝璋：《中国古代审计史概论》，《中国史研究》1996年第1期。

[49] 方宝璋：《略论宋代会计账籍》，《中国经济史研究》2004年第3期。

[50] 方宝璋：《宋代对官吏经济政绩的考核》，《中国经济史研究》2007年第1期。

[51] 颜玉怀：《陈旉〈农书〉经营管理思想研究》，《西北大学学报》2001年第4期。

［52］刘华：《宋代自然资源的保护和利用》，《安徽师大学报》1996 年第 1 期。

［53］张全明：《简论宋人的生态意识与生物资源保护》，《华中师范大学学报》1999 年第 5 期。

［54］康弘：《宋代灾荒与荒政论述》，《中州学刊》1994 年第 5 期。

［55］张文：《两宋赈灾救荒措施的市场化与社会化进程》，《西南师范大学学报》2003 年第 1 期。

［56］张文：《荒政与劝分：民间利益博弈中的政府角色》，《中国社会经济史研究》2003 年第 4 期。

［57］周宝荣：《北宋官方对民间出版的管制》，《中南民族大学学报》2002 年第 6 期。

后　记

时间过得真快，不知不觉十余年时间转瞬即逝，江西财经大学吴照云副校长主编的中国管理思想精粹丛书中的朝代系列终于大功告成。我有幸承蒙吴校长垂青，厕身其间，负责撰写了《先秦政府治理思想》《宋代国家管理思想》《元代国家管理思想》《清代国家管理思想》四册。十余年来，为了完成撰写任务，恪勤朝夕，焚膏继晷，现在终于能够从容坐下来喝杯茶，回顾一下自己走过的学术道路。

我最初的研究领域是中国审计史，自20世纪80年代开始，花了十几年时间，按朝代逐段研究，撰写了50多万字的《中国审计史稿》、40多万字的《民国审计思想史》与近20万字的《宋代财经监督研究》博士学位论文，并发表了数十篇的有关中国审计史研究的学术论文。1991～2001年在福建师范大学任教时，又开辟了第二个研究领域——闽台文化史，撰写了50多万字的《中华文化通志·闽台文化志》和30多万字的《闽台民俗研究》，并发表了数十篇有关闽台文化史研究的学术论文。2001年调到江西财经大学工作之后，闽台文化史的研究基本上停止，但却又开辟了第三个研究领域——中国管理思想史的研究，先后也出版了三四本专著，发表了有关中国管理思想史研究的论文数十篇，主持完成了有关中国管理思想史研究领域的两个国家自然科学基金项目和两个国家社会科学基金项目。

研究中国管理思想史，完全出于偶然。调到江西财经大学工作之后，学界逐渐重视国家级科研项目的申报。江西财大没有同行研究审计史，我当时如申报有关审计史领域的国家级科研项目，课题组成员一个也找不到，无奈之下只能另找与我研究领域相关性较强的学科进行申报。经过一番努力，终于在2004年成功申请到国家自然科学基金项目"宋代经济管理思想与当代经济管理"。尔后又接连申请到第二个国家自然科学基金项目"政策工具视角下的宋代政府治理思想研究"和国家社会科学基金项目"政策工具视角下的古代政府治理思想及其当代价值研究"，并主持国家社会科学基金重大项目子课题"唐中叶五代宋元明清管理思想史"。

| 后 记 |

  天道酬勤，十多年来，我除了秦汉至隋管理思想史还未涉及外，其余中国古代史朝代均有涉及，并出版了专著，字数达 260 多万字。特别是加入吴校长主持的管理思想史研究团队后，有了一个很好的平台。众所周知，现代中国发表学术论文、出版学术专著难，但笔者在吴校长的大力扶持下，免费出版了四部管理思想史专著。吴校长在百忙之中还亲自主持召开各种层次的管理思想史学术研讨会，大家在研讨会上畅所欲语。各种思想观点互相交流碰撞，给与会者带来各种启迪和思想灵感。这里还要特别感谢的是，在吴校长的联系下，管理思想史研究团队还与经济管理出版社建立了密切的合作关系，尤其是经济管理出版社的杜菲老师，十多年来一直大力扶持管理思想史专著的出版，使管理思想史研究团队的科研成果都能十分顺利地面世。杜老师态度之热情耐心，工作之认真负责、效率之高，待人之诚恳亲切，实在令人感动！

  中国现在正快速进入了多元化、老年化社会，人们的物质生活水平提高，思想观念也发生了深刻的变化。有的人退休后，生活安排得丰富多彩。与我同龄的许多老年人，每天养养鸟、栽栽花、钓钓鱼，或玩玩手机、跳跳舞、搓搓麻将、会会朋友、聚聚餐，不时再去各地旅游观光，生活过得开心惬意。这无可非议，我们这一代人有太多的磨难、坎坷，现在已到了太阳快下山的时候，再不开心玩一玩、乐一乐，那更待何时！现在大岁数老人家的观念是活在当下，快乐开心，但我却不改初衷，长期的生活惯性使我对搓麻将、跳舞实在不感兴趣；自己平时生活太有规律，出门旅游打乱了规律，极不习惯，感觉难受，所以出门到各地旅游只能成为望洋兴叹，心有余而力不足。现在，我每天玩个把小时手机，看一些感兴趣的信息，与老同学、老朋友通通声气，还是挺愉快的。每年两三次的同学聚会，吃吃饭，叙叙旧情，开心温馨。除此之外，每天的生活，还是看一点书、报刊，散步时思考一些问题，然后提笔写一些感想，生活宁静充实，自得其乐。我觉得自己快到古稀之年了，乘着身体还没什么大毛病，继续努力笔耕吧。自 1977 年恢复高考之后，命运之神眷顾了我，使我有了一个治学的好环境。每当我想起这些，就倍加珍惜，不但要让自己活得开心健康，还应当让自己活得更有意义些。

方宝璋匆草于万贤斋
2019 年清明节前夕